费尔巴哈文集
第 4 卷

基督教的本质

荣震华 译

商务印书馆

Ludwig Feuerbach

DAS WESEN DES CHRISTENTUMS

本卷依据"汉译世界学术名著丛书"版《基督教的本质》。
汉译本原载《费尔巴哈哲学著作选集》下卷(三联书店 1962 年版),
并据柏林科学院出版社 1956 年德文版作过修订

文 献 说 明

一、本文集主要依据的费尔巴哈著作集

1. 德文版《费尔巴哈全集》第 1 版

费尔巴哈的著作在其在世时曾以单行本、小册子及各种文集的形式出版,其本人于 1846 年着手编纂并出版自己的全集(莱比锡,由奥托·维甘德[Otto Wigand]出版),截至 1866 年共出版 10 卷,该版通常被称为《费尔巴哈全集》第 1 版。

第 1 版 10 卷卷名如下:

第 1 卷 *Erläuterungen und Ergänzungen zum Wesen des Christenthums*(1846)

第 2 卷 *Philosophische Kritiken und Grundsätze*(1846)

第 3 卷 *Gedanken über Tod und Unsterblichkeit*(1847)

第 4 卷 *Geschichte der neuern Philosophie von Bacon von Verulam bis Benedict Spinoza*(1847)

第 5 卷 *Darstellung, Entwicklung und Kritik der Leibnitz'schen Philosophie*(1848)

第 6 卷 *Pierre Bayle*(1848)

第 7 卷 *Das Wesen des Christenthums*(1849)

第 8 卷 *Vorlesungen über das Wesen der Religion*（1851）

第 9 卷 *Theogonie nach den Quellen des classischen, hebräischen und christlichen Alterthums*（1857）

第 10 卷 *Gottheit, Freiheit und Unsterblichkeit vom Standpunkte der Anthropologie*（1866）

2. 德文版《费尔巴哈全集》第 2 版

1903 年费尔巴哈的友人 W. 博林（W. Bolin）和 F. 约德尔（F. Jodl）为纪念费尔巴哈 100 周年诞辰（1904 年），从 1903 年到 1911 年，整理出版了 10 卷本的《费尔巴哈全集》（斯图加特，弗罗曼出版社[Frommann]）。这部全集通常被称为《费尔巴哈全集》第 2 版，它比《费尔巴哈全集》第 1 版全备，但 W. 博林和 F. 约德尔对著者在世时出版的原本进行了加工，他们不仅改变书法、标点以及拉丁文和其他外文引文的德译，还在许多地方按照自己的意思改变在他们看来过于尖锐的文句，删去他们认为无关紧要的地点。

第 2 版 10 卷卷名如下：

第 1 卷 *Gedanken über Tod und Unsterblichkeit*（1903）

第 2 卷 *Philosophische Kritiken und Grundsätze*（1904）

第 3 卷 *Geschichte der neueren Philosophie von Bacon von Verulam bis Benedikt Spinoza*（1906）

第 4 卷 *Darstellung, Entwicklung und Kritik der Leibniz'schen Philosophie*（1910）

第 5 卷 *Pierre Bayle. Ein Beitrag zur Geschichte der Philosophie und Menschheit*（1905）

第 6 卷 *Das Wesen des Christenthums*（1903）

第 7 卷 *Erläuterungen und Ergänzungen zum Wesen des Christenthums*(1903)

第 8 卷 *Vorlesungen über das Wesen der Religion*(1908)

第 9 卷 *Theogonie nach den Quellen des classischen, hebräischen und christlichen Alterthums*(1910)

第 10 卷 *Schriften zur Ethik und nachgelassene Aphorismen* (1911)

3. 俄文版及中文版《费尔巴哈哲学著作选集》

苏联国家政治书籍出版社 1955 年出版了两卷本的俄文版《费尔巴哈哲学著作选集》(*Людвиг Фейербах, Избранные философские произведения*, Госполитиздат, Москва. 1955)，该俄译本在遇到第 1 版和第 2 版有歧义时，均恢复了费尔巴哈本人（即第 1 版）的原文。上卷包含"路德维西·费尔巴哈"（葛利高利扬著）、"黑格尔哲学批判"、"论'哲学的开端'"、"改革哲学的必要性"、"关于哲学改造的临时纲要"、"未来哲学原理"、"谢林先生"、"反对身体和灵魂、肉体和精神的二元论"、"说明我的哲学思想发展过程的片段"、"对《哲学原理》的批评意见"、"从人本学观点论不死问题"、"论唯灵主义和唯物主义，特别是从意志自由方面着眼"、"幸福论"以及"法和国家"；下卷包含"基督教的本质"、"因《唯一者及其所有物》而论《基督教的本质》"、"宗教的本质"以及"宗教本质讲演录"。

商务印书馆 1984 年依据此俄文版《费尔巴哈哲学著作选集》翻译出版了中文版《费尔巴哈哲学著作选集》，此版本在篇目编排上依据俄文版《费尔巴哈哲学著作选集》，译文能找到德文的均依据德文译出，找不到的则依据俄文译出。

此外，俄文版《费尔巴哈哲学著作选集》上下卷卷末均有较长的注释，除介绍了版本信息和内容概要外，还在尾注中对正文内容做了一些补充说明，对了解费尔巴哈的学术思想颇有帮助。商务印书馆1984年版《费尔巴哈哲学著作选集》翻译了这些注释。

本次编选《费尔巴哈文集》时，将这些注释中的版本信息和内容概要加以整理，列在相应的各卷"编选说明"中；将尾注内容改为脚注，附在对应各卷的正文中，并注明"俄文编者注"。

4. 中文版《费尔巴哈哲学史著作选》

商务印书馆1978—1984年依据《费尔巴哈全集》第2版第3、4、5卷翻译出版3卷本《费尔巴哈哲学史著作选》，卷名如下：

第1卷《从培根到斯宾诺莎的近代哲学史》(1978年)

第2卷《对莱布尼茨哲学的叙述、分析和批判》(1979年)

第3卷《比埃尔·培尔对哲学史和人类史的贡献》(1984年)

二、其他主要德文编选文献

卡尔·格留恩(Karl Grün)编：《费尔巴哈的通信和遗著及其哲学发展》(*Ludwig Feuerbach in seinem Briefwechsel und Nachlass sowie in seiner philosophischen Charakterentwicklung*)，两卷，1874年出版于莱比锡和海德堡，C.F.温特书店(C. F. Winter'sche Verlagshandlung)。

卡普(August Kapp)编：《路德维希·费尔巴哈和克里斯提安·卡普通信集》(*Briefwechsel zwischen Ludwig Feuerbach und Christian Kapp*)，1876年，莱比锡，由奥托·维甘德出版。

博林(W. Bolin)编：《费尔巴哈来往通信集》(*Ausgewählte*

Briefe von und an Ludwig Feuerbach),两卷,1904年,莱比锡,由奥托·维甘德出版。

朗格(Max Gustav Lange)编:《费尔巴哈短篇哲学论文集》(*Kleine philosophische Schriften*,1842—1845),1950年,莱比锡,费利克斯·迈纳出版社(Felix Meiner)。

舒芬豪尔(Werner Schuffenhauer)编:《费尔巴哈通信集》(*Ludwig Feuerbach,Briefwechsel*),1963年,莱比锡,雷克拉姆出版社(Reclam Verlag)。

舒芬豪尔编:《费尔巴哈全集》(*Ludwig Feuerbach:Gesammelte Werke*),22卷,1967年,柏林,科学院出版社(Akademie-Verlag),其中第1—12卷为费尔巴哈生前发表著作,第13—16卷为遗著,第17—21卷为通信,第22卷为附录。

舒芬豪尔编:《费尔巴哈:短著集》(*Ludwig Feuerbach,Kleinere Schriften*),3卷。第1卷(1835—1839),1969年,柏林,科学院出版社;第2卷(1839—1846),1970,柏林,科学院出版社;第3卷(1846—1850),1971年,柏林,科学院出版社。

埃利希·蒂斯(Erich Thies)编:《费尔巴哈文集》(*Ludwig Feuerbach:Werke in sechs Bänden*),1975—1976年,法兰克福,苏尔坎普出版社(Suhrkamp Verlag)。

商务印书馆编辑部
2021年7月

本卷编选说明

本卷是路德维希·费尔巴哈的主要著作,它在德国知识界的思想发展中起着重大的作用,促进了德国知识界的先进代表们向唯物主义转变。费尔巴哈用自己的著作大大地超前于青年黑格尔派的施特劳斯和鲍威尔,因为后两人关于《福音书》神话产生原因的争论并没有越出黑格尔唯心主义的界限。在《基督教的本质》中,费尔巴哈坚定地站在哲学中的唯物主义立场上。恩格斯曾经指出这一著作对他和马克思的重大影响,他写道:《基督教的本质》直截了当地恢复了"唯物主义的王位,自然界是不依赖任何哲学而存在的,自然界就是我们人本身即自然界的产物赖以生长起来的基础。在自然界和人以外,再没有什么东西了,我们的宗教幻想所创造出来的最高存在物,乃是我们自身本质的虚幻反映。于是魔法被解除了,'体系'被打烂而被抛弃在一旁了,那个矛盾,因发现只是存在于想象之中,也就解决了。这部书的解放作用,只有亲自体验过的人才能理解到。那时大家都很兴奋:我们都一下子成了费尔巴哈派了。马克思曾经怎样热烈地欢迎这种新的观点,而这种新的观点又是如何强烈地影响了他,尽管他还有保留意见,这点可从《神圣家族》一书中看出来"(恩格斯:《费尔巴哈与德国古典哲学的终结》,人民出版社1957年版,第11页)。

马克思和恩格斯同时又指出了费尔巴哈哲学的弱点,指出了他的唯物主义的直观性质,指出了他对宗教和历史是抱着抽象的、人本学的态度。他们在这一时期的一系列著作中都指出了费尔巴哈观点的局限性;在马克思的《关于费尔巴哈的提纲》和两人合著的《德意志意识形态》中,他们深刻地揭露了费尔巴哈在对历史的认识方面的唯心主义。《基督教的本质》的出现,也激起先进的俄国人的极大喜悦。赫尔岑在日记中生动地转述了自己的印象:"读过了最初几页以后,我就高兴得跳了起来。脱下伪装的外衣,抛开隐语和讽喻。我们是自由人,而不是克萨夫的奴隶;我们不应该把真理包在神话里面!"(《赫尔岑哲学著作选集》,第2卷,1948年俄文版,第188页)这本书也给别林斯基同样的印象,并且,连年轻的车尔尼雪夫斯基也是这样。车尔尼雪夫斯基在自己的日记中写道:"昨天傍晚和今天早上读完了'导论',我很喜爱它的高尚、直接、公开、尖锐——这是一个非凡的人,是一个充满着信念的人。"(《车尔尼雪夫斯基哲学著作选集》,第3卷,俄文版,第849页)

本卷最初发表于1841年,《费尔巴哈全集》第1版收录在第7卷(Das Wesen des Christenthums),《费尔巴哈全集》第2版收录在第6卷(Das Wesen des Christenthums),俄文版《费尔巴哈哲学著作选集》收在下卷,《基督教的本质》的俄语翻译与出版,是在赫尔岑的介绍与赞助下完成的。俄文本最先出现于1861年,跟别的一些非法出版物一起在俄国流传,这一俄文译本,并不是像当时所以为的那样和在1955年俄文版《费尔巴哈哲学著作选集》卷首的介绍论文中所说的那样,由雅科夫·哈尼科夫所完成的,而是由娄勃尼科夫(Рыбников)以费拉台尔夫·费奥马赫这个笔名而完成的。俄文版《费尔巴哈哲学著作选集》中"基督教的本质"由波波夫根据安东诺夫斯基的译本(1926年版《费尔巴哈著作集》,第2卷)对照下列德文本加以校对:Das Wesen des Christentums, Kritische Ausgabe, mit Einleitung und Anmerkungen herausgegeben von Karl Quenzel, Leipzig. 1904。本卷根据舒芬豪尔(Werner Schuffenhauer)所编、柏林科学院出版社(Akademie-Verlag)1956年出版的 Das Wesen des Christentums 两卷本译出(卷首编者序未译)。

商务印书馆编辑部
2021年7月

目　录

1841 年初版序言 ⋯⋯⋯⋯⋯⋯⋯⋯⋯⋯⋯⋯⋯⋯⋯⋯ 1
1843 年第二版序言 ⋯⋯⋯⋯⋯⋯⋯⋯⋯⋯⋯⋯⋯⋯⋯ 8
1848 年第三版序言 ⋯⋯⋯⋯⋯⋯⋯⋯⋯⋯⋯⋯⋯⋯⋯ 29

导　论

第一章　概论人的本质 ⋯⋯⋯⋯⋯⋯⋯⋯⋯⋯⋯⋯⋯ 33
第二章　概论宗教的本质 ⋯⋯⋯⋯⋯⋯⋯⋯⋯⋯⋯⋯ 47

第一部分　宗教之真正的即人本学的本质

第三章　作为理智本质的上帝 ⋯⋯⋯⋯⋯⋯⋯⋯⋯⋯ 75
第四章　作为道德本质或法律的上帝 ⋯⋯⋯⋯⋯⋯⋯ 88
第五章　化身之秘密或作为心之本质的上帝 ⋯⋯⋯⋯ 96
第六章　受难上帝之秘密 ⋯⋯⋯⋯⋯⋯⋯⋯⋯⋯⋯⋯ 108
第七章　三位一体与圣母之秘密 ⋯⋯⋯⋯⋯⋯⋯⋯⋯ 116
第八章　逻各斯与属神的肖像之秘密 ⋯⋯⋯⋯⋯⋯⋯ 127
第九章　上帝里面的创世原则之秘密 ⋯⋯⋯⋯⋯⋯⋯ 136
第十章　神秘主义或上帝里面的自然之秘密 ⋯⋯⋯⋯ 143
第十一章　天意和无中创有之秘密 ⋯⋯⋯⋯⋯⋯⋯⋯ 161

第十二章　犹太教中创造的意义……………………………………175

第十三章　心情之全能或祈祷之秘密…………………………………186

第十四章　信仰之秘密——奇迹之秘密………………………………194

第十五章　复活与超自然的诞生之秘密………………………………205

第十六章　基督教的基督或人格上帝之秘密…………………………212

第十七章　基督教与异教的区别………………………………………224

第十八章　自由独身与修道之基督教的意义…………………………236

第十九章　基督教的天国或人格式的不死……………………………249

第二部分　宗教之不真的(或神学的)本质

第二十章　宗教的基本立场……………………………………………271

第二十一章　上帝的实存中的矛盾……………………………………287

第二十二章　上帝的启示中的矛盾……………………………………296

第二十三章　上帝一般本质中的矛盾…………………………………307

第二十四章　思辨的上帝学说中的矛盾………………………………324

第二十五章　三位一体中的矛盾………………………………………331

第二十六章　圣礼中的矛盾……………………………………………336

第二十七章　信仰与爱的矛盾…………………………………………350

第二十八章　结束语……………………………………………………379

附录　解释、注解和引证………………………………………………389

1841年初版序言

善意的和不怀善意的读者都可以看到,在现在这本著作里集中了作者散布于其各种著作中的关于宗教与基督教、神学与思辨宗教哲学方面的那些绝大多数只是偶然的、格言式的和论战性的思想。不过现在已经把这些思想加以发展、完成和论证,因事制宜地、从而必要地把它们加以保存或改进,限制或扩大,减缓或尖锐化。然而,必须说明,这本著作绝不是把作者的思想详尽无遗地阐明了,其原因就因为作者厌恶一切暧昧的一般性的东西,与他的所有著作一样,在这本著作里,他也只探讨一个完全确定的论题。

现在这本著作包含许多要素,同时必须注意,它所包含的只是针对实证宗教的或者启示的哲学的批判的要素。当然,应当可以理解,这里所说的宗教哲学,既不具有把任何一种历史无稽之谈都糊里糊涂地当作事实而接受下来的基督教神话学之儿童幻想般的意义,也不具有像以前经院哲学一样把无论哪一种信条(Articulus fidei)都证明为逻辑的形而上学的真理的思辨宗教哲学之迂腐的意义。

思辨宗教哲学使宗教充当哲学的牺牲品,而基督教神话学则使哲学充当宗教的牺牲品。前者使宗教成为思辨专横之玩物,而后者使理性成为幻想的宗教唯物主义之玩物;前者只允许宗教说出它自己所想到的并且说得更好的话，而后者却让宗教代替理性而发言；前者因为无法超脱自身，就把宗教影像当作它自己的思想，而后者因为无法回到自身，就把宗教影像当作事物。

显然，哲学或宗教，一般地说来，也即撇下其特有的差异不谈，是同一的。换句话说，因为进行思维和信仰的是同一个存在者，故而，宗教影像也同时表现思想和事物。既然任何一个人都不可能信仰某种实际上至少跟他的思维能力和表象能力相矛盾的东西，那末，每一种特定的宗教，每一种信仰方式，就都同时又是一种思维方式。故而，对奇迹信仰者来说，奇迹并不是与理性相矛盾的东西，毋宁是某种完全自然的东西，因为奇迹不外是上帝的万能之理所当然的结果，而在他看来，这上帝的万能同样也是非常自然的观念。故而，对信仰来说，肉体从坟墓中复活是既明白又自然的，就像太阳落山后必将重新升起，冬天过后春天必将苏醒，种子播下后必将生长出植物一样。只有当人不再与其信仰和谐相处，不再在这种和谐之中感觉和思维，也即当信仰不再成为深入人心的真理的时候，信仰、宗教跟理性的矛盾才特别强有力地突出来了。不错，与自身相一致的信仰也认为自己的对象是不可理会的，是与理性相矛盾的，然而它把基督教的理性同异教的理性、受启的理性同自然的理性区分开来。虽说这种区分只表明这样的意思：仅仅对不信者来说，信仰对象才是与理性相违背的，只要一旦信仰了这个信仰对象，那就将确信它们的真理性，承认它们是至高的理性。

可是，尽管基督教的或宗教的信仰跟基督教的或宗教的理性有了这样的协调，信仰与理性之间却总还有着一个本质上的区别，因为信仰也不能弃绝自然理性。而自然理性不是别的，就是处于优势的理性,就是普遍的理性,就是具有普遍真理和规律的理性;反之,基督教的信仰——或者,与此相同的,基督教的理性——却是特殊的真理、特殊的特权和赦免之总体,从而是一种特殊的理性。说得更简洁清楚一些:理性是规律,而信仰是偏离规律的例外。所以,即使是处在最好的协调之中,二者之间的抵触也是不可避免的,因为,信仰之特殊性与理性之普遍性,并不完全互相契合、互相满足;执是之故,还留下有自由理性的一个剩余物,这个剩余物,独立地同与信仰这个基础相连的理性相矛盾,它至少在特殊的时机独立地被感觉得到。故而,信仰与理性之间的差异,本身就成为一个心理学上的事实。

信仰之本质,并不在于与普遍理性相一致,而是在于与普遍理性不同。特殊性是信仰之根源;因此,信仰的内容本身,外在地已经同特殊的历史时代、特殊的地点、特殊的名称相联系着。将信仰跟理性同一化起来,就意味着冲淡信仰,使信仰没有了差异。例如,如果我认为对原罪的信仰,无非是确信人并不是生来就像他应当成为的那样,①那末我就是认为它不过说出了一个完全普遍的、理性主义的真理——一个人人皆知的真理。即使是仅以兽皮遮羞的野生人,也证实了这个真理;因为,他用兽皮来遮羞这一件事,就再好不过地证明个体的人并不是生来就像他应当成为的那样。诚然,这个普遍的思想也成了原罪的基础,然而,原罪之所以成为信仰之对象,成为宗教真理,却正是由于其特殊性、差异性,由于其与普遍理性不相一致。

---

① 费尔巴哈是指黑格尔对原罪学说的解释。——据德文本编者

当然，思维对宗教对象的关系，始终和必然是一种研究和阐明后者的关系，而在宗教——或至少是神学——的眼光中，则是一种冲淡和破坏后者的关系。所以，本书也具有这样一个任务，即证明宗教之超自然的神秘也是以完全简单的、自然的真理为基础的。然而，如果我们是要揭示宗教的本质，而不是要揭示自己本身，那就同时必须经常掌握住哲学与宗教之间的本质区别。构成宗教跟哲学的本质区别的，就是影像。宗教在本质上是戏剧性的。上帝本身就是一个戏剧性的存在者，也就是说，是一个具人格的存在者。谁夺去了宗教的影像，谁就夺去了它的实物，就只剩下一个"骷髅"。在宗教中，影像，作为影像，就是实物。

现在，在这本著作中，宗教影像既不被当作思想——至少不是思辨宗教哲学的意义上的那种思想——，也不被当作事物，而是就被当作影像来加以讨论。这就是说，在这本著作中，既不像基督教神话学那样把神学看作神秘的行为论（Pragmatologie），也不像思辨宗教哲学那样把神学看作本体论，而是把神学看作精神病理学。

作者在本书中所遵循的方法，是完全客观的方法——分析化学的方法。因而，在一切必要的和可能的地方，他都援引了文件（部分在正文底下，部分放在专门的《附录》之中），以便使由分析而得的结论合法化，也就是说，证明这些结论是有客观上的根由的。所以，如果人们觉得从他的方法得出的结果是怪诞的、非法的，那末，秉公而断，罪过并不在于他，而是在于对象。

作者之所以要从好多世纪以前的文献中取得他的这些凭证，是有其充分理由的。基督教也曾经有其古典时代；只有真的东西、伟大的东西、古典的东西，才是值得思维的；非古典的东西，应当属于喜剧或讽刺诗的范围。所以,为了能够把基督教保持为值得思维的客体,作者就必须弃绝现代世界中那种胆怯的、意志薄弱的、迎合人心的、献媚奉承的、伊壁鸠鲁式的基督教,而回复到这样一个时代,在那时,基督的新娘还是一个贞节的、完璧无瑕的少女;在那时,她还没有将异教维纳斯的蔷薇花和桃金娘编入她属天的新郎的荆冕之中,以便不致因为看到受难上帝的容貌而晕倒;在那时,她在地上财富方面还是一贫如洗,却极其丰富和幸福地享受超自然的爱的秘密。

现代的基督教所能够拿得出来的凭证,就只有贫困证(Testimonia paupertatis)。现代基督教所还具有的,并不是得自自己;它依靠过去世纪的布施而得以苟存。假设现代基督教竟是值得给予哲学批判的对象,那末,作者就可以省略他为本书所耗费的进行深思和研究的精力了。在这本书中所谓演绎地证明了的事情,即神学之秘密是人本学,其实神学史早就已经归纳地加以证明和证实了。"教义史",说得更一般些即神学史,乃是"教义的批判",一般神学的批判。神学早就成了人本学了。所以,那自在地曾经是神学的本质的东西,历史已经把它实现,并且使它成为意识的对象。在这一方面,黑格尔的方法是完全正确的,是具有历史论据的。

现代世界的"无限的自由和人格性"①如此地统御着基督教和神学,以致上帝的启示生产性的圣灵跟消费性的人灵之间的区别早就不知去向了,基督教以前曾具有的超自然的和超人的内容,早就完全自然化和拟人化了。然而由于我们的时代和神学之不坚定

---

① 暗指"实证"哲学的术语。——据德文本编者

和意志薄弱,旧基督教之超乎人的和超自然的本质,至少还像鬼怪一样使得我们的时代和神学神魂颠倒。可是,作者并不把证明这个现代的鬼怪只是人的错觉、只是人的自我欺骗作为其工作目的;因为,这样的任务,毫无哲学兴趣可言。鬼怪是过去之阴影;鬼怪必定会将我们引回到这样的问题:在那鬼怪还是有血有肉的存在者时,它曾经是什么?

然而,作者必须请善意的读者、特别是请不怀善意的读者不要忘记,虽然作者是以古代作为出发点来写作的,但是,他的写作毕竟不是在古代,而是在现代并且为了现代而写作的,从而在他研究鬼怪的原始本质时,就不会丢掉现代的鬼怪;总的说来,这本著作的内容是病理学的或生理学的,然而其目的则又是治疗学的或实践的。

这个目的就是:提倡精神水疗法;教导人运用和利用自然理性之冷水;在思辨哲学的领域上,首先在思辨宗教哲学的领域上,恢复古老而朴实的伊奥尼亚水学。古老的伊奥尼亚学说——其中特别是泰勒斯的学说——,如众所周知,最初本来是这样说的:水是一切事物和一切本质、从而也是一切神灵的本源;原来,那按照西塞罗的说法曾经作为一个特殊的存在者帮助过水产生出万物的精神或神灵,显然只是以后异教有神论的一个附加物而已。

苏格拉底的 Γνῶθισαυτόν(认识你自己),是本书的真正的警句和主题,只要我们真正领会了它的意义,这句话绝不会与伊奥尼亚世俗哲理中简单的自然元素相矛盾。水不仅像古代褊狭的水学所理解的那样是形而下的繁殖手段和营养手段;它并且还是对于心灵和视觉的十分有效的药品。冷水可以使眼目清亮。人们看到清澈的水,心里是多么欢喜啊!这种视觉上的水浴,可以多么促使精神焕发、理智清明啊!诚然,水像奇幻的磁石一样吸引着我们,使我们深入自然;但是,它却又映照出人自己的影像。水是自我意识之肖像,是人的眼睛之肖像,——水是人的天然镜子。在水中,人大胆地解脱了一切神秘的掩盖物,他信赖水,以自己真实的、赤裸裸的形体显示于水;在水中,一切超自然主义的幻想都消失得影踪全无了。这样,在伊奥尼亚自然哲学之水中,异教天体神学(Astrotheologie)之火炬也就熄灭了。

水的奇妙的治疗能力,正在于此。在这里,我们可以看到精神水疗法之良效和必要性,特别是对我们这一代见水就怕、自眩自惑、日趋软弱的人来说,更是必不可少的。

然而我们完全不想对水——自然理性的清澈的水——作种种幻想,而把超自然主义观念同超自然主义的解毒剂结合起来。诚然,Ἄριστον ὕδωρ(水有良效),但是,ἄριστον μέτρον(尺度也有必要)。水的力量也是局限于自身的,是有其极度和目标的。水也有治疗不了的病。首先,现代伪君子、无聊诗人和艺术败类所患的性病就无法治疗。这些人,仅仅按照事物激起诗兴的程度来评价事物;他们是如此的无耻和卑鄙,以致在认识到幻想实是幻想以后,还是因为其佳美可人而百般为其辩护;他们是如此的虚浮和远离真理,以致他们不再感觉得到,幻想仅当其被看作不是幻想而是真理的时候,才是美的。然而,对于这种根本浮而不实、患性病的人,精神水疗法医师也无意伸手治疗。只有将真理之淳朴精神看得高于谎言之矫饰的才华的人,只有视真理为美、视谎言为可憎的人,才配得上和够得上接受神圣的水的洗礼。

1843年第二版序言

本书自第一版出版以来所受到的愚蠢而恶意的评论,毫不使我惊奇,因为,我本来就没有别的期待,而且,公正合理而论,也不能另有期待。这本书破坏了我同上帝和世界的关系。我是如此地"肆无忌惮",竟敢在序言中明言,"基督教也曾经有其古典时代;只有真的东西、伟大的东西、古典的东西,才是值得思维的;非古典的东西,应当属于喜剧或讽刺诗的范围。所以,为了能够把基督教保持为值得思维的客体,作者就必须弃绝现代世界中那种胆怯的、意志薄弱的、迎合人心的、献媚奉承的、伊壁鸠鲁式的基督教,而回复到这样一个时代,在那时,基督的新娘还是一个贞节的、完璧无瑕的少女;在那时,她还没有将异教维纳斯的蔷薇花和桃金娘编入她属天的新郎的荆冕之中,以便不致因为看到受难上帝的容貌而晕倒;在那时,她在地上财富方面还是一贫如洗,却极其丰富和幸福地享受超自然的爱的秘密。"就是说,我是如此地肆无忌惮,竟敢让为现代假基督徒们所离弃的真基督教不再隐匿在过去的幽暗之中而跑到光天化日之下,而且,我这样做,并不具有值得表扬的和合乎理性的意图,即并不是为了引申说明真基督教是人的精神和心灵的 Non plus ultra(极点),相反地却具有"愚蠢"而又"魔鬼式的"目的,即是为了将真基督教还原为更高的、更普遍的原则。由于我如此肆无忌惮,故而,我就确实冒犯现代基督徒、特别是神学家们。我触犯了思辨哲学最敏感的地方,使它大出洋相。我无情地破坏了它建立的与宗教的假和睦;我指出,它为了与宗教相调和,不惜偷盗掉宗教的真正的实质内容。另一方面,我又将所谓的实证哲学投入最最致命的光线之中;我指出,实证哲学的偶像之原本,乃是人;人格性是跟血肉有着本质的联系的。总而言之,我的不平常的著作,给平庸的专业哲学家以意想不到的打击。可是,我对幽暗的宗教本质所作的绝对不得策的、但可惜基于智慧和伦理却是必然的那种阐述,却招致各种各样政治家的白眼;这些政治家,其中有一些是把宗教看作征服和压迫人的最得策的手段,另一些是把宗教看作与政治无关的东西,从而,虽然他们在工业和政治的领域中是光明和自由之朋友,但在宗教领域中却几乎成了光明和自由之敌人。最后,我使用不顾一切的语言对任何事物都直呼其名,也是对时代礼节的可怕的、难以宽宥的冒犯。

"上流社会"的语调,包含了许多平凡的幻想和谎言的那种中立不倚的、无感情的语调,正就是我们时代占统治地位的语调、正常的语调。不仅真正的政治问题,这是不言自明的,就是宗教问题和科学问题——时代之祸患,也都必须以这种语调来商讨和谈论。虚伪是我们时代的本质,我们的政治、我们的道德、我们的宗教、我们的科学,无一不充满着虚伪。在现在说真话的人,就是鲁莽的、"不懂礼貌的",而"不懂礼貌的",就也是不道德的。在我们的时代,真理就是不道德。表面上好像对基督教加以肯定的那种对基督教的伪善的否定,被认为是道德的、权威的和应该受到感谢的;至于真正的、道德的对基督教的否定,也即公开承认是否定的那种否定,却被认为是不道德的和应该受到斥责的。随心所欲地玩弄基督教,使基督教的某一基本信条事实上完蛋,却又让另一基本信条表面上继续存在——要知道,推翻某一信条,正像路德已经说过的那样,①至少在原则上就等于推翻一切信条——,这样的玩弄,竟被认为是道德的;出自内在必然性而认真地努力从基督教中解放出来,却反而被认为是不道德的。轻率的一知半解,竟被认为是道德的,而确实可靠的完整彻底,却反而被认为是不道德的。轻浮的矛盾百出,竟被认为是道德的,而严格的首尾一贯,却反而被认为是不道德的。平凡庸俗,因其对一切都不置可否,不深入研究,故竟被认为是道德的,而天才,因为对样样事情都彻底研究、求个水落石出,故反而被认为是不道德的。总之,只有谎言才是道德的,因为它规避和隐瞒真理之祸患或祸患之真理——在现在,这是没有什么区别的了。

但是,在我们时代,真理不仅意味着非道德,而且也意味着非科学——真理是科学之界限。正像在德国莱茵河上航行的自由 jusques à la mer(到海洋为止)一样,德意志科学的自由则 jusques à la vérité(到真理为止)。科学到达了真理,成了真理,就不再是科学,而是成了警察之对象;警察是真理与科学之间的界限。真理是人,而不是抽象的理性;是生活,而不是那停留在纸张上、且在纸张

---

① 关于这一方面,路德在另外一个地方还这样说过:"二者必择其一:或者是信仰整个和一切,或者是什么也不信仰。圣灵不允许有人将自己分割开来,圣灵绝不是只有一部分是真理,而其另一部分却听任谬误的说教和信仰。……有裂缝的钟就不再鸣响,而且完全不能用了。"完全正确!现代的信仰,其钟声是多么不悦耳啊!但是,要知道这口钟已经破到怎样程度了啊!——著者

上求得其完全而相适应的存在的思想。所以，那些直接由笔尖转入血液、由理性转入人的思想，已不再是科学的真理。现在科学，实质上仅仅是懒惰的理性之既无害又无益的玩物；它变成只是一种跟对生活、人无关紧要的事物打交道的东西；即或它过问并非无关紧要的事物，它仍旧是如此可有可无，以致没有任何人会去关心它。所以，智穷谋尽、束手无策、无精打采、少有主张，总之，意志薄弱，现在已经成了真正的、颇享重望的、被公认的学者的必具特性了，——至少是这样的学者：他的科学必然引导他跟当代令人感到棘手的问题相接触。可是，一个具有耿介的真理感、性格果断、深中肯綮、除恶务尽、解决问题总求个水落石出的学者，却已经不再是一个学者了。不！他是一个海洛斯特拉特，就是说，应当立即处他绞刑，或者，至少是要把他绑在刑柱上当众出丑！是的，只要绑在刑柱上就可以了；因为，绞刑架上的死，由于这样的死是再明显不过的，是不可否认的，故按照今天"基督教国家法"的明文规定是不得策的和"非基督教的"，而在刑柱上的死，由于这样的死是狡猾的、伪善的死，是一种看来似乎不是死的死，故而是最最得策的和基督教的。在遇到一切稍感棘手的问题时就采取虚伪的、纯粹虚伪的态度，这就是我们时代的本质。

所以，毫不令人奇怪，在这个听任虚假的、徒有其名的、自吹自擂的基督教横行的时代中，基督教的本质，必定会受到这样的诽谤。基督教已经如此地变质劣化和脱离实践，以致即使是官方的和博学的基督教代表人——神学家们——也不再知道或至少不想知道基督教究竟是什么。为了要亲眼目睹地确信这一点，只要将神学家们在诸如信仰、奇迹、神意、世界虚无等方面加在我头上的非难，跟我在我的著作中——特别是在现在这个用许多典据来反复说明问题的增订第二版中——所援引的历史凭证加以比较，就可以了。这样比较一下，就可以知道，他们的这种非难，其实并不是加在我头上的，而是加在基督教本身头上的；他们对我的著作所表示的"愤慨"，其实只是对基督教之完全不合他们心意的真正内容表示愤慨而已。是的，毫不令人奇怪，在现在这样一个时代，既然人们竟（显然是出于无聊）重新装腔作势地来攻击新教跟天主教之间已消逝了的、现在已微小得可怜的对立（在最近，鞋匠和裁缝①还曾经超越了这种对立），既然人们竟不顾羞耻地把关于混合婚姻的争论②当作一件严肃的、极其重要的事情，那末，我在这样一个时代写出这样一本著作，就当然要成为引起众怒的不识时务者了；因为，本书以历史文件为根据来证明，不仅是混合婚姻，即信者与不信者之通婚，而且一切婚姻都是与真正的基督教相矛盾的；真正的基督徒——可是，"基督教的政府"、基督教的培灵人、基督教的说教人，不正是有责任使我们都成为真正的基督徒吗？——除了在圣灵中生殖、感化罪人、增殖天国人口以外，不应当知道别种的生殖，不应当知道属地的生殖。

但是，正因为这是毫不令人奇怪的，故而，那些对着我的著作吵吵嚷嚷、大惊小怪的家伙，也就丝毫不会使我惶恐不安。我已经心平气和地甘愿让我的著作再一次接受最严格的历史批判或哲学

---

① 鞋匠可能是指德国神智学哲学家雅各·波墨。裁缝也可能是指某一个哲学家。——译者
② 暗指科伦的教会纠纷。——据德文本编者

批判,使它尽可能地抛弃掉一切形式上的缺陷而趋于纯洁,并且,用新的阐述、解释和历史凭证——最最有力的、毫不矛盾的凭证——来丰富其内容。现在,因为我在循序分析时不时插入历史实例作为佐证,便可以使一切非全盲的读者都真正信服,而且,不管自己意愿怎样都只得承认,我的这本著作意味着忠实而正确地将基督教由东方之离幻比喻语言翻译成优美易解的德语。其实,我的著作也只希望成为信实的翻译,——不要转弯抹角,爽直地说,就是要对基督教的谜语作经验哲学的或历史哲学的分析、剖解。我在导论部分所预先提示的一般原理,并不是先验的、虚构的,并不是思辨之产物;它产生自对宗教的分析,而且,像本书的一切基本思想一样,只是属人的本质——并且是人之宗教本质和宗教意识——之事实表现,不过,在这里,这些事实表现已经被移放在思想中,换句话说,已经被概括在一般的表现中,以便深入理解罢了。本书中的思想,仅仅是由下面这样的前提中所得出的结论,而这个前提,并不又是抽象的思想,而是客观的、活生生的或历史的事实;这些事实,存身于卷帙浩繁的书籍之中,绝不是我的头脑所容纳得了的。一般说来,我无条件地弃绝一切绝对的、非物质的、自我满足的、由自身汲取素材的思辨。我跟那些闭目静思的哲学家是天差地别的;为了进行思维,我需要感官,首先就是眼睛,我把我的思想建筑在只有借感官活动才能经常不断地获得的材料上面,我并不是由思想产生出对象,正相反,是由对象产生出思想;只是,这里的对象,专指在人脑以外存在着的东西。只有在实践哲学之领域内,我才是唯心主义者。就是说,在这个领域内,我并不把现在与过去的界限看作人类之界限、未来之界限;我坚定不移地相信，许多东西，许许多多东西，虽然在今天还被近视和怯懦的实践家们看作幻想，看作绝不可能实现的理念，看作纯粹的妄想，但是到了明天，也就是说，到了下一个世纪——因为对个别的人来说是一个世纪，对整个人类来说，在整个人类的生活史中，就仅仅是一天而已——就将具有完全的现实性。简言之，对于我，理念只是对历史未来的一种信念，对真理和道德取得胜利的一种信念，对我来说，理念不过具有政治的和道德的意义而已；然而，在纯粹理论哲学的领域内，我却与主张完全相反的黑格尔哲学对立，认为只有上述意义下的实在论、唯物主义才是重要的。所以，非常遗憾，迄今思辨哲学所遵循的基本原则，即"各人东西，各自携带"（Omnia mea mecum porto），对我并不适用。在我以外还有许多事物，它们是我所不能携带在口袋中或脑袋中的，但是，我，作为哲学家而不是仅仅作为人——这里不谈人——，却仍然把它们算作是我自己的。我不过是一个精神上的自然科学家而已，但是，一个自然科学家若没有了工具，没有了物质手段，那是一事难成的。可见，我原来是作为一个精神上的自然科学家来写作我的这本著作的，从而，这本著作就仅仅包含新哲学的原则，这种原则是已经实践地得到证明的、即已经具体地在特殊的而又具有普遍意义的对象——宗教——上面得到叙述、发展和贯彻。这个新哲学，与迄今为止的哲学具有本质上的区别，它是与人之真正的、现实的、整个的本质相适应的，正因为如此，所以是与一切由于沉迷于超乎人的、反人的和反自然的宗教和思辨之中而执迷不悟的人相抵触的。这个新哲学，正像我在另外一个地方已经说过的那样，并不将鹅毛笔当作唯一适合于启示真理的用具，而是有眼有耳，有手有脚；它并不将关于事物的思想跟事物本身等同起来，并不借助于写字笔而把现实的存在还原为单纯纸上的存在；相反，它将二者分别得清清楚楚，正由于这种分别而到达了事物本身；它并不承认像作为抽象理性的对象那样的事物为真正的事物，认为只有那成为现实而完整的人的对象的、从而其本身就是完整而现实的事物，才是真正的事物。这个新哲学，并不是依据于自为的理智，并不是依据于不知属于何人的、无有名称的绝对理智，而是依据于人——当然是指并没有思辨化和基督教化的人——的理智。因而这个新哲学说着属人的语言，而不是说着没来历的和无以名之的语言；它言行一致地认为哲学之本质就在哲学之否定中，就是说，它声明只有有血有肉的、人化了的哲学才是真正的哲学。从而，当它看到一切把哲学之假象当成哲学之本质的不学无术的人甚至根本不将它当作哲学的时候，就不免要庆幸自己获得了最高的胜利。

这个哲学，并不将斯宾诺莎的实体、康德和费希特的"自我"、谢林的绝对同一性、黑格尔的绝对精神等抽象的、仅仅被思想的或被想象的本质当作自己的原则，而是将现实的或者毋宁说最最现实的本质，真正最实在的存在(Ens realissimum)：人，即最积极的现实原则当作自己的原则。这种哲学，是从思想之对立物，即从物质、实质、感觉中产生出思想，并且，在通过思维过程来规定对象以前，先就与对象发生感性的、也即受动的、领受的关系。所以，我的这本著作，作为这种哲学的一个样品，虽然另一方面又是迄今为止的哲学之血肉相连的真正成果，但毕竟不是列于思辨范畴的一种产物，而且，它是思辨的直接反对物，它是思辨的结束。思辨只许可宗教说出思辨本身也想到的并且说得更好的话；思辨规定宗教，却不让宗教反过来规定自己；思辨从来不离开自己。而我呢，却让宗教自己发表意见；我只是充当宗教之旁听者和译员，而不是充当它的幕后提词者。我并不要发明、发现什么东西，我的唯一的目的在于要"揭露实情"；我的唯一的努力，在于要正确地看。崇拜人的，是宗教而不是我，虽然对于这件事，宗教，或者说得更确切一些，神学，要百般抵赖。不惟我而已，宗教自己也是这样说：上帝就是人，人就是上帝。不是我，而是宗教本身真正否认和否定非人的、仅仅是理性本质(Ens rationis)的上帝；因为，宗教先使上帝成为人，然后才使这个具有人的模样、像人一样地感知和思念的上帝成为自己崇拜和敬仰的对象。我只是泄露了基督教的秘密，只是把基督教从充满神学矛盾的欺诈和诡计中拯救出来而已，然而我却因此而犯下了亵渎神圣的大罪。所以，如果说我的著作是消极的、不虔诚的、无神论的，那末，请不要忘记，无神论——至少是本书意义下的无神论——正是宗教本身之秘密；不要忘记，宗教本身，不是在表面上而是在根柢里，不是在见解和想象上而是在内心和其真正的本质中，除根深蒂固地信仰着属人的存在者之真理性和神性外，再不信仰别的了。否则就请向我证明本书中的历史的论证和理性的论证之错误不真吧！就请反驳我的这本著作吧；但是，我恳求大家不要用法律上的侮辱、神学上的《耶利米哀歌》、陈腐的思辨成语以及诸如此类的无理取闹来反驳它，而是要用各种论据，即用我还没有最最彻底地加以反驳的那些论据，来反驳它。

当然，我的这本著作是否定的、否认的；但是，请注意，只是对于宗教之非属人的本质来说，它才是否定的，对于宗教之属人的本质，那它就不是否定的了。所以，本书分成两大部分，其中第一部分主要是肯定的,而第二部分(包括《附录》在内)则绝大部分(不是全部)都是否定的。不过,两大部分所要证明的东西,却是同样的,只是方式有所不同,或者说得更确切一些,方式正相反而已。第一部分旨在阐明宗教之本质、真理,而第二部分则旨在阐明宗教之矛盾;第一部分是论述,而第二部分是论战,从而,就事论事,第一部分是比较平静的,而第二部分却是比较活跃的。论述从容不迫地循序前进,而论争却急速前进,因为,论述在每一个中间站都在自己内部感到满足,而论争却只有到达了最终目的才感到满足。论述是多虑的,而论争却是果断的。论述要求光,而论争却要求火。所以,在形式上,两大部分也是不同的。在第一部分中指出,神学之真正意义是人本学,在属神的本质之宾词跟属人的本质之宾词之间没有任何区别,从而在神的主词(主体)或本质跟属人的主词(主体)或本质之间也没有任何区别,它们是同一的;我之所以在这里用"从而"两字,是因为,无论在哪里,只要宾词(首先,神学上的宾词就是这样的宾词)并不表明主词之某些偶然的特性、即偶有性,而是表明主词之本质,那末宾词跟主词就毫无区别,宾词就可以用来代替主词。为此我介绍参看亚里士多德的《分析篇》或只是参看坡菲立的《导论》。反之,在第二部分中我指出,在神学上的宾词跟人本学上的宾词之间被造成的——或者说得更正确一些,认为应当造成的——区别,完全是子虚乌有和绝顶荒谬。

举一个明显的例子。我在第一部分中证明,宗教里面上帝的儿子,是实在的儿子,是在人是人的儿子这同一意义上是上帝的儿子;我认为宗教之真理或本质,就在于它将一种彻头彻尾属人的关系理解和肯定为属神的关系。反之,我在第二部分中证明,诚然不是直接在宗教本身中，而是在宗教对自己的反思中，承认上帝的儿子并不是自然的、属人的意义下的儿子，而是用跟自然和理性相矛盾的、从而排斥感官和理智的完全另一种方式产生的儿子；于是我认为，宗教之不真、消极，就在于这种对人的感官和理智的否定。

由此可见，两大部分都是要证明神学就是人本学，第一部分是直接的证明，第二部分是间接的证明。因此，第二部分必然要追溯到第一部分；它并不具有某种独立的意义；它的目的只是在于证明，在第一部分中对宗教所取的意义必定是正确的意义，因为与其相对立的意义是荒谬的。简言之，我在第一部分中主要是讨论宗教，而在第二部分中主要是讨论神学。我之所以说是"主要是"，乃因为正如在第二部分中也不可避免地要牵涉到宗教一样，我在第一部分中不可避免地已经讨论到神学。但是并不像现在有许多人错误地推测的那样，其实，我在第二部分中不仅仅讨论了通俗神学，而且一看就会清楚，我还论及了思辨神学或哲学。我虽然很熟悉通俗神学，却在尽最大努力远离它。无论在什么地方，我都使自己局限于对象之最最本质的、最最严格的、最最必然的规定上面。例如，在讨论圣礼时，我只提到两种圣礼，因为，就最严格的意义来说（见路德，本书所引版本中的第17卷第558页），仅仅只有两种圣礼。也就是说，我只使自己局限于那赋予对象以普遍兴趣、使对象越出神学之有限的领域的规定上面。我是说神学，而不是说神学家；因为，无论在哪里，我都只能确定什么是第一原因（prima causa）——是原本而不是副本，是原则而不是人物，是类而不是个体，是历史的对象而不是 chronique scandaleuse（丑闻录）的对象。

如果本书只包含第二部分，那末，人们就完全有权利来责备其否定的倾向，有权利把"宗教是虚无，是荒谬"这个命题称为本书的实质内容。但是，我从来没有说过这样的话：上帝是虚无，三位一体是虚无，上帝的言语①是虚无等等，——要这样说倒是很容易的！我只是指出，上帝、三位一体、上帝的言语等等，其实完全不是像神学所幻想的那个样子，它们并不是外来的神秘，而是本地的神秘，是人的本性之神秘。我指出，宗教将自然和人类之外貌的、表面的本质认作是其真正的内在本质，而反将其真正的、奥秘的本质表象成为另一种特殊的本质。由此，我指出，宗教在其从上帝（例如，从上帝的言语）那里给出的各种规定——至少是那些在上述意义下非否定的规定——之中，只是将属人的言语之真正本质加以定义和对象化而已。说按照我的著作，则宗教是荒谬、虚无、纯粹的幻想了，这种责难仅仅在下述情形下会是有理由的，即按照我的著作，我把宗教还原到人、人本学，证明人、人本学是宗教之真正对象和内容，并把人、人本学也说成是荒谬、虚无、纯粹的幻想，如果有这种情形，那末上述这种责难就当然是不无理由的了。但是，以为我赋予人本学以某种虚无的或仅仅从属的意义，那是非常错误的——只有把神学放在它之上且与它相敌对时，它才会具有这样的意义。正好相反，我使神学下降到人本学，这倒不如说是使人本学上升到神学了，就像基督教使上帝下降到人，把人变成了上帝——当然，仍旧还是与人疏远的、先验的、幻想的上帝——一样。

---

① 言语（Wort）也可译作"道"，《新约全书》的《约翰福音》卷首所说的"道"，就是Wort。——译者

不言自明,我之取人本学这个名词,并不是取其在黑格尔哲学或迄今一切哲学中所取的意义,而是取其较此高得多和普遍得多的意义。

宗教是人心灵之梦。但是,即使在梦中,我们也不是处身于虚无或天空之中,而是仍旧在地上,仍旧在现实界之中;只是在梦中,我们不是在现实性和必然性之光辉中看到现实事物,而是在幻觉和专擅之迷人的假象中看到现实事物。所以,对宗教以及思辨哲学或神学,我只不过使其睁开眼睛,或者说得更明确一些,使其向内面的眼睛转向外面;就是说,我只不过将存在于表象或想象之中的对象转变成为存在于现实之中的对象而已。

但是,对于影像胜过实物、副本胜过原本、表象胜过现实、外貌胜过本质的现在这个时代,上述这个转变是一种幻灭,①所以被认为是绝对的消灭,或者,至少被认为是放肆的亵渎。因为,在现在这个时代,只有幻想才是神圣的,而真理,却反而被认为是非神圣的。是的,在现代人看来,神圣性正随着真理之减少和幻想之增加而上升,从而,在他们看来,幻想之最高级也就是神圣性之最高级。宗教消失了,甚至在新教徒那里也是由宗教之外貌——教会——来代替了;教会的目的,至少是使无知识和无主见的民众相信:既然今天基督教教会还像千年前一样存在着,并且,在今天,信仰之外部特征还盛行着,那末,基督信仰就当然还存在着。不再存在于信仰中——现代世界中的信仰,只是虚假的信仰,它并不信仰它自

---

① 试比较马克思对这个概念的理解。见马克思的《黑格尔法哲学批判》中的《导言》。——据德文本编者

以为信仰着的东西，从而，正像我和别的一些人已经充分地加以证明了的那样，它只是一种犹疑不决的、愚钝的不信——的东西，毕竟还应当存在于人的印象之中；在自身之中、在真理之中不再是神圣的东西，至少还应当看来是神圣的。所以，这个充满着虚伪和幻想的时代，就特别要针对我对圣礼所作的分析大发其看来是宗教的脾气了。但是，对于一个并不以迎合时代为其目的，而是以真理、以毫不掩盖的赤裸裸的真理为其目的的著作家，人们不应当要求他对着一个虚幻的假象表示敬意或奉承。更何况这个假象之对象，自在自为地是宗教之极点，①就是说，是由虔信转为不信的一点。我说这些话，只是为了申辩清楚，绝不是为我对圣礼所作的分析辩护。

至于说到那特别在《结束语》中给出的关于圣礼的分析之真正意义，我只请大家注意，在这里，我将本书的实质内容、主题——特别是关于其实践意义方面——以一个感性的实例来加以直观化；在这里，我传唤感官本身来证明我的分析和思想之真实性，看得到、甚至摸得到、尝得到地证明了我用整本书来加以论述的东西。行洗礼时的水，行圣餐礼时的酒和饼，在其自然的力量和意义方面，远比在超自然主义的、虚幻的意义方面来得重要和有效。同样的，一般说来，在本书意义下、也即在人本学的意义下所理解的宗教对象，作为理论和实践的对象，远较神学意义下所理解的宗教对象来得有效和现实。因为，在水、酒和饼中作为某种跟这些自然物质不相同的东西而启示出来——或者说得更正确一些，应当启示

---

① Kulminationspunkt，数学名词，指函数曲线中某一斜率为零的点，函数曲线在这一点改变其方向。——译者

出来——的奥理，其实仅仅存在于表象、幻想之中，并不是真有其事，实有其事；同样，一般的宗教对象，即与自然和人类之本质不同的属神的本质，如果它的规定（例如，理智、爱等等）除了构成人与自然之本质的规定以外还是什么别的东西，还说明什么别的东西，那就也仅仅存在于表象、幻想之中，并不是真有其事，实有其事。因此，这个寓言教导我们，不应当像神学和思辨哲学那样将现实界的规定和力量——一般现实的存在者和事物——当作某个与它们区别开来的、先验的、绝对的、抽象的存在者之任意的符号、工具、象征或宾词；我们应当以下面这样的意义来认识和把握它们：在它们自为地具有的意义上，在同它们的性质、同它们的借以成为它们这个样子的那种规定性相同一的意义上。这样，我们才掌握了达到真正的理论和实践之关键。我事实上是用实在的水之实惠来代替那一无所用的洗礼水。这真个是"水湿的"，真个是凡俗的！是的，非常凡俗。但是，路德曾经以其"人的天然意向"为基础用婚姻来反对貌似神圣的独身幻想，当那个时候，婚姻也曾经成为非常凡俗的真理呢。所以，对我来说，水虽然是实物，但同时又不过是我的著作的"非神圣的"精神之工具、影像、实例、象征，正像行洗礼用的水——这是我分析的对象——既是真正的水，同时又是影像的、象征的水一样。酒和饼，也是如此。一些心怀恶意的人就由此得出可笑的结论：我这本著作的总的精神、积极的成果，便是洗澡和吃喝。其实，我只要这样来反驳就可以了：如果宗教之全部内容都包含在圣礼之中，就是说，除了在行洗礼和圣餐礼时以外没有任何别的宗教活动或行动，那末，我这本著作的全部内容和积极成果，便当然只是洗澡和吃喝了，因为我的著作不外乎是忠实的、最为严格地遵循着它的对象的历史哲学分析,是宗教之自我幻灭、自我意识。

对基督教进行历史哲学的分析,不同于对它进行仅仅历史的分析。历史家——例如,道茂尔——指出,圣餐礼是一种起源于古代的人祭的宗教仪式,在古代某个时候,曾经不是吃酒和饼,而是吃真的人肉和人血。与此相反,我只是将圣餐礼之基督教的、在基督教中神圣化了的意义作为我进行分析和还原的对象,并且,遵循着下面这样的基本原则:某种教条或教规(不管在其他宗教中是否也有这样的教条或教规)在基督教——当然不是指现今的基督教,而是指古代的、真正的基督教——中所具有的意义,就其为基督教的教条或教规所具有的意义而言,就是这种教条或教规的真正起源了。或者,历史学家——例如,吕最尔别格①——指出,关于基督奇迹的传说是完全自相矛盾和不相协调的,是后人杜撰的,从而,基督并不是奇迹创造者,一般地,基督并不是像圣经所描写的那个样子。与此相反,我并不询问,与被造的或虚构的、超自然主义的基督不相同的现实的、自然的基督到底是什么或者能够是什么;我宁可假定这个宗教上的基督,只是,我指出,这个超乎人的存在者,不外就是超自然的属人的心灵之产物和客体。我并不问这个或那个奇迹是否可能,一般地,我并不问奇迹是否可能;我只是指出奇迹到底是什么,就是说,并不是采用演绎法,而是利用那在圣经中作为实有的事情加以叙述的奇迹之实例。而这样一来,就正好一劳永逸地回答了关于奇迹之可能性、现实性以及必然性方面的问题。这就是我跟一切反基督教的历史家们的不同之处。至

---

① Lützelberger, Ernst Carl Julius(1802—1877),德国历史学家。——译者

于说到我跟斯特劳斯和勃鲁诺·鲍威尔——人们常常把我的名字跟他们放在一起——的关系，那末，我只想提出这样一点，即我们所讨论的对象不同——这一点，从标题中也可以看出——从而，很显然的可以看出，我们的工作是不同的。鲍威尔将福音书中的历史，就是说将《圣经》基督教，或者说得更准确一些，将《圣经》神学作为其批判的对象。斯特劳斯将基督教的信仰论和耶稣的生活——但后者也可以包括在前者的题目下面，就是说将教条基督教，或者说得更准确一些，将教条神学作为其批判的对象。而我，却将一般的基督教，就是说，将基督教的宗教作为批判的对象，而作为必然的结果，仅仅将基督教的哲学或神学作为批判的对象。所以，凡我所援引的作者，绝大多数都是不把基督教仅仅看作理论的或教义学的对象，不把基督教仅仅看作神学，而是把基督教看作宗教的。我的主要对象是基督教，是宗教——它是人之直接对象、直接本质。对我来说，博学和哲学，只是用来发掘人里面的宝藏的手段而已。

还应当指出，我的这本著作竟然会如此广泛地流传开来，那是完全出乎我的意图和意料之外的。然而，另一方面，这又是不无理由的。我始终不将学者、抽象的和专门的学院哲学家，而是将最普遍的人，当作真正的说理方式和写作方式之尺度，我是将一般的人——而不是将这个或那个哲学家——当作真理之准则。我始终将哲学家的自我克制看作是哲学家的至高美德，认为一个哲学家无论作为人或作为著作家都不应当摆出哲学家的架子来，应当不是在形式上而是在实质上成为一个哲学家，就是说，应当做一个沉着的哲学家，不应当做一个喧哗的、甚或夸夸其谈、鲁莽灭裂的哲学家。所以，在本书中，同在我的一切著作中一样，在对象所允许的限度内，我尽了最大的努力，务期做到清晰、简朴和确实，使每一个有教养的和善于思想的人至少在主要方面都能够理解。可是，虽然如此，事实上还是只有学者——当然是指热爱真理的、有判断力的、超脱了有学问的和没有学问的混账东西的主张和成见的学者——才能够评价我的著作，完全理解我的著作；因为，它虽然是完全独立的产物，但同时毕竟又是历史之必然结果。我常常引述这个或那个历史现象，却完全不提其名称，认为这样做是多余的，——从而，与这些历史现象的关联，只有学者才能够理解得了。例如，在论述感情立场所必然会产生的各种结果的第一章中，我是指哲学家雅可比和施莱艾尔马赫尔而言；在第二章中，我一开头就主要是说的康德主义、怀疑论、有神论、唯物主义、泛神论；在说明宗教的或神学的自然观跟物理的或自然哲学的自然观之间的矛盾的《宗教之立场》那一章中，我指的是正统派时代的哲学，也即主要是那特别恰当地描述了这个矛盾的笛卡儿派和莱布尼兹派的哲学。所以，不知道我这本著作的历史前提和各个媒介阶段的人，就不会明白我的论证和思想的出发点；这样的人不管怎样自以为是地认为我的主张是海市蜃楼，都是毫不令人奇怪的。我的这本著作的论题，是一切人都感兴趣的，并且，不容置疑，它的基本思想有朝一日——当然，在那时，这些思想不会像在这里所说出的以及在当代关系下所能够说出的这个样子——将成为人类之财产。因为，现在与这些基本思想相对立的，只是些空洞的、无实力的、跟人的真正本质相矛盾的幻想或成见而已。可是我首先仅仅并且也只能将我的对象当作一个学术问题，当作哲学之对象来处理。我在纠正宗教、神学和思辨的谬误时，自然也只得使用它们的用语，甚至看起来似乎已经思辨化或（这是同样的）神学化了；然而，其实我却正是在瓦解思辨，就是说，正在将神学还原于人本学。前已提及，我这本著作包含有一种新的、非学派的、全人类的哲学之原则，而且已经具体地把这种原则加以论述了。可是，它之所以包含有这种原则只是由于它从宗教的内部产生出这种原则，故而，这种新的哲学不再能够、不再会像古代的天主教经院哲学和现代的新教经院哲学那样，试图用其与基督教教义学的一致来证明其与宗教的一致；产生自宗教本质的这种新哲学，宁可说在自身中具有宗教之真正本质，并且，作为哲学，自己本身就是宗教。然而，正是由于形式上的这种特性，就使得我这一本创始的、从而阐释的和论证的著作，成为不适合于广大公众的著作。

最后，如果有人觉得我的这本著作中的某一些论点不够充分的话，那末，我希望他能够参读我的一些旧作，特别是《比埃尔·培尔。论哲学史和人类史》及《哲学和基督教》。在这两本书中，我虽着墨不多，却相当敏锐地描写了基督教之历史的瓦解；我指出，基督教不仅早就从人类理性中消失了，而且也早就从人类生活中消失了；我指出，基督教不过是某种固执想法而已，这种固执想法，是跟我们的火灾和人寿保险机构、我们的铁路、我们的蒸汽机车、我们的绘画陈列馆和雕刻陈列馆、我们的军官学校和实业学校、我们的剧场和博物标本室处于最最尖锐的矛盾之中的。

1843年2月14日于布鲁克堡

路·费

附启：当我写这篇序言的时候，新谢林哲学还没有经报纸正式宣布为"国家权力"。① 新谢林哲学是坏良心的哲学，好多年来，它一直为怕见光明而在黑暗中蠕行，因为它知道，它公开于世之日也就是它灭亡之时。新谢林哲学的虚妄，可笑之至，它所提出的论据，只有名称和题目，而且，是怎样的名称和题目呵！新谢林哲学，是十九世纪的哲学的卡里奥斯特罗要的通神术的把戏。② 确实，如果这种把戏早一些出现，那末，我的序言也许就要另一种写法了。

3 月 31 日

可怜的德国！你，即使在哲学领域内，也总是受人愚弄，而且，特别是受上面提到的卡里奥斯特罗的愚弄；他只是欺哄你，从来不忠守自己的诺言，从来不证明自己的主张。然而，以前他至少总还用理性的名字、自然的名字，也即基于事物的名字作为支柱，而现在，他竟想用人物的名字，用沙维尼、屈斯顿③和内安德的名字来欺骗你了。可怜的德国！你在科学上的荣誉，恐怕也要保不住了吧。签名竟被认为是科学论证、理性论据！然而，你毕竟不会受人欺哄的。你还清楚地记得奥古斯丁修道士的历史。你知道，真理

---

① 在这里，费尔巴哈把谢林比作国际骗子卡里奥斯特罗伯爵(G. Cagliostro)。爱丽莎·冯·瑞克(Elisa von der Recke, 1754—1838)在 1784 年公布了卡里奥斯特罗的危害公众的活动，轰动一时。——据德文本编者

② 至于这种比喻的真理性之文献证明，则可参看卡普的评论谢林的精确著作，读者一定可以由此得到满足。——著者

③ Twesten, August Detlev Christian(1789—1876)。——译者

绝不会装饰好了来到世界上,决不会头戴王冠、在敲锣打鼓的欢迎声中而来,而总是在偏僻的暗角落里,在哭声和叹息声中诞生;你知道,受到世界史的浪潮的冲击的,常只是职位卑微的人,而绝不是"高官显爵",就因为他们高高在上,太显赫了。

4月1日①

---

① 赫·克吕格(H. Kriege)于1842年底拜访费尔巴哈,因前者是受警察监视的,故警察于4月2日到费尔巴哈的别墅来搜查。费尔巴哈在4月3日写道:"他们想在我这个隐居者、学者、思想家那里搜出大学生们的信件,搜出有关大学生联合会的消息。我必须再一次呼喊:可怜的德国,你的唯一的财富——你在科学上的荣誉——也要保不住了。硬说一个尽人皆知的学术人士、一个多年与世隔绝、致力于一种新的哲学原则的人跟什么秘密的联合会有暧昧关系,难道还有比这更大的侮辱吗?鬼知道我们还要遭遇到些什么!"——据德文本编者

1848年第三版序言

我确信,讲话和写作是可以无止境的;但是,当事实在讲话时,我就特别习惯于沉默。所以,在这一卷中,我尽量不运用演绎法来对读者讲一些读者可以用自己的眼睛通过归纳法而达到确信的事情。我只想预先声明一下,我在这一版中尽量避免使用外国语,已经将一些冗长的拉丁语和希腊语的引文翻译出来,使不甚博学的人也能理解,但是,我在进行翻译时只严格遵照原意,并不要求完全符合原文的字句。

路·费

导　　论

第一章　概论人的本质

　　宗教根源于人跟动物的本质区别：动物没有宗教。虽然老一辈的无批判的动物志学者确认象除有其他许多可贵属性外，还具有宗教虔诚之美德，然而，象的宗教，终究是属于寓言范围之内的。居维叶，最通晓动物界的学者之一，根据亲身的观察，并不认为象比狗处于更高的精神阶段。

　　但是，究竟什么是人跟动物的本质区别呢？对这个问题的最简单、最一般、最通俗的回答是：意识。只是，这里所说的意识是在严格意义上的；因为，如果是就自我感或感性的识别力这意义而言，就根据一定的显著标志而作出的对外界事物的知觉甚或判断这意义而言，那末，这样的意识，很难说动物就不具备。只有将自己的类、自己的本质性当作对象的那种生物，才具有最严格意义上的意识。动物固然将自己的个体当作对象，因此它有自我感，但是，它不能将自己的类当作对象，因此它没有那种由知识而得名的意识。什么地方有意识，什么地方就有从事科学的才能。科学是对类的意识。在生活中，我们跟个体打交道，而在科学中，我们是跟类打交道。但是，只有将自己的类、自己的本质性当作对象来对待的生物，才能够把别的事物或实体各按其本质特性作为对象。

所以,动物只有单一的生活,而人却具有双重的生活。在动物,内在生活跟外在生活合而为一,而人,却既有内在生活,又有外在生活。人的内在生活,是对他的类、他的本质发生关系的生活。人思维,其实就是人跟自己本人交谈、讲话。没有外在的另一个个体,动物就不能行使类的职能;而人,即使没有另一个人,仍旧能够行使思维、讲话这种类的职能,因为,思维、讲话是真正的类的职能。人本身,既是"我",又是"你";他能够将自己假设成别人,这正是因为他不仅把自己的个体性当作对象,而且也把自己的类、自己的本质当作对象。

人的异于动物的本质,不仅是宗教的基础,而且也是宗教的对象。可是,宗教是对无限的东西的意识;就是说,宗教是、而且只能是人对自己的本质——不是有限的、有止境的,而是无限的本质——的意识。一个真正有限的本质,对于一个无限的本质,就连猜想也丝毫不会有,更不用说对它有意识了;因为,本质的界限,也就是意识的界限。例如毛虫,它的生活和本质都限制在某一种植物上面,这样,它的意识就也不越出这个有限制的区域之外;它固然能把这种植物与其他植物区别开来,但除此以外,便什么也不知道了。所以,这种有限的、但正由于其有限性而无错误的、可靠的意识,我们不称它作意识;而把它称为本能。严格意义或本来意义下的意识,是同对无限者的意识不可分割的;有限的意识不是意识;意识的本质特性,就是总括一切、无限。无限者的意识,不外是对意识之无限性的意识。或者说,在无限者的意识中,意识把自己的本质之无限性当作对象。

但是,人自己意识到的人的本质究竟是什么呢? 或者,在人里面形成类、即形成本来的人性的东西究竟是什么呢?① 就是理性、意志、心。一个完善的人,必定具备思维力、意志力和心力。思维力是认识之光,意志力是品性之能量,心力是爱。理性、爱、意志力,这就是完善性,这就是最高的力,这就是作为人的人底绝对本质,就是人生存的目的。人之所以生存,就是为了认识,为了爱,为了愿望。但是,理性的目的是什么呢?就是理性。爱的目的是什么呢?就是爱。意志的目的是什么呢?就是意志自由。我们为认识而认识,我们为爱而爱,为愿望而愿望——愿望得到自由。真正的存在者,是思维着的、爱着的、愿望着的存在者。只有为自己本身而存在着的东西,才是真正的、完善的、属神的。而爱、理性、意志,就正是这样。在人里面而又超乎个别的人之上的属神的三位一体,就是理性、爱和意志的统一。理性(想象、幻想、表象、见解)、意志、爱或心,并不是人所具有的力量;因为,没有了它们,人就等于乌有,只是凭借它们,他才成其为人,它们是给既非他所具有、也非他所创造的他的本质奠定基础的要素,它们是鼓舞他、规定他、统治他的权力——是属神的、绝对的权力,这种权力是人所不能违抗的。②

充满感情的人,怎能对抗感情呢?充满着爱的人,怎能对抗爱

---

① 不学无术的唯物主义者说道:"人与动物的唯一区别,就是意识。人就是动物,然而具有意识。"可见,他没有注意到,在一个逐渐觉醒而上升到意识的存在者那里,发生着整个本质的质变。不过,话虽如此,却绝不应当以此来贬低动物的本质。这里不拟深一层讨论这个问题。——著者

② "Toute opinion est assez forte pour se faire exposer au prix de la vie."——Montaigne.("任何一种意见都是强有力的,足够使人甘愿冒生命的危险来发表它。"——蒙台涅)——著者

呢？理性的人，怎能对抗理性呢？谁没有经验过音调之动人心弦的威力？可是，音调的威力，不正是感情的威力吗？音乐是感情的语言，音调是有声的感情，是表达出来的感情。谁没有经验过爱的威力？至少，总听到过吧？爱和个人，哪一个更强一些呢？是人占有爱呢，还是爱占有人呢？当爱驱使人甘愿为所爱者赴汤蹈火时，这个战胜死的力量，到底是他自己个人的力量呢，还是爱的力量呢？真正思维着的人，难道会没有经验过思维的威力，那确是静穆无哗的威力吗？当你忘记了你自己和你周围的一切而沉思默想时，究竟是你支配理性呢，还是理性支配和吞噬了你呢？科学上的灵感，不就是理性征服你的一次最出色的胜仗吗？求知欲的威力，难道不是完全不可违抗的、征服一切的威力吗？当你压制某种激情，革除某种习惯的时候，总之，当你经过一番努力而战胜了你自己的时候，这种战无不克的力量，难道会是你单独一个人的力量吗？或者，说得更确切一些，这种战无不克的力量，难道不正是意志力，不正是暴力地管辖着你、使你对你自己和你个人的弱点满怀愤慨的那种道德心的威力吗？①

没有了对象，人就成了无。伟大的模范人物，即向我们显示了

---

① 个体（Individuum）——像一切抽象名词一样，这个名词也是最不确定的、暧昧的、易误解的——跟爱、理性、意志之间的这种区别，到底是不是基于本性的区别，这对本书的论题是无关紧要的。宗教把人的力量、属性、本质规定从人里面抽出来，将它们神化为独立的存在者——不管是像多神教中那样将其中每一个都当作一个存在者，还是像一神教中那样归并为一个存在者——，因而，在解释这些属神的存在者并将其还原于人时，也必须注意这个区别。其实，这个区别不仅由对象显示出来，在语言上和逻辑上（这是同样的）也得到证明；因为，人将自己跟自己的精神、自己的头脑、自己的心区别开来，仿佛尽管没有这些东西，他还是某物似的。——著者

人的本质的那些人,都用他们自己的生活确证了这个命题。他们只有一个支配一切的基本情感:实现那作为他们活动的主要对象的目的。然而,主体必然与其发生本质关系的那个对象,不外是这个主体固有而又客观的本质。如果这个对象是若干同类而不同种的个体所共有的,那末,它就至少像它按照不同的特点分别成为这些个体的对象那样地成为这些个体固有而又客观的本质。

譬如,太阳是行星的共同客体。但是,太阳对于水星、金星、土星、天王星,和它对于地球,并不是同样的。每个行星都各有自己的太阳。照亮着和温暖着天王星的那个太阳,对于地球来说就没有任何物理意义,只具有天文学上的、科学上的意义。天王星上的太阳跟地球上的太阳,不仅看来似乎是不同的,而且,实际上确是不同的。所以,地球对太阳的关系,同时是地球对自身的关系,或者说,是地球对自己的本质的关系;因为,太阳在作为地球的对象时,其大小和光线强弱的量度,就是那决定着地球特有的本性的距离的量度。所以,每个行星都在它自己的太阳中映射出它自己的本质。

所以,人由对象而意识到自己:对于对象的意识,就是人的自我意识。你由对象而认识人;人的本质在对象中显现出来:对象是他的公开的本质,是他的真正的、客观的"我"。不仅对于精神上的对象是这样,而且,即使对于感性的对象,情形也是如此。即使是离人最远的对象,只要确是人的对象,就也因此而成了人的本质之显示。月亮、太阳、星星也向人呼喊 $Γν ωθι σαυτόν$(认识你自己)。人看到它们,并且,它们的样子就像他看到它们的那样,这一点,就是他自己的本质的证据了。动物只感受得到生活所必要的太阳光,反之,人却连来自最遥远的星球的无关紧要的光线也能感受到。只有人,才具有纯粹的、智能的、不以个人兴趣为转移的喜悦和热情;只有人才会欣赏理论的视觉观玩之乐。眼睛察看星空,观望着既无益又无害的、跟地球及其需要毫无关系的光线,而在这种光线中,它就看到了自己的本质,看到了自己的本源。眼睛具有属天的本性。因而,人只有用眼睛才能超出地球的限制;因而,理论是由观察天空开始的。最初的哲学家,就是天文学家。天空使人想到自己的使命,即想到自己不仅生来应当行动,而且,也应当要观察。

人的绝对本质、上帝,其实就是他自己的本质。所以,对象所加于他的威力,其实就是他自己的本质的威力。所以,感性的对象的威力,就是感情的威力;理性的对象的威力,就是理性本身的威力;意志的对象的威力,就是意志的威力。人,因为其本质是由情调所决定的,因而他受感情的支配,至少,受在情调中寻得相应因素的那种感情的支配。可是,情调本身并不具有制服感情的威力,只有具有丰富的内容、意义和感情的情调,才具有这种制服感情的威力。感情只为充满感情的东西所规定,也就是说,只为它自己、它自己的本质所规定。意志和理性,情形也是如此。所以,不管我们意识到什么样的对象,我们总是同时意识到我们自己的本质;我们不能确证任何别的事情而不确证我们自己。正因为意愿、感受、思维就是完善性,就是本质性,就是现实性,所以,我们不可能用理性、感情、意志来相应地把理性、感情、意志作为有限的、有端的、虚无的力量来感觉或知觉。有限性跟虚无性是同一回事;有限性仅仅是虚无性之雅化而已。有限性是形而上学的、理论的名词,而虚无性则是病理学的、实践的名词。对理智来说是有限的东西,对心来说就是虚无的。但是,我们不可能意识到意志、感情、理性是有限的力量,因为任何完善性、任何力量和本质性都是它们自身的直接验实和确证。我们如果不把爱、意愿、思维这些活动看作是完善性,那我们就不会再去爱、再去意愿、再去思维了。我们如果不感到这些活动有什么无限的乐趣,那我们就不会觉得自己是一个爱着的、意愿着的、思维着的存在者了。意识,就是意味着存在者将自身当作对象;所以,意识绝不是特殊的东西,绝不是跟具有自我意识的存在者不同的东西。不然的话,他怎么能意识到自己呢?因此,他当然不可能意识到完善性其实乃是非完善性,当然不可能感到感情是有限的,当然不可能设想思维是有限的。

意识是自我确证、自我肯定、自爱,是因了自己的完善性而感到的喜悦。意识是完善的存在者所特有的标志;意识只存在于满足了的、完成了的存在者里面。即使是人的虚荣,也确证了这个真理。人在照镜子时,满意于自己的形态。这种满意,是他形态的完美之必然的、不由自主的后果。美丽的形态在自身之中得到满足,它必然因了自己而感到喜悦,必然在自身之中映照出来。所谓虚荣,乃在于人只欣赏自己一个人的形态;如果他一般地赞美人的形态,那就绝不是虚荣了。他理应一般地赞美人的形态;他不能设想还有比人的形态更美、更崇高的形态了。[①] 当然,每一个存在者都

[①] "在人看来,人是最美的。"(西塞罗:《神性论》第 1 卷)而这绝不是意味着局限性,因为人也把美归给别的存在者;他也欣赏动物的形态美、植物的形状美,也欣赏一般自然的美。可是,只有绝对的、完善的形态,才能毫不妒嫉地喜爱别的东西的形态。——著者

爱自己,爱自己的存在,并且,也理应爱自己的存在。存在就是善。培根说:"一切值得存在的,都是值得知识的。"①一切存在着而具有价值的,都是优异的存在者,从而也就都肯定自己、维护自己。然而,自我肯定之最高形式,其本身即是优异性、完善性、幸福、善的,正就是意识。

任何一种对人的理性或一般地对人的本质的限制,都基于欺罔、谬误。诚然,个体的人能够并且应当感到和认识到自己是有限的——这就是他跟个体的动物不同之处。但是,他之所以能意识到自己的限制、自己的有限性,只是因为他把类的完善性、无限性作为对象——不管是作为感情的对象,还是作为良心的对象,还是作为思维意识的对象。然而,如果他竟把他自己的局限当作整个类的局限,这就是由于他把自己跟类混同起来的错误;这种错误是跟个体对安逸的爱好、怠惰、虚荣和利己心有着最密切的联系的。可是,如果我把某种局限仅仅认为我的局限,那它就会使我受辱、羞耻和不安。所以,为了从这种羞耻感、不安中解放出来,我就把我的个性的局限看作是人的本质本身的局限。凡我所无法理解的,别人也无法理解。这样,还要忧虑些什么呢?如果我还有什么无法理解,那并不是我的过失,问题并不在于我的理智,而是在于类自身的理智。然而,如果把形成人的本性的类的本质——个体之绝对本质——规定为有端的、有限的,那就是一种谬见,一种可笑而又罪过的谬见。每一个存在者都满足于自身。没有一个存在

---

① 培根:《新工具》,第1卷,A120。——据德文本编者

者会否定自己,会否定自己的本质性;没有一个存在者对自身来说是有限的。相反,每一个存在者,在自身之中和对于自身来说,都是无限的,都在它自身之中有自己的上帝、自己的至高本质。存在者的每一个限制,都只是对于另一个在它以外和以上的存在者而存在着。蜉蝣的生命,比起活得比较长的动物来虽然显得特别短暂,但是,对蜉蝣自身来说,这个短暂的生命已经很长了,已经相当于别的动物活多年了。毛虫赖以活命的树叶,对毛虫来说,是一个世界,是一个无限的空间。

那使一个存在者成为它所是的,正就是它自己的才具、能力、财富、装饰。那末,它怎能把自己的存在认为非存在,把自己的财富认为贫困,把自己的才能认为无能呢?如果植物也有眼睛、趣味、判断力的话,每一种植物都会争说自己的花朵是最美的;因为,植物的理智、趣味,不会超出其生产性的本质力。生产性的本质力,作为至高的东西生产出来的,它的趣味、判断力也得确认其为至高的。理智、趣味、判断,不能否定本质所肯定的东西;否则,理智、判断力就不再是这个特定存在者的理智、判断力而变成某个另外的存在者的理智、判断力了。存在者之尺度,也就是理智之尺度。如果存在者是有限的,那末,感情也是有限的,理智也是有限的。可是,有限的存在者并不感觉其有限的理智是有限的;相反,有限的存在者十分喜爱和满意其有限的理智,赞美和夸奖它,感到它是宏伟的神力;而有限的理智,反过来又赞美它所从属的那个有限的存在者。二者紧密地配合在一起;它们怎能分离呢?理智就是那个存在者的视野。你看得多远,你的本质就扩展到多远;反之亦然。动物的眼睛并不超出动物的需要,而动物的本质也不超出动物的需要。你的本质达到多远,你的无限的自感也就达到多远,你也就成了这样远的范围内的上帝。理智与本质、思维力与生产力在人的意识里面的分裂,一方面,仅只是个别的,并没有普遍的意义,另一方面,仅只是外貌的。能够认识到自己的劣诗确实拙劣的人,正因为其认识不像那种在自己的理智中夸奖自己的劣诗的人那么有限,故而其本质也不那么有限。

所以,如果你是在思维无限的东西,那你就是在思维和确证思维能力的无限性;如果你感受无限的东西,那你就是感受和确证感情能力的无限性。理性的对象,就是自己作为自己的对象的理性;感情之对象,就是自己作为自己的对象的感情。如果你毫无音乐欣赏能力,那末,即使是最优美的音乐,你也只把它当作耳边呼呼的风声,只当作足下潺潺的溪声。当音调吸引住你的时候,其实究竟是什么东西吸引住你呢?你在音调中究竟听到些什么呢?除了你自己的心的声音以外,还会是什么呢?所以,感情只对感情讲话,只有感情、感情本身,才能理解感情——因为只有感情,才是感情本身之对象。音乐是感情之独白。可是,哲学对话(Dialog der Philosophie)其实也只是理性之独白而已:思想只对思想讲话。我们的感官,被晶体的色泽所迷住了;而理性,却只对结晶学的规律感兴趣。理性,只是以合乎理性的东西为对象。①

---

① "理智只能感受理智及从理智流出来的东西。"(雷玛鲁斯:《自然宗教的真理》,第 4 部,§8)——著者

所以，凡是超人的思辨和宗教认作派生的、主观的或属人的东西，认作是手段、工具（Organ）的东西，在真理看来，就是发端的、属神的，就是本质、对象本身。例如，既然感情是宗教的基本工具，那末，上帝的本质，就不过表明感情的本质。"感情是属神者的工具"这句话的真正隐义是："感情是人里面的至贵、至优和属神的东西。"假如感情并不具有属神的本性，那你怎么能够通过感情知觉那属神的东西呢？属神的东西只有通过属神的东西而被认识，"上帝只有通过上帝自身而被认识"。感情所知觉的属神的本质，事实上不外就是感情之为自己所迷乱和蛊惑了的本质——狂欢的、自得其乐的感情。

由此就不言自明：当人们使感情成为无限者的工具，成为宗教的主观本质时，宗教的对象就丧失其客观价值了。所以，自从人们使感情成为宗教的主要东西以后，基督教的曾经是非常神圣的信仰内容，就成为无关紧要的东西了。站在感情的立场上，即使还允许对象具有价值，那也只是为了感情的缘故；感情只是由于一些偶然的原因才勉强跟对象相结合。如果有另外一个对象也激起同样的感情，这个对象也同样会受到欢迎的。可是，感情的对象之所以成为无关紧要，却正是因为只要我们明言感情是宗教的主观本质，则事实上就等于将感情当作宗教的客观本质，即使我们至少不直接这样明言。我之所以说直接，乃因为人们确已间接地承认这件事情了：人们将作为感情的感情说成是宗教的，这样，就废弃了真正宗教的感情跟反宗教的或至少非宗教的感情之间的区别。这是他们站在仅仅将感情当作属神者的工具这种立场上的必然结果。因为，你使感情成为无限者、属神者的工具，如果不是根据其本质、本性，那又是根据什么呢？一般的感情的本性，不又是各特殊的感情——不管其对象是什么——的本性吗？那末，是什么东西使这种感情成为宗教的呢？是一定的对象吗？绝不是。因为，这个对象，只有当它不是冷静的理智或记忆的对象，而是感情的对象时，才是宗教的。那末，究竟是什么东西使感情成为宗教的呢？这就是：感情的本性，即每一种感情不论对象的不同都共有的本性。可见，感情之所以被说成是神圣的，只是因为它是感情。感情之所以具有宗教性，就是因为其本性是这样的，就是因为它本身是这样的。然而，这样一来，不是把感情表达成为绝对者、属神者本身了吗？如果感情凭自身就是善的、宗教的，也即神圣的、属神的，那末，难道感情不是有自己的上帝在自身之中吗？

可是，如果你不管这些，硬要确立感情的客体，同时又要正确地——即不是用你的反思把某种奇形怪状的东西搬进来——解释你的感情，那末，你就只有把你自己个人的感情跟一般的感情的本质、本性区分开来，把感情的本质跟感情在你这个受制约的个体中所遭受到的混杂、玷污区别开来，除此而外，还有什么呢？所以，只有感情的本性，你才能够将它对象化，将它说成是无限者，将它规定为无限者的本质。在这里，你只能给上帝以这样的规定：上帝是纯粹的感情，是无限的感情，是自由的感情。如果你在这里再假设一个另外的上帝，那就是从外面强使你的感情接受的了。正教派信仰将宗教跟一个外在的对象联结在一起，因而它认为感情是无神论的；感情否认对象的上帝——它自己本身就是上帝。站在感情的立场上来看，只有否定感情，才是否定上帝。只是由于你太怯懦或太褊狭,不敢把你的感情默默地肯定了的事情坦白加以承认。你忧虑这个那个,不能理解感情的大度,你惧怕你的心的宗教无神论,并因了这种惧怕而破坏了你的感情跟你本身的统一;因为,你凭空捏造出一个跟感情不同的客观本质,使你自己重又陷入古老的疑问:到底有没有上帝？其实,既然感情被规定为宗教的本质,那末,这个疑问也就消失了,并且成为不可能的了。感情这种威力,既是跟你最亲密的,又是不同于你的、不依赖于你的,它既寓于你,又超于你:它是你最固有的本质,然而又把你作为一个另外的本质那样左右着你。总而言之,它是你的上帝。那末,试问你怎样可以把寓于你的这个本质同另外一个客观本质区分开来呢？你怎样可以超越你的感情呢？

可是,在这里,感情是仅仅作为例子来提出的。任何一种别的力量、能力、潜力、现实性、活动——名目不是重要的——,举凡被规定为某个对象的基本工具者,其情形也如此。凡是在主观上或者在人一方面具有本质的意义的,在客观上或者在对象一方面,就也因此而具有本质的意义。人绝不能越出他自己真正的本质。他虽然可以借幻想而表象出属于所谓另一个更高的种的个体,但他绝不能再进一步脱离掉自己的类、自己的本质;他给予这另一个个体的本质规定,总只是从他自己的本质中汲取出来的规定;就是说,他只是在这种规定中摹绘出自己,使自己对象化而已。虽然除了人以外,在其他天体上大概还有会思维的存在者,然而,我们并不因为假定了这样的存在者就改变了我们的立场——我们只是从量的方面、而不是从质的方面来丰富它;因为,既然那里有着跟这里同样的运动规律,那末,在那里就也有着跟这里同样的感觉规律和思维规律。事实上,我们说其他星球上有生命,并不是指在那里有不同于我们的存在者;我们只是认为那里有更多的我们这样的或类似的存在者。①

---

① 例如,克里斯蒂安·惠更斯在他的《宇宙论》第1卷中说道:"有理由认为,对音乐和数学的爱好,不仅限于我们人而已,而且,还有更多的存在者也具有这样的爱好。"这正就是说,质是同样的,都是对音乐、科学的爱好;只是,享受者的数量,却应当是无限制的。——著者

第二章　概论宗教的本质

上面我一般地谈到了我对于人对对象——即使是感性对象——的关系的看法。这种看法，尤其适合于人对宗教对象的关系。

在对感性对象的关系中，对象之意识可以跟自我意识区分开来；可是，在对宗教对象的关系中，意识却直接跟自我意识重合在一起。感性对象存在于人以外，而宗教对象却存在于人以内。所以，宗教对象是自身内在的对象，因此它像人的自我意识、人的良心一样，从来不离开人，它是亲密的、最亲密的、最亲近的对象。例如，奥古斯丁说过："上帝比感性的、有形体的事物更靠近、亲近我们，从而，使我们更便于认识。"①感性对象自在地就是一种不倚不偏的对象，它不依赖于心意，不依赖于判断力；而宗教的对象，却是精选出来的对象：最优秀的、第一流的、最高的存在者。它以批评的判断为其本质重要的前提，也即以属神者与非属神者、值得崇拜者与不值得崇拜者之间的区别为其前提。② 所以，在这里，下面这

---

① 《原罪论》，第5卷第16章。——著者
② 米努基乌斯·菲力克斯在其《屋大维》第24章中对异教徒说道："你们没有想到，必须先认识上帝，然后再敬拜上帝。"——著者

个命题毫无条件地适用:人之对象,不外就是他的成为对象的本质。人怎样思维、怎样主张,他的上帝也就怎样思维和主张;人有多大的价值,他的上帝就也有这么大的价值,绝不会再多一些。上帝之意识,就是人之自我意识;上帝之认识,就是人之自我认识。你可以从人的上帝认识人,反过来,也可以从人认识人的上帝;两者都是一样的。人认为上帝的,其实就是他自己的精神、灵魂,而人的精神、灵魂、心,其实就是他的上帝:上帝是人之公开的内心,是人之坦白的自我;宗教是人的隐秘的宝藏的庄严揭幕,是人最内在的思想的自白,是对自己的爱情秘密的公开供认。

但是,当我们说宗教——上帝的意识——就是人的自我意识时,并不是说信宗教的人会直接意识到他的关于上帝的意识乃是他自己的本质之自我意识;因为,宗教所固有的本质正是以缺乏这种意识为基础。为了免除这种误解起见,最好还是这样说:宗教是人之最初的、并且间接的自我意识。所以,无论在什么地方,宗教总是走在哲学前面;在人类历史中是这样,在个人历史中也是这样。人先把自己的本质移到自身之外,然后再在自身之中找到它。最初,他自己的本质是作为另外的本质而成为他的对象的。宗教是人类童年时的本质;儿童是在自身之外看到自己的本质——人——的;在童年时,人是作为另一个人而成为自己的对象的。所以,各种宗教的历史进展,就在于逐渐懂得以前被当作是某种客观物的东西其实乃是主观物,在于逐渐认识到以前被当作上帝来仰望和敬拜的东西其实乃是某种属人的东西。后期的宗教把前期的宗教看作是偶像膜拜:人敬拜他自己的本质。人将自己对象化了,却没有认识到那对象就是他自己的本质;后期的宗教做到了这一步;所以,宗教中的每一进步,都是更深入的自我认识。但是,任何一种特定的宗教,都把自己的姊妹们称为偶像膜拜者,认为自身却幸免于这种命运,不具有宗教的一般本质。这是必然的,不然它也许就不成其为一种宗教了。它只是将一般宗教的罪过——如果确是罪过的话——推到其他宗教身上。就因为它有着另外的对象,有着另外的内容,就因为它蔑视以前宗教的内容,故而它才妄想超越奠定宗教之本质的那些必然而且永恒的法则,妄想使自己的对象、内容成为超乎人的。但是,把宗教当作对象的思想家,却洞察了宗教之对宗教本身隐而不显的本质,洞察了宗教信奉者所不能看到的。我们的任务,便正在于证明,属神的东西跟属人的东西的对立,是一种虚幻的对立,它不过是人的本质跟人的个体之间的对立;从而,基督教的对象和内容,也就完全是属人的对象和内容了。

宗教——至少是基督教——,就是人对自身的关系,或者,说得更确切一些,就是人对自己的本质的关系,不过他是把自己的本质当作一个另外的本质来对待的。属神的本质不是别的,正就是属人的本质,或者,说得更好一些,正就是人的本质,而这个本质,突破了个体的、现实的、属肉体的人的局限,被对象化为一个另外的、不同于它的、独自的本质,并作为这样的本质而受到仰望和敬拜。因而,属神的本质之一切规定,都是属人的本质之规定。①

---

① "上帝的完善性,就是我们灵魂的完善性;只是,前者是无限制的。……我们只有某一些能力、认识、优点,而上帝却样样都是完善的。"(莱布尼兹:《神正论》,序言)"一切使人的灵魂显赫的东西,都是属神的本质所固有的。凡是被排斥在上帝之外的,就也不属于灵魂的本质规定。"(尼萨的格列高里:《论灵魂》,1837 年版,第 42 页)"所以,在一切科学之中,自我认识是最最可贵的和最最重要的,因为,一个知道自身的人,就也认识上帝。"(亚历山大的克雷门斯:《教育者》,第 3 卷第 1 章)——著者

在涉及上帝之宾词，也即涉及上帝之属性或规定时，大家会毫不迟疑地承认这一点；然而，在涉及主词，也即涉及这些宾词的本体时，就绝不是这样了。人们把对主词的否定看作是不信仰，看作是无神论；可是，对于宾词的否定却不这样看待。但是，无规定的东西，就不会对我起作用，而不起作用的东西，对我来说，就也是不存在的。将一切规定都抛弃掉，就等于将存在者本身也抛弃掉。无规定的存在者，就是非客观的存在者，而非客观的存在者，就是虚无的存在者。所以，如果人从上帝那里夺掉其一切规定，那末，对他来说，上帝就只成了消极的、即虚无的存在者。真正的虔诚者并不把上帝看成是无规定的存在者，因为他把上帝看成是确实的、现实的存在者。所以，上帝之无规定以及上帝之不可认识——两者是同样的——，仅仅只是新时代的果实，是近代不信仰的产物。

我们知道，只有当人将感性享乐或宗教感情或美学直观或道德观念看作是绝对的、真的东西时，理性才被、才能够被规定为有限的。同样，只有在对认识来说，上帝这个对象已不再有什么兴趣的时候；从而只有在唯独现实性统御着人；在人看来，唯有现实的东西才是本质的、绝对的、属神的对象的时候，上帝之不可认识和不可规定才能表白和确立成为一种教条。可是，与此同时，与这种纯粹世俗的趋向相矛盾，宗教虔诚的陈旧残滓仍旧还存在着。在残存的宗教良心面前，人用上帝之不可认识作为借口来宽恕自己的忘却上帝和忙于世事。他在实践上用行为——他的一切意念和思维都离不了世俗——否定了上帝；但是在理论上，他并不否定上帝;他并不攻击上帝之实存;①他让上帝存在着。然而,这种实存并不跟人相关,并不烦扰人;它只是消极的实存,是无实存的实存,即自相矛盾的实存——这样一种存在,就其作用而言,并不能够跟非存在区分开来。对属神存在者的特定的、积极的宾词加以否定,其实不外就是否定宗教;不过,因为这样的否定还具有一种宗教的外貌,故而,人们并不把它认作是否定——其实无非是细心而狡猾的无神论罢了。所谓出于虔诚的敬畏而不敢用一定的宾词来使上帝有限化,其实只是一种不虔诚的愿望,即想不再知晓关于上帝的事,想干脆把上帝忘了。害怕成为有限者,就是害怕成为实存者。一切现实的实存——也就是说,一切实在是生存的实存——,都是质的、特定的实存。真诚地、实在地、确实地相信上帝之实存的人,就绝不会因上帝之一望而知的感性性质而怏怏不乐。谁不愿意因其实存而有所冒犯,谁不愿意成为粗俗,谁就根本放弃了实存。一个上帝,如果他因了规定性而觉得有所冒犯,那末,他也就没有勇气和力量来生存。质,是实存之火、氧气、盐。一般的实存,没有质的实存,就也是淡而无味的、荒谬的实存。然而,在上帝之中,并不多于在宗教之中。所以,只有当人对宗教丧失了兴味,而宗教本身成了淡而无味的东西时,上帝之实存也因而成了淡而无味的实存。

　　对属神的宾词的否定,除了上述直接的方式以外,还有一种比较温和一些的方式。人们承认,属神的存在者的宾词就是有限的、

---

① 基督徒将属人的实存(Existenz,或译"生存")加在他们的上帝的头上。他们称上帝为"又真又活的上帝"。——译者

尤其是属人的规定；但是，人们拒绝对这些规定的否定；人们甚至还保卫它们，因为，既然人有造成一定的关于上帝的表象的必要，并且人总归是人，那么，他所能造成的关于上帝的表象，也正不外是人的表象。人们这样说：对于上帝而言，这些规定当然是没有意义的。但是，对于我来说，因为和如果上帝应当为我存在着，那他就只能像他显现于我面前那样子显现着，即作为属人的或似人的存在者显现着。这样将自在的上帝跟为我的上帝区分开来，破坏了宗教的和平，并且，这是一种毫无根据的、凭空的区分。我简直不能明白，自在或自为的上帝，竟会是某种不同于为我的东西；他怎样为我而存在，也就是他对我来说的一切。他在怎样的规定下为我而存在，对我来说，则他的"自在的存在"（An-sich-selbst-sein)、他的本质本身，也正是在怎样的规定之中存在着；他为我怎样，就是他为我而能够怎样。信教者就是完全满足于上帝在对他自己的关系上的存在，除此以外，他什么也不知道了；因为，上帝对他是怎样，就是上帝对人一般地能够是怎样。在上述那种区分之中，人忽视了自己本身，就是说，忽视了自己的本质、自己的绝对尺度；但是，这种忽视，仅仅是一种幻觉而已。只有当一个对象真正能够对我表现出不同于它所表现出的那个样子时，我才能够将对象区分为自在的和为我的；可是，如果对象以按照我的绝对尺度而向我显现的样子向我显现的时候，或者当对象以必然向我显现的样子显现出来的时候，那我就不能够这样来区分了。当然，我的表象也能够是主观的表象，就是说，能够是并不跟类联结在一块儿的表象。然而，如果我的表象跟类的尺度相适应，那末，自为的存在跟为我的存在之间的区分，就该完蛋了；因为，这个表象乃是绝对的表象。类的尺度,是人的绝对的尺度、规律和准则。可是,宗教却具有一种信念,即认为每一个人,只要他想具有真正的关于上帝的表象、规定,那他就应当和必须具有宗教所具有的关于上帝的表象、规定;宗教确信,这些表象是人的本性之必然的表象,是客观的、符合于上帝的表象。每一种宗教都把其他宗教中的上帝看作是关于上帝的表象,而把它自己所具有的关于上帝的表象看作是上帝本身,把它自己所表象的上帝看作是实在的、真正的上帝,看作是自在的上帝。宗教只满足于整个的、坦而无隐的上帝;它并不要仅仅是上帝的现象,它要的是上帝本身,是有人格的上帝。宗教如果抛弃了上帝的本质,那也就把自己本身抛弃掉了;宗教如果放弃了对真正的上帝的占有,那它也就不再是真理了。怀疑论是宗教不共戴天的仇敌。但是,对象跟表象之间、自在的上帝跟为我的上帝之间的这种区分,乃是一种怀疑论的区分,从而,也就是一种非宗教的区分。

人认以为自在的存在者的,认以为至高的存在者的,就是他所能设想的最高的存在者的那种存在者;这样的存在者,对他来说,就是属神的存在者。那末,他在这样一个对象面前,怎能提得出它自在地究竟是什么这个疑问来呢?假如上帝是鸟的对象,那末,它就只把他看作是一个长着翅膀的存在者;鸟把长翅膀看作是至高的、至福的。如果这只鸟这样判断:"上帝向我显现为鸟,但上帝自在地究竟是什么,我就不得而知了",那就会非常可笑。对鸟来说,至高的存在者就正是鸟之本质。没有了关于鸟的本质的表象,它就等于没有了关于至高存在者的表象。那末,它怎能问上帝自在地究竟有没有翅膀呢?问上帝自在的存在是不是像为我的存在一样,就等于问上帝到底是不是上帝,就等于蔑视上帝,背叛上帝。

所以,当人意识到宗教的宾词只是拟人说,就是说,只是属人的表象时,就产生了对信仰的怀疑、不信。如果说这种意识并没有导致正式对上述宾词加以否定,并没有由此再进一步对作为这些宾词的基础的存在者加以否定,那末,这也只是由于内心的怯懦和智能的薄弱罢了。如果你怀疑宾词之客观真理性,那末,你必定也怀疑这些宾词的主词之客观真理性。如果你的宾词是拟人说,那末,这些宾词的主词就也是拟人说。如果爱、善、人格性是人的规定,那末,你假定为这些东西的前提的那个基体,上帝之实存,对一般地存在有一位上帝的信仰,就也是一种拟人说——一种完全人为的假定。你从哪里知道,对上帝的信仰,一般说来不是人的表象方式的界限呢?可以认为,你所假定的更高的实存者是如此地自福自乐、与自身相一致,以致他们不再处于自身跟更高的存在者的不睦之中。知道上帝而自己又不是上帝,认识福乐而又不亲自享受福乐,这是一种分裂,是一种不幸。① 更高的存在者就不知道这种不幸;他们对于他们不是的东西是任何表象都没有的。

你相信爱是上帝的属性,因为你自己也在爱;你相信上帝是一个智慧的、仁慈的存在者,因为就你自身来说再也不知道有什么比仁慈和智慧更好的了;你相信上帝实存着,相信他是主体或本

---

① 所以,在彼世之中,上帝与人之间的这种分裂,也没有了。在彼世,人不再是人——至多只是按照想象——,他并没有自己的、不同于上帝的意志的意志,从而,不再具有自己的本质——因为,没有了意志,就等于没有了本质;他与上帝合而为一。这样,在彼世,上帝与人之间的区别和对立也消失了。可是,仅仅只有上帝存在的地方,也就不再存在有上帝。在那没有威严之对立物的地方,也就没有了威严。——著者

质——实存着的,就是本质,不管被规定为和称呼为本体还是人格,或者某种别的东西——,因为你自己生存着,你自己是本质。你把爱、善良和智慧看作是人的最高的善美;同样,你把一般地生存着、做一个存在者,看作是最高的幸福。因为,一切善美之意识,一切幸福之意识,对你来说,都是跟本质存在、生存之意识连在一块儿的。你把上帝看作是一个智慧的、福乐的、仁慈的存在者,所根据的理由,和上帝对你来说所以是一个实存者、是一个本质,所根据的理由相同。上帝的性质跟上帝的本质之间的区别,仅仅在于本质、实存并不被你看作是拟人说——因为在你的本质存在里面,就包含着上帝对于你是一个实存者、是一个本质的必然性——,而反过来,性质却被你看作是拟人说——因为性质之必然性,即上帝必然是智慧的、善良的、公义的等等那种必然性,并不是直接的、跟人之存在同一的必然性,而是由他的自我意识、思维活动作为中介的必然性。我可以是智慧的或是不智慧的,可以是善良的或恶劣的,但我是主体、本质,我总归生存着。对人来说,生存是首要的,是他表象之中的基体,是宾词之前提。所以,他撇开宾词不管,只是牢牢地把上帝之实存认作是既定的、不可触犯的、绝对确实的客观真理。虽然如此,这种区别还是外表上的。主词之必然性,仅仅包含在宾词之必然性当中。只有作为属人的存在者,你才是存在者;你的生存之确实性与实在性,仅仅包含在你的属人的性质之确实性与实在性当中。主词是什么,得由宾词来确定;宾词是主词之真实性;主词只是人格化了的、实存着的宾词。主词同宾词的区别,只相当于实存同本质的区别。因而,宾词之否定就是主词之否定。没有了人的属性,人的本质还能是什么呢?即使在口语中，也惯于不提上帝的本质，而只谈上帝的性质：神意、智慧、全能。

人们说道，在人看来，上帝的实存是非常确实的，甚至比人自己的生存还要确实。因此，上帝实存的确实性，仅仅依赖于上帝的质之确实性——它并不是直接的确实性。对基督徒来说，只有基督教的上帝才确实生存着，而对异教徒来说，只有异教的上帝才确实生存着。异教徒并不怀疑丘比特之生存，因为他不厌恶丘比特之本质，因为他不能在另一种质之中表象出上帝，因为他把这种质看作是一种确实性，看作是属神的真实性。只有宾词之真实性，才是实存之保证。

凡是人表象成为真的，人就也直接把它表象成为现实的，因为在起初时人只把现实的东西看作是真的（跟仅仅表象的、梦幻的、虚构的相对立）。存在、实存之概念，是真理之首先的、发端的概念。或者说，在开始时，人使真理依赖于实存；只有到了后来，才使实存依赖于真理。这样，上帝就是人的本质，被看作最高的真理；但是，上帝或宗教——这是同样的——随着人借以把握自己的这个本质、借以把这个本质认作最高本质的那种规定性之不同而不同。所以，人借以思想上帝的这个规定性，对人来说，就是真理，并且因此又成了最高的实存，或者，说得更确切一些，就是实存的本身；因为，只有最高的实存，才真正是实存，才配得上这个名称。所以，上帝之所以是生存着的、现实的存在者，是跟他之所以是这种特定的存在者出于同样的理由；因为，上帝之质或规定性，不外就是人本身之本质重要的质，而特定的人却只是他本身所是的，只在自己的规定性中具有自己的实存、现实性。希腊人没有了希腊特性，就等于丧失了实存。所以,对于特定的宗教来说,也即相对地来说,上帝实存的确实性确是一种直接的确实性;因为,既然希腊人如此不由自主地、必然地是希腊人,那末,他的神就也如此必然地是希腊式的,如此必然地是实在生存着的。宗教,就是跟人的本质同一的世界观和人生。但是,并不是人超越于自己的本质观,而是自己的本质观超越于他;它激励他,规定他,支配他。这样,就根本没有必要提出一种证明、用一种媒介使本质或质跟实存联系起来,也没有可能再去怀疑了。对我来说,只有我认为是跟我自己的本质脱离开来的东西,才是某种可怀疑的东西。既然上帝就是我的本质,那我怎能怀疑上帝呢?怀疑我自己的上帝,就好比怀疑我自己。只有当上帝抽象地被思想,当他的宾词是由哲学抽象来媒介的时候,才产生了主词跟宾词、实存跟本质之间的区别或分离——才产生了这样一种假象,即实存或主词好像是某种不同于宾词的东西,是某种区别于可怀疑的宾词的直接的、不可怀疑的东西。但是,这只是一种假象而已。一位具有抽象宾词的上帝,也具有抽象的实存。实存、存在,是随着质之不同而不同的。

　　主词与宾词之同一,可以从跟人类文化发展进程相一致的宗教发展进程中最明显地看出来。当人还是单纯的自然人时,他的上帝就也是单纯的自然神。人住到房子里去,他就也将他的上帝搬进教堂里去。教堂只表明人对美丽的建筑物的珍重。崇奉宗教的教堂,其实乃是崇奉建筑艺术的教堂。随着人由野蛮蒙昧的状态上升到文化,随着人能够辨别什么事情是对人礼貌的和什么事情是对人不礼貌的,同时也产生了对上帝礼貌和不礼貌的事情的区别。上帝是威严、最高尊严之概念,而宗教感情则是最高的礼貌感。只有后期的一些有教养的希腊艺术家,才在神像中使尊严、大度、肃穆和欢乐之概念具体化。然而,为什么他们会把这些特性看作是上帝之属性、宾词呢? 就因为对他们来说,这些特性自为地就意味着神性。为什么他们要排除掉一切违逆的、卑俗的情绪呢? 就正因为他们把这些情绪看作是某种不礼貌的、不足道的、非属人的、从而也即非属神的东西。荷马史诗中的神灵,也吃也喝,这就是说,吃喝是一种属神的享受。体强力壮,是荷马史诗中神灵的一种特性:宙斯是神灵中的最强者。为什么呢? 就因为体强力壮自在自为地是某种可贵的、属神的东西。在古日耳曼人看来,战士之德行是至高的德行;为此,他们的至高的神,就也是战神:欧丁①——战争是"原始法则或最古的法则"。第一真正的属神的本质,不是神性之属性,而是属性之属神性或神性。可见,至今为止神学和哲学一直认为是上帝,认为是绝对者、本质者的,其实并不是上帝;而它们不认为是上帝的,却恰恰就是上帝——这就是:属性、质、规定性、一般的现实性。所以,一个真正的无神论者,也即通常意义下的无神论者,只是把属神的存在者之宾词(例如爱、智慧、公义)看作是无谓的东西的人,而并不是仅仅把这些宾词的主词看作是无谓的东西的人。主词之否定,绝不同时必定又是宾词本身之否定。宾词具有独自的、独立的意义;宾词通过其内容强使人承认自己;它们直接通过自己来向人证明自己之真实;它们自己证实、确证自己。善良、公义、智慧不会由于上帝的实存是妄想而

---

① Odin,北欧神话中诸神之长,戴帽执仗的独眼神。他是战神,又是智慧、诗词农业、死者之神。——译者

成为妄想,也不会由于上帝的实存是真理而成为真理。上帝之概念依赖于公义、善良、智慧之概念——如果一个上帝不是善良的,不是公义的,不是智慧的,那他就不成其为上帝了——,但反过来则不然。某种质之所以是属神的,并不在于它具有上帝,而是在于上帝具有它,是因为它自在自为地是属神的,是因为没有了它,上帝就成了一个有缺陷的存在者。公义、智慧,一般地,任何一种形成上帝的神性的规定,都是通过自己本身而被规定和被认识的;而上帝,却是通过规定、质而被规定和被认识的;只有当我把上帝和公义当作同样的东西来思考,当我直接地把上帝思想成为公义的观念或某种别的质之观念之现实性时,我才是通过上帝本身来规定上帝的。但是,如果上帝作为主词而成了被规定者,而质、宾词却是规定者,那末,真正说来,第一本质、神性,就应当属于宾词,而不属于主词。

只有当许多互相矛盾的属性都结合在同一个存在者之中,而这个存在者被理解为具有人格的,也即当其人格性特别被强调的时候,人们才忘记了宗教之本源,忘记了在反思之表象中视为有别于主词(或可以从主词分离)的宾词的那种东西,原来是真正的主词。例如,罗马人和希腊人曾经把偶性神化为本体,将德行、心境、情绪神化为独立的本质。人——其中特别是信教的人——,对自己来说,就是一切事物、一切现实性之尺度。他把一切使自己敬服的东西,把一切对自己的心灵产生特殊的印象的东西,哪怕是奇怪的、不可思议的音响或音调,都独立化为一个特殊的、属神的存在者。宗教总括世界一切对象;凡是存在着的东西,都曾是宗教崇拜之对象;在宗教之本质及意识中存在着的,不外就是一般地在人之本质以及人关于自身和世界的意识中所存在着的。宗教并没有独自的、特殊的内容。在罗马，即使是畏怖和恐惧之情绪，也曾经有过其教堂。基督徒也曾经把心理现象当作存在者，把自己的感情当作事物之质，把支配自己的情绪当作统治世界的威力，总而言之，把自己的不管是已知还是未知的本质之特性当作是独自地存在着的存在者。当宗教情操还顺利地、整个地统治着人类的时候，魔鬼、妖精、魔女、幽灵、天使，曾经是神圣的真理。

为了忘却属神的宾词跟属人的宾词的统一，从而也即为了忘却属神的本质跟属人的本质的统一，人们就求助于这样一种表象，即认为上帝作为无限的存在者具有无限多的各种不同的宾词，我们在今世只能认识其中跟我们相类似的一些，至于其他的宾词——那使上帝成为完全不同于属人的或类似于人的存在者的存在者的宾词，则只有将来到彼世中才能认识。然而，那无限多的宾词真正是各不相同的——它们如此地各不相同，以致我们不能用其中某一个来认识和确定另一个，它们只有在无限多的各种不同的存在者或个体之中才能得到实现和应验。例如，属人的存在者具有无限多的各种不同的宾词，但是，正因为这样，就也有无限多的各种不同的个体。每一个新的人，都又是人类的一个新宾词，一个新天才。人有多么多，人类的力量就有多么大，人类的特性就有多么多。虽然在每个人之中都包含有存在于所有人之中的力量，但是，毕竟是在各个人身上如此地被规定和被特殊化，以致它表现为一种独特的、新的力量。所以，无限多的属神的规定之秘密，不外就是属人的本质——作为无限地多样的、无限地可规定的、但正因为这样而是感性的本质——之秘密。只有在感性之中，只有在空间和时间之中,才有可能让无限的、确实无限的、富有规定的存在者存在。真正各不相同的宾词,是以各不相同的时间为前提的。这个人是一个卓越的音乐家,又是一个卓越的著作家,并且还是一个卓越的医生;但是,他不能在同一时间内既演奏,又著作,又治疗。在同一个本质中统一对立面、矛盾的手段,不是黑格尔的辩证法,而是时间。但是,与上帝之概念相结合、而与人之本质区别和分离开来的无限多的各不相同的宾词,乃是一种没有现实性的表象,一种单纯的幻想,它是感性之表象,不过缺乏基本条件,缺乏感性之真理性,——这种表象是直接跟属神的本质——作为精神的、也即抽象的、单纯的、唯一的本质——相矛盾的;因为,上帝之宾词,其特性正在于:我有了其中一个就也同时有了其他的一切,因为它们中间并没有实在的区别。所以,如果我不能在现在的宾词中得到未来的宾词,不能在现在的上帝中得到未来的上帝,那末,我也不能在未来的上帝中得到现在的上帝;它们是两个不同的存在者。① 但是,这种差异性,却正是跟上帝之唯一性、统一性和单纯性相矛盾的。为什么这个宾词是上帝的一个宾词呢?就因为它源自上帝的本性,也就是说,因为它并不表明限制、缺陷。为什么还有其他一些宾词也是属神的呢?就因为它们不管自在地多么不同,却都一致地表明了完善性、无局限性。所以,我能够为上帝表象出无数个宾词来,因为它们都在神性之抽象概念中取得一致,它

---

① 对宗教信仰来说,现在的上帝跟未来的上帝之间的区别,不过在于前者是信仰、表象、幻想之对象,而后者是直接的、具人格的感性直观之对象。上帝,无论在今世还是在彼世,都是同一个上帝,不过,在今世是不明白的,在彼世则是明白的。——著者

们都必定共同具有那使每一个宾词都成为属神的属性或宾词的东西。在斯宾诺莎那里就是这样。他谈到了属神的实体之无限多的属性，但是，除了思维和广袤以外，他并没有详细列举。为什么呢？就因为完全没有必要去了解它们，就因为它们本来是不足道的、多余的，就因为说了一大堆的宾词，其实和仅仅说思维和广袤这二者反正是一回事。为什么思维是实体之属性呢？因为在斯宾诺莎看来，思维是通过自己本身而被领会的，因为它表明某种不可分的、完善的、无限的东西。为什么广袤或物质是实体之属性呢？就因为它在关系到自身时也是这样的东西。由此，实体可以有无规定的多数宾词，因为使这些宾词成为实体的属性的，并不是规定性、差别，而是无差别、等同性。或者，说得更确切一些，实体之所以拥有无限多的宾词，仅仅因为它——多么奇怪！——本来并没有宾词，就是说，本来并没有特定的、实在的宾词。思想中的不定的一，由幻想中的不定的多来补充。因为宾词不是 Multum（多数），故而是 multa（多种）。真正说来，积极的宾词就是：思维和广袤。这两个宾词所表达的意义，无限地胜过那没有名称的无数宾词；因为，由这两个宾词说出了某种规定的东西；我以此知道某物（etwas）。可是，实体却太冷淡、太缺乏热情，使它自己不能够倾心于和决意于某事；为了不使自己成为某物，它就宁可什么也不是。

然而，如果我们确信主词或本质仅仅存在于其规定之中，也就是说，确信宾词是真正的主词，那末，我们也就应当确信，如果属神的宾词就是人的本质之规定，则这些宾词的主词就也是人的本质之主词。但是，属神的宾词，一方面，是普遍的，另一方面，是具人格的。普遍的宾词就是形而上学的宾词；宗教只把这些宾词当作最外面的结合点或当作底子来加以利用；它们并不是宗教所特有的规定。只有具人格的宾词，才奠定了宗教的本质；只有在这种宾词之中，属神的存在者才成为宗教之对象。这一类宾词的例子有：上帝是人，上帝是道德上的立法者，是人类之父，是圣者、义者、善者、慈者。然而，从这些和别的一些规定中立刻就可以看到，或者，至少是再想一想就可以看到：这些规定，特别是当其作为具人格的规定时，乃是纯粹属人的规定，从而，信教者对上帝的关系其实就是对他自己的本质的关系。因为，在宗教看来，这些宾词并不是人臆造出来的有别于自在的上帝的、关于上帝的表象、影像，而是真理、实事、实在。宗教完全不懂得什么拟人说，对它来说，拟人说并不是拟人说。宗教之本质，就正在于它认为这些规定表明了上帝之本质。只有理智，对宗教进行反思、并且为了维护宗教而直截了当地否认这些规定的理智，才将这些规定解释成影像。但是，对于宗教来说，上帝是实在的父亲，是实在的爱和怜悯；因为，对于宗教来说，上帝是现实的、活的、具人格的存在者。从而，他的真正的规定就也是活的、具人格的规定。的确，与此相适合的规定，正是那最触怒理智的、在对宗教的反思中为理智所否认的规定。在主观方面，宗教是激情；从而，在客观方面，宗教就必然认为激情是来自属神的存在者的。对于宗教来说，即使是愤怒，只要并不是以恶事为基础，则也并不是配不上上帝的激情。

但是，这里必须立刻注意到一个最值得注意的、表明了宗教之最内在的本质的现象，这就是：就本质而言上帝越是属人，则他跟人的区别就似乎越是大，也就是说，属神的本质跟属人的本质之同一性、统一性就越是为对宗教的反思、为神学所否认,而属人的东西——作为这样的东西,对人来说,是他的意识之对象——就越是被贬黜。① 理由就在于:因为属人的东西只有在属神存在者的直观或规定之下才是积极的、本质的东西,故而,人——作为意识之对象——的直观就仅仅只能是消极的、与人为敌的直观。为了使上帝富有,人就必须赤贫;为了使上帝成为一切,人就成了无。但是,人并不为自己需要什么,因为他从自身取去的一切,并不在上帝里面损失掉,而是被保存在上帝里面。人在上帝里面有其自己的本质,那末,他怎会自在自为地具有它呢?同样一个东西,他何必要两度建立,两度具有呢?人从自己那里取去的、人在自身中所缺乏的,他却以无比高的和丰富的程度在上帝里面享受到。

僧侣向上帝发誓要修身,他们克制自己内心的性爱,但是,代替这个,在天国中,在上帝那里,他们就由童贞女马利亚身上获得女性之影像,获得爱之影像。并且,他们越是把理想的、被表象的女性当作现实的爱之对象,他们就越是能够不要现实的女性了。他们愈是认为否定感性具有着重大的意义,属天的童贞女也就愈是对他们具有重大的意义;他们甚至让她代替了基督,代替了上

---

① "我们能够把创造者跟被创造者的类似性想得很大,但是,我们必须把两者之间的非类似性想得更大。"(拉泰朗宗教会议第二教规,见卡兰萨的《宗教会议集大全》,安特卫普1559年版,第526页)人与上帝——一般地,有限的存在者与宗教思辨的幻想所播弄出来的无限的存在者——之间的最终区别,其实就是某物与无之间的区别、Ens(有)与Non-Ens(非有)之间的区别;因为,只有在无里面,才扬弃了任何一种跟别的存在者的共同点。——著者

帝。感性的东西愈是被否定，上帝——人们用感性的东西来向他献祭——就愈是感性。就是说，人们认为用来向上帝献祭的东西，都具有特殊的价值，上帝对这些东西有着特殊的满意。人认为是至高的，他的上帝自然也认为是至高的；一般说来，迎合人意的，也迎合神意。希伯来人并不将不洁的、令人厌恶的动物献给耶和华而是献上他们认为最贵重的、他们曾吃过的、上帝也要吃的动物。① 所以，如果人们由感性之否定中创造出一种特殊的本质、一种迎合神意的祭品来，那末，这样一来，就正是给予感性以最高的评价，不由自主地使被抛弃的感性重新恢复：上帝代替了被抛弃了的感性本质的地位。修女与上帝结合；她有一位属天的新郎，而僧侣则有一位属天的新娘。但是，属天的童贞女只是一个涉及宗教本质的普遍真理之显著的现象而已。人在上帝身上肯定了他在自身中加以否定的东西。② 宗教舍弃了人、世界；但是，它只能舍弃掉缺陷和制限——不管是现实的还是想象的——，只能舍弃掉虚无的东西，而并不能舍弃掉世界与人类之本质、积极的东西，从而，它必须将它舍弃掉的或相信已舍弃掉的东西，重新纳入抽象与否定之中。这样，实际上，宗教就无意识地将一切它有意识地加以否定的东西重新又放到上帝里面去；当然，这里有这样一个前提，即这个为它

---

① 《利未记》，第3章第11节。——著者

② 例如，安瑟伦说道："轻视自己的人，在上帝那里就受到尊重。不顺从自己的人，便顺从了上帝。可见，你应当把自己看得很微小，这样，在上帝眼中，你就是大的；因为，你愈是为人间所蔑视，你就愈是得到上帝的珍视。"（见《安瑟伦辩论文集》，巴黎1721年版，第191页）——著者

所否定的东西,乃是某种自在地实在的、真的、从而也即不应当加以否定的东西。人在宗教中这样来否定他的理性:他并不由自身而获悉关于上帝的事,他的思想仅只是世俗的、属地的;他只能信仰上帝向他启示的东西。但正因为这样,上帝的思想就是属人的、属地的思想了;他像人一样用头脑来策划事情;他使自己适应于人的周围环境和理智力,就像教师使自己适应于他的学生的理解力一样;他精确地计算他的赏赐和启示的效果;他观察人的一切行动和事业;他什么都知道——即使是最属地的、最卑俗的、最低劣的东西。总之,人为了上帝而否定自己的知识、自己的思维,以便将自己的知识、自己的思维放到上帝里面去。人放弃了自己的人格,而由此,对他来说,上帝——全能的、无限的存在者——就成了一个具人格的存在者;他否定属人的荣誉、属人的"我",而由此,对他来说,上帝就成了一个唯己的、利己主义的存在者,这个存在者,千方百计为了自己、自己的荣誉、自己的利益着想;上帝正是人自己的、嫉妒其他一切的那种自私心理之自我满足,是利己主义之自我享乐。① 宗教更进而否定作为人的品德的善:人是邪恶的、堕落的、无能为善的;但由此,就只有上帝才是善的,上帝是善良的存在者。宗教特别郑重地要求人把作为上帝的善当作对象来看;但是,这样一来,不就正是把善表述成为人的基本规定了吗?如果我绝对地、出自本性、出自本质就是恶的、不圣的,那我怎么能够把神圣的、善的东西当作对象来看呢?——不管这个对象是外在地

---

① "上帝只能爱自己、想到自己、为自己而工作。上帝造人,就是为他自己的利益、荣誉"等等。见《比埃尔·培尔。论哲学史与人类史》。——著者

还是内在地提供给我的。如果我心地不正,理智败坏,那我怎么能够感知神圣的东西,感知善的东西呢?如果我的灵魂在审美方面低劣不堪,那我怎么能够欣赏一张绝美的绘画呢?即使我并不是一个画家,没有力量由自身产生出美来,但是,既然我能够知觉到自身以外的美,那就说明我还是具有审美的感情和理智。不管善的东西对于人是不是存在,然而,在这里面,总是向人启示了人的本质之神圣和优秀。完全跟我的本性相违背的、完全不能跟我通共的东西,对我来说,就也是不可思议的、不可感觉的。神圣的东西,只有当其跟我的个性相对立而又跟我的本质相统一时,才成为我的对象。神圣的东西,是对我的罪恶的谴责;在这里面,我认识到自己是一个罪人;我在其中谴责我自己,我认识到什么是我现在还不是的、但应当是的、从而按照我的规定说本来能够是的;因为,没有"能够"的"应当",是一种可笑的妄想,并不能使人感动。但是,正是由于我认识到善是我的使命、我的定则,故而我有意识或无意识地认识到善就是我自己的本质。本性上不同于我的另一种的本质,是跟我完全无关的。只有当我感觉到罪恶是我自己跟自己本身的矛盾,也即我的人格性跟我的本质性的矛盾时,我才能感觉到罪恶是罪恶。作为跟当作另一种本质的属神的本质的矛盾,罪恶感是不可解释的、无意义的。

奥古斯丁主义跟皮拉齐斯主义之间的区别,仅仅在于前者以宗教的方式讲出了后者以唯理主义的方式所讲出的话。二者所说相同,都把善归给人;但是,皮拉齐斯主义是直接地,是使用唯理主义的、道德的方法,而奥古斯丁主义却是间接地,是使用神秘的、也即宗教的方法。① 因为,一切给予人的上帝的,其实就是给予人自己;人关于上帝的讲话,其实就是人关于自己的讲话。只有假定人将魔鬼当作自己的上帝,明明意识到他是魔鬼而仍旧把他当作是自己至高的本质来敬拜和赞美,——只有假定这样,奥古斯丁主义才会成为真理,成为跟皮拉齐斯主义相对立的真理。但是,只要人将某种善的本质当作上帝来敬拜,那末,他就在上帝之中看到他自己的善的本质。

与关于人的根本堕落的学说一样,有这样一种与此相一致的学说认为,人不能为善,就是说,人实实在在地不能由自己本身、由自己的力量来为善。然而,只有当人在上帝里面也否定道德活动,并且像东方虚无主义者或泛神论者那样,说属神的存在者是绝对地无意志无行为的、冷淡的、不辨善恶的存在者,——只有这样的时候,对属人的力量和行动的否定,才成为真正的否定。但是,如果将上帝规定为爱活动的存在者,规定为在道德上爱活动的、批判的存在者,规定为爱善、行善、酬善和惩恶、咎恶、咒恶的存在者,那末,这样来规定上帝的人,就只是虚伪地来否定属人的活动,这样

---

① 皮拉齐斯主义否定上帝、宗教——"他们赋予意志以如此的强力,以至于削弱了祈祷的力量"(奥古斯丁:《论自然与恩典——反对皮拉齐斯》,第58章)——,它只以造物主、自然为基础,并不以救主——只有救主,才是宗教上的上帝——为基础。简言之,它否定上帝,却由此将人提升到上帝:它把人当作一种不需要上帝的、自满的、不依赖的存在者(关于这一方面,可参看路德反对爱拉斯谟的著作以及奥古斯丁的上述著作,第33章)。奥古斯丁主义否定了人,但由此却使上帝下降到人,甚至于使上帝为了人的缘故而蒙受钉十字架的耻辱。前者用人来置换上帝,而后者却用上帝来置换人;两者都达到同样的地步。两者之间的区别,只是假象,只是一种敬虔的幻觉罢了。奥古斯丁主义只是倒过来的皮拉齐斯主义;后者当作主体的,前者就当作客体。——著者

的人其实是将属人的活动当作至高的、最现实的活动。谁让上帝像人那样地行动着,谁就等于将属人的活动解释成为属神的活动,就等于说"不爱在道德上或属人地活动的上帝,就不是上帝",从而,就使神性之概念依赖于活动之概念,依赖于属人的活动之概念,因为,他不知道有什么更高的活动了。

人使他自己的本质对象化,①然后,又使自己成为这个对象化了的、转化成为主体、人格的本质的对象。这就是宗教之秘密。人把自己看作对象;不过是作为一个对象的对象,即另一个存在者的对象。在这里就是如此。人是上帝的对象。上帝并不是漠不关心人的善恶;不!上帝十分密切地关心人的为善,他希望人为善,希望人福乐(因为,没有善就没有福乐)。教徒把人的内心活动和具体行动当作上帝的对象,把人当作上帝的目的(因为在思想中是对象的,在行动中就是目的),把属神的活动当作人得救的手段;这样,他就又撤回了属人的活动之虚无性。上帝是爱活动的,但这是为了使人为善,使人福乐。因此,当人在外表看来似乎最被贬黜的时候,其实他却被提得最高。所以,在上帝之中和通过上帝,人只是以自己为目的。当然,人以上帝为目的,但是,既然上帝的目的只不过是在道德上永远拯救人,那末,人仍然只是以自己为目的。属神的活动,并不有别于属人的活动。

如果属神的活动是一种另外的、本质上另外的活动,那它怎么

---

① 人之宗教上的、原始的自我对象化,正像本书清楚地加以说明的那样,并不同于反思与思辨之自我对象化;后者是任意的,而前者却是不由自主的、必然的,就像艺术、语言一样地必然。诚然,随着时间的推移,神学日益与宗教相重合。——著者

能够对作为其对象的我起作用，甚至就在我自身之中起作用呢？如果它本身并不是属人的活动，那它怎么能够具有属人的目的，具有意欲使人改善、使人幸福的目的呢？目的不是决定行动的吗？如果人以自己的道德上的改善作为自己的目的，那他就是怀有属神的决心和企望了；但是，如果上帝以人的得救为目的，那上帝也就具有属人的目的以及与此相适应的属人的活动了。所以，在上帝之中，人只是以他自己的活动为对象。可是，正因为他把自己的活动仅仅看作是客观的、有别于自己的，把善看作是对象，故而他必然也并不是由自身、而是由这个对象处领取冲动、动力。他将他自己的本质看成是外在于自己的，将这个本质看作是善；由此自明，说在他看来善的意向仅仅来自他置放善的地方，那就只不过是一种同语反复罢了。

上帝是人之特选出来的最主观的、最固有的本质；人不能由自身而行为，一切的善都来自上帝。上帝愈是主观、愈是属人，人就愈是放弃他自己的主观性、自己的人性，因为上帝本来就是人的被放弃了的、但同时又重新为人所占有的"自我"。像动脉的跳动使血液一直流送到最外面的肢体，而静脉的跳动再把血液运送回来一样，一般地，像生命依赖于心脏之不间断的收缩和舒张一样，宗教也是这样。在宗教的"收缩"中，人将自己的本质从自身之中分出，人自己驱逐自己，自己否决自己；而在宗教的"舒张"中，人又把被驱逐出去的本质重新取回心中。只有上帝，才是由自身而行为的、由自身而活动的存在者，——这是宗教斥力之作用；上帝是寓于我、伴同我、通过我、针对我、为了我而行为着的存在者，是我的得救、我的良意善行之原则，从而也就是我自己的善良的原则和本质，——这是宗教吸力之作用。

因此，以上概述的宗教发展进程，特别表现于人日益剥夺上帝和加增自己。起初，人毫无区别地把一切都置于自身之外。这一点，特别可以从启示信仰中看到。后期的人或有教养的民族认为是借本性或理性而认识的，对前期的人或尚未开化的民族来说，就认为是来自上帝的了。以色列人把一切极其自然的意向——甚至也包括洁癖——都表象成为积极的神命。从这个例子中我们再一次看到，人越是剥夺自己，则上帝就越是低微、凡俗。当人甚至否认自己有力量和能力由自己、出自本意地来完成最普通的礼俗之命令时，人的自卑和自我否认，就达到了无可复加的地步。① 反之，基督教按特性、按内容来区分人的各种意向和情绪；它只把善良的情绪、心意、思想当作上帝的启示、作用，也即当作上帝的心意、情绪、思想；因为，上帝所启示的，就是上帝本身的一个规定；想得多，才会说得多；作用怎样，原因也就怎样，启示怎样，那个作出启示的存在者也就怎样。一位仅仅出自善意而启示自己的上帝，就也是一位以高超的德性为本质特性的上帝。基督教把内部的道德纯洁跟外部的肉体洁净区分开来，而以色列教则将两者等同起来。② 与以色列教相反，基督教是批判与自由之宗教。以色列人不敢做任何上帝没有命令过的事情，即使在一些外表的小事情上，

---

① 《申命记》，第23章第12、13节。*——著者

* 经文原文为："你在营外也该定出一个地方作为便所。在你器械之中当预备一把锹，你出营外便溺后，用以铲土，转身掩盖。"——译者

② 例如，见《创世记》第35章第2、3节，《利未记》第11章第44节、第20章第26节，并参看克莱利克斯对这些章节的注释。——著者

他也丝毫不能自作主张;宗教之威力,甚至一直扩张到食物上面。反之,基督教在一切这一类的小事情上,都允许人有自决权,就是说,它将以色列人从自身中取出而放到上帝里面去的东西仍旧放到人里面去。实证主义之最完整的描述,就是以色列。与以色列人相比,基督徒是自由思想家。事情就是一直在这样变化着。昨天还是宗教,今天就不再是宗教了;今天还被认为是无神论,明天就被认为是宗教了。

第一部分

宗教之真正的即人本学的本质

第三章　作为理智本质的上帝[①]

　　宗教是人跟自己的分裂：他放一个上帝在自己的对面，当作与自己相对立的存在者。上帝并不就是人所是的，人也并不就是上帝所是的。上帝是无限的存在者，而人是有限的存在者；上帝是完善的，而人是非完善的；上帝是永恒的，而人是暂时的；上帝是全能的，而人是无能的；上帝是神圣的，而人是罪恶的。上帝与人是两个极端：上帝是完全的积极者，是一切实在性之总和，而人是完全的消极者，是一切虚无性之总和。

　　但是，人在宗教中将他自己的隐秘的本质对象化。这样就必然证明，上帝跟人的这种对立、分裂——这是宗教的起点——，乃是人跟他自己的本质的分裂。

　　这个证明是具有内在必然性的，因为，如果**属神的本质**——宗教之对象——确实不同于人之本质，那么，就不可能发生分裂了。如果上帝确实是另外的本质，那么，他的完善性又与我何关呢？分裂只能发生于这样两种本质之间：它们虽然相互分裂，但应当是、能够是统一的，从而，在本质上真正是统一的。由这个普遍的根据

　　[①]　读这一章时，可参看《附录——解释、注解和引证》Ⅰ至Ⅲ。在以后各章，用方括号内的罗马数字标在各章结尾处，表示应参看的《附录》中的节数。——德文本编者

可知，人感到与自己分裂的那个本质，必定是他天生固有的本质，但同时，这个本质所具有的特性却又不同于那给人以与上帝——或者，同样，与自身——相调和、统一的感觉、意识的那种本质或力量所具有的特性。

这个本质，不是别的，正就是知性——理性或理智。上帝，作为人之对极，作为非属人的、非人格型地属人的存在者来看，则就是对象化了的理智本质。纯粹的、完善的、无缺陷的属神的本质，是理智之自我意识，是理智对自己的完善性的意识。理智不懂什么内心的痛苦；理智不像心那样具有欲望、情感、需要，而正由于这个缘故，它也就不像心那样具有缺陷和弱点。纯粹的理智人，即那些给我们——当然只是在片面的规定性中，但正因此而在特有的规定性中——把理智本质形象化和人格化的人，解脱了感情人所具有的那种心灵的苦恼、热情、放纵；他们绝不热衷于任何有限的、规定的对象；他们绝不使自己"役于物"；他们是自由的。"对什么也不需求，并由这种无需求而变得类似于不死的神"；"不要让自己去屈从事物，而要让事物屈从自己"；"一切都是虚空的"；——这些以及另外一些相类似的言语，是抽象的理智人之座右铭。理智是寓于我们之中的中性的、冷淡的、廉洁的、清醒的本质——纯粹的、无情的知性之光。理智意味着断然地、毫无顾虑地把事物意识成为事物，因为理智本身就具有客观的本性；理智是对无矛盾的东西的意识，因为理智本身就是无矛盾的统一体，是逻辑同一性之源泉；理智是对法则、必然性、规则、尺度的意识，因为理智本身就是法则之活动，就是作为自我活动的事物本性的必然性，就是规则之规则，就是绝对尺度，就是尺度之尺度。只有通过理智，人才能够

第三章 作为理智本质的上帝

与自己最最宝贵的属人的、个人的感情相矛盾地判断和行为,如果理智上帝、法则、必然性、法权是这样命令的话。当一个当法官的父亲知道自己的儿子犯了法而要判处其死刑时,他只有作为理智人、而不是作为感情人,才能够这样做。理智向我们指出了我们所爱的人的、甚至我们自己的缺点和弱点。因此,理智经常使我们跟我们自己、跟我们的心处于痛苦的冲突之中。我们不愿意把权利让给理智;我们由于怜悯和宽恕而不愿意执行理智之真实的、但却冷酷无情的判决。理智是类所原有的能力;心代表特殊的事情,代表个体,而理智则代表普遍的事情;理智是超乎人的,就是说,是寓于人之中的超人格的和非人格的力量或本质性。只有通过理智并且只有在理智之中,人才具备力量摆脱自己,摆脱自己的主观的、个人的本质,将自己提升到普遍的概念和关系,将对象从其给内心所造成的印象里面区分出来,自在自为地、不以对人的关系为转移地来考察对象。哲学、数学、天文学、物理学,总之,一切科学,都是事实上的证明,因为它们乃是这种实实在在无限的和属神的活动之产物。所以,宗教式的拟人说,也是跟理智相矛盾的;理智否认、否定上帝具有拟人说的性质。但是,这个不受拟人说的限制的、无顾虑的、无情的上帝,却就正不外是理智所固有的、客观的本质。

作为上帝的上帝,也就是说,作为非有限的、非属人的、非物质地被规定的、非感性的上帝,仅只是思维之对象。他是非感性的、无形态的、不可捉摸的、无形象的存在者——抽象的、否定的存在者;只有通过抽象和否定(Via negationis)才能认识他,才能把他看作对象。为什么呢?就因为他不过是思维力之客观的本质,——一般地说来,思维力就是人借以意识到理智、精神、知性的那种力量或活动（随便怎样命名都可以）。人仅只能信仰、知觉、表象、思维那启发他的、在他当中作用着的知性；他不能信仰、知觉、表象、思维任何一种别的精神（因为精神之概念，只是思维、认识、理智之概念，任何别的精神，都是幻想之幽灵）。他仅仅能使知性脱离自己的个体性之界限。所以，有别于有限的精神的"无限的精神"，只不过是离开了个体性和肉体性（因为个体性和肉体性是不可分割的）的知性，即为自己和由自己确定或思想的知性。经院家、教父说道——其实远在他们以前异教哲学家就已经这样说过——，上帝是非物质的存在者，是知性，是精神，是纯粹的理智。人们不能够形象化地设想作为上帝的上帝；但是，难道你就能够形象化地设想理智、知性吗？它有形态吗？它的活动，不是最难以捉摸、最难以描绘吗？上帝是不可领悟的；但是，难道你就领悟知性之本质吗？你研究过充满秘密的思维活动，研究过自我意识之隐奥的本质吗？自我意识，不是谜中之谜吗？古时候的神秘家、经院家、教父们，不就已经用人的精神之难以捉摸和难以描绘来解释、比喻属神的本质之难以捉摸和难以描绘吗？那么，按实而论，上帝的本质不是跟人的本质同一了吗？① 可见，作为上帝的上帝，作为仅仅可思维的、仅仅成为理性之对象的存在者的上帝，不是别的，正就是

---

① 奥古斯丁在《驳学院派学者》一书——写这本书时，他在一定程度上还是一个异教徒——中说道（第3卷，第12章），人之至高的善，乃存在于精神或理性之中。与此相反，在他的《精言集》——写这本书时，他已成了一个杰出的基督教神学家——中，他（第1卷，第1章）如此来更正上述思想："应当这样说才更正确；乃存在于上帝之中；因为，为了成为福乐，心灵就把上帝当作其至高的善来享受。"然而，难道这里面竟有什么区别吗？不是存在有我的至高的善的地方，才存在有我的本质吗？——著者

自己成为自己的对象的理性。理智或理性,究竟是什么呢?只有上帝来对你讲明白。一切都必须表白自己,显示自己,对象化自己,肯定自己。上帝是那将自己表白、肯定成为至高的本质的理性。对于想象来说,理性是上帝的启示,或者说,是上帝的一个启示;但是,对于理性来说,上帝乃是理性之启示;因为,理性是什么、能够做什么,都只有在上帝之中才成为对象的。由此可见,上帝是思维之需要,是必然的思想——是最高度的思维力。"理性不能停留于感性的事物和存在者";只有当它返回到最高的、第一的、必然的、只成为理性的对象的本质那里时,它才得到满足。为什么?就因为只有在这个本质那里,它才不感到不乐意;就因为只有在关于至高的本质的思想中,理性之至高的本质才被设定,思维能力与抽象能力之最高阶段才得以到达;就因为一般地只要我们还没有到达某种能力之最高阶段,还没有到达不能再作更高的设想的那种程度,还没有最大限度地发挥我们认为天赋的那种从事这类或那类艺术、这门或那门科学的才能,那我们就会感到我们自身之中有缺陷、空虚、不足,从而,感到不幸和不满足。因为,只有至高的艺术造诣才是艺术,只有最高度的思维才是思维、理性。严格说来,只有在你思想上帝的时候,你才在思想着;因为,只有上帝,才是实现了的、充实了的、最大限度的思维力。所以,只有当你思想上帝的时候,你才思想真正的理性;虽然如此,你却又借想象力把这个本质表象成为跟理性区分开来的存在者——因为你作为一个感性的存在者,习惯于将直观之对象、现实的对象跟其表象区分开来——,借想象力把这习惯转移到理性本质上面去,并由此又反过来将感性的生存——你已经舍弃了的——转嫁于理性生存、被思想的存在。

作为形而上学存在者的上帝,乃是于自身之中得到满足的知性;或者,倒过来说更正确一些:于自身之中得到满足的、将自己设想成为绝对本质的知性,就是作为形而上学存在者的上帝。所以,上帝之一切形而上学的规定,都仅仅只是现实的规定,——如果它们被认为是思维规定,被认为是知性、理智之规定的话。

理智是"原本的、原始的"本质。理智由上帝——作为第一原因——之中导引出一切事物,它觉得,如果没有了理智式的原因,那世界就会听任无意义的和无目的的偶然性摆布;换句话说,它只在自身之中,只在自己的本质之中,才找到了世界之根据和目的;只有当它由它自己——一切明白而清晰的概念之源泉——来解释世界之存在时,世界之存在才是明白而显然的。对理智①来说,只有那有意图、有目的、有理智地活动着的存在者,才是直接通过自身而成为明白和确实的、通过自身而成为有基础的、真的存在者。所以,一个即使对自己来说也不具有任何意图的存在者,其存在就必须基于另一个理智型的存在者之意图。这样,理智把自己的本质假定为原因式的、第一的、先于世界的本质;就是说,理智将作为在地位上居第一位、而在时间上却居最后一位的自然本质的自己变成为在时间上也居第一位的本质。

在理智看来,理智自己就是一切实在性之准则。一切无理智的、自相矛盾的东西,都是虚无;与理性相矛盾的,也与上帝相矛

---

① 这里所谓理智,不言自明,乃是指从感性中分离出来了的、疏远自然界的、有神论的理智。——著者

盾。例如，用时间性和地点性来界限最高实在之概念，就是与理性相矛盾的；因此，理性否认上帝具有这样的界限，指出这种界限是跟上帝的本质相矛盾的，并由此而否定了这种界限。理性只能信仰跟理性之本质相一致的上帝；只能信仰这样一位上帝，这位上帝，按品位来说并不低于理性本身，说得更确切一些，这位上帝只是表现了理性自己的本质而已。这就是说，理性只信仰自己，只信仰它自己的本质之实在性、真理性。理性并不是使自己依赖于上帝，而是使上帝依赖于自己。即使在信仰奇迹的权威盲从时代，理智也至少在形式上使自己成为神性之准则。上帝是一切，能够做一切，他有着无限的全能；但是，虽然如此，他却绝不是、绝不能做一切跟自己、也即跟理性相矛盾的东西。可见，在全能之威力上面，还存在有理性之更高的威力；在上帝之本质上面，还存在有理智之本质，后者判定上帝里面肯定的和否定的、积极的和消极的东西。如果上帝是非理性的和情感型的存在者，那你还会信仰上帝吗？绝不会；但是，为什么不呢？就因为把情感型的和非理性的本质当作属神的本质而接受下来，是跟你的理智相矛盾的。那么，在上帝之中，你肯定了什么，对象化了什么呢？就是你自己的理智。上帝是你的最高的概念和理智，是你的最高的思维能力。上帝是"一切实在性之总和"，也就是说，是一切理智真理之总和。凡是我在理智中认为是有本质的，在上帝之中，我就把它设定为存在着的；上帝就是被理智设想为至高者的那个存在者。但是，在我认为是有本质的那个东西之中，就正显示了我的理智之本质，表明了我的思维能力之力量。

可见，理智是古代本体神学中最最实在的存在、最最实在的本质。"本体神学说道:根本说来,只有当我们没有任何限制地把我们在我们自己这里所遇到的一切实在的东西都归给上帝时,我们才能够思想上帝。"①可见,我们的积极的、本质重要的属性,我们的实在性,就是上帝的实在性;只是,在我们里面,它们是有限的,而在上帝里面,它们就是无限的。然而,是谁把界限从实在性中取去,是谁将它撒去的呢?就是理智。那么,被设想成为逾越一切界限的那个本质,不就是舍弃、不考虑一切界限的理智之本质吗?你怎样思想上帝,你也就怎样思想你自己;你的上帝之尺度,就是你的理智之尺度。如果你有限地来思想上帝,那么,你的理智也是有限的;如果你无限地来思想上帝,那么,你的理智也不是有限的。例如,如果你把上帝设想成为一个有形体的存在者,那么,形体性就是你的理智之界限;没有了形体,你就什么也不能设想了;反之,如果你否认上帝具有形体性,那你就由此证实和确证你的理智不受形体性之局限。在无限的本质中,你只不过使你的无限的理智感性化而已。因此,当你宣称这个不受局限的本质是最最本质的、最高的本质时,你其实等于说:理智是最高的存在(Être suprême),是最高的本质。

其次,理智又是独立的和不依赖的本质。不具有理智的东西,就是依赖的和非独立的。一个没有理智的人,则也就是一个没有意志的人。不具有理智的人,就容易受人诱惑、蒙蔽,容易被别人像工具一样地利用。在理智方面做别人的工具的人,在意志方面怎能有具有自我目的的活动呢?只有思维着的人,才是自由的和

---

① 康德:《哲学的宗教学说之讲演录》,莱比锡1817年版,第39页。——著者

独立的。只有借自己的理智,人才将外于和低于自己的存在者低贬为自己生存的手段。一般说来,只有那自己就是自己的目标、自己就是自己的对象的东西,才是独立的和不依赖的。自己就是自己的目标和对象的东西,就正由此——只要自己确是自己的对象——而不成为为了另一存在者的手段和对象。总之,无理智就意味着为了他者而存在,意味着是客体,而理智则就意味着为了自己而存在,意味着是主体。但是,一旦不再为他者而存在,而是为自己而存在,则就立刻拒绝对另一存在者的依赖。当然,在思维之片刻中,我们依赖于在我们自身之外的存在者;但是,就我们在思维着而言,在作为理智活动的理智活动中,我们绝不依赖于任何别的存在者。① 思维活动是自我活动。康德在上述著作中说道:"在我思维的时候,我意识到是我的在我里面的'我'在思维,而不是某种另外的事物在思维。由此可见,这种在我里面的思维,并不依附于某种在我之外的另外的事物,而是依附于我自己;从而,我乃是本体,也就是说,我为我自己而生存,我并不是某种另外的事物之宾词。"虽然我们永远需要空气,但是,如果我们是物理学家,那我们还是同时又把空气由需要之对象变成无需要的思维活动之对象,也即使空气变成纯粹为了我们的事物。在呼吸时,我是空气之客体,而空气是主体;但是,当我把空气当作思维、研究、分析之对象时,我就把这种关系倒了过来,我使我自己成为主体,而使空气成为依赖于我的客体。但是,只有那成为另一个存在者的对象的

---

① 这甚至也适用于作为生理作用的思维作用,因为,脑的活动虽然同时又以呼吸作用和其他的过程为前提,但终究还是一个独特的、独立的活动。——著者

东西,才是依赖的。这样一来,植物就依赖于空气和光,换句话说,植物是为了空气和光的对象,而并不是为了自己的对象。当然,空气和光也是为了植物的对象。一般说来,物理生活不外就是主体与客体、目的式的存在与手段式的存在之间的这种永恒的交替。我们既消费空气,又被空气所消费;我们既享受,又被享受。只有理智,才是享受一切事物而又不被享受的本质——仅仅享受自己的、仅仅满足于自己的本质——绝对的主体——,才是不再能够被低贬为另一个本质之对象的本质——因为它把一切事物都看作是依赖于自己的客体、宾词——,才是将一切事物都总括于自身之中的本质——因为它自己并不是事物,因为它不受任何事物的限制。

　　理智之统一性,就是上帝之统一性。对理智来说,它的统一性与普遍性之意识,是本质重要的;理智本身就不外乎是对自己的绝对统一性的意识。就是说,凡认为合于理智的东西,对理智来说,就是绝对的、普遍有效的法则;在理智看来,不可能设想自相矛盾的、虚假的、荒谬的东西会在某个地方成为真的,同样,反过来也不可能设想真的、合于理智的东西会在某个地方成为虚假的、不合理的。"可能有某种跟我不同的知性存在者存在着;但是,我确信,认识不同于我所认识的另一种法则和真理的知性存在者却是不可能有的,因为,任何一个有灵者都必然了解二乘二等于四,必然了解到必须把自己的狗从自己的朋友面前引走。"①关于本质上不同于

---

　　① 马勒伯朗士语。同样,天文学家惠更斯在其前述著作《宇宙论》中说道:"是否会在另外某一个地方存在有不同于我们的理性的理性呢? 在木星和火星上面,是否会把我们认为正义的和可嘉的行为看作是不正义的和可恶的呢? 说实话,这是不大可能的,甚至就是不可能的。"——著者

在人里面活动着的理智的理智,我也连丝毫观念、丝毫想象都没有。说得更确切一些,任何我假定其为另外一种理智的理智,其实都只是我自己的理智之肯定,都只是关于我自己的一个理念,都只是在我的思维能力范围以内的、也即表明了我自己的理智的一个表象而已。我想什么,我自己就做什么——自然,只是就纯粹知性的事物而言——,我想到这个是结合起来的,我就把它结合起来,我想到这个是分离开来的,我就把它区分开来,我想到这个是被扬弃的、被否定的,我自己就把它加以否定。例如,如果我设想这样一个理智,在这个理智中,对象之直观或实在性是直接跟关于该对象的思想结合在一起的,那么,我就实实在在地把它们结合起来;我的理智或我的想象力,本身就是将这些差别或对立结合起来的那种能力。如果你并不在你自身之中把这些差别或对立结合起来,那你怎么能够把它们表象成为——不管这种表象是明晰的还是杂乱的——结合着的呢?不管被某个特定的个人认为有别于他自己的理智的那个理智怎样被规定,这个另外的理智,总还只是一般地在人里面活动着的理智,总还只是被认为逾越了这个特定的、暂时的个体之界限的理智。统一性包含在理智之概念中。理智不可能设想两个至高的本质,设想两个无限的本体,设想两个上帝;同样,理智也不可能自相矛盾,不可能否认它自己的本质,不可能把自己设想成为分割开来的和"一式多份"的。

理智是无限的本质。无限性是直接跟单一性相连的,而有限性乃直接跟众多性相连。有限性——形而上学意义上的有限性——基于实存跟本质、个体性跟类的区别;无限性基于实存跟本质的统一。所以,一切能够用同类的其他个体来加以比较的,就都是有限的；而无限者，就除了跟自己同等以外，再也没有与它同等的，从而，并不是作为个体而处于某一个类的下面，而是不可区分地就是类和个体合而为一，本质和实存合而为一。而理智就是这样；它有其本质于自身之中，从而，在它之旁和之外并没有什么可以跟它并列的东西；它是不可比较的，因为它自身就是一切比较之源泉；它是不可量度的，因为它自身就是一切尺度之尺度，我们只有借理智才能够来量度一切东西；它绝不服从于更高的本质、类，因为它自身就是一切隶属关系之最高原则，一切事物和存在者无一不隶属于它。思辨哲学家和神学家把上帝定义为这样的存在者，在那里，实存与本质密切不可分；他就是自己所固有的一切特性；从而，在他里面宾词与主词是同一的。由此可见，所有这些规定，也都只不过是从理智之本质中抽出来的概念。

最后，理性或理智又是必然的本质。理性之所以存在，乃因为只有理性之实存才是理性，乃因为如果没有理性、没有意识，则一切都将是无，存在将无异于非存在。意识才第一次奠定了存在与非存在的区别。只有在意识之中，才显示了存在之价值、本性之价值。一般地，为什么有某物存在着，为什么有世界存在着呢？理由很简单，就因为如果某物不存在，那么就什么也不存在，如果理性不存在，那么就只有非理性存在着。这样一来，世界之所以存在，就只是因为世界不存在是荒诞的。你在它的非存在之荒诞中找到了它的存在之真实意义，你在认识到假设它不存在乃是无根据的时候，你也就认识到它之所以存在的根据。无、非存在，是无目的的、无意义的、无理智的。只有存在，才具有目的，具有根据和意义；存在之所以存在，就因为只有存在才是理性和真理；存在是绝对的需要,是绝对的必然性。那自己感觉得到的存在、生活之根据是什么呢?就是生活之需要。但是,谁需要生活呢?就是那不能生活的。并不是能够看见的存在者要造出眼睛来;如果已经看得见了,那何必还要造出眼睛来呢?不!只有不能够看见的存在者,才需要眼睛。我们一生下来都没有知识和意志,但我们正逐渐具有知识和意志。那么,世界又从何而来呢?乃来自必要、需要、必然性,但是,并不是来自那包含于另一个跟它区别开来的本质之中的必然性——这是纯粹的矛盾——而是来自最最固有的、最最内在的必然性,来自必然性之必然性,因为没有世界就没有必然性,而没有必然性就没有理性、没有理智。世界所从而来的那个无,乃是没有世界的无。所以,否定性(像思辨哲学家所说的那样)、无,诚然是世界之根据;但是,这乃是自己扬弃自己的无,换句话说,如果世界不存在,那么这个无就完全不可能存在。世界诚然是起源于缺乏、贫乏(Penia),但是,如果把这个贫乏当作本体论式的本质,那就是谬误的思辨了。这个贫乏,仅只是存在于世界之被假设的非存在之中的贫乏。因而,世界仅仅由自身和通过自身而成为必然的。但是,世界之必然性,就是理性之必然性。作为一切实在性之总和的理性——因为,如果没有光,则世界之壮丽将是什么呢?而如果没有内在的光,那外在的光将是什么呢?——是最最必不可缺的本质,是最深的和最本质重要的需要。只有理性,才是存在之自我意识,才是具有自我意识的存在;只有在理性中,才显示出存在之目的、意义。理性是作为自我目的而成为自己的对象的存在——事物之最终目标。自己成为自己的对象的,就是至高的本质、最终的本质;能自己支配自己的,就是全能的。

第四章　作为道德本质或法律的上帝

　　作为上帝的上帝——无限的、普遍的、不具有拟人说性质的理智本质——之于宗教，并不比一个作为起始点的根本原理对于某一专门科学具有更大的意义；这样的理智本质，仅只是宗教之至高无上的、最终的立足点和结合点，仿佛是宗教之数学点。① 跟对这个本质的意识相连结的对属人的局限性与虚无性的意识，绝不是一种宗教的意识；我们宁可说这种意识是怀疑论者、唯物主义者、自然主义者、泛神论者所特有的。对上帝——至少是宗教之上帝——的信仰，只有当像在怀疑论、泛神论、唯物主义中那样丧失了对人——至少是宗教意义上的人——的信仰时，才会消失。所以，宗教并不、而且也不能认真地来对待人之虚无性；② 同样，宗教也并不认真地来对待那个跟对人的虚无性的意识相连结的抽象的本质。宗教真正认真地来对待的，仅仅是对人来说将人对象化的

---

　　①　数学点是抽象的、纯粹的点，只表示坐标位置而并不具有可量度性之意义。——译者

　　②　在宗教内部，关于人在上帝面前的虚无性的表象或表达法，就是上帝之愤怒；因为，正像上帝之爱是人之肯定一样，上帝之愤怒乃是人之否定。但是，问题就在于这种愤怒并不是真诚的。"上帝……并不真正是好发怒的。如果人们以为他在发怒和惩罚，那么，这并非上帝的本意。"（路德《全集》，莱比锡1729年版，第8卷第209页。这一版本以后经常要援引到，就不再指明版本了。）——著者

那些规定。否定人，就意味着否定宗教。

宗教所关心的是，成为它的对象的那个存在者应该不同于人；但是，它同样并且更加关心的是，这另一个存在者应该同时又是属人的。他不同于人，——这仅仅关系到实存而已；但是，他是属人的，——这就关系到他的内在的本质性。如果就本质而言他不同于人，那么人怎么会关怀他的存在或非存在呢？如果人自己的本质与其无关，那么人怎么会如此密切地关心这个存在者的实存呢？

举个例来说。路德在《教典全书》中说道："如果我相信，只有属人的本性才为我而受难，那么，对我来说，基督就成了可怜的救主，只有他自己，倒才真的需要一位救主。"可见，我们为了自己的得救而超越了人，要求设定另一个跟人区别开来的存在者。但是，这另一个存在者一经设定，就立刻产生了人对他自己、对他自己的本质的要求，从而，人又立刻被设定。"这里就是上帝，他不是人，并且也绝不会成为人。但是我不要这样的上帝，……在我看来，这只是一个可怜的基督……他只是抽象的上帝和属神的人格……没有人性。不，朋友，什么地方你向我提示上帝，什么地方你就必定也向我提示人性。"

人希望在宗教中满足自己；宗教是他的至高的善。但是，如果上帝是一个本质上不同于人的存在者，那么，人怎能在上帝里面找到安慰和和平呢？如果我本质上不同于某个存在者，那我怎么能够分享其和平呢？如果他的本质不同于我的，那么，他的和平也是本质上不同于我的，也就是说，对我来说，这种和平并不是和平。如果我并不能参与他的本质，那我怎么能够参与他的和平呢？而如果我本质上不同于他,那我怎么能够参与他的本质呢？一切活着的,都感觉得到和平;只是,是在各自不同的因素、各自不同的本质中感觉到。例如,如果说人在上帝之中感觉到和平,那么,他之所以感到和平,就只是因为他在上帝中第一次找到他真正的本质,就只是因为他在这里第一次不感到不乐意,就只是因为一切他迄今为止在其中寻求和平和认为是自己的本质的东西,都是某种另外的、异外的本质。所以,如果人应当和希望在上帝里面满足自己,那么,他就必须在上帝里面找到自己。"若不是神性愿意被尝到,那么谁也不会尝到神性。既然愿意,它就在基督之人性中被观察到,并且,如果你并不是如此地找到神性,那你就绝不会有平安。"①"每一件事物都在自己由以出生的那个状态中得到安宁。而我由以出生的那个状态,就是神性。神性是我的祖国。我在神性中有一个父亲吗？是的,我不仅在其中有一个父亲,而且还有我自己;在我出世以前,我就已经存在于神性之中了。"②

因此,一位仅仅表现出理智之本质的上帝,并不使宗教感到满足;他并不是宗教之上帝。理智不仅对人感兴趣,而且也对人以外的东西、对自然感兴趣。理智人甚至因了自然而忘记了自己。基督徒嘲笑异教哲学家,说他们从来不想到自己、想到自己的得救,而只是想到自己以外的事物。基督徒只想到自己。理智既满腔热情地考察上帝之肖像——人,也以同样的热情来考察蚤和虱。理

---

① 路德,第3卷,第589页。——著者
② 《陶勒及其以前时代若干说教师之说教集》,汉堡1621年版,第81页。——著者

智是一切事物与存在者之"绝对的无差别性和同一性"。植物学、矿物学、动物学、物理学和天文学之所以存在,并不是由于宗教灵感,而是仅仅由于理智热情。总之,理智是普遍的、泛神论的本质,是对宇宙的爱;可是,宗教——尤其是基督教——所特有的规定,却就正在于它完全是人神论的本质(anthropotheistisches Wesen),是人对自己本身的专一的爱,是属人的、并且主观地属人的本质之专一的自我肯定;因为,虽然理智也肯定人之本质,但是,它只是肯定人之为了对象的缘故而跟对象发生关系的那种客观的本质,这种本质的展示就是科学。因而,必须还有完全不同于理智本质的某种东西来成为信者的对象,——如果他希望和应当在宗教之中满足自己,而上述"某种东西"将要并且必然要包含宗教之真正核心的话。

在宗教、尤其是基督教之中,道德完善性胜于上帝之其他一切显要的理智规定或理性规定。但是,作为道德上完善的存在者的上帝,不外乎就是实现了的道德理念、人格化了的道德律,①不外乎就是人之被设定为绝对本质的道德本质。上帝是人自有的本质;因为,道德的上帝要求人像他自己一样:"上帝是神圣的,你们应当像上帝一样也是神圣的。"上帝是人自己的良心;因为,不然的话,他怎么会在上帝面前战栗,在上帝面前忏悔,把上帝当作他最内在的思想和意念之法官呢?

---

① 即使是康德,也在他的那本已经多次被援引到、在弗里德里希二世时便已著称的《哲学的宗教学说之讲演录》中说道(第135页):"上帝似乎就是道德律本身,所不同的仅仅在于被看作是人格化了的。"——著者

但是,对道德上完善的存在者的意识——作为对一个抽象的、脱离了一切拟人说观念的存在者的意识——,使我们感到冷酷和空虚,因为我们感到了我们跟这个存在者之间的距离、间隙。它是一个无情的意识;因为,它使我们意识到我们本人的虚无性——最易于感觉得到的、道德上的虚无性。对上帝的全能与永恒性——正跟我在空间和时间中的局限性相反——的意识,并不使我痛苦;因为,全能并不命令我也要成为全能,永恒性并不命令我也要成为永恒。但是,我要意识到道德完善性,就只有把道德完善性意识成为为我的法律。道德完善性,至少对于道德意识来说,并不依赖于本性,而是仅仅依赖于意志;它是意志之完善性,是完善的意志。我要设想完善的意志——跟法律同一的、本身就是法律的那种意志——,就必得把它设想成为意志客体,也即设想成为为我的"应当"。总之,关于道德上完善的存在者的表象,绝不是仅仅理论上的、和平的表象,而是同时又是实践的、促使我去行为和模仿的、使我跟我自己不睦和决裂的表象;因为,当它告诉我我应当是什么的时候,它也就毫不客气地当面告诉我:我现在还不是什么。① 并且,当宗教把人自己的本质——作为另外的、并且是人格型的本质,这个本质不给罪人以恩典,即不给罪人以一切得救和幸福之源泉,憎恨罪人,诅咒罪人——跟人对立起来时,在宗教中,这种决裂就更是充满苦恼,更是可怖。

---

① "那在我们自己的判断中损伤我们的自负的东西,使我们谦卑。这样,当任何一个人把自己本性之感性倾向跟道德律相比较时,道德律就不可避免地使他谦卑。"(康德:《实践理性批判》,第 4 版,第 132 页)——著者

可是,人如何求得摆脱自己跟完善的存在者的这种决裂,摆脱罪恶意识之苦痛,摆脱虚无感之苦恼呢?他如何来钝化罪恶之致命的锋芒呢?只有一个办法:他把心、爱意识成为至高的、绝对的威力和真理,他把属神的存在者不仅看作是法律,看作是道德本质,看作是理智本质,而且也看作是慈爱的、深情的、甚至主观地属人的存在者。

理智仅仅根据法律之严格来判断;而心就很容易迁就,是体谅的、宽大的、慎重的,是属人的($\chi\alpha\tau'\overset{,}{\omega}\vartheta\alpha\omega\pi o\nu$)。仅仅只要求我们达到道德完善性的那个法律,谁也不感到满足;由此,法律也就不满足人、心了。法律只知道判罪,而心却也怜悯罪人。法律仅仅将我肯定为抽象的存在者,而心却将我肯定为实在的存在者。心使我意识到我是人;法律却只是使我意识到我是罪人,使我意识到我是虚无的。① 法律硬要人服从于它,而爱却使人得到自由。

爱,是完善的东西跟非完善的东西、无罪者跟有罪者、一般的东西跟个体的东西、法律跟心、属神的东西跟属人的东西之间的纽带、媒介原则。爱就是上帝本身,除了爱以外,就没有上帝。爱使人成为上帝,使上帝成为人。爱增强弱者和削弱强者,降低高者和提高低者,将物质理念化和将精神物质化。爱,是上帝与人、精神与自然之真正的统一。在爱之中,平凡的自然等同于精神,优秀的精神等同于自然。爱,就意味着从精神出发来扬弃精神,就意味着从物质出发来扬弃物质。爱是唯物主义;非物质的爱是无聊的。

---

① "我们都犯过罪……弑父者是同法律一起开始的。"(塞尼加)"法律杀害我们。"(路德,第16卷,第320页)——著者

抽象的唯心主义者在对最遥远的对象产生爱的渴望时，就违背自己的意志而确证感性之真理性。但是，与此同时，爱又是自然之唯心主义；爱是精神。只有爱，才把夜莺比作女歌唱家；只有爱，才用"花冠"来形容植物的繁殖器官。并且，即使在我们日常的民间生活中，爱同样也是什么奇迹也干得出来的！信仰、忏悔、癫狂所分离开来的，爱就将其联合起来。爱还非常幽默地把我们的高贵的贵族同布衣小民同一起来。古代神秘家们关于上帝所说的话（他们说上帝既是至高的又是最平凡的本质），其实也适用于爱；并且，这里并不是指梦幻的、虚设的爱，而是指实在的、有血有肉的爱。

是的，只是指有血有肉的爱，因为，只有这种爱，才能够赦免血肉所犯的罪。仅仅道德上的存在者，绝不会宽恕对道德律的冒犯。凡否定法律的，就将要被法律所否定。不让属人的血注入自己的判决之中的那种道德上的法官，就必定苛刻而严厉地判决犯人。所以，如果上帝被看作是赦罪者，那也并不说明他被设定为一个不道德的存在者，而是被设定为一个不是并且胜过道德存在者的存在者，简单地说，也就是被设定为属人的存在者。罪之被扬弃，就是抽象道义之被扬弃，从而，也就是爱、慈悲、感性之被肯定。慈悲的并不是那抽象的存在者，而是感性的存在者。慈悲，是感性之正义感。所以，上帝并不是作为抽象的理智上帝而来宽恕人的罪，他是作为人、作为成肉身的、感性的上帝而来宽恕人的罪。成了人以后的上帝虽然并不犯罪，但终究还是懂得、还是体验到感性之痛苦、需要、渴求。基督的宝血，使我们在上帝眼中看来洗净了我们的罪；但是，只有基督的属人的血

第四章　作为道德本质或法律的上帝　95

才使上帝大发慈悲,才止住了上帝的愤怒;换句话说,我们之所以认为我们的罪得到了宽恕,就因为我们不是抽象的存在者,而是有血有肉的存在者。①[Ⅰ—Ⅲ,Ⅳ]

---

① "我的这位上帝和主,采取了我的本性,采取了像我所具有的一般无二的肉和血,像我一样地尝试和遭受到一切;只是,他是没有罪的。因此,他能够同情于我的弱点。"(《希伯来书》,第 5 章*)(路德,第 16 卷第 533 页)"我们应当尽可能深入地把基督引入肉体。"(同上第 565 页)"如果撇开基督,单就上帝本身而言,那他乃是一位可畏的上帝,因为人们不能在他那里找到安慰,只能够找到愤怒和非恩典。"(第 15 卷第 298 页)——著者

　　* 应该是第 4 章,从第 15 节到章末。——译者

第五章 化身之秘密或作为心之本质的上帝

　　爱之意识，就在于人借这种意识来调解自己跟上帝——或者，说得更确切一些，跟自己、跟自己的本质——的关系；他自己的这个本质，他在律法中却使其作为另外的本质而跟自己对立。化身——上帝之肉体化或人化——之秘密，就在于意识到属神的爱，或者，同样，直观到上帝是属人的存在者。化身，不外乎就是上帝的属人的本性之事实上的、感性的显现。上帝并不是为了他自己而化身为人；人的渴求、需要——在今天，虔灵者还有这种需要——，才是化身之根据。上帝出于慈悲而化身为人；可见，在他成为实在的人以前，他就已经在自身之中是一位属人的上帝了；因为，他非常关切属人的需要、属人的不幸。化身是属神的同情之泪，也即不过是那具有属人的感情、从而本质上属人的存在者之现象而已。

　　如果我们在化身之中只考虑人化了的上帝，那么，人化就当然表现为某种惊人的、不可思议的、奇妙的事了。然而，人化了的上帝，仅仅只是神化了的人之显现而已；因为，上帝之下降为人，必然以人之上升为上帝为前提。在上帝成为人以前，换句话说，在上帝表明自己是人以前，人就已经在上帝之中，就已经是上帝本身了。① 不然的话，上帝怎能成为人呢？在这里，也用得上一句老古话："不能无中生有。"一位不以臣民之福利为念、不是身在宝座上就已经密切关心臣民之居住状况、不是像人民所说的那样在其意念中已经是一个"普通人"的那种君王，就也不会具体地走下他的王位来造福于其人民。这样，在君王下降到臣民以前，臣民不是已经跃升到君王了吗？并且，如果臣民因了君王亲自驾到而感到光彩和幸福，那么，难道这种感情就仅仅跟这种可见的现象本身有关吗？难道不是也跟作为这种现象之根据的那种气质、那种仁爱的本质的表现有关吗？但是，在宗教真理中是根据的，在宗教意识中就被规定为结果；所以，在这里，人之上升为上帝，就被规定为上帝降格、下降为人之结果。宗教说，上帝为了神化人而人化自己。②

人们之所以把"上帝是人或正在成为人"这个命题看作是深奥难解的，看作是矛盾的，就因为人们把普遍的、不受局限的、形而上学的本质之概念或规定跟宗教上的上帝之概念或规定混淆或混杂起来，也即把理智之规定跟心之规定混淆或混杂起来；这种混杂，最为妨碍对宗教的正确认识。但是，事实上，化身所谈的只是上帝

---

① "描写上帝的《圣经》把上帝描写得像人一样，把一切属人的东西都归给他，这是很可爱和可慰的；因为，这样一来，就使我们感到上帝和蔼可亲地在跟我们谈论人间日常谈论着的事情，使我们感到他像人一样地为了基督未来的人性之秘密而喜悦、悲哀和烦恼。"（路德，第2卷第334页）——著者

② "上帝成为人，就是为了让人成为上帝。"（奥古斯丁：《通俗话篇》）但是，在路德和其他许多教父的著作中，却有许多地方都说明了其真实的关系。例如，路德（第1卷第334页）说道："这样，摩西就把人称为'上帝的影像，同等于上帝'，并且还暗示'上帝应当成为人'。"在这里，充分明白地表明上帝的人化乃是人的神性之后果。——著者

之属人的形象,这个上帝,他在本质中、在灵魂之最深处就已经是慈悲而属人的。

关于这个,教会教义认为,并不是神性之第一人格,而是神性之第二人格[①]——他在上帝之中和在上帝面前代表着人——,才化身为人;然而,正像下面将要指出的那样,实际上这第二人格乃是宗教之真正的、完整的第一人格。只有在没有这个中间概念——化身之出发点——的场合下,化身才显得是神秘的、难解的、"思辨式的";但是,如果跟这个中间概念联系起来考察,则化身就是必然的、自明的结果了。所以,只有最愚钝的宗教唯物主义,才会认为化身是某种只有借神学上的启示才能知悉的纯粹的经验事实或历史事实;因为,化身乃是以十分易解的前提为基础的结论。但是,如果由纯粹思辨的、形而上学的、抽象的根据来演绎出化身,则也同样是谬误的;因为,形而上学只隶属于神性之第一人格,而这第一人格并不化身,并不是戏剧性的人格。[②] 这样的演绎,至多只有当人们有意识地想由形而上学来演绎出形而上学之否定时,才可以算得上是正当的。

由这个例子可以看到,人本学是跟思辨哲学截然不同的。人本学并不像被神秘的假象所眩惑的思辨那样把人化看作是某种特殊的、奇突的神秘;宁可说人本学破坏了认为有某种特殊的、超自然的秘密隐藏在后面的那种幻想;人本学批判了教条,将它

[①] 基督教的三位一体是指圣父、圣子、圣灵的三位一体,这里的"位",就是指上帝的人格化。因而称圣父(耶和华)为第一人格,圣子(耶稣)为第二人格。——译者

[②] "人格"起源于拉丁文 Persona,原意是"角色"。"戏剧性的人格"就意味着"角色"。——译者

还原为其自然的、人生来就有的要素,还原为其内在的发源和中心点——爱。

教条向我们提示了两样东西:上帝和爱。上帝就是爱;但是,这又意味着什么呢?难道上帝还会是除了爱以外的什么东西吗?会是跟爱区别开来的一个东西吗?是不是跟我在感情冲动时说某一个人就是爱本身一般无二呢?当然是这样;不然的话,我就要放弃掉上帝这个名称——这个名称表明某种特殊的、人格型的存在者,表明跟宾词有所区别的主词。因而,爱成了某种特殊的东西:上帝出于爱而将其独生子送到世上来。由于上帝这个阴暗的背景,爱就如此地被推后和低贬。它成了只是人格型的属性——虽然又是对本质加以规定的;所以,在精神中或心情中,客观上或主观上,它都仅仅保持做一个宾词的地位,不能保持做主词、做本质的地位;在我看来,它只是次要的东西,只是某种偶然的东西而已;它一会儿作为某种本质式的东西向我走来,一会儿又从我面前消失掉。当然,除了爱以外,上帝也以别的形态向我显现:全能,幽暗的、不受爱束缚的能力,这种能力,连妖怪、魔鬼也在某种较小的程度上具有。

只要爱还没有被提升为本体、本质,那么,在爱之背景上,就潜存着一个即使没有爱也仍旧是某种自为的东西的主体,他是一个无爱的怪物,是一个妖魔式的存在者,他的可以跟并且确实跟爱区别开来的个性,以异端者和不信者的血为嗜好。总之,潜存着宗教狂热之幻影!然而,虽然在宗教意识之深夜中漆黑一团,化身之中本质重要的东西却还是爱。爱规定上帝去放弃他的神性。① 他的神性之被否认,并不是来自他的作为神性的神性——按照这作为神性的神性,他就是"上帝是爱"这句句子中的主词——,而是来自爱,来自宾词;因此,爱是比神性更高的威力和真理。爱征服了上帝。是爱,才使上帝肯牺牲其威严。那么,这样的爱到底是什么呢?跟我们的爱不同吗?跟我们为之牺牲财产和血液的那种爱不同吗?是对自己的爱吗?是对作为上帝的他自己的爱吗?不!是对人的爱。但是,对人的爱,不就是属人的爱吗?如果我并不是属人地爱人,如果我并不是像人爱自己——如果他确实也爱的话——一样地爱人,那么我怎么能够爱人呢?不然的话,爱岂不要成为魔鬼式的爱了吗?魔鬼也爱人,但是并不是为了人,而是为了他自己,也即出于利己主义,为了要扩张,为了要伸张其威力。但是,上帝之爱人——当他爱人的时候——乃是为了人,也即为了使人善良、幸福、福乐。那么,难道他不是像真正的人爱人一样地爱人吗?爱有复数吗?它不是无论哪里都是一样的吗?从而,化身之真正的、非伪造的原文,不就正是爱之原文,没有附加语,没有属神的爱跟属人的爱的区别吗?因为,虽然在人之间还是存在有一种自私的爱,但是,真正的属人的爱——只有它,才配得

---

① 古代那种不受制约的、充满灵感的信仰,就是如此地,在这种意义上来赞美化身。例如,圣伯尔拿说道,爱战胜上帝(Amor triumphat de Deo)。化身之实在性、力量和意义,就仅仅包含于神性之自我异化、自我否认之意义中,虽然这种自我否定自在地仅仅只不过是一种幻想表象而已;因为,放到亮光中来,就可以看到上帝并不是在化身中否定自己,而是在化身中指明自己是什么,指明自己是属人的存在者。后来的唯理主义正教派的神学以及《圣经》属灵派唯理主义式的神学,在化身问题上也谎话连篇地来反对古代信仰之沉醉于狂喜中的表象和表述。但是,既然他们用以反对的那些论据还不值得一提,那当然就更不值得一驳了。——著者

上爱这个称号——却是那损己利人的爱。这样，谁是我们的拯救者和和解者呢？是上帝还是爱呢？是爱；因为，拯救我们的并不是作为上帝的上帝，而是那超越属神的人格性跟属人的人格性的区别的爱。上帝怎样出于爱来舍弃他自己，我们也应当这样出于爱来舍弃上帝；因为，如果我们并不为了爱而牺牲上帝，那我们就要为了上帝而牺牲爱，并且，我们所得到的上帝，虽然有爱来做其宾词，但却还是充满着宗教狂热的凶神。

然而，当我们由化身之中获得这个原文时，我们同时也就表明了教条之非真理性，把乍一看来好像是超自然的和超理性的神秘还原为简单的、人自在地固有的真理；这个真理，不仅属于基督教，并且，至少就其萌芽状态而言，也或多或少地属于任何一种作为宗教的宗教。任何一种称得上是宗教的宗教，都假定上帝对敬拜他的存在者并不漠不关心，从而，他对属人的东西并不感到陌生，而且，作为人敬拜的对象，他自己就是一位属人的上帝。每一次祈祷，都揭露了化身之秘密；事实上，每一次祈祷都是上帝的一次化身。在祈祷中，我将上帝引入属人的烦恼之中，我让他参与我的苦痛和需要。上帝对于我的申诉并不是充耳不闻；上帝怜悯我；由此，他放弃了他的属神的威严，不再高居一切有限的和属人的东西之上；他成为跟人一样的人；因为，既然他垂听于我，怜悯于我，那么他就也因了我的苦痛而感动。上帝爱人——这意思就是说，上帝从人那里受难。没有同感，就不能设想爱；但是，没有同情，①则就不可能设想同感。我能够跟一个没有感受的存在者有同感吗？

---

① 同情（Mitleid），意即共苦、共患难。——译者

不能！我仅仅对有感受的存在者产生同感，我仅仅对使我感到我自己的本质、使我感到我自己的那种存在者产生同感，对其苦痛表示同情。同情，乃是以同等的本质为前提的。表明上帝跟人在本质方面没有区别的，则是化身，是天意，是祈祷。①

神学记住并且牢牢地记住永恒性、不可规定性、不变性等之形而上学的理智规定，记住并且牢牢地记住了其他一些相类似的、表现了理智之本质的抽象规定。因而，神学否认上帝有受难的能力，并由此也否认了宗教之真理性。② 因为，宗教、笃信宗教的人在虔诚祈祷时相信上帝实实在在参与他的苦痛和需要，相信上帝的意志可以由恳切的祈祷、由心的力量来规定，相信借祈祷可以立刻得到上帝之实实在在的垂听。真正虔诚的人，毫不犹豫地把自己的心交托给上帝；在他看来，上帝就是一颗对人无微不至的心。心只能转向心；它只有在自身之中，在自己的本质之中，才寻得安慰。

---

① "我们知道，上帝同情我们，他不仅看到我们的眼泪，并且，正像《诗篇》第56篇所说的那样，还数清我们的泪滴。"——"上帝的儿子真正对我们的苦难表示同感。"（《密朗赫顿演说集》，第3部，第286、450页。）路德关于上述《诗篇》第56篇第9节说道："没有一滴泪会白白流掉，在天上，它是用强有力的大写字母记下的。"然而，一位甚至于计算和"收集"人的每一滴泪水的存在者，那就势必是最最多情善感的存在者了。——著者

② 圣伯尔拿（《论雅歌》，话篇第26）为了脱离困境，使用了一个老牌诡辩的语言游戏：Impassibilis est Deus, sed non incompassibilis, cui proprium est misereri semper et parcere.（经常慈祥地保佑我们的那位上帝，没有苦难而只有同情。）似乎同情就不是苦难——当然，乃是指爱之苦难、心之苦难——似的。但是，如果没有了同情心，那么，哪里还谈得上什么苦难呢？没有爱，就没有苦难。苦难之物质、源泉，就正是一切存在者之普遍的心、普遍的纽带。——著者

认为祈祷之成全从开始就已经被规定,认为上帝在最初就已经把祈祷之成全纳入创世之计划中,——这样的主张,乃是空虚而荒谬的杜撰,乃是那绝对地跟宗教之本质相矛盾的机械的思维方式之杜撰。在宗教意义上来说,拉发忒在某一个地方说得完全对:"我们需要一位专擅的上帝。"并且,在上述杜撰之中,跟在实在的、由于祈祷的力量而立刻见效的垂听之中一样,上帝也是一个为人所规定的存在者;只是,在前一种场合下,那个跟上帝的不变性及不可规定性的矛盾,也即困难性,被推移到遥远的过去或永恒。所以,不管上帝是否决定或是否在某个时候已经决定要成全我的祈祷,都是无足轻重的。

只有最不彻底的人,才会把那关于可以由祈祷、也即可以由心情的力量来规定的上帝的表象当作一种低贱的属人的表象而丢弃。只要人们所信仰的存在者,是敬拜之对象,是祈祷之对象,是心情之对象,是一个安排天意的、照顾人的存在者——当然,如果没有爱,那这个天意也是不可设想的——,是一个具有爱的存在者,是一个以爱作为其行动的动机的存在者,那么,事实上,人们所信仰的存在者,虽然没有解剖学意义上的心脏,但却有着一颗心理学意义上的属人的心。正像前面已经说过的那样,虔诚者把一切都放到上帝里面去,只除了他自己所鄙视的东西。基督徒虽然并不给予他们的上帝以与他们的道德概念相矛盾的情绪,但他们却毫不犹豫地和不由自主地把爱、慈悲之感情和心绪归给他们的上帝。然而,由虔诚者置放到上帝里面去的那个爱,确是道地的爱,不仅是假想的、想象的爱,而且也是实在的、真正的爱。上帝被爱而又爱,在属神的爱之中,只是属人的爱将自己加以对象化、肯定而已。在上帝之中，爱只不过深入它自己的真性之中而已。

人们可以这样来反对化身之在这里所述及的意义：基督教中的化身是完全特殊的，完全不同于异教——例如希腊或印度的——中各种神灵的人化。当然，正像以后会指出的那样，这种说法就另一方面而言也是正确的。他们认为，这些异教的上帝仅仅只是人的产物或神化了的人；而在基督教中，却给出了真正的上帝的理念；只有在这里，属神的本质才跟属人的本质意义深长地并且"思辨地"结合了起来。他们认为，既然尤比德甚至于曾经化作牡牛，可见，异教上帝的人化，乃是纯粹的幻想。他们认为，在异教中，上帝之本质并不胜于现象；而相反，在基督教中，上帝乃是以人的形态显现的另一种的、超乎人的存在者。可是，这种非难是不攻自破的；因为，前已述明，基督化身之前提，就已经包含有属人的本质。上帝爱人；除此以外，上帝在自身之中还有一个儿子；上帝是父亲；人间诸关系，也并没有遭到上帝的拒绝；人间诸事，上帝也并不陌生、生疏。所以，即使在这里，上帝之本质也并不胜于上帝之现象。只是，在化身之中，宗教承认了它在对自己的反思之中、也即在自己作为神学时所不愿意言明的，这就是：上帝是一个彻头彻尾属人的存在者。所以，化身，"神人"之秘密，并不是对立面之神秘的合成，并不是像思辨宗教哲学所认为的那样——因为思辨宗教哲学对矛盾有着特殊的喜爱——是综合的事实；它是分析的事实——一个具有属人的意义的属人的词。假如在这里有矛盾存在，那么，这个矛盾在化身之前和之外，在天意、爱跟神性相联结时，便已经存在了；因为，如果这个爱是实在的爱，那么，它就不会跟我们的爱有什么本质上的区别,从而,化身就只是这个天意、这个爱之最有力的、最切合的、最感性的、最率直的表现而已。爱为了使对象幸福,就只想到用亲自与对象同在来讨好对象,只想到让对象看见自己。爱之最热烈的愿望,就是面对面地观看到不可见的恩主。看见,乃是一种属神的作用。福乐,就在于面见所爱者。面见是爱之可靠性。化身,仅仅只应当是、只应当说明和促成上帝对人的爱的毫无疑问的可靠性而已。爱仍旧还留着,但化身却从地上一去不复返了;现象,在时间上和空间上是局限的,是仅仅为少数人所目睹的;可是,现象之本质,却永远地和普遍地存在着。我们仍然应当信仰现象,但却并不是为了现象,而是为了本质;因为,留下给我们的,仅仅只有爱之直观。

上帝对人的爱——这是宗教之根据和中心点——,毫不含糊地和毫不矛盾地证明,人在宗教之中把自己直观成为属神的对象、属神的目的,换句话说,在宗教之中,人只跟他自己的本质、只跟"自我"发生关系。上帝为了人而离弃其神性。就正因为这样,故而化身给人以提高自己地位的印象:至高的、毫无需要的存在者,为了人的缘故而受辱和遭贬。所以,在上帝之中,我自己的本质成了我直观的对象;我在上帝看来是有价值的;我的本质之属神的意义,向我显明。既然上帝是为了人的缘故而化为人,既然人是属神的爱之最终目标、对象,那么,还有怎样的说法能把人的价值提得更高一些呢?上帝对人的爱,是属神的本质之本质重要的规定:上帝,是爱我的、一般地爱世人的上帝。宗教之重音就打在这上面,宗教之基本热情就包含在这里面。上帝的爱驱使我也去爱;上帝对人的爱,是人对上帝的爱的根据:属神的爱导致、唤起属人的爱。

"我们爱,因为上帝先爱我们。"①那么,在上帝之中和在上帝那里,我究竟爱的是什么呢?这就是:爱,并且是对人的爱。但是,如果我所爱的和所敬仰的爱,就是上帝用来爱世人的那个爱,那么我不就是在爱人吗?我的神爱,不就正是——虽然是间接地——人爱吗?这样,如果上帝爱人,那么,人不就是上帝的内容吗?我所最亲密的,不就正是我所爱的吗?如果我不爱,那我还有心吗?不!只有爱,才是人的心。但是,如果没有我所爱的东西,那又何谓爱呢?因而,凡是我所爱的,则就是我的心,就是我的内容,就是我的本质。人在丧失其所爱的对象时,为何会伤感,会失却生命欲呢?为什么呢?就因为在丧失其所爱的对象的同时,他也丧失了他的心——生命之原则。可见,既然上帝爱人,那么,人就是上帝的心,人的幸福是上帝最关心的事。如果人是上帝的对象,那么,在上帝之中,人岂不是自己又成了自己的对象了吗?如果虽然上帝就是爱,但这个爱的实质内容却是人,那么,属神的本质之内容不就是属人的本质了吗?上帝对人的爱——宗教之根据和中心点——,不就是人对自己的爱吗?不过这种爱被对象化为、被看作是至高的真理、人的至高的本质罢了。"上帝爱世人"②这句名句乃是一种东方主义(宗教在本质上是东方性的),而用德文来说,就成了:至高者乃是人的爱。难道不是这样吗?

我们借助分析而将化身之神秘还原为真理,而这个真理,甚至也渗入宗教意识之中。例如,路德说道:"谁想要将上帝之人化铭

---

① 《约翰一书》,第 4 章第 19 节。——著者
② 《约翰福音》,第 3 章第 16 节。——译者

记在心,谁就应当为了血和肉——在天上,这是在上帝的右边——的缘故,在这里地上,珍爱一切血和肉,绝不再对任何一个人发怒。这样,基督我们的上帝之人性,就会一下子公平地用喜悦充满所有的心,使举凡一切易怒的和导致不睦的思想都不再能够进入人的心。为了我们这血和肉的缘故,当真说来,所有的人都应当满怀喜悦地拉起手来。""下面这一件事也应当把我们推向极大的喜悦和幸福的自豪:我们备受敬重,胜过一切被造之物,甚至也胜过天使;我们值得自豪的是:我自己的血和肉坐在上帝的右边,掌管万物。没有一个被造之物会有这样的荣誉,连天使也没有这样的荣誉。这应当成为一只炉子,把我们所有的人都融合成一颗心,使我们人之间有着一种热诚,致使我们真心地彼此相爱。"① 但是,在宗教之真理中是寓言之本质、是主要问题的,在宗教意识中,就只是寓言之道德,只是次要问题。[Ⅴ,Ⅶ]

---

① 路德,第15卷第44页。——著者

第六章　受难上帝之秘密

人化了的或属人的——二者是一样的——上帝即基督的一个本质规定,便是苦难。爱通过受难来证实自己。一切跟基督密切关联的思想和感情,都集中于受难这一概念之中。作为上帝的上帝,是一切属人的完善性之总和,而作为基督的上帝,则是一切属人的不幸之总和。异教哲学家们把知性之活动——尤其是其自我活动——誉为至高的活动、属神的活动;而基督徒们却把受难神圣化,甚至把它放在上帝之中。如果作为纯粹活动(Actus purus)的上帝是抽象哲学之上帝,那么,与此相反,基督——基督徒们的上帝——乃是纯粹受动(Passio pura),是至高的形而上学的思想,是心之至高存在(Être suprême)。因为,还有什么比受难更感动人心呢?更何况受难者乃是自在地超越一切苦难的,是无辜的,是洗净了一切罪的,其受苦受难,纯粹是为了拯救别人,纯粹是出于爱、出于自我牺牲。但是,正因为爱之受难史是最感动人心、或者一般地是最感动心的历史(因为,如果想设想另一种不同于人心的心,那就是可笑的妄想),故而,毫不矛盾地可以由此推论出,在这个历史中不过是表现了、对象化了心之本质,并且,这个历史虽然不是人的理智或创作才能之发明,却终究是人的心之发明。然而,心并不像自由自在的幻想或知性那样发明;它是受动的、接受的;一切源出于它的东西,它都觉得好像是给定的、强制的,好像是以无可违拗的必然性之强力而作用着的。心征服、控制了人;谁一旦被心所掌握住,则就好似被妖魔、上帝所掌握住一样。心并不知道别的什么上帝、别的什么更优越的存在者,它只知道它自己,只知道这样一位上帝,这位上帝的名称虽然可以是特殊的、可以是另外的,但是其本质、实体却正就是心所固有的本质。然而,基督教之更好的、真正的本质,基督教之清除掉其神学上的因素和矛盾以后的本质,却正就是起源于心、起源于对于善行、对于为人类而生死的那种内心的渴望,起源于愿望一切人都幸福、不遗弃任何一个即使是最堕落、最下流的人的那种慈善行为之属神的意向,起源于至高意义上的慈善行为之道德职责——它已经成为内在必然性,也即已经成为心——,起源于属人的本质——这个本质显示为心,且通过心来显示自己。

由上述可见,凡在宗教中作为宾词的,我们都可以把它当作主词,而凡在宗教中作为主词的,我们也都可以把它当作宾词。这也就是说,我们可以将宗教之神谕颠倒过来,把它理解为反面真理(contre-vérités),而这样一来,我们就洞察了真相。上帝受难——受难是宾词——,但是,是为了人们,是为了别人而不是为了自己。讲得通俗一些又该怎样讲法呢?这不外就是:为了别人而受难,是属神的;谁为别人而受难,为别人而抛弃自己的灵魂,那他的行为就是属神的,从而,对人们来说,他就是上帝了。①

---

① 宗教通过范例来讲述。范例是宗教之律法。凡是基督所做的,就是律法。既然基督曾经为了别人而受难,那么,我们也应当这样。"主之所以要如此地谦卑,贬抑自己和缩小自己,就是为了要你们也这样。"(伯尔拿:《主性论》)"我们应当专心观摩基督……这个范例会推动和驱使我们出自内心地情愿帮助别人和为别人服务,不管会不会吃亏,会不会受苦。"(路德,第15卷第40页)——著者

然而，基督之受难，不仅代表道德的、自愿的受难，不仅代表为了别人的幸福而牺牲自己的那种爱、力量之受难；它也代表一般地作为受难能力之表现的那种受难。基督教很难说是超乎人的，因为它甚至将属人的弱点也神圣化了。如果说异教哲学家即使在听到自己儿子的死讯时也仍旧喊着"我早知道我是生出了一个必死者"，①那么，与此相反，基督——至少是圣经里的基督，因为我们并不知道圣经以前和以外的基督是什么样的——却为拉撒路（Lazarus）的死而落泪；②其实，拉撒路的死只是假死而已。如果说苏格拉底曾泰然自若地喝掉一杯毒药，那么，与此相反，基督却喊道："倘若可行，求你叫这杯离开我。"（见《马太福音》，第 26 章，第 39 节；又可参看《路加福音》，第 22 章，第 42 节）③在这一点上，基督是属人的敏感性之自我供认。跟异教式的原则，尤其是跟那具有严格的意志力和独立性的斯多葛派的原则相反，基督徒将自己的敏感性之意识归并到上帝之意识中去；他看到，只要这种敏感性不是有罪的弱点，上帝就不会加以否定，不会加以谴责。

---

① 见第欧根尼·拉尔修的《论哲学名家之著作、训诲及格言》，第 2 卷第 6 章（色诺芬），55。——据德文本编者

② 见《约翰福音》，第 11 章，第 35 节。——译者

③ 圣安布罗兹说道："绝大多数人都给这一节呆住了。但是，我却在这里最钦佩基督的谦卑和尊严，因为，假如他并没有采取我的情绪，那他对我的益处也许就要大大地减少了。"（《路加福音讲释》，第 10 卷第 22 章）"如果上帝是不能受难的（in sua impassibilitate），那我们怎么敢接近上帝呢？"（伯尔拿：《论循序向上之十二进阶》）基督徒医师、密朗赫顿的朋友雅各·米利基乌斯说道："虽然斯多葛派认为把感情或感动归给上帝是可笑的，但是，做父母的，当他们因了自己子女的不幸而感到爱之创伤和悲痛时，他们就应当想到，在上帝里面，也有一种相类似的对他的儿子和我们的爱……上帝有着真正的爱，而不是有着冷酷的、假冒的爱。"（《密朗赫顿演说集》，第 2 部第 147 页）——著者

受难是基督教之最高诫命——基督教之历史本身,就是人类之受难史。如果说在异教徒那里感性欲望之欢呼是混在对神灵的敬拜之中的话,那么,在基督徒——当然是指古代的基督徒——那里,则把内心、心情之眼泪和叹息当作对上帝的礼拜。但是,正像一位感性的上帝、生活中的上帝只有当感性欢呼意味着对他的敬拜时才受到尊崇一样,正像这种感性欢呼仅只是那悦纳这种欢呼的神灵之本质之感性定义一样,基督徒们的内心叹息,也是一种源自他们上帝的最内在的灵魂、最内在的本质的声调。人之真正的上帝,并不是诡辩神学之上帝,而是人所敬拜——在基督徒那里,这种敬拜是内在的——的上帝。但是,基督徒们——当然是指古代的基督徒——相信,由于他们的眼泪,由于他们的悔悟和渴念的眼泪,使他们的上帝获得无上的荣誉。可见,眼泪是虔诚基督徒之感性的顶点,在它们里面反映出他们上帝的本质。但是,一位悦纳眼泪的上帝,就不外乎表现出心之本质,尤其是表现出心情之本质。诚然,在基督教中有这样的说法:"基督所行的一切皆为我们,他拯救了我们,使我们跟上帝和解;因此,让我们高兴吧,我们丝毫也用不到再担心怎样使自己跟上帝和解了,因为已经和解好了。"然而,受难之非完成体,却较比拯救之完成体更给人以强烈的、持久的印象。拯救只是受难之结果;受难是拯救之根据。因而,受难更为深入心情之中;受难使自己成为效学之对象;拯救则不然。既然上帝为我而受难,那我怎么能尽情欢乐呢?至少,在基督曾经受难的这个罪深恶极的地上,我总不应当尽情欢乐吧?① 难道我应

---

① "我的上帝挂在十字架上,我怎么能寻欢作乐呢?"(圣伯尔拿伪书之一,《高尚生活典范》)"对被钉于十字架上面的基督的思念,在你内心之中,把你的肉体也钉上了十字架。"(约翰·革哈德:《圣思录》,第37思)——著者

当比上帝更幸福吗？我不应当也替他分担一些苦难吗？上帝我主所做的，不就是我的范例吗？换句话说，难道我只应同甘而不应共苦吗？但是，难道我仅仅知道他救了我而已吗？我不也通晓他的受难史吗？难道只是因为必将苦尽甘来我才冷静地回忆甚至满怀喜悦地想到这受难史吗？但是，谁能够这样想，谁能够希望自己不管自己的上帝的受难呢？

基督教是受难之宗教。① 我们今天还可以在任何一个教会里看得到的那个钉在十字架上的耶稣像，并不向我们显示拯救者，而是仅仅向我们显示被钉十字架者、受难者。甚至基督徒中间那种自己钉自己于十字架的自我磔刑，也是他们的宗教观点之具有深刻的心理学根据的后果。不时怀念被钉十字架者的形象的人，怎么会不渴望也把自己或别人钉在十字架上呢？我们得出这个结论，其理由之充分，至少相当于奥古斯丁和另外一些教父对异教的非难；他们认为，异教徒们的淫秽的宗教像，驱使和怂恿他们去行淫作乐。

然而，上帝受难，实际上不外意味着，上帝是一颗心。心乃是一切苦难之源泉、总和。无苦难的存在者，乃是没有心的存在者。因此，受难上帝之秘密，不外就是感情之秘密；一位受难的上帝，就是一位感情的、富有感情的上帝。② 但是，"上帝是感情着的存在者"这个命题，仅仅只不过是"感情是具有属神的本质的"之宗教说

---

① "受患难比行善更为来得好。"（路德，第 4 卷第 15 页）——著者

② "他之所以愿意受难，乃是为了学习同情，他之所以愿意变成如此可怜，乃是为了学会怜悯。"（伯尔拿：《循序向上之进阶》）"请怜悯我们，因为你已经通过你自己的受难而体验到肉体的软弱。"（亚历山大的克雷门斯：《教育者》，第 1 卷第 8 章）——著者

法而已。

人不仅在自己里面具有对能动之源泉的意识,而且也具有对受动之源泉的意识。我感觉,并且也把感觉(不单是那经常跟我和我的感觉相对抗的意愿、思维)感觉成为属于我的本质的,而且,虽然也感觉到感觉是一切苦难、弱点和悲痛之源泉,但同时却又感觉到它是高高在上的、属神的威力和完善性。没有了感觉,人将怎么样呢?感觉是人里面的音乐威力。但是,没有了音调,人将是什么呢?所以,正像人感到自己有一种想在音调、歌曲中倾吐自己的感觉(感情)的音乐冲动、内心渴求一样,他也必然在宗教式的叹息和眼泪中流露出感觉(感情)之本质——作为客观的、属神的本质。

宗教,是属人的本质在自身之中的反映。凡是存在着的,就必满意、喜欢自己、爱并且正当地爱自己;如果你责备其不应自爱,那你就等于责备其不应存在。存在,就意味着维持、肯定、爱自己;饱厌生活的人,就等于放弃了生命。所以,只要不是像斯多葛派那样贬黜和压制感觉,只要容许其存在,那就也等于允许它具有宗教威力和宗教意义,就等于将它提高到这样的地步,以至使它能够在自己里面反映自己,使它能够在上帝之中看到自己的形象。上帝是人的镜子。

只有对人来说具有本质重要的价值的东西,只有他认为既完善又卓越的东西,只有他真正满意的东西,才是他心目中的上帝。如果你把感情当作一种崇高的属性,那你就正因此而也把它当作是一种属神的属性。所以,具有感情的、充满着感情的人,只信仰具有感情的、充满着感情的上帝;换句话说,他只信仰他自己的存在与本质之真理性,因为,他不能信仰别的,只能信仰他自己在自己的本质中所是的。他的信仰,乃是对他认为是神圣的东西的意识;但是,人认为是神圣的,不外就是他的最内在的、最固有的东西,不外就是他的个体性之最终根据、本质。在充满着感情的人看来,一位没有感情的上帝,乃是一位虚空的、抽象的、消极的上帝,乃是无,因为这样的上帝缺乏在人看来有价值的和神圣的东西。对人来说,上帝是他的至高的感情和思想之备忘录,是一本纪念册,他把他认为最贵重的、最神圣的存在者的名称都记在上面。

只有以持家为乐、家庭主妇式的人,才希望收集并保藏一切他认为有价值的东西,才不愿意把这些东西交托给忘却之波浪和追忆之偶然,一般地,不愿意交托给自己。自由思想家有危险堕入靡费的、杂乱的、放荡的生活;而统括万物于一体之中的虔信者,就不会迷失于感性生活之中;但由此他就有危险堕入褊狭,堕入属灵的私欲和利欲。所以,至少在虔信者看来,不虔者或至少不信者似乎是主观的、独断的、傲慢的、轻薄的人;但是,这并不是因为后者不把前者认为是神圣的东西也看作是自在地神圣的东西,而是因为虔信者把不虔者仅仅保留于自己脑袋中的东西放到自己的外面,当作对象来看,并且又使其超越自己,从而也就接受了形式上的隶属关系。简言之,虔信者因为有一本备忘录,故而就有了一个集合点,有了一个目标,而正因为有了一个目标,故而也就有了一个牢固的根据和基础。并不是作为意志的意志,并不是游移不定的知识,而是那作为理论活动与实践活动之统一的目的活动,才给人以道德根据和道德支柱,也即给人以道德品性。因此,每一个人都必须给自己设定一位上帝,也就是说,给自己设定一个最终目标。最终目标是被意识和被意愿的本质重要的生活意向,是天才之一瞥,是自我认识之焦点——是自然与精神在人里面的统一。谁有一个最终目标,谁就有一个支配自己的律法;这样的人,不只是自己引导自己,而且还被引导。谁没有最终目标,谁就没有家乡,没有圣殿。最大的不幸,就是漫无目的。即使是只给自己设定一个平凡得很的目标的人,也至少不比不给自己设定目标的人差。目标意味着一种制限;但是,制限是德行之女主人。谁有一个目标,并且这个目标自在地是真的和本质的,那谁就正因此而有了宗教;这宗教,虽然不是神学贱民之有限意义上的宗教,然而终究——而只有这才是重要的——还是理性之意义上、真理之意义上的宗教。〔Ⅳ,Ⅷ〕

第七章　三位一体与圣母之秘密

如果说人作为有感觉的、受难的存在者并不满足于没有感觉的、没有受难能力的上帝,那么,同样,人也不满足于仅只具有感觉的存在者、没有理智和意志的存在者。只有那在自身中包含整个的人的存在者,才也能够满足整个的人。人对自己的整体性的意识,就是对三位一体的意识。三位一体将一切迄今为止分开来考察的那些规定或力量组合成为一个统一体,这样,它就把理智之普遍本质,也即把作为上帝的上帝,低贬成为一个特殊的本质,一个特殊的能力。

我们必须把被神学描写为三位一体之复印本、影像、比喻的东西理解为事物本身,理解为本质、原形、原本,这样,谜就解开了。人们为了想使三位一体形象化、浅显易解而杜撰的影像,主要就是:精神、理智、记忆、意志、爱(mens, intellectus, memoria, voluntas, amor oder caritas)。

上帝思想,上帝爱,并且,上帝思想自己、爱自己;被思想的、被认识的、被爱的,就是上帝自己。自我意识之对象化,是我们在三位一体中首先遇到的东西。自我意识必然地、不由自主地作为某种绝对的东西而强加于人。对人来说,存在跟自我意识是一回事;对他来说,具有意识的存在,就包括整个的存在。我不知道我存在着,那末我存在或不存在就是同样了。事实上,对人来说,自我意识自在地具有绝对的意义。一位不知道自己的上帝,一位没有意识的上帝,就不成其为上帝。人若没有意识就不能思想自己,上帝也然如此。属神的自我意识,不外就是意识到意识是绝对的或属神的本质性。

话虽如此,三位一体却绝不仅此而已。倘若我们想把三位一体之秘密仅仅归结为和局限于此,那我们就未免是独断独行了。意识、理智、意志、爱,作为抽象的本质或规定,仅仅属于抽象的哲学。可是,宗教是人对自己的活生生的整体性的意识,在这种整体性之中,自我意识之统一,仅仅作为"我"与"你"的富有关系的、成全了的统一。

宗教——至少是基督教——是把世界置之度外;它本质上就是内向的。虔信者过着一种与世隔绝的、隐藏在上帝之中的、平静的、缺乏尘世欢乐的生活。但是,他之所以与世隔绝,只是因为上帝本身就是一个与世隔绝、外于世界和超于世界的存在者,按照严密的说法,按照抽象的哲学的说法,是世界之非存在。但是,作为外于世界的存在者的上帝,不外就是人的被实现为、被直观为客观本质的本质,只是,这个本质由世界迂回到自身,解除了一切跟世界的纽带和牵连,使自己无视于世界。或者说,这样的上帝不外就是对这样一种力量的意识,这种力量,使人能够从一切外于自己的他者中抽离出来,使人能够仅仅为了自己而与自己同在。在宗教内部,人就是把这种力量看作是某种跟人区别开来的特殊存在者。① 作为

---

① "上帝的本质存在于一切被造物之外,就像上帝永远存在于自身之中一样;所以,你应当把你的爱从一切被造物中抽离出来。"(约翰·革哈德:《圣思录》,第 31 思)"如果你想要得到造物主,那你就必须弃绝被造物……被造物愈小,上帝就愈大。因此,你应当驱逐一切被造物及其一切慰藉。"(陶勒:《彼世生活》,汉堡 1621 年版,第 312 页)"如果人不能在自己心中真正确信:世界之中只有上帝和我,没有别的东西,那他就难以自安。"(高·阿诺德:《初期基督徒真相》,第 4 卷第 2 章,§7,《论蔑世》)——著者

上帝的上帝，作为单纯的存在者的上帝，是唯独存在着的、孤单的存在者——绝对的孤独和独立；因为，只有独立的，才能够是孤单的。能够孤独地存在着，就是品性与思维力之象征；孤单是思想家的需要，而交际则是心的需要。人能够单独思维，而爱却必需对象。在爱之中，我们是依赖的，因为，它是另一个存在者的需要；只有在独立思考时，我们才是独立的。孤独是自给自足，是自我满足。

但是，孤单的上帝丝毫也不需要二元性、爱、交际，丝毫也不需要实在的、成全了的自我意识，丝毫也不需要另一个"我"。因此，为了满足这个需要，宗教就只得把另一个第二存在者——这个存在者，就人格性而言是跟上帝区别开来的，但就本质而言却是跟上帝相一致的——放入属神的本质之平静的孤独中。这个存在者就是跟圣父有所区别的圣子。圣父是"我"，圣子是"你"。"我"是理智，"你"是爱；但是，只有爱跟理智合在一起，只有理智跟爱合在一起，才是精神，才是完整的人。

只有共同的生活，才是真正的、在自身之中得到满足的、属神的生活，——这个简单的思想，这个对人来说自然而然的、天然的真理，就是三位一体之超自然的神秘之秘密。但是，与对待别的真理一样，宗教也是仅仅间接地、颠倒地说出这个真理；在这里，宗教也是使普遍真理成为特殊真理，使真正的主词成为宾词；宗教说：上帝就是共同的生活，就是爱与友谊之生命和本质。三位一体中的第三人格，只不过表明前两个属神的人格相互间的爱，是子与父的统一，是共同性之概念；只是，他却又绝顶荒谬地被设定为特殊的、人格型的存在者。

圣灵之所以具有人格型的实存,仅仅是由于一个名称,仅仅是由于一句话。众所周知,即使是最古老的教父,也把灵与子同一起来。虽然圣灵后来有了教条式的人格性,但也是极不坚实可靠的。圣灵是上帝用以爱自己和爱人的那个爱,并且同时又是人用以爱上帝和爱人的那个爱。可见,圣灵是上帝与人的统一,而在宗教内部,人就把这种统一看作是某种特殊的存在者。但是,对我们来说,这种统一已经包含于父之中,更包含于子之中。因此,我们并不需要使圣灵成为我们分析的特殊对象。不过,还需要注意一点。就圣灵代表主观的一面而言,真正说来,他乃是在自己面前代表宗教心情,他代表着宗教热情、宗教灵感,或者说,他在宗教之中把宗教人格化、对象化。因而,圣灵是叹息着的被造物,是被造物对上帝的渴望。

我们之所以说基本上并不多于两个人格——因为,正像前面所说的那样,第三人格仅仅代表着爱——,乃是由于"二"是满足爱之严格概念的。"二"是"多"之原则,因而是"多"之替代物。假如有更多的人格被设定,爱之力量就要被削弱,就要分散。但是,爱和心是一回事;心并不是什么特殊的能力——心就是正在爱着的人。所以,第二人格是属人的心之自我肯定——自我肯定为二元性之原则:共同生活之原则——,是热:而父乃是光,虽然光主要是子的一个宾词,①因为只有在子里面神性才向人启露、显明。虽然如此,我们还是能够把作为超乎地的存在物的光归给那代表作为神性的神性、作为冷酷的知性本质的父,而把作为属乎地的存在

---

① 参看《约翰福音》,第 1 章第 4—9 节。——译者

物的热归给子。只有作为子的上帝，才给人以热；在这里，上帝由眼睛之对象、冷漠的光感之对象，一变而为感情、激情、灵感、狂欢之对象。但是，这却仅仅因为子本身不外就是爱、灵感之炽热。作为子的上帝，是上帝之原始的化身，是上帝之原始的自我否认，是上帝之在上帝之中的被否定；因为，作为子的上帝，由于是依赖他者、依赖某一个根据而存在着的，故而是有限的存在者；与此相反，父由于是依赖自己而存在着的，故而是无有根据的。这样，在第二人格中，神性之本质重要的规定，"自赖的存在"（Von-sich-selbst-Sein）之规定，就被丢弃了。但是，是圣父自己生出圣子来的；就是说，他自动放弃了自己的严肃的、独具的属神性；他谦卑自贬，把有限性之本质，把"依赖于某个根据的存在"之本质，放到自己里面去；他在子里面成为人，并且，主要的还不在于就形态而言成为人，而是就本质而言成为人。但是，正因为这样，故而上帝只有作为子才成为人之对象，才成为感情、心之对象。

　　心仅仅领会发源于心的东西。由主观印象的性状，可以极为可靠地推断出客体的性状。纯粹的、自由的理智否定子，而为感情所规定、为心所蒙蔽的理智，就并不否定子；后者甚至在子里面找到神性之深渊，因为它在子里面找到了感情，这感情，自在自为地是某种暧昧不明的东西，从而，令人莫测高深。子理解心，因为圣子的真正的父乃是属人的心，①子本身不外就是属神的心，不外就是那自己作为属神的本质而成为自己的对象的属人的心。

----

①　就像旧教之女性心情——跟新教不同，因为，新教之原则，跟旧教不同，乃是男性的上帝，乃是男性的心情，乃是心——是上帝的母亲一样。——著者

如果一位上帝并不包含有有限性之本质，并不包含有感性之原则，并不包含有依赖感之本质，那么，对于有限的、感性的存在者来说，他就不成其为上帝了。正像虔诚者不能够爱一位并不包含有爱之本质的上帝一样，人——一般地，有限存在者——也不能够成为一位并不包含有有限性之根据的上帝的对象。这样的一位上帝，缺乏知觉，缺乏理智，缺乏对有限的东西的关怀。如果圣父并不于自身之中具有一个从属于他的存在者，具有一个子，如果他并不亲身体验到什么叫爱，那他怎么能够是人，怎么能够爱别的从属于他的存在者呢？孤僻的人尚且很少过问别人的家难，除非后者跟自己有亲戚关系。所以，圣父只是在子里面，只是为了子的缘故，才爱人。对人的爱，是一种从对子的爱中导引出来的爱。

因此，三位一体中的父与子，并不是比喻意义上的父与子，而且最最本来意义上的父与子。对于子来说，父是实在的父，而对于父来说（或者说对于作为父的上帝来说），子也是实在的子。他们在人格方面的本质上的区别，只是在于父是产生者，而子是被产生者。如果夺掉了这个属自然的、感性的规定性，那就等于扬弃了他们的人格型的生存和实在性。基督徒们——当然是指古代的基督徒，他们如果现在还活着，那他们也许就很难承认现代世界中那些世俗化了的、虚浮的、异教式的基督徒是他们在基督内的弟兄——用仅仅宗教上的爱和统一来代替人生来就具有的属自然的爱和统一；他们非难现实的家庭生活，非难伦常的爱之内在的纽带，认为这些纽带是非属神的、非属天的、实际上也即虚无的事物。但是，为了补偿这个，他们就让上帝有父子之分，这父与子以最亲密的、仅仅由于血统关系而产生的爱互相拥抱。因而，对于古代的基督徒来说,三位一体之神秘就正因此而成为最高度的赞叹、灵感和狂喜之对象,因为在这里,在上帝里面,最内在的属人的需要——在现实中、在生活中,他们又否定了这些需要——之满足,被他们当作直观之对象。①

因此,完全合乎秩序的,为了补全属神的家族,为了补全父与子之间的爱的纽带,又把一位女性的第三人格接纳到天上;因为,圣灵之人格性虽然是父与子相互之间的爱之人格化,但是,这种人格化由于太游移不定和不可靠,太富有诗意,使它不能够成为旨在补全的这个第三存在者。诚然,马利亚并没有被拿来放在父与子之间,好像父是借了她而生出子来的,因为基督徒认为男女交媾是某种不圣的、有罪的事;但是,既然把一个母性的存在者放在父与子的旁边,那就充分说明问题了。

事实上,不应当忽视,既然上帝是父与子,那为什么母亲却是非神圣的,也即配不上上帝的呢?虽然父并不是属自然的生殖之意义上的父,虽然上帝的生殖应当不同于属自然的、属人的生殖,然而,他总还是个父,对于子来说,是一个实在的父而不是一个所谓的或比喻式的父。所以,圣母之概念——这在现在被我们认为是极其怪诞的——其实并不比圣子更怪诞或谬误,并不比父性与子性更与神性之一般的、抽象的规定相矛盾。我们倒宁可说马利亚完全适合于三位一体关系的范畴,因为她不用男性就能够得

---

① "观察到父与子的共有属性和协同,是令人欢欣的,但是,最令人欢欣的,就是看到他们相互的爱。"(安瑟伦,见利克思纳的《哲学史手册》,第 2 卷,"附录",第 18 页)——著者

子——这个子,又是父不用女性就生出来的①——,从而,在三位一体内部,马利亚形成了父之出自内在必要的对偶。在子里面,我们也看到了——虽然并不是在人格中完备地看到,然而还是能够在思想中不完备地看到——女性的原则。圣子是温和的、柔和的、宽容的、居中和解的存在者,是上帝之女性心情。作为父的上帝仅仅是产生者,是男性的自我活动之原则;但子却只被产生而本身并不产生,是被产生的上帝,是受动的、领受的存在者:子从父那里领受其存在。子作为子——当然并不是作为上帝——,乃是依赖于父的,是服从于父性之权威的。由此可见,子是上帝之中女性的依赖感;子使我们不由自主地要求一个实在的女性存在者。②

儿子——我是指属自然的、属人的儿子——自在自为地是父亲之男性的本质跟母亲之女性的本质之间的中间本质;他仿佛半男半女,因为他还没有完全的、严肃的独立意识——这种独立意识是男性所独有的——,并且,他感到母亲比父亲更有吸引力。儿子对母亲的爱,是男性存在者对女性存在者的第一个爱。丈夫对妻子的爱,少男对少女的爱,于儿子对母亲的爱中领受其宗教式的——唯一真正宗教式的——奉献礼。儿子对母亲的爱,是男子对女子的初次渴望,是男子初次屈服于女子面前。

---

① "他始终是为父所生的,只是一度为母所生而已;父生子是无性的,母生子则只是不使用性而已。父不具有受胎者之子宫,母则不具有给胎者的拥抱。"(奥古斯丁:《通俗话篇》,话篇第372,第1章,安特卫普1701年版)——著者

② 在犹太神秘学中认为,上帝按派系来说是男性的始祖,而圣灵是女性的始祖,他们由性交而产生出圣子以及世界。(见弗勒累的《得救之世纪》,第1部,第332—334页)亨胡特派(Herrnhuter)也称圣灵为救主的母亲。——著者

所以，在想到圣母时，也必然会联想到圣子；同一颗心，若需要圣子，则也需要圣母。有圣子，就必有圣母；子是父所独有的，而母是子所独有的。儿子代替了父亲对母亲的需要，但父亲并不能代替儿子对母亲的需要。对儿子来说，母亲是必不可缺的；儿子的心，就是母亲的心。为什么圣子必须在女人里面成为人呢？全能者为什么不用别的方式，不直接化为人而出现于人间呢？为什么圣子要存身于女人的子宫里呢？① 难道不就是因为儿子就是对母亲的渴望，不就是因为他那女性的、充满着爱的心只有在女性的肉体里才找到其相应的表现吗？虽然儿子作为属自然的人只在女人心脏下面耽了九个月，但是，他在这里所得到的印象，却是不可磨灭的；儿子不时想到母亲。所以，如果敬拜圣子算不得偶像膜拜，那么，敬拜圣母也算不得偶像膜拜。如果说我们应当由上帝为了救我们而将他的独生子——他于自身所有的一切中，这个独生子乃是他最钟爱和最宝贵的——降到世上来这一点来认识上帝对我们的爱，那么，如果上帝里面有一颗慈母般的心来感动我们，那就更能够使我们认识这个爱。至高无上的和最深的爱，便是母爱。父亲在看到儿子遭到损失时尚能安慰自己；他具有斯多葛派的原则。反之，母亲却是不可安慰的——母亲是多愁的。可是，不可安慰乃是爱之真态。

对圣母的信仰冷淡下去了，则对圣子和圣父的信仰也必定要冷淡下去。只有在母亲是真理的场合下，父亲才是真理。爱，自在

---

① "因为，对于上帝来说，要让他的儿子没有母亲就进入世界，似乎并不是什么困难的或不可能的事；但是，他宁可使用女性来达到这个目的。"（路德，第 2 卷第 348 页）——著者

自为地就是属于女性和女性存在者的。对神爱的信仰,就意味着相信女性存在者是属神的存在者。① 没有本性的爱,是无意义的,是一个幻影。爱使人认识到本性之神圣的必然性和深度。

新教把圣母撇在一边;② 但是,为了这个,那个被贬黜的女人就狠狠地向它报复。新教用来对付圣母的武器,其矛头倒过来转向它自己,转向圣子,转向整个的三位一体。曾经为了理智而牺牲掉圣母的人,也很可能为了理智而牺牲圣子之神秘——作为一种拟人说的观念。当然,如果女性存在者被排除掉,则拟人说的观念是隐蔽的;但是,只是隐蔽而已,并不是被扬弃掉了。当然,新教也不需要一位属天的女性,因为它倾心于展开双臂的属地的女性。但是,正因为这样,它也许就应当再彻底一些和勇敢一些,干脆把圣父与圣子也跟圣母一起舍弃掉。只有那没有属地的双亲的人,才也不需要属天的双亲。三位一体的上帝,是旧教的上帝;他之具有内在的、热烈的、必然的、真正宗教的意义,只是在于他对立于那种对一切本质重要的纽带的否定,对立于隐士生活、僧侣生活和修女生活。③ 三位一体的上帝是一位富有内容的上帝,因此,脱离了

---

① 事实上,对女人的爱是一般的爱之基础。不爱女人者,也不爱男人。——著者

② 然而,在《教典全书》《教条集》,第 8 条和《奥格斯堡派信仰之辩护》中,还称马利亚为"受祝福的童贞女,他既是上帝的母亲又是童贞女",称她为"值得一切至高的赞美"。——著者

③ "僧侣应当像麦基洗德(Melchisedech)* 那样没有父亲、没有母亲、没有家谱,从来不称地上的哪一个为其父亲。僧侣在想到自己时,最好认为只有他和上帝才存在着。"(《僧侣典范》,假伯尔拿)"牧师应当效学麦基洗德的例子,没有父亲和母亲。"(安布罗兹,某处)——著者

* 参阅下列经文:《创世记》,第 14 章第 18—20 节;《诗篇》,第 110 篇第 4 节;《希伯来书》,第 5—7 章。——译者

现实生活的内容的人,就需要这样一位上帝。生活愈是空虚,上帝就愈是充实,愈是具体。现实世界之空乏与神性之充实,乃是一回事。只有贫穷的人才有一位富有的上帝。上帝起源于缺乏感;人缺乏——不管这是特定的、因而有意识的缺乏还是无意识的缺乏——什么,上帝就是什么。因而,无可安慰的空虚感和孤单感就需要一位含有彼此热情地相爱着的社会、联合体的上帝。

由此可以明了,在现代,为什么三位一体先是失去其实践意义,而最后也失去其理论意义。

第八章　逻各斯与属神的肖像之秘密

然而,对于宗教来说,三位一体之实质意义总是集中于第二人格之本质中。信基督教者对三位一体感到高度兴趣,其实主要就在于对圣子感兴趣。① 关于只差一个字母的 Homousios 和 Homoiusios 的激烈的争论,②并不是无理取闹。在这里,问题牵涉到上帝的同格性、第二人格的属神的尊严,问题牵涉到基督教本身的荣誉;因为,基督教之本质性的、特征性的对象,正就是第二人格;但是,凡是是一个宗教之本质对象的,那就同时也必定是这个宗教之真正的、本质的上帝。一般说来,只有那所谓的中介者才是一个宗教之真正的、实在的上帝,因为只有这中介者才是宗教之直接对象。不去依靠上帝而去依靠圣者的人,必定假设圣者足以左右上

---

① "基督徒的名称来自基督。因此,凡是不承认基督是自己的主和上帝的人,就根本不成其为基督徒。"(富根秀斯:《寄多那忒》,第 1 卷)由于同一个理由,使拉丁教会如此地固守教条,以致它不像希腊教会那样认为圣灵仅仅从父那里出来,而是认为圣灵同时也从子那里出来。关于这一方面,见伐尔赫的《希腊教会与拉丁教会关于圣灵出发点的争论》,耶拿 1751 年版。——著者

② 有两种对立的见解。一种认为圣子在本质上是跟圣父相同的,($\delta\mu οο\acute{υ}σιος$,Homousie),另一种则认为圣子仅仅在本质上类似于圣父而已($\delta\mu οιο\acute{υ}σιος$,Homoi-usie)。参阅《神学与教会大辞典》,第二版,第 5 卷,夫赖堡(布赖斯高的)(Freiburg i. Breisgau)1933 年版,"Homoiusie"一条内。关于这一争论的历史,可以参阅哈尔纳克的《教条史教科书》,图宾根 1932 年版,第 1 卷,第 284—285 页。——据德文本编者

帝,凡是他所祈求的——也即他所愿望的和希望的——,上帝必乐于使其如愿以偿,也就是说,上帝完全被掌握在圣者手中。祈求是一个人在谦卑与顺服的假象下面对另一存在者实行支配与表现优越的手段。实际上,我首先在我自己的精神中依靠的那个存在者,对我来说,就是第一存在者。我之所以依靠圣者,并不是因为圣者是依赖于上帝的,而是因为上帝是依赖于圣者的,上帝被圣者的祈求所规定和支配,换句话说,被其意志或心所规定和支配。旧教神学家们对 Latria, Dulia 和 Hyperdulia① 的区分,乃是愚蠢而无根据的诡辩。简言之,在中介者背后的上帝,只不过是一个抽象的、多余的表象,只不过是一般的神性之表象或理念而已;中介者之居中忙碌,并不是为了使自己跟这个理念相调和,而是为了去除掉、否定掉这个理念,因为对宗教来说,这个理念并不是对象。② 居于中介者上面的上帝,不外就是居于心上面的冷静的理智——好似居于奥林匹亚诸神上面的命运一样。

只有影像,才支配和赐福于作为属心情的和感性的存在者的人。属影像的、属心情的、感性的理性,就是幻想。上帝里面的第二

---

① 根据托马斯·阿奎那(《神学泛论》第 3 部,第 25 问,第 5 项),Latria(礼拜、敬拜)仅适合于上帝,Dulia(尊崇)仅适合于圣者,而 Hyperdulia(高度尊崇)则适合于作为神圣的童贞女的马利亚。——《神学与教会大辞典》,同前,第 6 卷,"Maria"一条内。参阅哈尔纳克的《教条史教科书》,第 3 卷,第 658 页。——据德文本编者

② 在化身中,特别清楚地说明了这一点。上帝为了成为人而放弃、否定其尊严、威力和无限性;这就意味着,人否定了那个本身还不就是人的上帝,而仅仅肯定了那个肯定人的上帝。圣伯尔拿说道:Exinanivit majestate et potentia, non bonitate et misericordia ("他放弃了自己的威严,但是,并没有放弃仁慈心和怜悯心。")可见,不可让渡的、不可否定的,乃是属神的仁慈心和怜悯心,也就是说,乃是属人的心之自我肯定。——著者

存在者——实际上乃是宗教之第一存在者——,乃是幻想之客观本质。第二人格之规定,主要就是一些影像。这些影像的由来,绝不是因为人仅仅只能影像式地设想对象——这完全是误解——,而是因为事物本身就是影像,从而,只能够影像式地来设想它们,不然就没法设想它们。所以,圣子也可以就被称为是上帝的肖像;他的本质,就在于他是影像——上帝之幻想,不可见的上帝之可见的荣耀。圣子满足了对影像直观的需要,他是影像活动——作为一种绝对的、属神的活动——之对象化了的本质。人给自己形成关于上帝的影像,换句话说,他把抽象的理性本质、思维力之本质变成感官对象或幻想本质。① 但是,他又把这个影像放到上帝自己里面去,因为,如果他明知这个影像不是客观真理,如果在他看来这个影像仅只是主观的、跟上帝区别开来的、由人形成的影像,那这个影像当然也就不会适合于他的需要了。事实上,它也确实不是凭空捏造的影像;因为,它表现了幻想之必然性,由于这个必然性,就使幻想必然被肯定为属神的威力。圣子是幻想之反光,是心之宠影;但是,正因为他跟作为抽象之被人格化了的本质的上帝相反,仅只是幻想之对象,因而他就只是幻想之对象化了的本质。②

---

① 不言自明,上帝的肖像还具有另外一个意义,这就是:人格型的、可见的人就是上帝。但是,在这里,我们只讨论作为影像的影像。——著者

② 密朗赫顿在他的《论灵魂》一书中说道:"永恒的父由仔细观察自己而产生出自己的影像。因为,我们自己也体验到影像是通过思维而被产生出来的。由于上帝也使用我们的言语,故而他也想以此表明,子是通过思维而被产生出来的。"他又说道:"上帝希望我们的思想是对象之影像,因为他希望我们里面有他自己的肖像。由此可见,上帝仔细观察自己,由思维而产生出圣子来,子是永恒的父之影像。"那么,在圣子里面,我们除了把想象力、幻想加以对象化以外,还把什么东西加以对象化呢?——著者

由此可见,既然教条思辨完全忽视圣子——作为上帝的影像——之内在的发生史,妄自证明圣子是形而上学的存在(Ens),是一种存在于思想中的本质性,那么,它当然是极其胡闹了。因为,圣子正是偏离、背弃了神性之形而上学的理念,而宗教之所以要把这种背弃放到上帝里面去,也正是为了替背弃辩护,为了不感到它是背弃。圣子是影像膜拜之至高无上的和最终的原则;因为,他就是上帝之影像;但是,影像必然要代替实物。尊崇影像之中的圣者,就是尊崇作为圣者的影像。当影像成了宗教之本质重要的表现,成了宗教之工具时,影像也就成了宗教之本质。

尼西亚宗教会议①在援引各种论据来证明宗教应当把影像当作权威来应用时,也援引到格列高里(尼萨的)。格列高里曾说过:"我每次观望那象征着以撒的燔祭的那个影像②时,必感动落泪,因为这个影像如此生动地向我显示了这个神圣的事迹。"但是,描摹下来的对象,其作用不同于作为对象的对象,仅只是影像之作用而已。神圣的对象,仅只是影像借以隐藏自己的充满着秘密的威力的灵光圈(Heiligenschein)而已。宗教对象只是艺术或幻想之借口,为的是能够通行无阻地实施其对人的支配。对宗教意识来说,影像之神圣性当然而且必然地仅仅跟对象之神圣性连在一起;但是,宗教意识并不是真理之尺度。虽然教会也已经分辨影像跟影像之对象,也已经否认影像是值得尊崇的,但是,它同时却又不

---

① 公元787年召开,为第二届宗教会议。——译者
② 上帝为了试验亚伯拉罕,要他把独生子以撒做燔祭。亚伯拉罕毫不迟疑地准备这样做。正要杀的时候,有使者从天上降下,阻止他。亚伯拉罕就把一只公羊取来杀了,以代替他的儿子做燔祭。详见《创世记》,第22章。——译者

第八章 逻各斯与属神的肖像之秘密

由自主地至少间接地承认了真实情况,申述影像之神圣性。①

但是,影像尊崇之最终、最高的根据,乃是对上帝里面的上帝影像的尊崇。"上帝之反光"是幻想之令人眩惑的光辉,这种光辉,只有在可见的影像中才显示出来。无论内里或外表,上帝影像之影像总是各个影像之影像。圣者之影像,只是同一影像之复印而已。所以,上帝影像之思辨的演绎,不外就是影像尊崇之无意识的演绎和论证;因为,原则之认可,必定又是其推论之认可;原像之认可,就是摹像之认可。如果上帝有一个关于自己的影像,那为什么我就不应当有一个关于上帝的影像呢?既然上帝爱他的肖像如同爱他自己一样,那为什么我就不应当也像爱上帝本身一样地爱上帝的影像呢?如果上帝的影像就是上帝本身,那么,圣者的影像为什么不就是圣者本身呢?既然我们可以认为上帝自己给自己造成的关于自己的影像并不是影像,并不是表象,而是本质,是人格,那我们为什么不能认为圣者之影像就是圣者本身之活体呢?既然前者并不是迷信,后者又怎么会是迷信呢?上帝之影像流泪又流血;那么,为什么圣者之影像就不应当流泪和流血呢?之所以有这样的区别,难道就是由于圣者之影像是手之产物吗?嗳,其实并不是手,而是那赋予这手以灵魂的精神,是幻想,才创造了这个影像;并且,如果上帝自己给自己造成关于自己的影像,那么,这个影像也只是想象力之产物。换句话说,之所以有这样的区别,难道就是由于上帝的影像是上帝自己产生出来的,而圣者的影像是由另一存

---

① "我们规定,必须把受人敬畏的荣誉归给我们的主耶稣基督的圣像,就像归给圣福音书一样。"(《君士坦丁堡第八届宗教会议》,第10条,第3教规)——著者

在者所造成的吗？嗳,圣者的影像也是由圣者自己产生出来的;因为,圣者向艺术家显现;艺术家只是按照圣者向他显示的那样来描绘圣者。

第二人格之另一个与影像之本质密切相关的规定,便在于他是上帝的言语(道)。①

言语是一个抽象的影像,是虚设的事物,或者,就任何一个事物最终必定又是思维力之对象而言,乃是被想象的思想。因此,人们在知悉某个事物的言语、名称时,就想象自己也知悉了事物本身。言语是想象力范围内的事物;睡入梦乡者也会说话,胡思乱想的病人也会说话。激起幻想的东西使人多言,鼓舞幻想的东西使人善辩。能说会道,是含有诗意的才能;动物并不说话,因为它毫无诗意。思想仅仅影像式地表现自己;思想之表现力,就是想象力;但是,表现出自己的那个想象力,却正就是言语。说话的人,蛊惑和魅惑说话的对象;但是,言语之威力,正就是想象力之威力。因此,在古代各民族——他们是想象力的孩子——看来,言语是一种充满着秘密的、魔术般的东西。即使是基督徒们——不单是一

---

① 关于《新约全书》中逻各斯*一词的意义,曾经有很多的论述。在这里,我们取定为上帝的言语(道),作为在基督教中神圣化了的意义。关于斐罗所理解的逻各斯,可参阅弗勒累。费隆也用 ῥῆμα θεοῦ(上帝的言语)来代替逻各斯。也可参阅台多立安的《反对柏拉克赛安》,第5章。他指出,逻各斯既可以译作 Sermo(言语),也可以译作 Ratio(理性)。并且,逻各斯之正确意义乃是言语,因为《旧约》中的创造是依赖于达意的命令的,并且,迄今为止人们都把逻各斯看作是这种创造性的言语。当然,逻各斯也包含有 Virtus, Spiritus(力量、理智)等意义,因为,没有意义、没有理智、也即没有力量的言语,又是什么呢?——著者

* 见希腊文《圣经》的《约翰福音》,第1章第1、2节。——译者

般的基督徒,而且也包括博学的基督徒,也包括教父——,也认为基督这个名称就包含有充满着秘密的拯救力。① 在今天,一般的民众还是相信,人们能够仅仅通过言语来魅惑人。这种对被想象的言语力量的信仰,从何而来呢?其实,这只是因为言语本身就只是想象力范围内的东西,但却正由此而表现出对人的麻醉作用,将人禁锢于幻想之统治下面。言语占有着革命力,言语统治着人类。话是神圣的,而理性与真理之实事实物,却遭到诅咒。

所以,幻想之本质之肯定或对象化,同时又是跟语言、言语之本质之肯定或对象化联系在一起的。人不仅具有去思维、思索、幻想的意向和必然性;而且,他也具有去说话、去表达和传达自己的思想的意向。这个意向是属神的,言语之威力是属神的。言语,是影像型的、公开的、发射的、辉耀的、照明的思想。言语是世界之光。② 言语引入一切真理,解明一切秘密,使不可见的东西直观化,使过去的和遥远的东西显示于眼前,使无限的东西有限化,使暂时的东西永恒化。人亡故了,言语却仍旧存在;言语是生命和真理。言语威力无边:使盲人复明,使跛者行走,使病人痊愈,使死人复活,——言语行奇迹,并且,行唯一合乎理性的奇迹。言语是人类的福音、安慰者。为了确信言语之属神的本质性,你应当孤独地但又是熟悉言语地思想你自己,这样,你第一次听到了一个人的言语:那么,对你来说,这言语会不表现为天使,表现为上帝的声音,

---

① "耶稣这个名字对各种邪灵来说威力无比,以至于即使是恶人嘴里说出这个名字,有时也是有效的。"(欧利琴:《反对凯尔苏斯》,第1,3卷)——著者

② 见《约翰福音》,第1章第4—9节。——译者

表现为属天的音乐吗？事实上，言语并不比音调更贫乏、更没有灵魂，虽然音调似乎比言语要多得多，并且，正因为有这种假象、幻象围绕着音调，就使它似乎比言语深刻和丰富得多。

言语具有救赎的、和解的、赐福的、解放的力量。我们确信，我们所供认的罪，由于言语之属神的威力而得以赦免。垂死者在供认了长期以来一直不肯坦白出来的罪以后，就安心地死去了。罪之赦免，包含于罪之承认里面。我们把悲痛告之于友人，就等于减轻了一半悲痛。我们谈出了什么，那我们在这一方面的激动也就减弱了；我们心中明明白白的了；愤怒、恼恨、忧愁之对象在这样一种光线中向我们显现，这种光线，使我们认识到情感之卑贱。我们只应当谈论我们感到暧昧不明的东西，——经常当我们正开口问朋友的时候，暧昧不明之处也就消失了。言语使人自由。不会表达自己的人，是一个奴隶。因此，过度的激动、过度的喜悦、过度的痛苦，都使人说不出话来。说话是自由之行为；言语，本身就是自由。因此，完全有权利说，言语修养是修养之根本；言语有了修养，人类也必有修养。中世纪之野蛮，是随着言语修养而逐渐消失的。

正像我们只能把我们所想到的属理性的东西，把我们所爱的良善的东西，把我们所感到的美的东西，臆测、表象、思想成为属神的本质一样，我们也只能把言语之威力认作是至高无上的、作用着的精神威力和力量表现。① 上帝是一切实在性之总和，也就是说，

---

① "上帝向我们启示出他是一个说话者，他具有永恒的、非被造的言语，借以创造了世界和万物；他之创造世界，是轻而易举的，即仅仅用说话来创造世界。由此可见，上帝创造万物，并不比我们命名万物更困难些。"（路德，第 1 卷，第 302 页）——著者

是本质性和完全性。举凡人感觉是和认为是实在性的东西,人无不把它放到上帝里面去或把它设定为上帝。所以,宗教必定将言语之威力意识成为一种属神的威力。上帝的言语,是言语之属神性,这个属神性,在宗教内部,成为人的对象;是属人的言语之真正本质。上帝的言语应当跟属人的言语区别开来,它不是短暂的气息,而是被传达出来的本质。但是,人的言语——至少,如果是真正的言语——不也包含有人之本质,不也包含有他的被传达出来的"自己"吗?可见,宗教把属人的言语之假象误认为其本质;从而,它必定把它的真正的本质当作某个特殊的、跟属人的言语区别开来的本质而提出来。〔Ⅸ〕

第九章　上帝里面的创世原则之秘密

第二人格，作为启示自己、表明自己、表白自己的上帝（Deus se dicit），乃是上帝里面的创世原则。

世界并不就是上帝，世界是上帝之他物，是上帝之对立物，如果这样说法太强了，词句上再考究一下，则至少是跟上帝区别开来的东西。但是，跟上帝区别开来的东西，不能直接来自上帝，而是仅仅来自上帝里面某种跟上帝的区别。另一个人格[①]是这样一位上帝，他在自己里面跟自己区别开来，他使自己跟自己对立起来，因而自己成为自己的对象，自己意识到自己。上帝之跟自己的自我区别，是那跟他区别开来的东西之根据；从而，自我意识是世界之源泉。上帝只是由于想到自己才想到世界；想到自己就是产生自己，想到世界就是创造世界。产生先于创造。世界——并不就是上帝的另一本质——之生产性的理念，是以另一个跟上帝同等的本质之生产性的理念为媒介的。

然而，这个产生世界的过程，不外就是某个心理-逻辑过程之故作玄虚的说法，不外就是意识与自我意识的统一之对象化。上帝思想自己，也就是上帝意识到自己；上帝就是被设定为对象、本

---

① 指第二人格。——译者

质的自我意识；但是，他在了解自己、思想自己的同时，也思想另一个不同于他自己所是的东西；因为，了解自己，就意味着将自己跟别的东西区别开来，不管这东西只是可能的、仅仅被表象的还是实在的。这样，世界——至少，世界之可能性、理念——同时又是跟意识一起被设定，或者，说得更确切一点，是以意识为媒介的。那被自己所思想的圣子，也即那成为对象的、作为第一摹像的另一个上帝，就是创世之原则。那成为基础的真理，乃是人之本质：他的自我意识跟他对与他合而为一的他物以及对不与他合而为一的他物的意识的统一。本质等同的第二他物，必然是第一者跟第三者之间的中项。至于一般意义上的他物、本质上不同的他物，那我之所以能够思想它，只是依靠我思想一个在本质中跟我等同的他物。

对世界的意识，就是对我的局限性的意识——如果我根本就不了解世界，那我也就根本不会了解到什么制限；但是，对我的局限性的意识，乃是跟我的自我性（Selbstheit）对无限性的向望相矛盾的。故而，我不能直接从绝对的自我性（上帝就是绝对的自我）过渡到其反面；为了导入、准备、缓和这个矛盾，我就必须借助于对这样一个存在者的意识，这个存在者固然也是另外的，并且在这个意义上使我直观到我自己的局限性，但他却很巧妙地同时又肯定我的本质，使我的本质对我对象化起来了。对世界的意识，是一种使人谦逊的意识——创造乃是"谦逊之行为"——，但是，最先使自我之傲慢瓦解的，却就是"你"，这另一个"我"。"我"在注目直观一个并不向我反射出我自己的影像的本质之前，先把"我"的目光刺入一个"你"的眼中。另一个人——这乃是我跟世界之间的纽带。我之所以是依赖于世界的，我之所以感到自己是依赖于世界的，就是因为我先就感到自己是依赖于别人的。如果我不需要别人，那我也就不需要世界了。我仅仅借助于别人，才使自己跟世界和解、和睦。对我来说，没有了别人，世界就不仅显得死沉和空虚，而且也显得无意义和无理智。人只有在别人身上才了解自己和意识到自己；但是，只有了解了自己，才能了解世界。一个单单为自己生存着的人，他必定既不了解自己，又没有分辨力，必定要迷失在自然之汪洋大海中；他必定既不把自己理解成为人，又不把自然理解成为自然。人之第一对象，就是人。至于对大自然的理解——这使我们意识到作为世界的世界——，那乃是以后的产物；因为，这种理解乃是通过把人从自己分离的行动才产生的。希腊先有七贤，然后才有自然哲学家。而七贤是只直接研究人生的。

可见，对"我"来说，对世界的意识是以对"你"的意识为媒介的。这样，人就是人的上帝。在他看来，他之所以能够存在着，应归功于自然，而他之所以能够是人，却应当归功于人。没有了别的人，正如他在形体上一无所能一样，在精神上也是一无所能的。四只手比两只手更有能力；四只眼睛也比两只眼睛看得更多。这种联合的力量，不仅在量的方面，而且，在质的方面，也不同于各自的力量。人的力量，各自来看是有限的，结合在一起却就成了无限的力量。个人的知识是有限的，但理性、科学却就是无限的了，因为，它是人类共同的活动，并且，这不仅是因为有无数多的人参与着科学之建设工作，而且也内在地因为某一个特定时代的科学天才只是将以前各天才之思想力集中于自身——即使又是以特定的、个别的方法——，从而其力量绝不是独自的力量。机智、敏慧、幻想、感情（跟感觉区别开来的）、理性等一切所谓的心灵力量，乃是人类

第九章 上帝里面的创世原则之秘密 139

之力量,而并不是单个人的力量,乃是文化之产物,人类社会之产物。首先,只有在人与人之间发生冲撞和摩擦的场合下,机智和敏慧才燃烧了起来;因此,城市里的人比农村里的人更机灵,大城市里的人比小城市里的人更机灵。其次,只有在人与人和睦相处的场合下,才产生感情和幻想;因此,爱——这是一种交际往来,如果得不到反应,必带来最大的痛苦——是诗之源泉。最后,只有在人与人说话的场合下,只有在谈话——一种共同的行为——之中,才产生了理性。问和答,是最初的思维活动。在原始时,要思维,就必得有两个人。只有到了文化有了更高的发展时,人才将自己双重化,从而,他就能够于自身之中并且为了自己而来扮演他者的角色。因此,在一切古老的和感性的民族那里,思维和说话是一回事;他们只有在说话时才思维,他们的思维,仅仅是交谈罢了。即使在今天,那些平庸的人,也即那些没有受过抽象教育的人,如果不出声朗读,不说出他们所读的,那他们也还是不能理解写成字的内容。就这一方面而言,霍布斯由耳朵中导引出人的理智来,乃是多么正确啊!

还原到抽象的逻辑范畴来看,上帝里面产生世界的原则,不过表现了这样一个纯属同语反复的命题:各各不同的东西只能来自差别性原则,而不能来自单一的本质。尽管基督教哲学家和神学家们喋喋不休地为上帝由虚无中创造出万物来这一点辩护,但他们还是不能绕过"无中不能生有"这个古老的根本命题,因为这个命题道出了思维的规律。他们虽然并没有把实在的物质设定为各种物质性物体之根据,然而,他们还是把属神的理智作为一切物体之总和、作为精神的物质,使之成为实在的物质之根据。但是,子正就是父之智慧、科学、理智。在这一方面，异教式的物质永恒跟基督教式的创世之间的区别，仅仅在于异教徒将实在的、客观的永恒性归给世界，而基督徒却将并非客观的永恒性归给世界。事物在实存以前便已存在着了，但是，并不是作为感觉之对象，而是作为精神之对象。基督徒们的原则就是绝对主观性①之原则，他们把一切事物都设想成为仅仅凭借于这个原则的。所以，他们认为，那通过他们的主观思维而被设定的、被表象的、主观的物质，是第一物质，远比实在的、感性的物质来得优越。但是，不管这一套，这种区别毕竟仅仅是在实存之方式方面的区别。世界是在上帝里面永恒的。或者，难道世界像转一个念头那样突然地产生于上帝之中吗？当然，人也能够这样来想象，但是，这样一来，他就只是神化了他自己的荒唐。反之，如果我是头脑清晰的，那我就只能由世界之本质、理念中导出世界来，也就是说，只能由其实存之一种方式中导出另一种方式来——换句话说，我只能由世界本身导出世界来。世界有其根据于自身之中，就像世界中一切有资格要求真正本质性这个名称的东西一样。种的差异(differentia specifica)，就是使特定事物得以成为该事物的那个固有的本质性，总是一种在通常意义上不可解释的、不可导引的东西，是通过自身而存在着

---

① 在第2版中，我就已经试图像对待许多别的外来语一样也特别要把我所厌恶的"主观性"一词(Subjektivität)从本书中去掉。用来代替这个词的相应的德文词，时而有"自有性"、"自我性"、"唯我性"，时而有"灵魂"、"安乐"，时而有"属人性"，时而有"精神"、"非感性"。但是，要精确地表明一种跟对象性的东西正相对立的意义，在德文词汇中(至少，在常用的德文词汇中)却很难找到可以用来代替"主观性"或"主观的"一词的恰当的词。另外有一些词，情形也然如此。——著者

的,是在自身之中具有自己的根据的。

所以,世界跟作为创世者的上帝之间的区别,只是一种形式上的区别,并不是本质上的区别。因为属神的理智,一切事物之总和,就是属神的本质本身,因而上帝在思想自己、了解自己的同时,也思想和了解世界、万物。所以,上帝之本质不外就是世界之抽象的、被思想的本质;而世界之本质也不外就是上帝之实在的、具体的、感性地被直观到的本质。所以,创造云者也只不过是形式上的一套而已,因为,在创造以前是思想、理智之对象,只是通过创造才被设定为感觉之对象;尽管我们完全不能明白怎样会由一个思想物中产生出一个实在的物质性物体来,然而,前者和后者就内容而言还是一样的。①

如果我们把世界归结为多样性和差别性这种抽象的思维形式,跟属神的本质之单纯性和单一性正相对立,那末,多样性和差别性的情形,也然如此。实在的差别性,只能被导自一个在自身之中就有差别的本质。但是,我只把差别性放到原始的本质里面去,因为对我来说差别性原始地就是真理性和本质性。如果差别性本身一无所是,那么,在原则中也不可能设想什么差别性。当我由原始本质中导出差别性来时,我就把它设定为本质性、真理;反过来也是这样。合乎理性的说法是:差别性跟单一性一样地包含在理性之中。

但是,正因为差别性是一种有本质的理性规定,因而,如果不

---

① 因此,如果人们相信,假设了一个创造者就能够对自己解释世界之实存,那就是纯粹的自我欺骗了。——著者

是已经假定了差别性,那我就不能导出差别性;我只能通过它本身来解释它,因为它是原始的、通过自身而使人了解的、通过自身而证实自己的事物。世界、跟上帝区别开来的东西,凭借什么而产生呢?是借上帝里面上帝自己跟自己的区别。上帝思想自己,他自己就是自己的对象,他将自己跟自己区别开来。因此,这个区别——世界——仅仅产生自另外一种的区别,外在的区别仅仅产生自内在的区别,存在着的区别仅仅产生自积极活动着的区别——辨别。因此,我仅仅通过其本身来论证区别,换句话说,它是一个原始的概念,是我的思维之极限,是法则、必然性、真理性。我所能够设想的最终区别,便是一个本质跟自己的区别和在自己里面的区别。一个本质跟另一个本质的区别,是自明的,是已经通过其实存而被设定的,是一个明显的真理:是两个。但是,对思维来说,只有当我把区别纳入同一个本质之中,只有当我将区别跟同一律结合起来时,我才是论证了区别。这里面包含有区别之最终真理。上帝里面产生世界的那个原则,还原到其最终根据来看,不外就是那按照其最简单的因素而被对象化的思维活动。如果我从上帝里面去掉区别,那他就不给予我以进行思维的素材;他不再是思维客体了;因为,区别是本质重要的思维原则。所以,如果我把区别放到上帝里面去,那么,我不是正是将这个思维原则之真理性和必然性加以论证和对象化吗?〔Ⅹ,Ⅺ〕

第十章　神秘主义或上帝里面的自然之秘密

由雅各·波墨首创并由谢林加以革新的关于上帝里面永恒自然的学说,提供了可以用来批判创世说和神统记幻想的素材。

上帝是纯粹的灵,是明亮的自我意识,是道德的人格性;与此相反,自然至少就某些方面而言是纷乱的、黑暗的、荒芜的、不道德的——或者,毕竟不是道德的。但是,不纯粹的东西来自纯粹的东西,黑暗来自光明,这乃是自相矛盾。那么,我们怎么能够由上帝之中导引出这个显然跟属神的素性相违背的东西来呢?为此,我们就只有把这个不纯粹的东西、黑暗的东西放到上帝里面去,在上帝本身里面区分出光明之原则与黑暗之原则。换句话说,为了能够解释黑暗之起源,我们就必须一般地抛弃掉起源这个观念,假定黑暗一开始就是存在着的。①

然而,自然里面的黑暗的东西,却就是非理性的东西、物质的

---

① 我们不想在这里批判这个极其神秘的见解。在这里,我们只想提请注意,只有当黑暗是从光明中被导出时,它才被解释;但是,如果人们竟瞎到这样的程度,以致不在黑暗之中也瞥见光明,没有注意到自然之黑暗并不是什么绝对的黑暗,而是由光明来缓和的一种温和的黑暗,那么,自然里面的黑暗之导自光明,就显得是不可能的了。——著者

东西，就是跟知性区别开来的本来的自然。所以，这个学说的要义在于：自然、物质并不能够由知性来解释和导出；倒宁可说它是知性之根据，是人格性之根据，而自身却并没有什么根据；没有自然的精神，是纯粹的思想物；意识仅仅由自然而发展。但是，这个唯物主义的学说，由于并不是一般地、并不是用简单明了的理性言语来表达的，而是用神圣的感叹词"上帝"来强调的，因而就被围困在神秘的、然而安适的黑暗之中。如果上帝里面的光明是起源于上帝里面的黑暗的，那么，这只是因为在光明这个概念中一般地就包含有照亮黑暗的意义，包含有以黑暗为前提但并不制造出黑暗来的意义。这样，如果你让上帝服从于某个普遍的法则——你必然这样做，只要你不是有意要让上帝成为胡思乱想之竞技场——，如果在上帝之中也还是自在自为地、一般地，像自我意识那样是受一个自然原则制约的，那你为什么不干脆把上帝丢了呢？自在地是意识之法则的，则对于任何人格本质之意识，无论是对于人、天使、妖魔、上帝或其他什么你还能够想象成为本质的东西之意识来说，也都必定是法则。追根究底，上帝里面的两个原则到底应当归结成为什么呢？其中一个应当归结为自然——至少是像存在于你表象中那样的自然，也即从现实中抽象出来的自然——，而另一个应当归结为精神、意识、人格性。你之所以称上帝为上帝，并不是按照他那背面、反面的一半，而是仅仅由于他的正面、他那借以向你指示出精神、意识的容貌。因而，他的独特的本质，使他由以成为上帝的，乃是精神、知性、意识。但是，你为什么使在作为上帝的上帝、作为精神的上帝中是原来的主词的东西变成为纯粹的宾词呢？难道你竟以为作为上帝的上帝没有了精神、意识也仍旧是上帝吗？

你之所以会这样做,难道不就是因为你是作为神秘的宗教想象力之奴隶来思想的吗?难道不就是因为你在神秘主义之狡诈的朦胧中感到幸福和舒适吗?

神秘主义是一种暗示说明(Deuteroskopie)。神秘家明明是对自然之本质或人之本质进行思辨,却偏偏凭空以为是在对某个另外的、跟上述二者区别开来的人格本质进行思辨。神秘家跟普通的、有自我意识的思想家有着同样的对象;但是,神秘家并不把现实的对象当作现实的对象,而是把它当作被想象的对象;从而,他又把被想象的对象当作现实的对象。所以,在这里,在关于上帝里面两大原则的神秘学说中,现实的对象是病理学,而被想象的对象则是神学;换句话说,病理学被变成了神学。如果竟是有意识地公然将实在的病理学当作神学,那简直就不必再费口舌去反驳了;我们的任务正在于指出,神学不外就是受到蒙蔽的、秘义的病理学、人本学和心理学,从而,实在的人本学、实在的病理学、实在的心理学,比神学本身更有权利取得神学这称号,因为神学不外就是被想象的心理学和人本学。但是,这个学说或见解之内容却不应当是病理学,而应当是神学,应当是就神学一词之古老的和通常的意义而言的神学——正因为这样,故而它是神秘学和幻想学;在这里,应当向我们解明的是另一个跟我们区别开来的存在者之生命,但结果却只是向我们解明了我们自己的本质;不过,同时因为我们自己的这个本质被说成是另一存在者之本质,又使我们模糊起来了。只有在上帝那里而不是在我们属人的个体这里——这也许是一个凡俗的真理——,理性才应当针对着自然之激情;并不是我们,而是上帝,才应当由纷繁的感情和冲动中挣脱出来,以便上升到清醒的认识；并不是在我们的表象方式中，而是在上帝本身之中，对夜晚的神经质恐惧才应当先于对光明的喜悦的意识；简言之，在这里，应当描述的并不是属人的病史，而是上帝之发展史——而发展史就是病史，因为发展就是疾病。

因此，如果上帝里面创世的区分过程使我们直观到区分力之光是一种属神的本质性，那么，与此相反，上帝里面的夜晚或自然却向我们表明莱布尼兹式的"混乱思想"（Pensées confuses）是属神的力量或潜能。但是，"混乱思想"——纷乱的、黑暗的表象、思想和影像（影像更为恰当一些）——乃代表肉体、物质；纯粹的、从物质中抽出来的知性，只具有光明的、自由的思想，它不具有黑暗的、也即属肉体的表象，不具有属物质的、激起幻想的、促使血液沸腾的影像。所以，上帝里面的夜晚不外乎是这样的意思：上帝不仅是一个属精神的存在者，而且也是属物质的、属形体的、属肉体的存在者；但是，正像人之所以为人和所以被称为人，并不是按照他的肉体而是按照他的精神一样，上帝也是这样。

但是，夜晚只是在幽暗的、神秘的、不定的、隐匿的影像中把这个表述出来。它用来代替"肉体"这个强有力的、因而精确的和严峻的名词的，是"自然"和"根据"这两个含义暧昧的抽象名词。"因为在上帝以前或以外再也没有什么东西了，故而上帝必在其自身中有其实存的根据。所有的哲学家都是这样说的；但是，他们把这个根据表述成为纯粹的概念，并不使它成为某种现实的和实在的东西。上帝在自身中所具有的这个实存的根据，并不是被看作是绝对的那个上帝，换句话说，并不是实存着的那个上帝；因为，它其实只不过是他的实存的根据而已。它是自然——在上帝里面；它是一种虽然跟上帝不可分离、但却跟上帝区别开来的本质。这个关系,类似地(?)可以比作自然界中重力与光的关系。"但是,这个根据,正就是上帝里面非知性的东西。"是知性之开端(在知性本身之中)的,就不能又是属知性的。""就本来意义而言,理智是由这个非理智的东西中诞生出来的。没有这个黑暗做先行,那就不会有被造物之现实性。""这种与古代哲学所提出来的一样的关于作为最纯粹的活动(Actus purissimus)的上帝的抽象概念或者现代哲学为了尽量使上帝远离自然而反复提出的那种抽象概念,都是不顶用的。上帝是某种比纯粹的道德上的世界秩序更为现实的东西,与抽象的唯心主义者自作聪明地归给他的那种原动力比较起来,他于自身之中有着完全另一种的、较此更为活跃的原动力。唯心主义如果没有活跃的现实主义作为基础,那就成了跟莱布尼兹体系、斯宾诺莎体系或任何另外一个教条体系同样空洞和抽象的体系。""只要现代有神论之上帝还仅仅是单纯的、只不过应当成为有本质的、但事实上却还是没有本质的存在者——在近代一切体系中,都是这样来对待上帝的——,只要上帝里面的实在的二元性还没有被认识,并且,还没有把局限力、否定力跟肯定力、扩张力对立起来,那么,对一位人格上帝的否认,就意味着认真的治学态度了。""任何一种意识,都是自己本身之集中、聚集、总合、总括。某一个存在者所具有的这种有所否定的、回归其自身的力量,乃是他里面的人格性之真正的力量,是自我性之力量。""假如上帝里面毫无威力,那怎么会对上帝产生敬畏之心呢?但是,只要我们并不认为上帝仅仅是这种力量和威力而不是别的什么,那末说上帝里面有某种仅仅只是力量和威力的东西，就不会令人诧异了。"①

但是，仅仅只是力量和威力的那种力量和威力，不是属肉体的力量和威力又是什么呢？除了肌肉力以外，你还知道有另外一种与仁慈和理性之威力相区别的、听从你命令的力吗？当你不能借仁慈和道理而成就大事的时候，你就必须求助于威力了。但是，没有强有力的膀臂和拳头，你能够"成就"事情吗？你除了刑法之杠杆以外，还知道有与道德上的世界秩序之威力相区别的"另一种更活跃的原动力"吗？没有肉体的自然，不也就成了"空洞而抽象的"概念，成了"自作聪明"了吗？自然之秘密，不也就是肉体之秘密吗？"活跃的现实主义"之体系，不也就是有机体之体系吗？一般地，除了血肉之力以外，还有另一种跟知性相对立的力吗？除了感性意向之威力以外，还有另一种自然威力吗？最强的自然意向，不就正是性欲吗？谁不记得"上帝也很难在爱的时候守住理性"（Amāre et Sapere vix Deo competit）②这句老古话呢？这样，如果我们想把自然——与知性之光相对立的本质——放到上帝里面去，那么，我们能够设想一种比思维与爱、精神与肉体、自由与性欲的对抗更为活跃、更为现实的对抗吗？你对这种推导和推论感到惊异吗？哦！这种推导与推论乃是上帝与自然的神圣联姻所产出的嫡裔。你自己也已经在夜晚之吉兆下产出它们。我现在只是放到光天化日之下指给你看而已。

---

① 谢林：《论属人的自由之本质》，第 429、432、427 页。《纪念雅可比》，第 82、97—99 页。——著者

② 叙卢斯（P. Syrus）：《格言集》，格言第 22，莱比锡 1869 年版，第 67 页。——据德文本编者

没有了自然,人格性、"自我性"、意识就一无所是,换句话说,就成了空洞的、无本质的抽象物。但是,正像上面所证明的那样——其实,这也是不言自明的——,没有了肉体,自然也成了无。只有肉体,才是那种否定、制限、集约、紧缩的力,而没有了这种力,就不能设想任何人格性。从你的人格性那里取掉其肉体,那你就等于从它那里取掉其聚合物。肉体是人格性之根据、主词。只有借肉体,现实的人格性才得以跟幽灵之被想象的人格性区分开来。如果我们不具有不可贯穿性(Undurchdringlichkeit)这个宾词,如果在我们赖以存在的那个地点、形态中同时又能够有另外的人存在,那我们将成为怎样一种抽象的、游移不定的、空虚的人格性呢?只有借空间上的排他性,人格性才得以确立为现实的人格性。但是,没有了血肉,肉体就是无。血肉即是生命,而只有生命才是肉体之现实性。然而,没有性别做氧气,那血肉也将是无。性的区别,绝不是表面的或仅仅局限于身体某些部分的区别;它是一种本质上的区别;它一直植根于骨髓之中。男人之本质就是男性,而女人之本质就是女性。男人不管怎样向往精神生活和鄙弃肉体生活,总还是男人;女人亦然如此。所以,没有了性别,人格性就是无了;就本质而言,人格性乃区分成为男性人格性与女性人格性。二者的关系是没有"你"就没有"我";但是,"我"与"你"之间的区别——一切人格性、一切意识之基本条件——只是一种比男女之间的区别更为现实、更为活跃、更为激烈的区别。男女之间的"你",是跟朋友之间单调的"你"完全两样的。

跟人格性有所区别的自然,可以说只能够意味着性别。一个没有自然的人格本质,正不外乎是一个没有性别的本质;反之亦然。自然应当被归给上帝,"就像我们说一个人具有坚强的、能干的、健康的本性①一样的意义"。但是,难道还有比某一个没有性别的人格,或者说比某一个在自己的品性、习俗、感情方面否认了自己的性别的人格更病态、更可厌、更违背自然吗?作为男人的人,其德性、干练表现在哪里呢?就是男性。作为女人的人呢?就是女性。但是,人只是作为男人和女人而生存着。由此,人之干练、健康,就仅仅在于作为女人的人尽到了作为女人应当尽到的一切,仅仅在于作为男人的人尽到了作为男人应当尽到的一切。你非难"有些人由于认为属灵的东西在跟现实的东西相接触时会被玷污而产生的对一切现实的东西的厌恶"。那么,你还是先来非难你自己对性别的厌恶吧!如果上帝并不由于自然而被玷污,那他也就不会由于性而被玷污。你对有性别的上帝的厌恶,乃是一种虚伪的羞愧。所以说其虚伪,是有着双重的理由的。首先就因为被你放到上帝里面去的那个夜晚,免除了你的羞愧;只有在光天化日之下,才有羞愧。其次就因为羞愧是跟你的整个的原则相违背的。一位没有自然的道德上帝,也就没有基础;但是,道德性之基础,正就是性别。即使是动物,也由于有性别而具有一种牺牲的爱。自然之一切尊严、威力、智哲和深邃,都集中于和个体化于性别之中。为什么你不敢对上帝之自然直呼其名呢?显然,只是因为你一般地害怕处于真实和现实之中的事物,只是因为你仅仅只是通过神秘主义之掩饰真相的迷雾来看一切事物。但是,正是因为上帝里面的自然只是一种欺骗的、无本质的假象,只是自然之幻

---

① "本性"和"自然",在德文中是同一个词(natur)。——译者

想的幽灵——因为，诚如前述，它并不基于血和肉，并不基于实在的根据——，从而这样一种论证人格上帝的方法也是一种谬误的方法，——正是因为这样，故而我就用"对一位人格上帝的否认，就意味着认真的治学态度"这句话来做结束，并且，我还要附加一句：这样的否认，乃意味着科学的真理。我这样说，是实事求是的。首先，就演绎而言，人们现在并没有用明明白白的、意义明确的言语由思辨根据为出发点来说明和证明形态、地点性、肉体性、性别性并不与神性这概念相矛盾。其次，就归纳而言——因为，人格本质之现实性仅仅基于经验的根据——，人们并没有说明上帝具有怎样的形态，并没有说明上帝在于何处——也许是在天上——，最后，也并没有说明上帝属何性别，究竟是男、是女，还是不伦不类的半男半女。此外，在公元1682年就有一个牧师提出这样一个大胆的问题："上帝是不是也娶老婆？他究竟用几种方法（modos）产生出人呢？"所以，德国那些钻牛角尖的、思辨的宗教哲学家们，快来效学这位正直而率直的牧师先生吧！快快勇敢地摆脱掉上述唯理主义残滓——其实，他们之附有这种残滓，乃是跟他们真正的本质处于最尖锐的矛盾的——，最后，在一位实实在在有能力的、有生殖力的上帝里面实现上帝之自然之神秘的潜能！阿门。

* * *

关于上帝里面的自然的学说，来自雅各·波墨。但是，在初版本中它所具有的意义，远比在遭受阉割的、现代化了的第二版中来得深刻和令人感兴趣。雅各·波墨是一个好作奇思玄想的敬虔者；宗教是他生活和思维的中心。但是，与此同时，自然在近代——在自然科学研究中，在斯宾诺莎主义、唯物主义、经验主义中——所获得的意义,却占领了他的虔诚。他以感官来熟识自然,意欲洞察其充满着秘密的本质;但是,他又害怕它,他并不能够使这种对自然的恐惧跟他的虔诚观念取得一致。"我观望这个世界的深广,观望太阳和星星,又观望云、雨和雪,深思这个世界的整个的创造;这样,我就在一切事物中找到恶与善,在非理性的造物——例如,木头、石头、泥土和各种元素——以及人和动物之中,都找到了爱与愤怒……但是,正因为我看到在万物中——不管是在元素中还是在造物中——都存在有善与恶,正因为我看到世界上不信上帝的人并不比敬虔的人更吃亏些,野蛮民族也照样有最好的国土,并且,还常常比敬虔者更幸运些,因而,我经常抑郁忧愁;我非常熟知的《圣经》也安慰不了我。这样一来,就当然战胜不了魔鬼,使他得以经常对我灌输一些异教思想。在这里,我不想把这些思想说出来。"①但是,正像自然之阴暗的、不跟属天的创世者之宗教观念相协调的本质使他的心情感到恐惧一样,同样,在另一方面,自然之光辉的一面,又使他醉心。雅各·波墨很倾心于自然。他臆想得到甚至感觉得到矿物学家、植物学家、化学家的喜悦,总之,他感觉得到"无神的自然科学"之喜悦。宝石的光辉,金属的声响,植物的色香,许多动物的温柔可爱,——这一切,都使他迷惑。他在另一处写道:"我仅仅只能将它(这里的'它',乃是指上帝之启示于光明世界,乃是指这样一个过程,在这个过程中,'于神

---

① 《德高望重的牧师、条顿哲学家雅各·波墨……神学、通神学、哲学著作精要》,阿姆斯特丹1718年版,第58页。以下各段引文,分别见第480、338、340、323页等。——著者

第十章 神秘主义或上帝里面的自然之秘密 153

性中奇妙而美丽地形成了色式丰富的天,众灵各有形态')比作最贵重的宝石,例如红宝石、绿宝石、绿帘石、截子玛瑙、蓝宝石、金刚石、碧玉、风信子石、紫水晶、绿柱石、红玉髓、红玉等。"在另一个地方,他又说道:"然而,论到诸如红玉、红宝石、绿宝石、绿帘石、截子玛瑙等冠盖一切的名贵宝石,则它们无非就是起源于爱里面的光辉闪耀之处。然后,这同样的光辉便在温柔之中诞生,成了源灵(Quellgeister)中央的心,从而,这些宝石也就成了温柔的、有力的和可爱的。"我们看到,雅各·波墨具有很好的矿物学兴味。但是,从下面的引文中可以证明他也喜爱花卉,从而,也熟悉植物学:"属天的力量产生出属天的、令人喜悦的果实和色彩,产生出各种树木,在这上面生长出美丽而可爱的生命果实;这样,在这种力量中,各种花朵就以美丽的属天的色香盛开着。它们各有式样,其中任何一种,就其质和种而言,都是完全神圣的,是属神的和令人喜悦的。""如果你想观察属天的神荣和神严,如果你要知道在那里究竟有着怎样的植物、高兴和喜悦,那么,你就应当细心观察现在这个世界,应当细心观察,从肥沃的土壤中可以长出怎样的果实和作物:树木、灌木、杂草、根、花、油、酒、谷物等一切存在着的和你的心所能够研究到的东西。这所有一切,乃是属天的荣华之先例。"

雅各·波墨不能够把专制的命令口吻当作自然之解释而接受下来;自然太使他倾心;因而,他企图对自然作属自然的解释;但是,自然而然地和势所必然地,他不能寻找到别的解释理由,正是只能找到自然之对他的心情产生最深的印象的那些质(Qualitäten)。雅各·波墨是一位神秘的自然哲学家——他的本质重要的意义就在于此——,是一位通神学的火成论者和水成论者(ein theosophischer Vulkanist und Neptunist），因为，"在他看来，火和水产出万物"。自然迷惑了雅各的虔灵——无怪乎他由锡器之光辉中领受其神秘的光。但是，虔灵乃只在自身之中活动着；虔灵者没有力量、勇气来深入观察事物之实态；他观看一切东西，都得借助于宗教，都得依赖上帝，也就是说，他观看一切东西，都得依靠想象力之迷人的、惑灵的光辉，都得在影像之中，并且，把一切东西都看作是影像。但是，自然对他的心情正好起相反的作用；所以，他必须把这种对抗放到上帝自己里面去——因为，假如假设有两个独立地存在着的互相对抗的原始原则，那也许就要撕裂他的虔灵了——，他必须在上帝自己里面区分出一个柔和的、仁慈的本质和一个盛怒的、消费的本质。一切火一般的、严酷的、锋利的、收敛的、幽暗的、冷酷的东西，都来自属神的锋利、严酷、冷酷和幽暗，而一切柔软的、辉耀的、暖和的、柔和的、温柔的、宽容的东西，都来自上帝里面柔软的、温柔的、放出光明的质。简言之，天跟地一样富有。地上有的，天上也有，①自然里面有的，上帝里面也有。但是，在上帝里面，是属神的、属天的，而在自然里面，却是属地的、可见的、外在的、物质的；不过，话虽如此，东西还是一样的。"当我写到树木、灌木和果实时，你不应当把这理解为属地的、跟今世一模一样的。我并不以为在天上也生长有会死的、坚硬的、木质的树，我

---

① 根据斯威敦堡，天上的天使甚至也有衣服和居所。"他们的居所，完全跟地上人们称作为房屋的那种居所一模一样，只不过美得多而已；在那里面，也有着大量的房间和寝室，也有前庭和围园，也有花坛和园圃。"《斯威敦堡选集》，第1部，法兰克福（美因河畔）1776年版，第190、196页）由此可见，正因为神秘家把今世当作彼世，故而也就把彼世当作今世。——著者

并不以为在天上也有具有属地的质的石头。不,我的主张是属天的和属灵的;然而,同时又是真实的和本来的,也即我所主张的事物都只是借用其组成字母而已",换句话说,在天上也仍旧照样有树和花,但是,天上的树只在我的想象力之中开出芬芳的花朵,从而,是不会对我造成笨重的、物质的印象的;地上的树则是存在于我的感性的、现实的直观之中的树。二者之间的区别,乃是想象与直观之间的区别。他自己也说道:"我并不是企图描述一切星辰的运行、地位或名称,并不是企图描述它们每年的相合、相冲、垂交以及诸如此类的问题,并不是企图描述它们每年、每小时怎样变化。我对这个甚至还没有学习过和研究过,我让学者们来完成这个任务。我只是企图按照精神和思想来写作,而不是按照直观来写作。"①

那个关于上帝里面的自然的学说,想由自然主义来论证有神论,特别是那种把至高存在者看作是人格存在者的有神论。但是,人格式的有神论把上帝设想成为某个从一切物质的东西中被抽出来的人格存在者;人格式的有神论把一切发展都从上帝那里排除掉,因为这个发展不外就是某个存在者从跟自己真正的概念不相适应的状态和特性中把自己抽出来。但是,在上帝里面并没有这个过程,因为在上帝里面无所谓始端、终端、中间,因为他一下子就成了他所是的,他一开始就是他应当是的、能够是的;他是存在与本质、实在与理念、行为与意志的纯粹统一。上帝就是他自己的存

---

① 《斯威登堡选集》第 1 部,法兰克福 1776 年版,第 339、369 页。——著者

在(Deus suum Esse est)。① 在这个意义上，有神论是跟宗教之本质相一致的。一切尚且非常实证的宗教，也还只是基于抽象；它们只是在抽象之对象方面有所区别。荷马史诗中的神灵们，虽然个个活力充沛、酷似于人，但终究还是抽象的形态；他们虽然像人一样有着肉体，但是，他们的肉体并没有人肉体的各种不足和不便。属神的存在者之第一规定，便在于他是一个被抽出来的、被蒸馏出来的存在者。由此自明，这种抽象绝不是任意的，而是由人之基本立场来限定的。人怎样存在着，一般地，他怎样思维着，那他就这样来进行抽象。

抽象表现了一个判断，一个既有所肯定又有所否定的判断，表现了赞美和斥责。人所赞美和称颂的东西，对人来说，就是上帝了；②而人所斥责、非难的东西，对人来说，就是非属神的东西了。宗教是一个判断。这样一来，宗教里面、属神存在者的理念里面最最本质的规定，便是将值得称颂的东西从理应斥责的东西中分离出来，将完善的东西从非完善的东西中分离出来，简言之，将有本质的东西从虚无的东西中分离出来。礼拜本身，就不外乎在于连续不断地更新宗教之本源，不外乎在于批判地然而隆重地把属神的东西从非属神的东西中分离出来。

属神的本质就是那个由于抽象之死而变得容光焕发的属人的本质，是人之隐遁的精神。在宗教之中，人摆脱了生命之界限；在

---

① 托马斯·阿奎那语。——译者
② "凡是人设为至高的东西，就是他的上帝了。"（欧利琴：《使徒保罗致罗马人书讲解》，第 1 章）——著者

这里,他脱离了一切压迫他、阻碍他、违拗他的东西;上帝就是人之摆脱了一切厌恶的自感;只有在自己的宗教之中,人才感到自由、幸福,因为只有在这里,人才靠着自己的守护神而生活,才守自己的安息日。在他看来,属神的理念之援据论证,并不包含在这个理念之中;属神的理念之真理性已经包含在判断之中,根据这个判断,一切他从上帝那里排除出去的东西,都意味着是非属神的东西,而非属神的东西却又都意味着是虚无的东西。假如他把这个理念之援据论证纳入理念本身之中,那它就要丧失其最本质的意义,丧失其真正的价值,丧失其赐福的魔力了。所以,将属知性的东西从非知性的东西中、将人格性从自然中、将完善的东西从非完善的东西中抽引、区分出来的过程,必然发生在人里面而不是在上帝里面,并且,神性之理念并不是位于感性、世界、自然之始端,而是位于其终端——"自然结束之处,就是上帝开始之处"——,因为上帝是抽象之最终界限。我再也不能进一步加以抽象的那个东西,就是上帝——我所能够理解的最终思想——,就是最终者、至高者。Id quo majus nihil eogitari potest, Deus est.(上帝就是再也不能设想有较其更高的东西存在的那个至高者。)感性之这个俄梅戛又成了阿耳法,①这是很容易理解的;但是,本质重要的乃在于它是俄梅戛。阿耳法原来是结果;正因为它是最后的,故而它又是最先的。并且,"第一存在者"这个宾词,绝不是直接就具有创造性的意义,而是仅仅只具有最高等级的意义。在摩西的宗教中,创

---

① 阿耳法(Alpha)是希腊文第一字母,俄梅戛(Omega)是希腊文末一字母。在这里,可参阅《启示录》,第1章第8节。——译者

造之目的乃在于确保耶和华具有跟偶像正相反的至高的和第一的、真正的、唯独的上帝这样一个宾词。①

所以,人们之所以会竭力想由自然来论证上帝之人格性,乃是由于人们乱七八糟地把哲学跟宗教混淆在一起,乃是由于人们对于人格上帝之产生,既毫无批判,又毫无意识。人们之所以会把人格性看作是上帝之本质重要的规定,人们之所以会说"非人格的上帝不是上帝",乃是因为人格性自在自为地已经被看作是至高的东西和最实在的东西,乃是因为人们已经有如下的判断:不是人格者,就是死的,就是无;只有人格式的存在,才是生命和真理;但是,自然是非人格的,故而自然是虚无的东西。人格性之真,仅仅以自然之不真为基础。说上帝具有人格性,无非就是把人格性解释成为绝对本质;但是,只有跟自然区别开来,从自然里面抽象出来,人格性才能够被理解。虽然一位仅仅是人格式的上帝乃是一位抽象的上帝,但是,他应当成为这样的上帝,这是包含于他的概念里面的;因为,他正不外就是人之人格式的本质,不过,这个本质,将自己置于一切跟世界的联系之外,使自己摆脱一切对自然的依赖性。在上帝之人格性中,人赞美他自己的人格性之超自然、不死、不依赖和无限制。

一般地,人格上帝之所以必要,乃是由于人格式的人只有在人

---

① "我就是行一切事的主。""主就是我,并不再有别个。上帝就是我,并不再有别个。""我就是主,就是最初者和最终者。"(《以赛亚书》,第41章*)创造之意义(以后还要更周详地述及),就是由此产生的。——著者

* 根据德文本编者,可参阅下列章节:第41章第4节;第43章第11节;第44章第6、24节;第45章第21节;第46章第9节。——译者

格性之中才适得其所,只有在人格性之中,才找到了他的"自己"。本体、纯粹的精神、单单的理性满足不了他,对他来说,这些东西太抽象了,因为这些东西并不表现出他自己,并不将他归引到他自己。但是,人只有当自己、自己的本质都适得其所时才满意而幸福。所以,人愈是人格式,他就愈是强烈地需要一位人格式的上帝。抽象的自由思想家并不知道什么比自由更高的东西了;他并不需要把自由跟某个人格本质联系在一起;在他看来,自由通过本身就作为自由而成为一个实在的、真的本质。一个具有数学、天文学头脑的人,一个纯粹的理智人,一个客观的、不囿于自身的、只有在对客观地合乎理性的关系的直观里面、在包含于事物本身之中的理性里面才感到自由和幸福的人,就将要把斯宾诺莎式的"实体"或某个相类似的理念当作其至高本质来赞美,并且将要极其厌恶某个人格式的,也即主观的上帝。雅可比之所以是一位经典的哲学家,就因为他(至少在这一方面)是一个首尾一贯的、不自相矛盾的哲学家。他的上帝怎样,他的哲学也就怎样:人格式的、主观的。要想科学地论证人格上帝,就只有像雅可比及其学生们那样来论证,舍此便无他途。人格性只有以属人格的方式来证实。

当然,可以而且应当循着属自然的道路来论证人格性;但是,只有在这样的场合下,即假定我已不再在神秘主义之黑暗中窃窃私语,而是已经来到现实自然之光天化日之下,并且,用一般意义上的人格性概念来置换人格上帝这概念。但是,既然人格上帝之本质正就是被解放了的、隐遁的、从自然之约束力中被救出来的人格性,那么,又把这个自然偷偷地放到人格上帝这概念里面去,那就是绝顶荒谬的了。其荒谬程度,不下于我为了给予醇类饮料以牢固的基础而想把布朗斯威克浓麦酒和到神灵们的仙酒中去。当然，从养活神灵们的属天的液汁中并不可以导出动物性血液的成分来。然而，升华之结晶品，只有通过将物质蒸发才会产生出来；那么，你怎么能够把你正设法从中除去的杂质又混到被升华的本体中去呢？当然，自然之非人格式的本质绝不允许人们由人格性概念来解释它。解释就意味着论证；但是，在人格性成为真理或者竟成为至高唯一的真理的场合下，自然毫无有本质的意义，从而，也毫无有本质的根据。在这里，只有本来意义上的无中创有，①才是充分的解释之根据；因为，它不外乎表明了自然是无，从而也就精确地言明了自然对于绝对人格性所具有的意义。〔Ⅸ，Ⅹ〕

---

① Die Schöpfung aus Nichts，指上帝由虚无之中创造万有。以后常要提到。——译者

第十一章 天意和无中创有之秘密

　　创造是明言的上帝言语,创造性的言语是内在的、跟思想同一的言语。明言是一种意志作用,这样,创造就是意志之产物。如同人在上帝的言语里面肯定言语之属神性一样,人在创造里面肯定了意志之属神性;并且,这里并不是指理性之意志,而是指想象力之意志,是指绝对主观的、无限的意志。主观性原则之最高峰,便是无中创有。如同世界或物质之永恒性只不过意味着物质之实在性一样,无中创世也只不过意味着世界之虚无性。就概念而言——即使不是就时间而言——,设定某物的始端,就也直接设定其终端。世界之始端,就是其终端之始端。来得方便,去得也容易。意志使它存在,意志又会使它回复到无。在什么时候呢?时间是无关紧要的。世界之存在或不存在,仅仅以意志为转移。要它存在的那个意志,同时又是或至少可能又是不要它存在的意志。所以,世界之实存,乃是一种暂时的、任意的、不可靠的,也即正就是虚无的实存。
　　无中创有是全能之最高表现。但是,全能不外就是那个摆脱了一切客观规定和客观限制、把自己的自由自在当作至高的威力和本质性来赞美的主观性,不外就是能够在主观上把一切现实的东西设定为非现实的东西、把一切可表象的东西设定为可能的东西的那种能力之威力,不外就是想象力或与想象力同一的意志之威力,不外就是专擅之威力。① 主观专擅之最最显著的、最最强有力的表现,便是称心、合意——"使一个形体和灵的世界存在,是称上帝的心的"——,它最不矛盾地证明,被设定为至高本质的,被设定为全能的世界原则的,乃是人自己的主观性、自己的专擅。故而,无中创有,作为全能意志之伟迹,应当跟奇迹属于同一范畴,或者,说得更确切一些,它不仅就时间而言、而且就等级而言也是第一奇迹,是一切其次的奇迹由以产生的原则。历史本身就是证明。人们由那个无中创世的全能来辩护、解释和直观化一切的奇迹。无中创世者,为什么不能够由水中变出酒来,由驴中引出人言,由磐石中变出水来②呢?但是,正像下面我们就要看到的那样,奇迹乃只不过是想象力之伟迹和对象,从而,无中创有,作为原始的奇迹,就也不过是这样。因此,人们把关于无中创有的学说解释成为超自然的、理性所不能达到的学说,并且,引异教哲学家为例,因为异教哲学家是让世界借属神的理性而由既存物质中形成的。然而,这个超自然的原则正不外就是主观性之原则,后者已经在基督教中上升到无限的至上王国。与此相反,古代的哲学家们就不这么主观,他们还没有主观到把绝对主观的本质理解为全然绝对的、独一无二地绝对的本质,因为他们通过对世界或现实的直观来限制主观性,因为他们把世界

---

① 无中创有之更深的根源,包含于心情之中。在本书中,间接和直接地都要说明和证明这一点。但是,专擅正就是心情之意志,是心情之力量表现。——著者

② 这三个奇迹,分别见《约翰福音》,第 2 章第 1—12 节;《民数记》,第 22 章起;《出埃及记》,第 17 章第 6 节。——译者

看作是一个真理。

无中创有既然跟奇迹相一致,因而也就跟天意相一致;因为,天意之理念——就最初而言,就其真正的宗教意义而言,就其尚未被非信仰的理智所压抑和限制而言——乃是跟奇迹之理念相一致的。天意之证明,就是奇迹。① 对天意的信仰,就是对这样一种威力的信仰,这种威力,对一切事物都任意指挥,并且,跟它的力量相比,现实之一切威力都是无。天意扬弃了自然之规律;它中断了必然性之进程,割断了不可避免地将原因跟结果连接起来的铁链;简单地说,它跟将世界由无变为有的那个意志是同一个无限的、全能的意志。奇迹就是无中创有(Creatio ex nihilo)。谁由水中变出酒来,谁就是由无变出酒来。因为,水里面并不包含有成酒的物质;不然的话,酒之变出便不是奇迹行为,而是合乎自然的行为了。但是,只有在奇迹中,天意才得以应验和证明。所以,无中创有意味着什么,天意也就意味着什么。无中创有,只有跟天意、跟奇迹联系起来看,才能够被领会和被解释;因为,奇迹原来就只想说明,行奇迹者正就是那个凭自己单纯的意志而无中创有者——上帝,造物主。

但是,就本质而言,天意乃是关系到人的。为了人的缘故,天意才随心所欲地来摆弄事物;为了人的缘故,天意才抛弃其全能的律法之有效性。自然界中尤其是动物界中对天意的赞叹,其实不外就是对自然的赞叹,从而,只应当归属于自然主义——即使是宗教

---

① "属神的天意之最最可靠的证明,便是奇迹。"(格劳修斯:《论基督教之真理性》,第1卷,§13)——著者

式的自然主义；①因为，在自然中，也只是启示了属自然的天意，而并不是属神的天意，并不是作为宗教之对象的天意。宗教式的天意，只启示于奇迹之中，而且，首先就是启示于上帝化身之奇迹，因为这乃是宗教之中心点。但是，我们从来没有念到过上帝为了动物的缘故而化身为动物——这样的念头，在宗教眼目中看来，就已经是一个亵渎的、无神的念头了——，一般地，也没有念到过上帝为了动物或植物的缘故而行奇迹。与此相反，我们念到过，一棵贫乏的无花果树因为在事实上不能结实的时间没有结实，就遭到了诅咒，而其所以受到诅咒，又是单单为了给人比喻信仰之胜于自然；②我们也念到过，污鬼虽然从人里面被驱逐出来，但却由此而被逐入动物里面去。③ 虽说"若是你们的父不许，一个麻雀也不会掉在地上"，④然而，这些麻雀并不比人头上被数过了的头发具有更大的价值和意义。⑤

　　撇开本能不算，则动物除了它自己的感官——或者，一般地，它自己的器官——以外并没有任何别的护灵，并没有任何别的天

---

　　① 宗教式的自然主义当然也是基督教的一个要素，并且更是那极其爱好动物的摩西式的宗教之要素。但是，它不是基督教之特征性的、属基督的要素。属基督的、宗教式的天意，完全不同于那给予百合以衣着和给予乌鸦以食物的天意。属自然的天意让不会游泳的人沉入水中，而属基督的、宗教式的天意却让他借全能之手而安然行在水面*。——著者

　　* 见《马太福音》，第14章第26—33节。德文本编者误以为是《希伯来书》第11章第29节。——译者

　　② 见《马太福音》，第21章第19节。——译者
　　③ 见《马可福音》，第5章第1—13节。——译者
　　④ 见《马太福音》，第10章第29节。——译者
　　⑤ 《路加福音》，第12章第7节。——译者

意。一只双目失明的鸟,就也失去其守护天使;如果没有奇迹发生,那它就势必渐趋灭亡。但是,我们只念到过乌鸦曾经给先知以利亚带来饮食,①却至少就我所知而言还从来没有念到过有动物为其自己的缘故而以异于自然方式的方式来养活自己。如果一个人相信除了自己的类的力量、除了自己的感官、理智以外自己也没有别的天意,那么,在宗教以及一切为宗教辩护的人看来,他就是一个不虔者了,因为他只信仰属自然的天意,而在宗教看来,属自然的天意正就等于不是天意。因此,就本质而言,天意仅只关系到人,并且,原来还只关系到人间的虔诚者。"上帝是万人的救主,更是信徒的救主。"②它像宗教一样,仅只属于人,它理应表现出人跟动物的本质区别,理应把人从自然力之暴力下解放出来。约拿在鱼腹中,③但以理在狮子洞中,④都比喻了天意如何将(虔诚的)人从动物里面区分出来。倘若那个显示于动物的爪和口中、被虔诚的基督教自然科学家所极为赞叹的天意是真理,那么,圣经之天意、宗教之天意便是谎言了;反之也然。想同时信奉自然和宗教那将是多么可怜并且可笑的伪善啊!圣经,是多么地跟自然相矛盾啊!自然之上帝显示于他给予狮子以强暴以及适宜的器官,使它能够在必要的场合为了维持其生命而杀食个体的人;但是,圣经之上帝却显示于他又使个体的人免遭狮子

---

① 《列王纪上》,第 17 章第 4、6 节。——据德文本编者
② 《提摩太前书》,第 4 章第 10 节。——著者
③ 《但以理书》,第 6 章。——译者
④ 《约拿书》,第 2 章。——译者

的杀食！①

天意是人之特权；它表现了跟别的属自然的本质和事物有所区别的人之价值；它使人脱离跟世界整体的关联。天意是人对自己的生存的无限价值的确信——在这种确信中，他就不再相信外界事物具有真理性——，是宗教之唯心主义。所以，信仰天意，无非就等于信仰人格式的不死，所差别的仅仅在于在后一场合下，在涉及时间时，实存之无限价值乃被规定为实存之永续。谁没有什么特殊的要求，谁对自己漠不关心，谁不脱离自然，谁把自己看作是整体中微小的一部分，那他就不会信仰天意，也即不会信仰特殊的天意；但是，只有特殊的天意才是宗教意义上的天意。对天意的信仰，就是对自己的价值的信仰——由此就产生了这种信仰之有益的后果，但与此同时也产生了虚伪的谦卑，宗教式的自矜，这种自矜，虽然并不信赖于自己，但却正由此而将对自己的关心交托给可爱的上帝——，就是人对自己本身的信仰。上帝为我而操心；他竭力使我幸福，使我得救；他希望我福乐；但是，我也希望我自己福乐；由此可见，我自己的利益正也就是上帝的利益，我自己的意志正也就是上帝的意志，我自己的最终目标正也就是上帝的目标。上帝对我的爱，不外就是我自己的被神化了的自爱。

---

① 在把宗教式的或圣经式的天意跟属自然的天意对照比较时，作者特别着眼于英国自然研究家们* 的陈腐而褊狭的神学。——著者

* 参阅莱赫勒（G. V. Lechler）的《英国自然神论史》，斯图加特和图宾根1841年版。参阅毛特纳（Fr. Mauthner）的《无神论及其在西方的历史》，第2卷，斯图加特和柏林1922年版，第372—482页。——德文本编者

但是，谁信仰天意，谁就认为对上帝的信仰是依赖于对天意的信仰的。谁否认有天意存在，谁也就否认有上帝存在，或者，一般无二的，否认上帝是上帝；因为，一位上帝，若然不就是人之天意，那他就成了一位可笑的上帝，成了一位缺乏最属神的、最值得尊崇的本质属性的上帝。从而，对上帝的信仰，不外就是对属人的尊贵的信仰，①不外就意味着相信属人的本质具有属神的意义。但是，对（宗教式的）天意的信仰，乃是跟对无中创有的信仰相一致的；反之也然。因而，除了上述天意之意义以外，无中创有并不能有另外的意义，并且实际上也确实没有另外的意义了。宗教通过将人设为创造之目标而详尽地说明了这一点。一切事物都是为了人的缘故而存在的，而并不是为了它们自己的缘故而存在。谁像敬虔的基督教自然研究家那样认为这是傲慢，那他也就把基督教本身解释成为傲慢；因为，"物质世界"之为了人的缘故而存在，其含义远远比不上上帝——至少，按照保罗的说法，一个几乎就是上帝、很难跟上帝区别开来的存在者——之为了人的缘故而化身为人。

但是，如果人是创造之目标，那他就也是创造之真正的根据，因为，目标是活动之原则。作为创造之目标的人跟作为创造之根据的人之间的区别，仅仅在于根据是人之抽象的本质，而目标却是现实的、个体的人，仅仅在于人虽然知道自己是创造之目标，但却并不知道自己又是创造之根据，因为他把根据、本质当作一个另外

---

① "否认上帝的人，也就扬弃了人类之高尚。"（培根：《论信仰》，第 16 章）——著者

的人格本质而跟自己区别开来。① 然而,这个另外的人格本质、创世者,事实上却不外就是被设定为完全跟世界断绝联系的属人的人格性,这个人格性,通过世界、客观物、他物之被创造,也即通过把它设定为非独立的、有端的、虚无的实存,来确保自己成为唯一实在。论到创造,则问题就并不在于自然或世界之真理性和实在性,而是在于那跟世界区别开来的人格性、主观性之真理性和实在性。问题在于上帝之人格性;但是,上帝之人格性,正就是人之人格性,只不过已经摆脱了自然之一切规定和制限而已。因而人们对这个创造(无中创有)极感兴趣,而对泛神论的创世说却感到厌恶;一般地正像人格上帝一样,创造也不是科学上的事情,而是私人的事情,不是自由知性之对象,而是心情之对象;因为,在创造里面,问题只是在于保证、尽可能地证实人格性或主观性是跟自然之本质毫无共同点的、完全单独的超于世界和外于世界的本质性。②

---

① 在克雷门斯(亚历山大的)那里《劝导外邦人》有一段使人感到兴趣的文句。其拉丁译文(根据1778年浮兹堡版,这个版子比较拙劣)如下:At nos ante mundi constitutionem fuimus, ratione futurae nostrae productionis, in ipso Deo quodammodo tum praeexistentes. Divini igitur Verbi sive Rationis, nos creaturae rationales sumus, et per eum primi esse dicimur, quoniam in principio erat Verbum. ("然而,由于上帝预料到我们未来的产生,故而在世界创成以前我们就已经存在于上帝里面了。这样,我们乃是道或神意之合乎理性的被造物了。并且,我们凭着这道而成了太初者;因为,'太初有道'(《约翰福音》,第1章第1节)。")但是,基督教神秘学却较此更为明确地把属人的本质表述成为创世原则,表述成为世界之根据。"在时间以前存在于永恒之中的人,同上帝一起建树上帝在千年以前和千年以后还在建树的伟业。""一切被造物都是由于人而被造的。"(《陶勒及其以前时代诸说教师说教集》,第5、119页)——著者

② 由此自明,为什么思辨神学以及与其意气相投的哲学思想由上帝而到世界或由上帝中导出世界的一切企图都必然一再失败。原因就在于它们根本就是荒谬绝顶的,它们不知道创造里面牵涉到什么问题。——著者

人使自己跟自然区别开来。他的这种区别，就是他的上帝了——使上帝跟自然区别开来，不外就是使人跟自然区别开来。泛神论与人格主义的对抗，归结为这样一个问题：人之本质究竟是外于世界的本质还是内于世界的本质，究竟是超自然的本质还是属自然的本质？因此，关于上帝之人格性抑或非人格性的思辨和争论，是没有结果的、无谓的、无批判的、令人作呕的；因为，思辨家们，尤其是那些主张人格性的思辨家们，总是信口开河的；他们在斗底下点灯。① 他们实际上仅仅思索他们自己，他们之思索甚至仅仅只是为他们自己对幸福的追求着想，但他们却不肯承认，他们绞尽脑汁、费尽心机，看来好像是妄想探索另一存在者之秘密，结果却只是在自己身上打圈子而已。泛神论使人跟自然同一化——不管是跟它的可见的现象还是跟它的抽象本质同一化——，人格主义却使人孤立于自然，使人跟自然分离开来，使人由部分变为整体，变为自为的绝对本质。这就是区别之所在。所以，如果你们想彻底明了这些事，那你们就应该用实在的人本学来置换你们称为神学的那种神秘的、颠倒的人本学，你们就应该借助于意识与自然来思索属人的本质跟自然之本质的不同抑或统一。你们自己也承认，泛神论上帝之本质不外就是自然之本质。那么，为什么你们只想看到你们对头眼中的刺，却不想看到你们自己眼中如此容易觉察到的梁木呢？② 为什么你们想让你们自己不受普遍有效的法则来约束呢？可见，你们应当承认，你们的人格式的上帝不外就是你

---

① 见《路加福音》，第 11 章第 33 节。——译者
② 参阅《马太福音》，第 7 章第 3 节。——译者

们固有的人格式的本质,在你们信仰和证明你们的上帝之超于自然和外于自然时,你们不外就是信仰和证明你们固有的"自己"之超于自然和外于自然。

像在其他地方一样,在创造里面,创造之原来的本质也是被那混杂进来的普遍的、形而上学的或甚至泛神论的规定所遮掩。但是,只需要注意较近一些的规定,那就能够确信,创造之核心确实不外就是那跟自然区别开来的属人的本质之自我确证。上帝在自己之外产生出世界;最初世界还仅只是思想、计划、决意而已,而现在,却就成了行为,并且,脱离了上帝而表现为一个跟他区别开来的、至少相对地独立的存在物。但是,正像人使自己跟世界区别开来、把自己理解为跟世界区别开来的存在者一样,人同样也在自己之外把世界设定为另一存在者——这种在自己之外设定世界,跟把自己跟世界区别开来乃是一回事。所以,当世界在上帝之外被设定时,上帝就自为地被设定,被跟世界区别开来。那么,如果世界走到上帝之外,则上帝除了就是你们自己的主观本质以外,还是什么呢?① 当然,一有狡猾的反思加入,则外与内的区别,就作为

---

① 上帝之无处不在,上帝之存在于一切事物之中或事物之存在于上帝之中,也并不能被用来反驳这一点。因为,尽管由于世界之一度的实际没落而使世界之外于上帝的存在、也即使世界之非属神性得以充分明白地被表述出来,但是,上帝却还是以特种的方式仅仅存在于人里面;可是,只有当我特种地在家的时候,我才在家*。"只有在灵魂里面,上帝才是原来的上帝。在所有被造物里面都有上帝的某种东西,但是,在灵魂里面上帝才完全地存在着,因而,灵魂是上帝的休息所在。"(《陶勒及其以前时代诸说教师说教集》,第 19 页)并且,事物在上帝里面的存在,尤其是如果不考虑这种存在的泛神论意义(在这里,完全略去这种意义),那就同样也只是一个没有实在性的观念,并不表现出宗教之特有的意念。——著者

* 德国人所说的"在家"(zu Hause),表示一种舒适、不拘束,常用以表示做客时自由自在和在家一般。——译者

有端的、属人的(?)区别而被否认掉了。但是,既然理智乃是对宗教的纯粹的误解和不解,那么,理智所作出的否认,当然就不会被理会了。如果这种否认是认真的,那它就破坏了宗教意识之基础;它扬弃了创造之可能性,甚至扬弃其本质,因为,创造仅仅依据于这个区别之真理性。并且,如果对"外于自己的设定"不是取其实际的意义,那么,创造之成效,这创造活动对于心情和幻想所具有的威严,就将完全丧失掉了。制造、创造、创生,只不过意味着使最初仅仅主观的、在这个意义上不可见的、不存在的东西成为对象性的,使其感性化,这样,就使别的跟我区别开来的存在者也能够懂得它和享受它,换句话说,只是意味着在我之外设定某物,使某物成为某种跟我区别开来的东西。没有"外于我的存在"之现实性与可能性,则也就根本谈不上制造、创造。上帝是永恒的,而世界是生成的;在世界还没有存在的时候,上帝便已经存在着了;上帝是不可见的、非感性的,而世界却是感性的、物质的、也即外于上帝的;因为,物质的东西,作为物质的东西,作为质量,作为素质,怎么会是在上帝里面呢?世界之外于上帝而存在,其含义相当于树木、动物——一般地,世界——之外于我的表象、外于我自己而存在;世界是一种跟主观性区别开来的存在物。所以,只有像古代哲学家和神学家那样承认了这种"外于自己的设定",我们才能够获得不伪装的、不掺杂的宗教意识学说。与此相反,现代的思辨神学家和思辨哲学家们,虽然他们非难泛神论之原则,但却又把各种各样泛神论式的规定偷运进来;但是,正因为这样,故而他们也就只是给世界带来一个绝对自相矛盾的、难以忍受的被造物。

可见,世界之创造者不外就是人;人证明或意识到世界是被创造的，是意志之伟迹，换句话说，是非独立的、无实力的、虚无的实存，这样，他就借以确保他自己的重要性、真理性和无限性。世界由以创生出来的那个无，乃是世界所固有的无。在你说"世界是由无中造出来的"这句话时，你就把世界本身设想成为无，你就把你的幻想、你的心情、你的意志之一切界限都丢在脑后，因为，世界就是你的意志、你的心情之界限；只有世界，才压抑你的灵魂；只有世界，才是你跟上帝——你的福乐的、完善的本质——之间的隔墙。这样，你主观地取消了世界；你以为上帝是单单自为的，也就是说，把他设想成为绝对无限制的主观性，设想成为仅仅追求自己的享受、不需要世界、丝毫不了解物质之痛苦的束缚的灵魂。在你灵魂之最深处，你希望不要有世界；因为，有世界存在，就也有物质存在，而有物质存在，就也有压迫和冲突，有空间和时间，有界限和必然性存在。不过，虽然如此，实际上却还是有世界存在，还是有物质存在。你怎样来脱离此矛盾之困境呢？你怎样来忘却世界，俾使它不来妨碍你的无限制的灵魂之洋洋得意呢？为此，你就只有把世界本身当作是意志之产物，并给予世界以随意的、始终摇摆于存在与不存在之间、时刻准备着被取消的实存。当然，世界或物质——因为，二者是不可分割的——不允许人们用创造行为来解释自己；但是，如果以此来要求创造，那就大错特错了；因为，创造基于这样一个思想：不应当有世界、物质存在，从而，天天渴望其终了。在这里，真实不假的世界甚至并不存在；世界仅仅作为压迫、制限而成为属人的灵魂与人格性之对象；真实不假的世界怎么会让自己由一个将世界加以否定的原则中演绎出来、得到论证呢？

为了认识创造之上述意义是正确的，我们只需要认真地考虑一下下面这个情况就可以了,即在创造之中,主要的并不在于野草牲畜之创造,并不在于水土之创造——对它们来说,甚至于并没有上帝存在——,而是在于人格本质之创造,像人们通常所说的那样,是在于灵之创造。上帝是本身就是人格的人格性概念或理念,是在自身之中而与世隔绝的主观性,是被设定为绝对存在和绝对本质的无欲望的仅为自己的存在,是没有"你"的"我"。但是,因为绝对的"仅为自己的存在"是跟真正生命之概念、爱之概念相矛盾的,因为自我意识本质上是跟对某个"你"的意识相连的,因为至少随着时间的推移,孤独必定会引起无聊和单调之感觉,故而,我们的思想立刻又会由属神的本质进展到别的具有意识的本质,而把最初只不过凝聚于一个本质的人格性概念扩张到多个人格。① 如果从物理意义上把人格理解为实在的人,也即把它理解为有欲望的人,那么人格就只有在物理世界之终端,当其生存条件已具备时,才会作为创造之最终目的而出现。反之,如果像宗教思辨那样抽象地把人设想成为人格,那么这一条弯路便被废掉了,变成径直通往属人的人格性之自我论证、最终的自我确证。虽然人们想尽

---

① 在这一点上,创造也是不仅向我们显明了属神的威力,而且也向我们显明了属神的爱。"我们存在着,乃因为上帝是良善的。"(奥古斯丁)在开始时,在世界之前,只有上帝才自为地存在着。"在万物之前,唯有上帝存在,他自己对自己来说,就是世界、地点和一切。然而,之所以唯有他存在,乃因为在他之外并无一物存在。"(台多立安)但是,再也没有比使别人幸福更高的幸福了,福乐就包含于分享之中。但是,只有喜悦、爱才能够分享。所以,人把分享的爱设定为存在之原则。"慈爱之深情,使上帝忘却了自己。"(第欧尼西)一切有本质的东西,都仅仅借自己来论证自己。属神的爱就是自己论证自己、自己肯定自己的生活喜悦。但是,生命之至高的自我感,至高的生活喜悦,便是致使别人幸福的那种爱。上帝,作为慈爱的存在者,乃是人格化和对象化了的生存幸福。——著者

方法使属神的人格性区别于属人的人格性，以便掩饰二者的等同；但是，这些区别，不是纯粹幻想的区别，便是纯粹诡辩的区别。创造之一切本质重要的根据，都仅仅归结为这样一些规定、根据，它们硬要使"我"意识到另一人格本质之必然性。如果你们并没有预先把你们的人格性引入到上帝里面去，如果上帝本身并不是就已经是你们的主观的或属人格的本质，那么，无论怎样费尽心机，你们也不会从上帝里面引出你们的人格性。［Ⅹ-Ⅻ］

第十二章　犹太教中创造的意义

创世学说来自犹太教；它乃是犹太教之典型学说、基本学说。但它在这里所依据的原则，与其说是主观性原则，还不如说是利己主义原则。创世学说，就其特有的意义而言，只有当人在实践上使自然仅仅服从于他自己的意志和需要，从而在其表象中也把自然低贬为单单的制造品，低贬为意志之产物时，才得以建立起来。现在，人既然从他自身、并按自己的兴趣来说明和解释自然，那么，对他来说，自然之实存也就被解释清楚了。"自然或世界从何而来，"这个问题，其前提原在于对自然或世界之存在感到惊奇，或者说，其前提是"它为什么存在着"这个问题。但是，这种惊奇、这种问题，只有当人已经把自己从自然里面抽出来，把自然当作是单单的意志客体时，才会发生。《智慧书》之作者①说得对："异教徒们一味赞赏世界之美而没有把自己提升到创造者之概念。"谁把自然看作是美的存在物，谁也就把自然看作是自然本身之目的，也就认为自然于其自身之中具有其实存之根据，这种人绝不会问为什么有自然存在。在他的对世界的意识、直观之中，自然与神性之概念是没有区别的。他虽然也把作用于自己感官的那个自然看作是形成

---

① 指大卫之子所罗门王。——译者

的、产生出来的,但他却并不把它看作是被创造出来的——就创造之本来意义而言,就其宗教意义而言——,并不把它看作是随意的产物,并不把它看作是被制造出来的。并且,他绝不用这种"形成的存在"来表示什么坏的意义;在他看来,形成并不是什么自在的不纯洁的、非属神的东西;他把他的上帝也设想成为逐渐形成的。在他看来,生殖力是第一个力;因而,他把一个自然力设定为自然之根据,把一个现前的、在他的感性直观中起作用的力设定为事物之根据。当人在美学上或理论上——因为,理论直观原先本是美学直观,美学是第一哲学(prima philosophia)——跟世界发生关系时,当人把世界之概念当作宇宙之概念、属主性之概念、属神性之概念时,人就是这样想的。只有在这种直观成为基本原则的场合下,上述思想才能够被理解和表述成为跟阿那克萨哥拉一样的思想:人是为了直观世界而生的。① 理论之立场,就意味着与世界和谐相处。在这里,只有感性的想象力,才是主观的活动,也即人于中满足自己、让自己自由地活动的那种活动。在这里,在满足自己的同时,人也让自然安静地存在下去;他仅仅由属自然的材料来构成他自己的空中楼阁和富有诗意的宇宙创成说。与此相反,如果人仅仅立足于实践的立场,并由此出发来观察世界,而使实践的立场成为理论的立场时,那他就跟自然不睦,使自然成为他的自私自利、他的实践利己主义之最顺从的仆人。这种利己主义的、实践的

---

① 详见第欧根尼·拉尔修(第2卷,第3章,§6):"人生来就是为了直观太阳、月亮和天空。"别的哲学家也有类似的思想。斯多葛派哲学家说道:"人生来就是为了考察和摹仿世界。"(西塞罗:《神性论》)——著者

直观——在它看来,自然自在自为地便是无——之理论上的表现便在于它认为:自然或世界,是被造出来的,是命令之产物。上帝说应当有世界,然后就有了世界;也就是说,上帝命令要有世界,然后,世界就毫不迟疑地奉命而产生了。①

功用主义、效用,乃是犹太教之至高原则。对特殊的属神的天意的信仰,是犹太教之典型的信仰,而对天意的信仰就是对奇迹的信仰;但是,对奇迹的信仰,致使自然仅仅被看作是专擅、利己主义之客体,而专擅、利己主义正是要使自然为其擅自设定的目的而服务。水像固体一样分开又合拢,尘土变成虱子,杖变成蛇,河水变成血,磐石变成泉水,在同一个地方既有光明又有黑暗,太阳一会儿停止前进,一会儿又退回去。② 所有这一些反自然的现象,都是为了有利于以色列,只是奉耶和华的命,而耶和华只关心以色列,仅仅只是以色列族之被人格化了的自私自利,把一切别的民族都排除在外,是绝对的偏颇。这就是一神教之秘密了。

希腊人从学术上来观察自然;他们在星辰之和谐的运行中听

---

① "希伯来人说道,神性借言语成就一切事,似乎一切都是借他的命令才得以被创造出来;之所以要这样,乃是为了表明他多么容易如愿以偿,他的全能多么伟大。《诗篇》,第33篇第6节:诸天借耶和华的命而造。《诗篇》,第148篇第5节:他一吩咐,便都造成。"(克莱利克斯:《先知摩西五书注释》〔《创世记》,第1章第3节〕)——著者

② 这七个奇迹,都是《旧约》中的奇迹,相应的经文是:《出埃及记》,第14章第21—29节;《出埃及记》,第8章第16—17节;《出埃及记》,第7章第8—10节;《出埃及记》,第7章第17—19节;《出埃及记》,第17章第3—6节;《出埃及记》,第10章第21—23节;《约书亚记》,第10章第13节。——译者

到属天的音乐；他们凭空幻想出有一个产生万物的大洋，由此就仿佛看到自然以维纳斯的形态出现。与此相反，以色列人只从实惠的观点来看自然；他们仅仅在口腔中对自然发生兴味；仅仅在吃吗哪①时他们才认识他们的上帝。希腊人从事人文科学、自由艺术、哲学，而以色列人却并不超过旨在糊口的神学研究。"到黄昏的时候，你们要吃肉，早晨必有食物得饱，你们就知道我是耶和华你们的上帝。"②"雅各许愿说，上帝若与我同在，在我所行的路上保佑我，又给我食物吃，衣服穿，使我平平安安地回到我父亲的家，我就必以耶和华为我的上帝。"③吃是犹太教之最隆重的行为，或者毕竟是犹太教之入教式。在吃里面，以色列人赞美和革新了创造之伟业；在吃里面，人把自然解释成为自在地虚无的事物。当七十个长老同摩西一起上山的时候，"他们看见上帝，他们观看上帝，他们又吃又喝。"④可见，观看至高者，只是促进他们的食欲而已。

　　直到今天，犹太人还不变其特性。他们的原则、他们的上帝，乃是最实践的处世原则，是利己主义，并且，是以宗教为形式的利己主义。利己主义就是那不允许自己的仆人吃亏的上帝。利己主义在本质上是一神教的，因为，它唯独以"我"为其目标。利己主义

---

① 详见《出埃及记》，第16章。——译者
② 《出埃及记》，第16章第12节。——著者
③ 《创世记》，第28章第20节。——著者
④ 《出埃及记》，第24章第10、11节。参看克莱利克斯的注释："他们不仅没有被致死，而且还快快乐乐地吃了一顿。"(Tantum abest, ut mortui sint, ut contra convivium hilares celebrarint)——著者

使人专心致志;它给予人以一个坚定固实的生活原则;但是,它却也使他理论上趋于褊狭,因为它使他漠视一切跟他切身利益无关的东西。所以,科学跟艺术一样,也是产自多神教,因为,多神教公开地、毫不嫉妒地、无区别地对一切美的和善的东西感兴趣,对世界、宇宙感兴趣。希腊人为了扩大自己的眼界,便广览世界;而犹太人直到今天还一定要面对耶路撒冷而祈祷。简言之,一神教的利己主义使以色列人丧失了自由的理论爱好和理论兴趣。虽然所罗门在理智和智慧方面超过"一切东方人",并且甚至讲论"草木,自黎巴嫩的香柏树直到墙上长的牛膝草",又讲论"飞禽走兽,昆虫水族",①但是,所罗门也并不全心全意事奉耶和华;所罗门也顺服外邦的神灵和女子;②也就是说,所罗门具有多神教的智能和趣味。我再重复说一遍:多神教的智能,乃是科学与艺术之基础。

对于希伯来人来说,泛称的自然跟自然之起源具有同样的意义。我以何种方式向自己解释某个事物之产生,那我就也以同一方式来公开表述我对该事物的见解、意见。如果我带有轻视意味地来思想它,那我也就设想了一个可轻视的起源。过去,人们曾经由腐肉及其他不洁之物中导出害虫、昆虫来。其实,并不是因为他们由一个如此可厌恶的起源中导出害虫来故而他们才如此带有轻视意味地来思想它们,而是因为他们如此来思想,因为他们把它们的本质看得如此地可轻视,故而他们才设想一个与此种本质相适

---

① 《列王纪上》,第 4 章第 30—34 节。——著者
② 同上,第 11 章第 1—8 节。——译者

应的可轻视的起源。犹太人把自然看作是为利己主义之目标服务的仅仅是手段,把自然看作是纯粹的意志客体。但是,利己意志之理想、偶像,却正就是那可以任意发布命令的意志,正就是那并不需要任何手段就能够达到其目的、实现其对象的意志,正就是那可以直接由自己、也即由单纯的意志而召唤出一切它所想要的东西的意志。使利己主义者感到痛苦的是,愿望与需要之满足必须凭借中介,对他来说,对象跟愿望之间、现实中的目标跟表象中的目标之间,有着一道鸿沟。所以,为了消除自己的这种痛苦,为了从现实之界限里解放出来,他就把那个仅仅说一声"我要"就能够创造出对象来的本质设定为真正的本质,设定为自己的至高的本质。因此,希伯来人把自然、世界看作是专制吩咐、至上命令、魔术咒语之产物。

一样东西,如果对于我来说并不具有理论意义,在我看来并不是理论或理性之中的本质,那么对于它,我就没有理论的根据,没有本质的根据。我只是通过意志来确证、实现其理论上的虚无性。我们不屑对我们所轻视的东西看一下。人们所注视的东西,人们也必重视;直观就是承认。人们所直观到的东西,将那想使一切东西都服从于自己的意志的傲慢,以秘密的吸力加以束缚,并且,以这种东西施加于眼睛的魔力来征服这一类傲慢。凡是对理论智能、理性造成印象的东西,就也摆脱了利己意志之统治;这样的东西,对这种统治发生反应,抵抗这种统治。具有破坏欲的利己主义使什么东西死,充满着爱的理论就又使其活过来。

可见,异教哲学家们的如此被非难的物质永恒或世界永恒,其实也并没有别的什么意思,只不过在于他们把自然看作是理论的真理罢了。① 说异教徒是偶像膜拜者,就是指他们直观世界;他们所做的,不外乎就是今天各深信基督教的民族所做的,因为后者也把自然当作他们赞美之对象,当作他们不倦的探究之对象。"但异教徒竟崇拜自然对象。"固然是这样;可是,崇拜仅仅是直观之幼稚的、宗教的形式。直观和崇拜,本质上并无区别。我对我所直观的东西恭而敬之,我把我所有的东西中最贵重的东西——我的心、我的知性——呈献给它。自然科学家冒着生命的危险从地下深处挖掘出地衣、昆虫、石头,为的是使其在直观之光线中得到荣耀,并使其永远存于科学界人士的追思之中;这样,他就是拜服在自然面前了。对自然的研究,就是对自然的敬拜,就是在以色列的和基督教的上帝的意义上的偶像膜拜。偶像膜拜不外就是人之最初的自然观;因为,宗教正不外就是人之最初的、从而也是幼稚的、民间的、但又是拘泥的、不自由的自然观和自我观。反之,希伯来人由对偶像的膜拜提升到对上帝的礼拜,由对被造物的直观提升到对创造者的直观,换句话说,他们由从理论上直观自然——这样的直观,迷住了偶像膜拜者——提升到纯粹实践上的直观,这样的实践直观,就使自然仅仅屈从于利己主义之目的。"又恐怕你向天举目观看,见耶和华你的上帝为天下万民所摆列的日月星,就是天上的万象,自己便被勾引敬拜侍奉他。"②可见,只有在希伯来利己主义

---

① 众所周知,他们在这一方面的想法,也是各各不相同的(例如,可参看亚里士多德的《论天》,第1卷,第10章)。但是,他们的区别是次要的,因为创世者在他们那里总是或多或少本身就是宇宙性的存在者。——著者

② 《申命记》,第4章第19节。"虽然天体并不是人的创业,但它们终究还是为了人的缘故才被创造出来的。因此,不应当崇拜太阳,我们应当把自己提升到太阳之创造者。"(亚历山大的克雷门斯:《劝导外邦人》)——著者

之不可探测的深渊和强力之中,无中创有像发号施令一般的创造,才有其根源。

由于这个理由,故而无中创有也不是哲学之对象——至少,并不以这里所说的方式而成为哲学之对象——,因为,它连根铲除了一切真正的思辨,使思维、理论毫无支点得以维持;它是一种对理论来说毫无根基的、虚构的学说,这种学说只应当证实功利主义、利己主义而已,仅仅只包含、表明了这样一种命令,根据这个命令,不可以使自然成为思维、直观之对象,而是要使其成为利用与享受之对象。但是,理所当然地,这样的学说对于属自然的哲学来说越是空洞,则其"思辨的"意义也就越是来得深;因为,正是由于它不具有理论支点,故而它才允许思辨无法无天地任意作毫无根据的曲解和故弄玄虚。

在教条与思辨之历史中,情形也跟在国家之历史中一样。远古的习惯、法规和制度,虽然早已失去其意义,但却仍旧勉强要拖在后面。一度存在过的东西,就绝不肯放弃要求永远存在下去的权利;一度曾经是良善的东西,就也希望永远良善。随后,就有曲解者、思辨家们玄而又玄地来吹嘘一番,因为他们其实不再知道真正的内容了。① 宗教思辨就是这样来对待教条的,使这些教条脱离了唯一使它们获得意义的联系;它并不是批判地将这些教条还原到其真正的内在起源,相反,却把派生的东西当作原始的东西,

---

① 当然,这里只是指绝对宗教,因为,在涉及别的宗教时,他们就特别强调,那些我们感到陌生的、就其原始意义和目的而言未知的观念和习惯,乃是无谓的和可笑的。不过,话虽如此,像拜火教徒和印度教徒那样尊崇自己所喝的牝牛尿以求得罪之宽恕,其实也并不比尊崇圣母的发梳或其衣裙上一小块破布更来得可笑。——著者

并且倒过来又把原始的东西当作派生的东西。在宗教思辨看来，上帝是第一性的，而人却是第二性的。它就是这样来颠倒事物之天然秩序的！第一性的正是人，而第二性的乃是人之成为自己对象的本质——上帝。只有到了后来，当宗教已经成为有血有肉的时候，人们才能够说"上帝怎样，人也怎样"，虽然这句话也总不过是同语反复而已。但是，在原初，其情形跟以后有所不同，并且，只有在原初，才能够认识某事物的真正本质。先是人没有知识和没有意志地照他自己的模样创造出上帝来，然后，这位上帝才有知识和有意志地照他自己的模样创造出人来。以色列教的发展过程，首先就证实了这一点。因而，吞吞吐吐的神学家也承认，上帝的启示是跟人类的发展同步前进的。当然是这样；因为，上帝的启示不外就是属人的本质之启示、自我展开。不应该说犹太人的超自然主义的利己主义是由于创造者而产生的，正好相反，应该说后者倒是由于前者才产生出来的：在创造中，似乎是以色列人在他自己的理性面前为自己的利己主义当辩护律师。

当然，不难明白，以色列人也不能规避在理论上直观和赞美自然；并且，即使就实践上的理由而言，也使他不得不这样。但是，在他赞美自然之威力和伟大时，他只不过赞美耶和华的威力和伟大。并且，耶和华的这种威力，最为庄严地表现在造福于以色列的各种奇迹之中。由此，在赞美这种威力时，以色列人常常最终又关系到自身；他赞美自然之伟大是别有用心的，就像胜利者故意夸大自己对手的强大，以便由此来抬高自己和炫耀自己一样。耶和华所造的自然是伟大的和强大的，但是，以色列的自尊心更为强大和伟大。太阳为了他的缘故而停住；按照费隆的说法,在宣告律法时,大地为了他的缘故而震动;简言之,整个自然为了他的缘故而改变其本质。"一切各种各样的被造物,都又按照其所事奉的主你的命令而改变自己,俾使你的儿女安然无恙。"① 按照费隆的说法,上帝给摩西以掌管整个自然的权力;各元素都服从于他,把他当作自然之主。以色列的需要就是全能的世界法则,以色列的危急就是世界之命运。耶和华就是以色列对自己生存的神圣性与必然性——在这个必然性面前,自然之存在、别的民族之存在,都化为乌有——的意识;耶和华就是 Salus populi(人民的安宁),就是以色列之得救,而一切从中起阻碍作用的东西,就都得为此而牺牲;耶和华就是专制性的唯我独尊,是爱好破坏的以色列之复仇怒火。简而言之,耶和华就是以色列的"我",这个"我",作为自然之最终目标和主人,自己成为自己的对象。这样,以色列人借自然之威力来称颂耶和华之威力,又借耶和华之威力来称颂他们自己的自我意识之威力。"赞美上帝!求上帝帮助我们,拯救我们。""耶和华上帝是我的力量。""上帝自己也听从英雄(约书亚)的言语,因为,耶和华他自己也在以色列前面参同作战。"②"耶和华是战神。"③

随着时间的推移,耶和华的概念在各人的头脑中日益扩大,他

---

① 《智慧书》,第19章第6节。——著者
② 见《约书亚记》中关于耶和华约柜的记述,特别是其中的第6章。——译者
③ 根据赫得*。——著者
　* 赫得:《希伯来诗之精神》,见于《赫得文集》,1912年版,第10卷,第289、296、373页。——德文本编者

的爱,正像《约拿书》的作者所说明的那样,扩大到所有的人。不过,话虽如此,这却终究不包含在以色列教之本质特性之中。跟最宝贵的回忆联系在一起的父神,古老的、历史的上帝,毕竟还是宗教之基础。① ［Ⅹ,Ⅺ］

---

① 这里必须注意,在自然里面来赞美上帝的威力和尊严,乃只是赞美了自然之威力和尊严。这一点虽然以色列人没有意识到,但实际上确是这样(关于这方面,见《比埃尔·培尔》*)。但是,我们不想正式来证明,因为,我们在这里只限于基督教,也即只限于对人里面的上帝的尊崇。不过,本书中还是说明了这种证明之原则。——著者

  * 费尔巴哈的著作。——译者

第十三章　心情之全能或祈祷之秘密

　　以色列是宗教意识所固有的本性之历史定义；只是，在这里，这宗教意识乃被局限于特殊的民族利益之中。所以，只要我们去掉了这个限制，就可以得到基督教了。犹太教是世俗的基督教，而基督教是属灵的犹太教。基督教乃是清除了民族利己主义的犹太教，当然，同时又是一种新的、另外的宗教；因为，任何的改革、纯化，特别是在宗教事务里面——在那里，毫无意义的东西也有了意义——，都引起了一种本质上的改变。在犹太人看来，以色列人是上帝与人之间的中介者、纽带；他对耶和华的关系，其实就是对作为以色列人的自己的关系；耶和华本身不外就是以色列之统一性，就是以色列之作为绝对本质而自己成为自己对象的自我意识，就是民族的良心，就是普遍法则，就是政治之中心点。① 如果我们超脱了民族意识，那我们得到的就不是以色列人，而是人。正像以色列人在耶和华里面使其属民族的本质对象化一样，基督徒也在上帝里面使他的业已摆脱了民族性之约束的属人的并且主观地属人

---

　　①　"希伯来诗之绝大部分，人们常常总认为仅仅只是属灵的，其实是政治的。"赫得。——著者

的本质对象化。① 正像以色列使其生存之须要、亟须成为世界之法则一样,正像以色列在这种需要里面神化其政治上的复仇欲一样,基督徒也使属人的心情之需要成为世界之主宰和法则。实质上,像《旧约》中的奇迹是犹太教之特征一样,基督教之奇迹也是基督教之特征。基督教之奇迹,并不以造福于某一个民族为其对象,而是以造福于人为其对象。当然,这里只是指信基督的人,因为,基督教只在基督信仰这个条件、限制下面承认人,是跟真正属人的、普遍属人的心相矛盾的。我们将在以后谈到这个不幸的限制。基督教将犹太教之利己主义精神化成为主观性——虽然在基督教内部这个主观性又被表述成为纯粹的利己主义②——,把对属地的幸福的追求、把以色列教之目的转变成为对属天的福乐的渴望,转变成为基督教之目的。

以宗教形式来表明自己的政策的政治共同体、民族,其最高概念、上帝,便是律法,便是对作为绝对的、属神的威力的律法的意识;而非世俗的、非政治的属人的心情,则其最高概念、上帝,乃是爱。爱为了被爱者牺牲掉天地间一切的荣华富贵;爱之律法,就是被爱者的愿望,爱之威力,就是幻想、属知性的奇迹活动之无限的威力。

上帝就是满足我们的愿望、满足我们的心情需要的那种爱;他本身就是被实现了的心愿,这个心愿,被提高到确实可靠地、毫无

---

① 所以说是主观地属人的本质,便因为属人的本质一成为基督教之本质,则也就成了超自然主义的,并且排斥自然、肉体及我们唯一赖以认识客观世界的那个感性。——著者

② 在1841年第一版中,费尔巴哈以亨胡特教派为例证。关于把利己主义理解为宗教之普遍基础,可参阅马克思、恩格斯的《神圣家族》。——德文本编者

疑问地必将如愿以偿,以致不用担心理智之矛盾,不用担心经验、外界之对抗。对人来说,确实可靠就是最高的威力;凡是被他认为是确实可靠的,他就也认为是存在着的、属神的。"上帝就是爱"这句格言,虽说乃是基督教之至高格言,然而却只不过表明了属人的心情之自我确实性,只不过表明它确信自己是唯一正当的、属神的威力,只不过表明它确信人之内在的心愿具有无条件的有效性和真理性,确信它自己实在法力无边、所向无敌,确信相对于属人的心情来说整个世界连同其一切庄严和华美都是无。① 上帝就是爱;这就意味着,心情是人之上帝,甚至就是泛称的上帝,就是绝对本质。上帝乃是心情之自己成为自己对象的本质,乃是无边无际的、纯粹的心情;上帝乃是属人的心之业已转变成为"定式"(Tempus finitum)、转变成为确定而又福乐的 Ist② 的"祈望式"(Optativ),乃是感情之不顾一切的全能,乃是自言自语的祈祷,乃是自己了解自己的心情,乃是我们的哀叹声之回声。苦水必须吐出来;艺术家不由自主地拿起琴弹起来,为的是吐露自己的苦痛。他倾听自己的苦痛,并且把自己的苦痛对象化,以此来消散自己的苦痛;他为

---

① "善良而正直的人,无论什么东西都期待着从属神的仁慈中得到;信仰上帝的人,就能够期待得到一切只有属人的存在者才配得的财富,能够期待得到眼睛还没有看到过、耳朵还没有听到过、属人的理智还理解不了的事物;因为,凡是相信有一位具有无限的仁慈和威力的存在者来关怀人间事情的人,凡是相信我们的灵魂是不死的人,就也必然具有无限的希望。并且,只要人们不屈服于罪恶,不过着淡神的生活,那就绝对没有什么东西会使这些希望破灭或动摇。"(科德华士:《知性体系》*,第 5 章第 5 节,§27)——著者

* 这里是用拉丁文 Systema intellectuale。据日译者,此书英文名为《宇宙之真正的知性体系》(*The true intellectual system of the universe*)。——译者

② 德语动词 Sein(是)的现在时第三人称。——译者

了减轻压在自己心头上的重负,就让空气来分担,将他自己的痛苦当作普遍的本质。但是,自然并不倾听人的申诉;自然对他的苦难无动于衷。因此,人背离自然,一般地,背离可见的对象,而去转向内部,以便在这里躲开无情的威力而来为自己的苦难寻求同情者。在这里,他坦白了他的沉重的秘密,在这里,他使他自己那颗深沉的心得以舒畅。这种心之舒畅,这个坦白出来的秘密,这个异化了的灵魂痛苦,则就是上帝了。上帝乃是爱之泪,他在内心之最深处为人间的不幸掉泪。"上帝是灵魂深处无法描述的叹息"——这句格言①是基督教神秘学之最值得注意的、最深刻的、最真实的表述。

最简单的宗教活动——祈祷——就启示了宗教之最深的本质。祈祷,其含义远远胜过或至少相等于化身之教条,尽管宗教思辨把后者看得奥妙无穷。当然,这里并不是指饭前饭后的祈祷,并不是指利己主义之贪得无厌的祈祷,而是指充满着痛苦的祈祷,是指无可安慰的爱之祈祷,是指那表明了人的心所具有的使人仆倒在地的威力的那种祈祷。

在祈祷里面,人用"你"来称呼上帝;也就是说,他出声地和可以听得见地宣布上帝是他的另一个"我";他把上帝看作是跟他最亲近、最亲密的存在者,他对上帝坦白他自己的最秘密的思想,坦白他的最关切的愿望,而这一些东西,是他在别的场合下所不敢出声讲出来的。但是,他之所以肯把这些愿望表白出来,乃是因为他坚定不移地确信它们会得到满足。他怎么会信赖一个不倾听他的

---

① 这是秦格莱夫(J. W. Zinkgref,1591—1635)《德意志格言集》中法兰克所说的话。——著者

申诉的存在者呢？祈祷不就是那因为确信会得到满足而表白出来的心愿吗？① 成就这些愿望的那个存在者，不就正是那自己垂怜自己、自己批准自己、毫无异议地自己肯定自己的属人的心情吗？按照世俗观念，此地一切的东西都只是有所凭借的，每一个作用都有其属自然的原因，每一个愿望都只有在它被当作目的来看待并且已经获得了相应的手段时才能够被达到。凡是没有把这种世俗观念丢在脑后的人，就不会去祈祷，而只是去工作；他把可以达到的愿望变成世俗活动之目的，至于其余的他认为是主观的愿望，那他就或者设法压制下去，或者是仅仅把他们当作主观的、敬虔的愿望来看待。简言之，他借世界——他把自己设想为世界的一个成员——来限制、制约他的本质，借必然性之观念来限制、制约他的愿望。反之，在祈祷里面，人排斥世界，并且同时又排斥一切有关凭借、依赖性、不幸的必然性的思想；他使他自己的愿望、自己的内心活动成为不依赖的、全能的绝对本质之对象，换句话说，他无限地肯定它们。上帝是属人的心情之诺词，而祈祷乃表明属人的心情无条件地确信主观的东西跟客观的东西的绝对同一性，确信心之威力大于自然之威力，确信心之需要乃是发号施令的必然性，乃是世界之命运。祈祷改变了自然行程；祈祷规定上帝要产生出一

---

① 只有最愚蠢的人才会反驳说，上帝仅仅只满足奉他的命或为了基督教会的利益而产生的那些愿望、请求，简单地说，也即仅仅只满足跟他的意志相一致的愿望；因为，上帝的意志正是人的意志，或者，说得更确切一些，上帝有威力，而人有意志；上帝使人福乐，而人要福乐。个别的这个或那个愿望，当然有可能不被垂听；但是，只要人类——本质重要的趋向——蒙受悦纳，那也就可以了。所以，敬虔者当其祈求未能如愿以偿时，就以其专心于自己有益来安慰自己。例如，参阅密朗赫顿的《论祈祷》，见《密朗赫顿演说集》，第3部。——著者

种跟自然规律相矛盾的结果来。祈祷是属人的心对自己本身、对自己固有的本质的态度;在祈祷中,人忘记了他的愿望是受到限制的,并且,还因为这种忘记而暗自庆幸。

祈祷意味着人将自己分为两个存在者,祈祷是人跟自己、跟自己的心的交谈。人们之所以要出声地、明言地、强有力地祈祷,其目的无非在于使祈祷有效。祈祷不由自主地从唇边流出来;内心的压力,冲破了口的封锁。但是,出声的祈祷仅仅只是将自己的本质公开出来的祈祷而已:事实上,即使并没有说出口来,祈祷在本质上也仍旧是话——拉丁语中 oratis 一词,就兼有这两种意义。在祈祷中,人毫不隐瞒地对自己讲出了自己亟待讲出来的、就在口边的话;他把他自己的心对象化了。祈祷之道德力量,就在于此。人们说,全神贯注是祈祷之条件。其实,岂止条件而已:祈祷本身就是全神贯注,在祈祷的时候,人排除掉一切分散他注意力的观念,排除掉外界一切起妨碍作用的影响,是自我反省,为的是使自己只对自己的本质发生关系。人们说,只有有信心的、恳切的、真心的、真挚的祈祷,才是有帮助的。但是,这种帮助,已为祈祷本身所决定。正像在宗教里面无论哪里都实际上把主观的东西、属人的东西、从属的东西看作是第一性的东西,看作是第一原因,看作是实物本身一样,在这里,也把这些主观属性看作是祈祷的客观本质。①

---

① 出于主观的根据,集体的祈祷比一个人的祈祷更为有用。协力同心提高了心情力,增加了把握。一个人办不了的事,跟别人一起就办得了。孤独感就是局限感,而共感就是自由感。因此,在受到自然暴力之威胁时,人们总是群集在一起。"正像安布罗兹所说的那样,多人的祈祷不可能不蒙垂听……许可给予爱的东西,并不给予个别。"(保尔·美兹格(Paul Mezger,1637—1702):《希伯来民族圣史》,奥格斯堡 1700 年版,第 668—669 页)——著者

如果只将祈祷看作是依赖感之表现,那就是最肤浅的看法了。当然,祈祷确实表现了这样的依赖感,但是,这里的依赖乃是指人对自己的心、对自己的感情的依赖。那仅仅只感到自己有所依赖的人,不会开口祈祷;依赖感剥夺了他开口祈祷的勇气;因为,依赖感就是必然感。说得更确切一些,祈祷乃植根于心之无条件的、不考虑一切必然性的信靠,意味着心确信自己的事情乃是绝对存在者之对象,确信全能而无限的存在者乃是人的父亲,是富有同情心的、情重爱深的存在者,从而也即确信凡是人认为最宝贵、最神圣的那些感情和愿望就也是属神的真理。但是,孩子并不感到自己依赖于作为父亲的父亲;并且,倒不如说他在父亲里面感到自己的坚强,意识到自己的价值,深信自己的生存,确信自己的愿望必将实现;千忧百虑,全都担在父亲身上;反之,孩子却无忧无虑地和幸福地生活着,因为他已经信托了父亲,把父亲当作他的活的护灵,因为父亲除了孩子的康宁和幸福以外一无所求。父亲把孩子当作目的,使自己成为孩子生存的手段。孩子在为了某件事而对自己的父亲有所请求的时候,并不把父亲看作是一个跟自己区别开来的、独立的存在者,并不把父亲看作是主人,一般地,并不把父亲看作是某个特定的人,而是仅仅把父亲看作是一个依赖于其父亲感、依赖于对自己孩子的爱的人,看作是一个被这种父亲感和爱子之心所规定的人。请求只不过表明了孩子战胜父亲的那种强力——如果这里可以用"强力"这个词的话,因为孩子的强力不外乎就是父心之强力。在语言中,请求和命令具有同一种的形式:命令式(Imperative)。请求是爱之命令式。并且,这种命令式比专制的命令式有力得多。爱并不下命令;爱只需要轻轻地表示其愿望,就足以确保如愿以偿了;而专制君主却必须声色俱厉,才能够使别的本来就对他很冷淡的存在者来遂行他的愿望。爱之命令式用电磁力在作用着,而专制的命令式却用木制发报机的那种机械力在作用着。祈祷里面最亲密的称呼上帝的方法,便是称他为父;之所以最亲密,便因为人在这里把绝对存在者当作亲人来对待,便因为父这个词正就是最亲密的统一性之表现,而我的愿望、我的得救就是直接赖此得到保障的。人在祈祷中向它祈求的那个全能,不外乎就是慈爱之全能,由于这种慈爱,使不可能的事也都为了使人得救的缘故而成为可能;实际上,这个全能不外乎就是心、感情之全能,因为心、感情突破了理智之一切限制,飞越了自然之一切界限,希望除了感情以外什么都不存在,希望一切跟心相矛盾的东西都不存在。信仰全能,就是信仰外在世界、客观性之虚无性,就是信仰心情之绝对真理性和有效性。全能之本质,不外乎表现了心情之本质。全能乃是威力,在这种威力面前,随便什么法则、自然规定、界限都不起作用和不再存在。但是,这种威力,却就正是那觉得任何必然性、任何法则都是限制而干脆将其抛弃掉的心情。全能所做的,最多也不过在于遂行、实现心情之最内在的意志。在祈祷里面,人依靠慈爱之全能;这就不外乎意味着:在祈祷里面,人敬拜他自己的心,把他自己的心情之本质看作是至高的、属神的本质。[XIII]

第十四章　信仰之秘密——奇迹之秘密

对祈祷威力的信仰——并且，只有当人们归给祈祷以一种威力，一种支配人以外的对象的威力时，祈祷才是一个宗教真理——，是跟对奇迹威力的信仰相一致的，而对奇迹的信仰，又是一般地跟信仰之本质相一致的。只有信者才祈祷；只有信者的祈祷，才有力量。但是，仰信不外意味着坚定不移地确信主观的东西——跟限制也即跟本性与理性之规律相对抗的主观的东西——具有现实性，也即确信其具有无条件的有效性和真理性。所以，信仰所特有的客体，就是奇迹；信仰就是奇迹信仰，信仰与奇迹是绝对不可分割的。客观上是奇迹或奇迹之威力，主观上就是信仰；奇迹是信仰之最露骨的表现，而信仰是奇迹之内在的灵魂；信仰是精神之奇迹，是心情之奇迹，只是在行出来的奇迹中把自己对象化而已。对信仰来说，没有什么不可能的事；奇迹只是把信仰的这种全能实现了。奇迹不过是信仰之能为的一个实例而已。所以，心情之无限、感情之过度——一言以蔽之，超自然主义、超自然性——乃是信仰之本质。信仰只涉及这样的事物，这些事物，跟限制也即跟本性与理性之规律相矛盾地将属人的心情、属人的愿望之全能加以对象化。信仰使人的愿望从自然理性之桎梏中解放出来；信仰允诺了本性与理性所不允的事情；信仰使人福乐，因为，它满足了人的最主观的愿望。真正的信仰绝不会有丝毫的怀疑。只有当我由自身中走出,且越过了我的主观性时,只有当我允许别的跟我区别开来的东西也具有真理性和发言权时,只有当我明白我自己是一个主观的,也即有限的存在者并且现在正在设法依靠我以外的别的东西来扩大我的界限时,才会产生怀疑。但是,在信仰里面,怀疑之原则本身也绝迹不见了,因为,对信仰来说,主观的东西自在自为地就是客观的东西、绝对的东西。信仰不外乎就是对人之神性的信仰。

"信仰来自一种信心,即期待上帝赐福给我们。这种单单信赖上帝的信仰,是上帝十诫中的第一诫;上帝说道:①我是耶和华,你的上帝……除了我以外,你不可有别的上帝;我愿意帮助你脱离一切困境……你想也不应当想我会敌对于你和不愿意帮助你。如果你这样想,那你就在你的心中把我当作另一个上帝,不是我所是的了。因此,你应当确信我是愿意恩待你的。""你怎样来对待上帝,上帝也就怎样来对待你。如果你以为他对你发怒,那他就真的发怒了。如果你以为他不肯怜悯你,并且要把你投入地狱,那他就真的这样了。你怎样来信仰上帝,你也就怎样来得到上帝。""信了也就得到了;不信则什么也得不到。""所以,我们怎样信仰,我们也就怎样得到。如果我们把他当作我们的上帝,那他就当然不会成为我们的魔鬼。但是,如果我们并不把他当作我们的上帝,那他也就当然不再是我们的上帝,而势必成为烈火了。""若然不信,就会使上

---

① 见《出埃及记》,第20章第2、3节。——译者

帝成为魔鬼。"①可见,只要我信仰一位上帝,那我就真的有了一位上帝,换句话说,对上帝的信仰就是人的上帝。如果上帝就是我所信仰的,就跟我所信仰的一样,那么,上帝之本质,不就正是信仰之本质了吗?但是,如果你对你自己并不是善良的,如果你对人感到失望,如果你把人看得一无所是,那你怎么能够信仰一位对你善良的上帝呢?如果你相信上帝是帮助你的,那你就也相信,没有什么东西并且也不能有什么东西抵挡你,没有什么东西跟你相矛盾。②但是,如果你相信没有什么东西和不能有什么东西抵挡你,那你除了相信你自己就是上帝以外就不再信仰什么更次要的了——因为,还有什么要信仰呢?③ 说上帝是另一存在者,其实不过是假象、想象而已。既然你说上帝是一个为你的存在者,那你也就等于说他就是你自己的本质。信仰,不就正是意味着人之自我确信,意味着毫不怀疑地确信他自己主观的本质就是客观而且绝对的本质,就是本质之本质吗?

　　信仰并不受世界、世界整体、必然性观念的限制。对信仰来说,只有上帝,也即只有无限制的主观性,才是存在着的。什么地方信仰在人里面上升了,在那地方,世界就没落,并且已经没落了。所以,既然这个世界是跟属基督的愿望相矛盾的,那么,从基督教

---

① 路德,第 15 卷,第 282 页;第 16 卷,第 491—493 页。——著者
② 参阅《罗马书》,第 8 章第 31 节。——译者
③ "上帝是全能的;但是,信者就是上帝。"(路德,第 14 卷,第 320 页)在另一个地方,路德直接称信仰为"神性之创造者";当然,他站在他的立场上必然地立刻又加以限制道:"(保罗)并不是认为信仰会创造出某种东西来充实永恒的属神的存在者,而是认为信仰在我们里面创造出永恒的、属神的存在者来*。"(第 11 卷,第 161 页)——著者

* 参阅《加拉太书》,第 4 章。——译者

第十四章　信仰之秘密——奇迹之秘密

信仰之最内在的本质出发,就当然要相信世界实在在没落,相信世界立刻地、刻不容缓地在没落。这种对世界没落的信仰,甚至是不可以跟基督教信仰的其余内容分割开来的;放弃这种信仰,就等于放弃、否认了真正的、积极的基督教。① 信仰之本质——此本质由其一切对象而淋漓尽致地得到确证——,乃在于认为凡是人所愿望的东西都存在着。人愿望不死,他就真的不死;人愿望有一个能够做一切自然与理性所不能做的事情的存在者,结果就真的有这样一个存在者存在。人愿望有一个适合于心情之愿望的世界,愿望有无限的主观性之世界,也即愿望有称心如意、持续不断的福乐之世界;然而,实际存在着的却是一个跟这种称心如意的世界正相对立的世界,由此,这个世界就必须消逝。这种消逝是如此地必然,就像必然存在有一位上帝——属人的心情之绝对本质——一样。信仰、爱、希望,乃是基督教的三位一体。希望乃关系到应许之成全,关系到那些现在还没有被成全、但正在逐渐被成全的愿望之成全;爱乃关系到作出这些应许并且成全这些应许的存在者;信仰乃关系到已经被成全而成为历史事实的那些应许、愿望。

---

① 对于《圣经》来说,这种信仰是极其主要的,可以说,没有这种信仰,《圣经》就几乎不可能被领会。《彼得后书》第3章第8节并不反对将近的没落——这一点,可以从整个一章中看出来。因为,"主看一日如千年,看千年如一日",从而,世界到明天就可能不再存在了。只有谎言家或瞎子才会否认《圣经》里面处处都期待着和预言着极其迫近的世界终端,虽然具体的日期和钟点并没有确定。关于这一方面,可参看吕最尔别格的著作。所以,差不多任何一个时代的虔诚的基督徒都相信世界即将没落——例如,路德就经常说"世界末日不远了"(例如,第16卷,第26页)——或至少是焦急地盼望着世界之终端,虽然他们由于伶俐而不去确定到底是近是远。例如,见奥古斯丁的《论人世之终端——致海西基奥斯》,第13章。——著者

奇迹乃是基督教之本质重要的东西,是本质重要的信仰内容。但是,什么是奇迹呢?是一个被实现了的超自然主义的愿望;除此以外,便什么也不是了。① 使徒保罗以亚伯拉罕为例来说明基督信仰之本质。② 亚伯拉罕按一般说来已经不能再希望有子孙了。但是,耶和华特别恩待他,允许他有子孙。亚伯拉罕不管自然秩序怎样,相信这个允许。这样,这个信仰就也成了他的义行,成了他的功绩;因为,要把某种跟经验——至少是合乎理性的、合乎规律的经验——相矛盾的东西当作确实可靠的东西而接受下来,是需要高度的想象力的。但是,在这里,这个属神的允许,其对象又是什么呢?便是子孙:属人的愿望之对象。并且,信耶和华的那个亚伯拉罕,究竟信仰些什么呢?乃是信仰一位能够满足一切属人的愿望的全能者。"耶和华岂有难成的事吗?"③

其实我们又何必要以远古的亚伯拉罕为例呢?我们可以更近一些地看到最有力的证明。奇迹给饥饿者以食物,治愈了天生的瞎子、聋子、瘫子,拯救人脱离生命的危险,甚至也在死人的亲属的请求下使死人复活。④ 可见,奇迹满足了属人的愿望;这些愿望,虽然自在地并不是、但就其哀求奇迹威力或奇迹般的帮助这一点而论却确是贪得无厌的、超自然主义的愿望。但是,奇迹有别于属

---

① 参阅马克思(笔名:非柏林人)的《路德是斯特劳斯和费尔巴哈的仲裁人》,见 1956 年人民出版社版《马克思恩格斯全集》,第 1 卷。——译者

② 见《罗马书》,第 4 章。——译者

③ 《创世记》,第 18 章第 14 节。——著者

④ 所述六个奇迹,可参阅《新约》下列章节:《马可福音》,第 6 章第 37—44 节;《约翰福音》,第 9 章第 1—7 节;《马可福音》,第 7 章第 32—55 节;《马可福音》,第 2 章第 3—5 节;《马可福音》,第 4 章第 35—39 节;《约翰福音》,第 11 章第 1—44 节。——译者

人的愿望与需要之符合于自然的和符合于理性的满足方式,因为奇迹是以与愿望之本质相适应的方式、以最值得愿望的方式来满足人的愿望的。愿望根本不理会什么限制、规律、时间;它想立时三刻就得到满足。看!奇迹跟愿望一样迅速。奇迹即时地、一下子地、毫无阻碍地实现了属人的愿望。病人复元,这并不是奇迹;但是,病人在一声命令下就立刻复元,那就是奇迹之秘密了。奇迹活动跟自然与理性之活动的区别,并不在于其所产生出来的产物或客体有所不同,而是仅仅在于方式方法的不同;因为,假如奇迹威力真的实现了某种绝对新的、从未发生过的、从未表象到过的、从而也是无可设想的东西,那它也许就被证实为本质上另外的并且又是客观的活动了。但是,既然奇迹活动就本质、内容而言是属自然的、感性的,仅仅就方式或方法而言才是超自然的、超感性的,那么,这种活动就仅仅只是幻想或想象力了。所以,奇迹之威力,不外就是想象力之威力。

奇迹活动乃是一种目的活动。对已死的拉撒路的眷恋,他家属的重新占有他的愿望,乃是奇迹式的唤醒之动机;唤醒这一个行为,本身便是这个愿望、目的之满足。当然,奇迹之发生乃是"为了荣耀上帝,使上帝的儿子由此而得到荣耀",但是,拉撒路的姊姊对主所说的"主啊,你所爱的人病了"[①]以及耶稣所流的眼泪,就使奇迹有了属人的起源与目的。意思就是:对于甚至能够将死人唤醒的那个威力来说,没有一种属人的愿望是不可成

---

① 《约翰福音》,第11章第3、4节。——译者

全的。① 并且，儿子的荣誉正在于他被认为、被尊崇为能够做一切人所不能做的、但愿望能够做的事的存在者。众所周知，目的活动描出一个圆：在终端处又回到其始端。但是，奇迹活动与通常的目的实现不同，它不借手段而实现目的，它促使愿望及其实现直接统一起来，从而，虽然它也描出了一个圆，但这个圆却不是由曲线形成的，而是由直线、最短的线形成的。一个由直线形成的圆，乃是奇迹之数学上的喻例和肖像。所以，既然说想以直线来形成一个圆是极其可笑的，那么，同样，想在哲学上论证奇迹，就也是极其可笑的。对于理性来说，奇迹是无谓的、不可设想的，就像木质的铁、无圆周的圆一样地不可设想。在议论奇迹是否可能发生以前，最好还是先来指出奇迹、也即不可设想的事是否能够设想。

人之所以会想象奇迹是可设想的，便因为他把奇迹表象成为一种感性事件，从而也就是借着那些钻矛盾之空子的感性表象来欺骗自己的理性。例如，水转变成酒这个奇迹，不外乎说明水就是酒，不外乎说明两个绝对相互矛盾的宾词或主词之统一；因为，在行奇迹者的手中，这两样东西毫无区别；转变，只不过是自相矛盾

---

① "对于整个世界来说，唤醒一个死人是不可能的，但是，对基督我主来说，却不仅不是不可能的，而且也是不费吹灰之力的……基督行此事，乃是为了证明和标明，他能够并且愿意将其从死里面拯救出来。他并不是任何时候和对任何人都行这事的……他只要行几次就足够了，他要等到末日才遍行此事。"（路德，第16卷，第518页）所以，奇迹之积极的、本质的意义，乃在于属神的本质不外就是属人的本质。奇迹确证了教义，使人目睹无疑。怎样的教义呢？正就是这样的教义：根据它，上帝是人的救主，是救人脱离一切困境的拯救者，也就是说，是一个跟人的需要和愿望相适应的也即属人的存在者。神人（Gottmensch）用言语来表白的，奇迹就用行为亲眼目睹地加以证实。——著者

的东西的这种统一之感性显现。但是,转变却掩饰了矛盾,因为"变化"这个属自然的观念潜入其中。然而,奇迹并不是逐渐的、属自然的、所谓有机的转变,而是绝对的、无形的转变——纯粹的无中创有。在充满着秘密和宿命的奇迹场合下,在使奇迹成为奇迹的那种场合下,水突然地、无可识别地就是酒了。其实,这也就好比铁就是木头或某种木质的铁。

所以,奇迹行为——而奇迹乃是瞬时的行为——绝不是可设想的,因为,它扬弃了可设想性之原则。但是,奇迹行为同样也不是感性之对象,同样也不是现实的或仅仅可能的经验之对象。奇迹是想象之事,而正因为这样,就使人感到乐意,因为,既然幻想为心情扫除了一切讨厌的界限、法则,使人的主观愿望的直接而无限的满足成为人自己的对象,①那么,幻想就是跟心情相适应的活动了。使人感到乐意,这乃是奇迹的本质属性。虽然奇迹在表现出一种毁灭一切的威力——幻想之威力——时也给人以不可思议、惊心动魄的印象,但是,这种印象仅仅在行奇迹的片刻才存在,至于存留下来的、本质的印象,却还是乐意的。虽然在所爱的死人被唤醒时周围的亲友对使死人变成活人的非常的、全能的力量感到惊恐,但是,就在这同一瞬间——因为,奇迹威力之作用是再快也没有的了——,当他复活过来,当奇迹已完成了的时候,亲友们就已经拥抱复活者,欢喜得流下了眼泪,把他领回家中,欢天喜地地

---

① 虽然是不言自明的,但我还是想提一下。这种满足,就其被束缚于宗教、被束缚于对上帝的信仰而言,当然是有限的。但这种限制其实不是什么限制,因为,上帝本身就是属人的心情之无限的、绝对地得到满足的、于自身之中得到满足的本质。——著者

庆祝一番。奇迹来自心情,又归回到心情。关于奇迹的来自心情,也可以从叙述中看到。只有令人乐意的叙述,才是适当的叙述。谁会觉察得到,在关于唤醒拉撒路这个最大的奇迹的叙述中,有着令人乐意的、愉快的传说语气呢?① 然而,正像前面已经指出的那样,奇迹之所以令人乐意,乃正是由于它不费吹灰之力就满足了人的愿望。劳动是无情的、非信仰的、唯理主义的;因为,在这里,人使他的生存依赖于目的活动,而目的活动本身却又需凭借于对客观世界的直观。可是,心情根本就不考虑什么客观世界;它从来不越出和超出自己;它在自身中自得其乐。心情欠缺教养之要素,欠缺自我异化这北方型的原则。古典的精神,教养之精神,乃由法则来限制自己,由对世界的直观、由事物本性之必然性、真理性来规定感情和幻想,是客观的精神。随同基督教的产生,就有无限的、放纵的、浮夸的、超自然主义的主观性代替了这种精神。就最内在的本质而言,这是跟科学、教养之原则相对立的原则。② 随着基督教的产生,人对于钻研世界、宇宙,既丧失了意向,又丧失了能力。只要有纯真不假的、本来面目的、毫无顾虑的基督教存在,只要基督教还是一个活的、实践的真理,那就有实在的奇迹发生,并且也必然发生,因为,对死的、历史的、过去的奇迹的信仰,本身就是一

---

① 旧教之传说——当然只是指其中较好的、真正令人乐意的传说——可以说只是那已经在这种新约式的叙述中占统治地位的基本语调之回声而已。人们确实可以把奇迹定义为宗教幽默。旧教特别从奇迹的这个幽默的方面来发展奇迹。——著者

② 这话有一个通俗的证明:基督教之最大特征便在于它认为,只有《圣经》之语言而不是某个索伏克里斯或柏拉图之语言,只有不明确、无规律的心情语言而不是艺术与哲学之语言,才是而且今天还是圣灵之语言、启示。——著者

种死了的信仰,是不信之萌芽,或者,说得更确切一些,这种信仰表明,对奇迹的不信最初只能这样胆怯地、不真实地、不自由地流露出来。但是,什么地方有奇迹发生,在那里,一切明确的形态就都消逝在幻想与心情之迷雾中;在那里,世界、现实就不再是真理,在那里,只有行奇迹的、合乎心意的,也即主观的本质才被认为是真正的、实在的本质。

对于单纯心情的人来说,用不到他自己愿意和知道,想象力就已经直接是支配着他的那种至高活动了;而作为至高的活动,就也成了上帝的活动,成了创造性的活动。对他来说,他自己的心情乃是直接的真理和权威;他把心情看得多么真——对他来说,心情是最真的、最本质的,他不能从自己的心情中抽出来,不能逾越自己的心情——,他也就把想象看得多么真。幻想或想象力(二者虽然自在地有所区别,但在这里并不认为它们是有区别的)之对于他,完全不同于对于我们理智人,因为我们理智人把幻想看作是主观的直观,是有别于客观的直观的。幻想,是跟他自己、跟他的心情直接合而为一的,并且,就其跟他的本质合而为一而言,乃就是他的本质的、客观的、必然的直观。诚然,对我们来说,幻想是一种任意的活动;但是,对于那些并没有把教养、世界观之原则吸收到自身中来并且仅仅在自己的心情中生活着和活动着的人来说,幻想就是一种直接的、不由自主的活动了。

诚然,在今天,许多人都把由心情和幻想来解释奇迹看作是肤浅的。但是,应当回想一下这样的时代:在那时,人们还信仰着活的、具体的奇迹;在那时,外于我们的事物之真理性和实存还不是什么被神圣化了的信条;在那时,人们还是如此地脱离世界观而生活着,以致他们每天都等候着世界的没落;在那时,他们还只是生活在天国之令人欣喜若狂的远景和希望之中,也即生活在想象之中——因为,天国可以任意设想,至少,它是为他们而存在的,而既然他们还在地上,那它就只存在于想象力之中了;在那时,这个想象并不是想象,而是真理,甚至是永恒的、唯一存在着的真理,并不是无事可做的、闲散的慰藉,而是实践的、对行为予以规定的道德原则,而人们甘愿把现实的生命、现实的世界及其一切荣华都为了这个原则而牺牲。这样回想一下,就不会把心理学上的解释说成为是肤浅,而反而会认识到自己这样的说法倒是肤浅的。有人反驳说,这些奇迹乃发生在或应当是发生在众人的眼前。其实,这也不是什么有力的反驳:在当时,没有一个人神志清醒,所有的人都充满着浮夸的、超自然主义的表象和感情,同一个信仰、同一个希望、同一个幻想施灵感于所有的人。但是,谁不知道,也有共同的或同种的梦,也有共同的或同种的幻象——在那些属心情的、局限于自身的、关系密切的个体中间,更多这种情形——呢?恐怕毕竟有人不知道。如果说由心情和幻想来解释奇迹是肤浅的,那么,肤浅这个罪名就不应当落在解释者头上,而是应当归咎于对象本身,也即归咎于奇迹;因为,原形毕露,则奇迹只不过是幻想之魔力,这种魔力,毫无矛盾地满足一切心愿。① [Ⅻ-ⅩⅣ]

---

① 实际上,许多奇迹原来都具有物理学或生理学的根据的。但是,在这里,我们只讨论奇迹的宗教意义以及奇迹的来源。——著者

第十五章 复活与超自然的
诞生之秘密

乐意之性质,不仅适用于实践上的奇迹——因为实践上的奇迹直接关系到属人的个体之幸福、愿望,在那里,这种性质是一目了然的——,并且也适用于理论上的或本来就是教条上的奇迹。复活与超自然的诞生之奇迹,便是这样。

人,至少在安居乐业的时候,总愿望不要死去。这个愿望原来是跟自我维持的意向一致的。活着的,就要维护自己,就要活下去,从而也就不要死去。这个最初原是消极的愿望,在以后的反思和在心情之中,在生活尤其是公民的和政治的生活之逼迫下,就成了积极的愿望,成了对死后生活——并且还是更好的生活——的愿望。但是,这种愿望中同时又孕育着使这种希望确实可靠的愿望。理性不能实现这种希望。这样,人们就说道,一切对不死的证明,都是不充分的;或者甚至说道,理性并不能由自己来认识不死,更不用说证明不死了。当然,这也是完全正确的,理性只能给出普遍的、抽象的证明;它不能给我以我的人格永生之可靠性,而这种可靠性却正是大家所要求的。但是,要有这样的可靠性,就需要直接的、感性的保证,需要事实上的确证。为了要得到这样的保证、确证,就只有设法让我们确信已死的死人重新又从坟墓中复活过来，并且，这个死人并不是无足轻重的随便哪一个，他毋宁说必须是别的死人的先例，从而他的复活就也是别人复活的先例、保证。所以，基督的复活就是为了满足人对自己死后的人格永生——也即作为不容置疑的感性事实的人格不死——之直接可靠性的愿望。

异教哲学家在研究有关不死的问题时，对人格性的关心是次要的。在这里，主要的问题在于灵魂、精神、生命根据之本性。在关于生命之根据、不死的思想中，并不直接包含有人格不死的思想，更不用说人格不死之确实性了。因此，古代的人在发表这一方面见解时，显得极其不确定、极其矛盾、极其模糊。与此相反，基督徒们却毫无疑问地确信，他们的属人格的、属心情的愿望一定会得到成全，也就是说，他们确信他们的心情具有属神的本质，确信他们的感情具有真理性和神圣性。由于这样的确信，他们就把在古代的人看来是理论问题的事当作直接的事实，使那本来是理论上的、自在地自由的问题成为义务性的良心事件，谁否认它，谁就好比犯了无神论之滔天大罪。谁否认复活，谁就否认了基督的复活，而谁否认基督的复活，那谁就是否认了基督，从而也就是否认了上帝。这样，"属精神的"基督教就使一件属精神的事成为一件无精神的事。在基督徒们看来，理性、精神之不死是太"抽象"和"消极"了；他们只关心属人格的、属心情的不死；但是，只有属肉体的复活，才确保这样的不死。肉体之不死，表明基督教最大限度地战胜了古代的人的高尚的、但当然又是抽象的属精神性和客观性。因此，异教徒根本就不会想到复活。

但是，正像复活也即圣史——圣史并不具有历史之意义，而是具有真理本身之意义——之结尾,乃是一个被成全了的愿望一样,圣史之开首也即超自然的诞生,也是一个被成全了的愿望,虽然这种诞生并不关系到直接私人的利益,而是仅仅关系到一种特别的、主观的感情。

人越是疏远自然,人的直观越是主观,也即越是超自然和反自然,那他就越是害怕自然,或者,至少是害怕使他的幻想和他自己感到恼恨的属自然的事物和过程。① 自由的、客观的人虽然也在自然中找到令他厌恶和反感的东西,但是,他把它理解为一种属自然的、不可避免的结果,从而也就克制了自己的感情,认识到自己的这一类感情仅仅只是主观的、不真的感情。与此相反,主观的、仅仅在心情与幻想之中生活着的人,却用完全特殊的嫌厌来固定、抗拒这些事物。他的眼睛好像那个不幸的弃儿的眼睛一样,即使在观看最美的花朵时也只是注意到了回旋在花四周围的"黑色小甲虫",并且,由于有了这样的知觉,就厌恶观赏花朵了。但是,主观的人让他自己的感情来判定什么东西应当存在。一切不合他心意的东西,一切冒犯他的超自然的或反自然的感情的东西,都应当不存在。但是,因为有其利必有其弊——主观的人并不依从逻辑学与物理学之令人厌烦的规律,而是依从幻想之专擅——,因此,

---

① "如果亚当不犯罪,那我们就不会知道狼、狮子、熊等的残暴了,并且,在一切被造物之中,就不会有令人困扰或于人有害的东西了……这样,既没有刺,又没有蓟,也没有疾病……人的额上不会生出皱纹来,脚、手和身体上任何一个肢体都不会软弱无力或带有病态。""但是,在堕落之后,我们所有的人都知道了和感觉到了,我们的肉体中包含有怎样的狂暴,我们的肉体不仅狂暴而且强烈地贪心,而且还多而生厌。""但这应当归咎于那使一切被造物沦为污秽的原罪,因而我坚信,在堕落之前太阳更亮,水更清,地更肥沃。"(路德,第1卷,第322—323、329、337页)——著者

对于一件事,他就摒弃其中不合乎心意之处,而仅仅抓住其中合乎心意之处。这样,纯洁无玷的童贞女合乎他的心意;母亲也合乎他的心意,但是,只是那免受十月怀胎之苦、现现成成地抱到了婴孩的母亲。

在他的精神、他的信仰之最内在的本质中,童贞自在自为地乃是他的最高的道德概念,是他的超自然主义的感情与观念之宝角,①是他的被人格化了的在卑俗的自然面前的荣辱感。② 但是,与此同时,他的内心还是激起了一种属自然的感情,即仁慈的母爱感。那么,怎样来满足这种内心的需要,怎样来调和属自然的感情与超自然的或反自然的感情呢? 超自然主义者必须将二者联结起来,将两个互相排斥的属性包括在同一个存在者之中。哦,这样结合起来,必定会怎样地充满着合乎心意的、温雅的、超感性地感性的感情啊!

在这里,我们得以认清了旧教中的矛盾,即所谓婚姻与不婚都是神圣的。在这里,童贞女式的母亲或母亲式的童贞女之教条式

---

① 宝角(Füllhorn),相传是幸运女神(Fortuna)盛礼物的羊角,是宙斯赠给哺养他的王女的。据说,有这只角,要什么便可得到什么。现一般把它象征丰富、丰饶。——译者

② "我们如此远离交媾,以致许多人对纯正的联姻也感到羞愧"(米努基乌斯·菲力克斯:《屋大维》,第31章)。教父基尔如此地格外洁净,他甚至不知道女人的面貌,他甚至于害怕摸一摸自己。教父科通在这一点上具有如此灵敏的嗅觉,他在接近不洁净的人时会觉得一种难忍的恶臭(据培尔的《历史的和批判的辞典》,《马利亚》条的附注C)。但是,这种超物理的敏感之至高无上的、属神的原则,乃是童贞女马利亚;所以,在旧教中她被称为:Virginum gloria, Virginitatis corona, Virginitatis typus et forma puritatis, Virginum vexillifera, Virginitatis magistra, Virginum prima, Virginitatis primiceria. (童贞女之荣耀,童贞之冠冕,童贞之典型与纯洁之范式,童贞女之旗手,第一童贞女,童贞之首创者。)——著者

的矛盾,仅仅作为实践矛盾而被实现。可是,童贞与母性之所以会这样奇迹般地、跟自然与理性相矛盾地、但又跟心情与幻想高度相适应地结合起来,却并不是旧教之产物;这种结合,甚至早就已经表现于婚姻在圣经中,尤其是在使徒保罗的意义上所起的双重意义的作用。有关基督之超自然的生殖及得胎的教说,乃是基督教之本质重要的教说,它言明了基督教之内在的教条本质,它跟一切别的奇迹和信条建筑在同样的基础上面。既然基督徒们讨厌死——而哲学家、自然科学家,一般地,率直的人,却认为死是属自然的必然性——,既然基督徒们一般地讨厌自然之界限——对心情来说是界限,但对理性来说却乃是合乎理性的规律——,从而借奇迹活动之大力来排除这种界限,那么,同样,他们也必然讨厌生殖之自然过程,必然用奇迹威力来废弃这种过程。并且,像复活一样,超自然的诞生也有利于一切信者;因为,马利亚没有受到男性精液——这乃是原罪之道地的传染病毒——的玷污就是胎,这样的事迹乃是罪深的、生来就污秽的人类之第一次净化作用。只是因为神人并没有传染到原罪,故而他——净者——才能够在上帝的眼中净化人类;上帝对合乎自然的生殖过程极其反感,因为他自己不外就是超自然的心情。

即使是道貌岸然的新教正教徒们,还是把产生出上帝来的童贞女之受胎看作是伟大的、值得尊崇和惊异的、神圣的、超理性的供人信仰的神秘。① 但是,对于那些只是在信仰方面做个基督徒,

---

① 例如,见温克勒(J. D. Winckler,1711—1784)的《圣拉克丹修文献》,布朗斯威克1754年版,第247—254页。——著者

而在日常生活中也随波逐流的新教徒来说,这个神秘也只有教条上的意义,而不再有实践上的意义了。他们并不由于这个神秘而抛弃了他们的结婚欲。与此相反,对旧教徒来说,一般地,对古代不受制约的、非批判的基督徒来说,什么东西是信仰之神秘,什么东西就也是生活之神秘、道德之神秘。旧教式的道德是属基督的、神秘的,而新教式的道德却打一开始便已经是唯理主义的了。新教式的道德现在是并且过去也是基督徒跟人——自然的、政治的、公民的、社会的人,随便怎样称呼,只要有别于基督教式的人就可以了——杂交而产生的混血种,而旧教式的道德却珍藏着完璞无瑕的童贞之秘密。旧教式的道德是悲惨的母亲(mater dolorosa),而新教式的道德却是肥硕的、享受天伦之乐的主妇。新教根本上就是来自信仰与生活之间的矛盾,但它却因此而成了自由之源泉,或者至少是成了自由之条件。正因为在新教徒那里那个产出上帝来的童贞女之神秘只在理论或教条中还起作用,在生活中已不起作用了,因此,他们说道,不可能足够小心、足够谨慎地在这方面发表意见,完全不可以把这个神秘当作思辨之对象。凡是人们在实践中加以否定的东西,就也不再在人里面有真正的根据和依靠,从而,就只成了表象之幽灵。因此,人们在理智面前隐蔽它,使它避离理智。要知道,幽灵是怕见日光的。

即使是后期的信仰观念——在一封致圣伯尔拿的信中便已经说出了这种观念,伯尔拿非难这种观念——,即认为马利亚也是不受原罪玷污而受胎的,也绝不像现代某一个历史学家①所说的那

---

① 参阅朗可的《宗教改革时代德意志史》,莱比锡1867—1868年版,第1卷,第159页。——据德文本编者

样是一种"奇怪的宗派见解"。我们毋宁说这个观念是起源于属自然的推论和虔诚的、值得赞扬的对圣母的思念。产生出奇迹、上帝者,也必定要具有奇妙的、属神的起源和本质。如果马利亚并不是原来就已经是纯化了的,那她怎么能够享有从圣灵处得胎的荣誉呢?圣灵会居住于一个受原罪玷污的肉体中吗?如果你们不对基督教之原则——救主之充满着拯救和奇迹的诞生——感到奇怪,那么,你们就也不应当对旧教之天真的、淳朴的推论感到奇怪!
〔Ⅵ,ⅩⅤ,ⅩⅥ,ⅩⅧ〕

第十六章　基督教的基督或人格上帝之秘密

基督教之基本教条乃是被成全了的心愿——基督教之本质乃是心情之本质。受动比行动更合乎心意；依靠别人而被拯救和被解放，比自己解放自己更合乎心意；使自己的得救依赖于某一个人格，比使其依赖于自我活动之力量更合乎心意；爱，比努力更合乎心意；知道自己为上帝所爱，比用一切存在者所固有的简单而自然的自爱来爱自己更合乎心意；在另一人格存在者为了爱而发射出的眼睛中面影自诩，比在自己的"自我"之凹面镜中或在自然之静寂而酷冷的深洋之中观看自己更合乎心意；——一般地，把自己固有的心情当作另一个根本上并没有什么两样的存在者，以便让后者来规定自己，比通过理性来规定自己更合乎心意。一般说来，心情是"自我"之从格（casus obliquus），是处于第四格的"自我"。费希特式的"自我"是无情的，因为第四格等同于第一格，因为它是不可变格的。但是，心情乃是由自己来规定自己的"自我"，也就是说，是把自己当作另一存在者而让后者来规定自己的"自我"——受动的"自我"。心情把人里面的主动式变为被动式，将被动式变为主动式；对心情来说，思维着的成了被思维的，而被思维的却又成了思维着的。心情就其本性而言是梦幻性的；因此，它把梦看作是最福乐的、最深邃的。但是,什么是梦呢? 就意味着跟清醒的意识正好相反。在梦中,主动的成了受动的,而受动的却成了主动的;在梦中,我觉得我的自我规定仿佛是外来的规定,我觉得心情活动仿佛是实际发生的事情,我觉得我的观念和感受仿佛是外在的东西;在梦中,我承受了我在醒的时候所行的事。梦使光线经过双重的折射,①这样,就使梦有了难以形容的魅力。在梦中,有着跟醒的时候一样的"自我"、本质;区别仅仅在于,在醒着的时候,"自我"自己规定自己,而在梦中,却是把自己当作另一存在者而让后者来规定自己。我思想我自己,这是无情的、唯理主义的;我被上帝所思想,并且,只想到我是被上帝所思想的,那就是多情的、宗教式的了。心情是睁着眼睛所做的梦;宗教是意识清醒时所做的梦;梦,是探索宗教之秘密的钥匙。

　　心情之至高律法,乃是意志与行为的直接统一,乃是愿望与现实的直接统一。救主成全了这个律法。② 表现出来的奇迹,跟属自然的活动相对抗地直接实现了人的肉体上的需要和愿望;同样,救主、和解者、神人,也是跟属自然的或唯理主义的人之道德上的自我活动相对抗地直接满足了内在的道德上的需要和愿望,因为他从自己这方面来使人不需要再凭借一系列的活动了。③ 你所愿望的东西,已经是完备的了。你想要获得、赢得福乐。道德乃是福乐之条件、手段。但是,他不能够采用这个手段,并且,实际上也不需要

---

① 这样便发生色散,例如三棱镜。——译者
② 见《马太福音》,第5章第17节。——译者
③ 参阅《罗马书》,第5章起。——译者

它。你刚想到要怎样,实际上就已经这样了。你只要等待着领受,你只需要去信仰、去享受。你希望上帝垂怜于你,希望缓和他的怒气,希望在你自己的良心面前得以平安。但是,这种平安已经实在存在着了;中介者、神人就是这种平安,他是你的被安慰了的良心,他是律法之成全,从而,也就是你自己的愿望与努力之成全。

因此,不再是律法,而是律法之成全者,才是你生活的典范、规准、律法。谁成全律法,谁也就废除了作为律法的律法。律法要获得其权威、有效性,就必须跟对律法的违背势不两立。但是,那个成全律法的,对律法说道:凡是你所要的,我原就都要,凡是你所命令的,我都以行为来保证;我的生命就是又真又活的律法。所以,律法之成全者必然代替律法,并且,本身就是作为一种新的律法;后者的轭是轻便的。① 因为,代替仅仅发号施令的律法,他把自己拿出来当模范,当作爱、赞美与效学之对象,由此,就成了把人从罪里面救赎出来的拯救者。律法并不给予我成全律法的力量。不!它是残酷的;它只发出命令,却毫不关心我是否能够成全它和应当怎样来成全它;它使我束手无策、无依无靠。反之,那照亮我前进道路的救主,就扶助我,将他自己的力量分给我。律法抵制不了罪恶,而模范却行出奇迹来。律法是死的;但是,模范却自然而然地以自己来永远地给人以生命、灵魂、得救。律法只对理智讲话,它直接跟私欲相对抗;与此相反,模范却顺应强烈的感性欲望,顺应不由自主的模仿欲。模范对心情和幻想发生作用。简言之,模范有着魔术般的力量,换句话说,有着感性力量;因为,魔术般的也即

---

① 《马太福音》,第 11 章第 30 节:"因为我的轭是容易的。"——译者

不由自主的吸引力,一般地乃是物质之本质属性,特殊地也是那对感官发生作用的东西之本质属性。

古人说,德行极应予人目睹,俾以其美而博取且感化众人。基督徒如此幸运,他们能够看到这个愿望被成全。异教徒有着没有明文规定的律法,犹太教徒有着明文规定的律法,而基督徒们却有着一个典型、先例,有着一个可见的、人格式地活着的律法,有着一个成肉身的、属人的律法。初期基督徒们的格外高兴,就在于此;基督教之所以能够自夸只有它才具有并且给出抵抗罪恶的力量,也是由此。并且,至少就这里而言,它也确实可以这样自夸。只是必须注意,德性典型之力量,与其说是道德之威力,还不如说一般地乃是模范之威力,就像宗教音乐之威力并不是宗教之威力,而是音乐之威力一样;①必须注意,德性的影像虽然致使人行出道德的行为,但却正因为这样而并不致使人产生道德的意念的动机。但是,我们这样简单而真实地来理解跟律法力有所区别的模范的拯救力和和解力,并且以此来理解律法跟基督之间的对抗,却并没有把属基督的拯救与和解之宗教意义完全表现出来。在基督教的拯救与和解之中,一切都围绕着那个奇妙的中间存在者之人格力量在打圈子;这个中间存在者,既不单单是上帝,也不单单是人,而是一个同时又是上帝的人,是一个同时又是人的上帝,从而,只有跟

---

① 在这一方面,奥古斯丁的自我供认也是很使人感到兴趣的。(《忏悔录》,第 10 卷,第 33 章*)——著者

* 其文如下:"这样,我犹豫不定,怎样才能既认识恩典,又不致沉溺于享受;最后,我还是决意采用在教会中唱诗歌的习惯,为的是使软弱的灵魂能够通过享受到诗歌而把自己提高到虔诚。但是,我自己也不时会感到,似乎诗歌本身较其内容更来得使我感动,这时,我就忏悔我所犯的罪,不再要听唱诗歌者的歌声了。"——据俄译本注

奇迹概念联系起来看,才能够领会他。在其中,奇妙的拯救者不外意味着成全心情之想从道德规律中、也即想从德性自然而然地与其联结在一起的那些条件中解放出来的愿望,不外意味着成全想立时三刻地、直接地、变魔术般地、也即以绝对主观的、合乎心意的方式得到拯救的愿望。例如,路德说道:"上帝的言语迅速地成就万事,赦免你的罪,给你以永生;这一切,只需要你听话,而如果你已经听了,那么只需要你信,就可以了。你信了,那你就不需要任何劳苦、费用、等待和烦恼,就可以得到。"①但是,听上帝的言语,作为信仰之源泉,本身就是"上帝的赏赐"。这样,信仰不外就是一个心理学上的奇迹,像路德自己所说的那样,不外就是上帝在人里面所行的奇迹。但是,人要求得脱离罪恶,或者毋宁说要求得脱离对罪的意识,就只有依靠信仰——道德是依赖于信仰的,异教徒的德行仅仅只是耍花枪的邪恶而已——,也就是说,人要求得道德上的解放和改善,就只是依靠奇迹。

历史上就已经证明奇迹力是跟中间存在者这概念一致的。《旧约》的奇迹、立法、天意,总之一切形成宗教之本质的规定,在后期的犹太教中都被移入属神的智慧——逻各斯——之中。但是,在费隆那里,这个逻各斯还是飘荡在天地之间的空气中,一会儿变成仅仅被思想的东西,一会儿又变成实在的东西。这也就意味着,费隆摇摆于哲学跟宗教之间,摇摆于形而上学的、抽象的上帝跟原来就是宗教上的、实在的上帝之间。只有在基督教中,这个逻各斯才得以生根长大,才由思想存在者一变而为现实存在者;换句话说,只有在基督教中,宗教才全神贯注地集中于那个奠定其本质本

---

① 《全集》,第 16 卷,第 490 页。——著者

性的存在者、客体上面。逻各斯乃是被人格化了的宗教本质。所以,如果上帝被规定为心情之本质,那么,只有在逻各斯之中,这样的规定才有其完全的真理性。

作为上帝的上帝,仍旧还是被闭锁、被隐蔽的心情;只有基督,才是被打开的、公开的、自己成为自己对象的心情或心。只有在基督里,心情才安然放心,才毫不怀疑自己的本质之实在性和属神性;因为,基督毫不违逆心情,他成全心情的一切请求。在上帝里面,心情还不敢一诉衷肠,它只是发出叹息而已;但是,在基督里面,它就和盘托出,在这里,它不再为自己留下些什么。叹息是胆怯的愿望;叹息埋怨愿望不能实现,却从来不公开地、明确地说出自己希望些什么;在叹息中,心情还怀疑自己的愿望到底是不是法律上有效。但是,在基督中,灵魂的一切不安都消失了;基督就意味着叹息因了自己的被成全而高奏凯歌,就意味着心情欣喜若狂地得以确信自己的隐藏在上帝里面的愿望具有真理性和实在性,就意味着事实上战胜了死,战胜了世界和自然的一切暴力,就意味着复活已不再仅仅是盼望,而是已经成就的了;基督乃是业已摆脱了一切令人困恼的界限、一切苦难的心,乃是福乐的心情,乃是可见的神性。①

---

① "因为上帝已经把他的儿子赐给我们,所以,他也把一切都给了我们,即魔鬼、罪恶、死、地狱、天、公义、生命等等;万物都必然是我们的,因为连那个掌管万物的圣子也赐给了我们,已经是我们的了。"(路德,第 15 卷,第 311 页)"复活里面的最佳要素,已经成就了;基督,整个基督教的首脑,越过了死,从死里复活。我里面的最优秀要素——我的灵魂——也越过了死,跟基督一起居于属天存在者之中。坟墓与死,对我有什么妨碍呢?"(第 16 卷,第 235 页)"一个基督徒,跟基督具有同等的权力,跟基督合为一体,跟基督一起掌管天下。"(第 13 卷,第 648 页)"谁依靠和信赖基督,谁就有跟他一样多的东西。"(第 16 卷,第 574 页)——著者

看见上帝,是心之最高的愿望、最高的胜利。基督就是这个被成全了的愿望,就是这个胜利。仅仅被思想到的、仅仅作为思维对象的上帝,也即作为上帝的上帝,总只是一个遥远的存在者;我们对他的关系,总只是一种抽象的关系,就像我们对某一个路隔千里、素昧平生的人的友谊一样。虽说他的事迹证明了他对我们的爱,使我们能够洞悉他的本质,但是,总还是留着一个尚未弥补的缺隙,内心总还是得不到满足;我们渴望看见他。只要我们并没有当面认识某一个存在者,那我们就总还是拿不定他到底是好是坏,拿不定他到底是不是像我们所想象的那样;只有亲眼目睹,我们才确信无疑,才放下了心。基督是跟我们有亲身相识的上帝,从而,基督给人以福乐,使人确信上帝存在着,并且,是像心情所希望和所需要的那样地存在着。作为祈祷之对象的上帝虽然也已经是一个属人的存在者,虽然也同情人间的不幸,也垂听人间的愿望,但是,作为宗教意识之对象,他终究还不就是现实的人。所以,只有在基督里面,宗教之最终愿望才被实现,虔灵之秘密才被解明——但是,是在宗教所特有的那种比喻语言中被解明——,因为,上帝之本质,只有在基督里面才显明。在这样的意义上,人们完全有权利称基督教为绝对宗教,称为完善的宗教。宗教之目的,就在于使上帝——而上帝自在地不外就是人之本质——作为人之本质而被实现,使上帝作为人而成为意识之对象。基督教借上帝之化身而达到了这一个目的;上帝之人化,绝不是一件暂时的事,因为,基督在他升天以后仍旧还是个人,就其内心和形态来说都还仍旧是个人,只不过他现在的身体已不再是属地的形体,不再是受苦受难的形体罢了。

第十六章 基督教的基督或人格上帝之秘密

在东方人那里,尤其是在印度人那里,上帝之人化并不像基督教中上帝之人化那样具有重大的意义。正因为常常发生人化,故而就毫不希罕,失去其价值了。上帝之人性,就是他的人格性;上帝是一个人格式的存在者,意思就是说,上帝是一个属人的存在者,上帝就是人。人格性是一个思想,这个思想只有作为实在的人才具有真理性。① 所以,上帝多次人化,倒远远不如一次人化来得妥当,远远不如一个人格性来得好。上帝化成许多位人格而相继出现,则这些人格性就都是倏忽即逝的。但是,重要的却正在于一个持续的人格性,正在于一个独一的人格性。如果有许多次化身发生,那么,就也允许以后还有无数次的化身发生;幻想并不是有限的;在这样的情况下,已经是现实的化身也进入仅仅可能的或仅仅可表象的化身之范畴里面,进入幻想或纯粹现象之范畴里面。反之,如果唯独仅有一个人格性被信仰为和被看作为神性之化身,那么,这个人格性便立刻会以历史的人格性的力量令人敬服;于是幻想没有插足之余地,谈不上再想象别的人格性的自由了。这唯一的人格性便已经强制我去信仰他的实在性。实在的人格性,其特点正就在于唯独仅有——这是莱布尼兹式的区别原则:凡是实存着的东西,绝没有完全相同的。用来述说一个人格性的那种铮铮有力的语气,给心情造成了如此深刻的印象,以致这个人格性直接表现成为实在的人格性,直接由幻想之对象变为共同的历史直观

---

① 由此自明,现代关于上帝之人格性的思辨,乃是不真实的和空虚的。既然你们不以一位人格式的上帝为耻辱,那么,你们也就不应当以一位属肉体的上帝为耻辱。抽象而无色彩的人格性、没有血肉的人格性,乃是一个缥缈的幽灵。——著者

之对象。

渴望乃是心情之必要；心情渴望一位人格式的上帝。但是，这种对上帝的人格性的渴望，只有当其确是对一个人格性的渴望，只有当其确以一个人格性来满足自己时，才是真正的、认真的、深刻的渴望。如果有许多的人格，那么，需要之真理性便消失了，人格性便变成了一件幻想之奢侈品。但是，是凡以必然性之强力作用于人的，便也以实在性之强力作用于人。心情认为是必要的存在者的，心情也认为是实在的存在者。渴望说道：必须有一位人格式的上帝，他不能不存在。被满足了的心情就说道：他存在着。对心情来说，只有他实存的必然性，才是他实存的保证；而这个必然性，其实就是处于需要之强力中的满足之必然性。必要并不懂得自己以外的任何规律，就像俗语所说的，狗急跳墙。但是，心情除了心情之必要——渴望——以外并不知道什么别的必然性；心情厌恶自然之必然性，厌恶理性之必然性。这样，对心情来说，一位主观的、合乎心意的、人格式的上帝是必要的；但是，只有一个人格性才是必要的，而这一个人格性必然又是一个历史的、实在的人格性。只有在人格性之单一性中，心情才得以满足、专注；多，就破坏了这一切。

但是，正像人格性之真理是单一性，单一性之真理是实在性一样，实在的人格性之真理，乃是血。上帝之可见的人格在十字架上从其肋旁流出血来，[①]这就最终地证明了他并不是幽灵，并不是幻象，而是实在的人。第四福音书的作者，特别强调这个见证。只要

---

① 《约翰福音》，第19章第34节。——译者

人格式的上帝真正为心所必需,那他本身就必须忍受苦难。只有他的受难,才确保了他的实在性;只有在这上面,才显出了化身之主要的印象和重量。看见上帝,还满足不了心情;眼睛还不能提供充分的保证。只有触觉,才确证了视觉表象之真实性。但是,正像在主观上触觉乃是实在性之最终征兆一样,在客观上,可触性、受难之能力,也是实在性之最终征兆。所以,基督的受难,乃是心情之至高的信靠、至高的自我享受、至高的安慰;因为,只有在基督的宝血中,才止住了那种对一位人格式的也即属人的、有情感的上帝的渴望。

"因此,我们认为,这乃是错误而有害的见解,即以为基督有了人性,就去掉了他的那种(属神的)威严,这就会使我们基督徒丧失因为蒙恩得以跟我们的首脑、王和至高祭司同在而得到最大的安慰。基督并不仅仅是纯粹的神性,像烈火焚薪那样地对待我们这些可怜的罪人。而且他作为跟我们基督徒说话的一个人,也在他的被采取的属人的形态中遍尝千辛万苦,从而,就也能够跟我们——作为人和他的弟兄——同受苦难。基督允许,他愿意跟我们共一切患难,而且愿意跟我们共本同性,成为我们的弟兄,让我们成为他肉中之肉。"①

只有肤浅的人,才会认为基督教并不是一位人格上帝的宗教,而是三个人格性的宗教。虽然在教条中确实存在有这三个人格性,但是,即使在这里,圣灵之人格性也只是一种任意命令而已,这个命令,由于一些非人格的规定——例如,圣灵是圣父与圣子

---

① 《教典全书》中《教条集》,第 8 条。——著者

的赏赐（donum）——，又被反驳掉了。① 圣灵之"出发"，就已经使其人格性有了不祥的朕兆，因为，一个人格式的存在者之产生，只有依靠生殖，而不是依靠不确定的"出发"和出现或依靠吹气（Spiratio）。即使是圣父——作为神性之严格概念之代表者——也并不是就其规定来说就是人格式的存在者，而是在人们的想象和主张之中才是人格式的存在者：他是一个抽象的概念，是一个仅仅被思想的存在者。只有基督，才是可塑的人格性。人格性必须要有形态；形态是人格性之实在性。只有基督，才是人格式的上帝；他是基督徒们真正的、实在的上帝。这一点，是不用再唠叨的了。② 只有在他里面，基督教——一般地，宗教之本质——才集中起来。只有他，才适应于对一位人格式的上帝的渴望；只有他，才是一种跟心情之本质相适应的生存；只有在他身上，才汇集了幻想之一切喜悦和心情之一切苦恼；只有在他里面，心情和幻想才为所欲为。基督是心情与幻想之统一。

---

① 叟赛纳便已经最为确切地指出了这一点。例如，见他的《处罚辩护论》，载《波兹南神学家协会会员论三位一体和一神的论文集》，1656 年出版，第 11 章。——著者

② 在这一方面，特别可以参阅基督教正教徒反对异端的著作，例如，反对叟赛纳派。众所周知，近代的神学家们认为基督之教会式的神性也是非圣经的；但是，无可否认的，它乃是基督教之特征原则，并且，即使在圣经中并不像在教条中那样明言这种神性，它却仍旧还是圣经之必然的推论。如果一个存在者充满着神性，什么都知道（《约翰福音》，第 16 章第 30 节）和什么都能够做（唤醒死人，行出奇迹），就时间和地位而言，都胜于一切事物和一切的存在者，并且，也像圣父于自身之中具有生命一样地于自身之中具有生命（即使乃是作为被给的生命），那么，追根究底，这个存在者除了就是上帝以外，还会是什么呢？"就意志而言，基督是与父合而为一的"；但是，意志之统一，乃是以本质之统一为前提的。"基督是上帝的使者、代表"；但是，上帝只能借一位属神的存在者来代表自己。如果我要选一位代表和使者，那我一定选一位具有跟我完全一样的或极其类似的属性的人；不然的话，就是自找没趣了。——著者

第十六章 基督教的基督或人格上帝之秘密

基督教跟别的宗教的区别,便在于在别的宗教里面心与幻想是各管各的,而在基督教里面却是形影不离的。在基督教里面,幻想并不是无家可归地到处流浪;它紧紧跟随着心;它描出了一个以心情为圆心的圆。在这里,幻想为心之需要所限制,它仅仅只满足心情之愿望,仅仅只做必要的事;简言之,至少就大体上而言,它具有一种实践的、落实的趋向,并不具有放浪的、仅仅诗意的趋向。基督教之奇迹——它们是孕育在困急的心情之中的——绝不只是自由而恣意的自我活动之产物,它们把我们直接放到平凡而现实的生活之基础上面去;它们以势不可当的暴力对心情人起作用,因为它们本身就具有心情之必要。简言之,在这里,幻想之威力同时又是心之威力,幻想仅仅只是一胜再胜、高奏凯歌的心。在东方人那里,在希腊人那里,幻想不考虑心之必需,而沉溺于对属地的华美和庄严之享受中;在基督教中,幻想由神灵的宫殿下降到形同乞丐的贫困者的居所中来,谦卑地服从于心之统治。但是,它外在地越是限制自己,它就越是力量充沛。奥林匹亚的诸神虽然喜欢意气用事,但他们总还是必须顾及心之必需;只有跟心连在一起的幻想,才是全能的。基督,就意味着这样地把幻想之自由跟心之必要连起来。万物都隶属于基督;他是世界之主,对世界任意支配;但是,这个无限制地命令自然的威力,却又服从于心之威力:基督命令发狂的自然平息下来,却只是为了要倾听苦难者的叹息。
〔Ⅸ,ⅩⅥ〕

第十七章　基督教与异教的区别

基督是主观性之全能，是被从自然之一切束缚与法则中救赎出来的心，是弃绝世界、唯以自己为念的心情，是心愿之成全，是幻想之升天，是心之复活节。所以，基督就是基督教与异教的区别。

在基督教中，人唯以自己为念；他使自己脱离了世界整体，使自己成为一个自足的整体，成为一个绝对的、外于世界和超于世界的存在者。正是由于他不再将自己看作是一个属于世界的存在者，正是由于他割断了自己跟世界的联系，他才感到自己是无限存在者——因为，世界、客观性正就是主观性之界限——，他才毫无理由去怀疑他自己的主观愿望和主观感情之真理性和有效性。与此相反，异教徒们因为并不是心目中只有自己，因为并不逃避自然，故而他们就借对世界的直观来限制他们的主观性。虽然古人也极为赞美知性、理性之崇高，但是，他们毕竟还是如此地宽容，如此地客观，以致他们仍旧还允许异于精神的物质存活着并且永远存活下去；在理论上是这样，在实践上也是这样。然而，基督徒们却无论在实践上还是在理论上都是极其专横的；他们坚信，像在对世界没落的信仰里面一样，只有将主观性之冤家对头——自然——除掉，才能够保障他们永恒的主观生命。① 古人并不受自己束缚,是自由的;但是,他们的自由就意味着有自由对自己漠不关心。基督徒并不受自然束缚,也是自由的;但是,他们的自由并不是理性之自由,并不是真正的自由——真正的自由,只是那通过世界观、通过自然来限制自己的自由——而是心情与幻想之自由,是奇迹之自由。古人如此地醉心于宇宙,他们甚至因了宇宙而忽视了自己,完全看不到自己;而基督徒却蔑视世界;跟创造者相比,被造物算得了什么呢?跟属人的灵魂相比,太阳、月亮和地球算得了什么呢?世界正在消逝,唯独人是永恒的。基督徒使人跟自然毫无共通之处,因而陷于鹤立鸡群式的极端,反对把人跟动物作任何细小的比较,认为这样的比较是对人的尊严的亵渎。与此相反,异教徒陷于另一个极端,强调共通,抛弃动物与人之间的区别,或者,例如像反基督教的凯尔苏斯那样,还把人看得连动物都不如。

但是,异教徒并不是仅仅跟宇宙相联系地来看人;他们是跟别人相联系地、跟团体相结合地来看人,来看个体、个人。他们,至少作为哲学家而言,严格地将个体跟类区别开来,将作为人类之部分的个体跟人类之整体区别开来,使个别的存在者从属于整体。一位异教哲学家说道:"凡人都必死,唯独人类却存在着。"苏必丘斯对西塞罗说道:"你怎么能为丧失你女儿而发怨言呢?一些举世闻名的大城市和王国尚且已经没落,你怎么能够为了仅仅一个人的死亡而忍不住气呢?你的哲学在哪里呢?"在古人看来,人——作

---

① "所以,异教徒们那时候嘲笑基督徒们,说他们一方面以没落来威胁那运行不息的天和星辰,却同时又允许我们这些被认为既有始端又有终端的人在死后具有永恒的生命。"(米努基乌斯·菲力克斯:《屋大维》,第11章,§2)——著者

为个体——之概念乃是以类或团体之概念为中介而派生的概念。虽然他们高度重视类，高度重视人类之优点，高度重视和尊崇知性，但他们却并不看重个体。与此相反，基督教却撇开类不管，只着眼于个体。基督教——当然并不是指今天的基督教，因为它吸取异教之教养，仅仅在名义上和一些一般的命题上才保持为基督教——乃是异教之直接对立物，并且，只有当它被理解为对立物时，它才真正被理解，才没有被任意的、思辨的诡辩所曲解。对立物为假，它便为真，对立物为真，它便为假。古人为了类而牺牲个体，基督徒却为了个体而牺牲类。或者说，异教仅仅把个体设想和理解为有别于类之整体的部分，而基督教却仅仅在与类直接的、无区别的统一里面来设想和理解个体。①

基督教将个体看作是直接的天意之对象，也即把它看作是属

---

① 众所周知，亚里士多德在他的《政治学》中说道，因为个体并不自为地满足自己，故而其对国家的关系便相当于部分对整体的关系，从而，国家就本性而言乃先于家庭和个体，因为整体必然先于部分。诚然，基督徒也为了整体、类、团体而"牺牲个体"，在这里，也即"牺牲"作为部分的个人。最伟大的基督教思想家和神学家之一圣托马斯·阿奎那说道，为了保持整体，部分出于属自然的本能而牺牲自己。"每一个部分都天然地爱整体胜于爱自己。每一个个体都天然地爱其类之善胜于爱自己单独的善或利益。所以，自然而然的，每一个存在者都以其自己的方式爱上帝——作为普遍的善——胜于爱自己。"（《神学大全》，第1部，第60问，第5项）所以，在这一方面，基督徒跟古人的想法是一致的。托马斯·阿奎那（《教规基要》，第3卷，第4章）称赞罗马人，因为他们把他们的祖国看得高于一切，他们为祖国的利益而牺牲自己的利益。但是，在基督教中，所有这一切思想和意念仅适合于地上而不适合于天上，仅适合于道德而不适合于教义，仅适合于人本学而不适合于神学。作为神学之对象，个体是超自然的、不死的、自足的、绝对的、属神的存在者。异教思想家亚里士多德认为，要有至福，就必须有友谊（《伦理学》，第9卷，第9章）；基督教思想家托马斯·阿奎那便不这样认为。他说道："要有福乐，并不必然要有友情，因为人在上帝里面获得其充分的完善性。""所以，即使是单独一个灵魂，即使它没有一个亲邻，只要它自为地享受到上帝，那就还是福乐的。"（第2部，上册，第4问，第8项）可见，即使在至福之中，异教徒也认识到自己是一个个体，从而认识到自己需要另一个与他相同的、同类的存在者。但是，基督徒却并不需要什么另外的"我"，因为他作为个体而同时又不是个体，而是类，是一般的本质，因为他"在上帝里面获得其充分的完善性"，就是说，他在自己里面获得其充分的完善性。——著者

神的存在者之直接对象。异教徒只是凭借类、法则、世界秩序而信仰对个人的天意,从而,其所信仰的便只是间接的、属自然的、非奇迹般的天意。但是,基督徒却就抛弃了凭借,使自己直接跟决定天意的、统括一切的、普遍的存在者联结在一起;也就是说,他们直接将个别的存在者跟普遍的存在者等同起来。

但是,神性之概念乃是与人性之概念相重合的。一切属神的规定,一切使上帝得以成为上帝的规定,都是类之规定。这些规定,虽然在个体里面是有限的,但是,其界限却在类之本质甚或类之实存——如果类只有在总共一切人之中才有其相应的实存的话——之中被扬弃掉了。我的知识、我的意志是有限的;但是,我的界限却并不就是别人的界限,更不是人类的界限;我感到困难的事,却有别人感到轻而易举;对某一个时代来说不可能的、不可思议的事,对下一个时代来说,却就是可思议的和可能的事了。我的生活被束缚于一个有限的时代,人类的生活则不然。人类之历史,正不外在于继续不断地克服在某一个特定时代里被认为是人类之界限、从而被认为是绝对而不可逾越的界限的那些界限。但是,未来总是表明,所谓类之界限,其实只是个体们的界限而已。各门科学——尤其是哲学和自然科学——的历史,都为此提供了最令人感兴趣的例证。我们要写出一部最令人感到兴趣、最使人得益的科学史,就应当仅仅从这个着眼点来写,以便指出个体妄想来限制自己的类,乃是完全无谓的。类是无限的,只有个体,才是有限的。[①]

[①] 当然,在宗教与神学之意义上,类也不是无限的,也不是全知、全能的;但是,这却只是因为一切属神的属性都仅仅存在于幻想之中,仅仅是属人的心情与表象能力之宾词、表现,像本书所说的那样。——著者

但是，感觉到界限，却是令人痛苦的；个体在对完善存在者的直观里面摆脱这种痛苦；在这种直观里面，个体占有了自己所欠缺的东西。对基督徒来说，上帝不外意味着使他们能够直观到类跟个体性的直接统一，直观到普遍的本质跟个别的本质的直接统一。上帝乃是被当作个体的类之概念，是类之概念或本质，这个本质，作为类，作为普遍本质，作为一切完善性之总和，作为一切业已清除了个体之实在的或虚拟的界限的属性之总和，同时又是个体型的、个别的存在者。"在上帝那里本质与实存是同一的"；这不外意味着他就是类概念、类本质，虽然他同时又直接被当作是实存、个别存在者。从宗教或神学之立场出发，最高的思想就是：上帝并不爱，他本身便是爱；他并不生活，他本身便是生命；他并不是公义的，他便是公义本身；他并不是一个人格，他便是人格性本身；——他是直接作为实在的东西的类、理念。

正是由于类跟个体性这样直接统一了起来，正是由于一切普遍性与本质性都这样集中于一位人格式的存在者身上，因此，上帝就是一个深深合乎心意的、使幻想狂喜的对象；而人类之理念却是无情的理念，因为根据我们的表象人类只是一个思想而已，只有无数多的个别的有限个体，才是实在的东西，才跟这个思想有所区别。与此相反，心情在上帝里面却就得到直接的满足，因为这里一切都合而为一，一切都是一下子的，也即因为这里类直接就是实存、个别存在者。上帝就是爱、德、美、智；上帝既是单个的存在者，又是完善而普遍的本质，既是摘要式的总和，又是类之无限的容量。然而，上帝乃是人自己的本质。由此可见，基督徒跟异教徒的区别，便在于基督徒直接将个体跟类等同起来，便在于在他们那里个体具有类的意义，个体自为地被认为是类之完善的实存，便在于他们神化属人的个体，把它当作绝对存在者。

在有关个体对知性、对理智、对 Νους（纯知性）的关系方面基督教跟异教的区别特别来得典型。基督徒使理智个体化，异教徒则使理智成为普遍的本质。对异教徒来说，理智、知性乃是人之本质，对基督徒来说，理智、知性则是他们自身的一个部分；因此，对异教徒来说，只有知性、类才是不死的也即属神的，而对基督徒来说，个体才是不死的也即属神的。异教哲学跟基督教哲学之间的进一步的区别，也由此自明。

基督——基督徒们实在的上帝——乃是基督教中类跟个体性的这种直接统一之最明确的表现、最典型的象征。基督是人类之原型，是人类之生存着的概念，是一切道德上的与属神的完善之总和，是一切消极的东西、有缺陷的东西之否定，是纯粹的、属天的、无罪的人，是类人，是亚当·卡德蒙（Adam Kadmon），①但却又并不被看作是类、人类之总体，而是直接被看作是一个个体，被看作是一个人格。所以，基督，也即基督教的、宗教上的基督，并不是历史之中点，而是历史之终点。从概念来看是这样，从历史学来看也是这样。基督徒等待着世界之终端，等待着历史之终端。尽管我们的那些释经家们怎样胡说八道、强词夺理，但是，基督本身确实已经在圣经中明确地预言世界末日近了。历史仅仅依据于个体跟类的

---

① 根据犹太奥秘派（Kabbala）的解释，亚当·卡德蒙的含义是：属天的人，人与属地世界之原型，上帝的儿子（法朗克：《犹太奥秘派之体系》，1842 年版，第 179 页起）。参阅《哲学概念辞典——历史考证》，柏林 1927 年第 4 版，第 1 卷，第 14 页。——据德文本编者

区别。没有了这种区别,历史也就没有了,历史之理智、正智也就消失了。剩下来的,就只有让人直观和占有这个被实现了的理想和空洞的传道欲,到处讲传上帝已经显现和世界末日已经来了。

因为类跟个体的直接①统一超出了理性与自然之界限,所以,完全自然而必然的,人们就把这个普遍的、理想的个体认作是超绝的、超自然的、属天的存在者。所以,想从理性中推导出类跟个体的直接统一,是荒谬的;因为,只有幻想才使这种统一得以实现,只有幻想才没有什么办不了的事。其实,幻想也是奇迹之创造者,因为,最大的奇迹也莫过于个体既是个体而同时又是理念、类、人类,并且还满怀着后者的完善性与无限性。所以,一方面保存圣经式的或教条式的基督,另一方面却又把奇迹搁在一边,那也是荒谬的。如果你坚持原则,那你怎么能否认它的必然推论呢?

基督教关于人们普遍有罪的学说,特别证实了基督教中完全不存在有类之概念。这个学说的基础,乃在于人们要求个体最好不要是个体;但是,这个要求本身却又基于这样一个前提,即假设个体自为地就是一个完善的存在者,自为地就是类之详尽的表现或实存。在这里,完全缺乏客观的直观,完全没有意识到"你"是"我"的完善性所必需的,完全没有意识到只有许多人合在一起才

---

① 在这里,我明智地用了"直接"这两个字,说明这种统一是超自然主义的、幻想的、无性别的统一,因为,类跟个体的间接的、合乎理性的、自然史式的统一,乃仅仅以性别为基础。我是人,则必定是男人或女人。非此即彼——非光明即黑暗,非男人即女人——,乃是自然之创造语。但是,在基督徒看来,现实的女性人、男性人乃是"动物人";基督徒的理想、本质,乃是阉者,乃是无性别的类人,因为,类人不外就是有别于男人和女人——因为一切人都或者是男人,或者是女人——人格化了的、无性别的人。——著者

构成了"人",只有许多人合在一起才成了人所应当是的和能够是的,才像人所应当是的和能够是的那样。所有的人都是罪人。这一点我承认。但是,并不是所有的人都是同样的罪人;倒宁可说其相互之间存在着一种极其大的、本质的区别。一个人好说谎,①另一个人却从不说谎,宁死也不肯食言或说谎;第三个人喜爱喝酒,第四个人好色,而第五个人,所有这一切都不爱好——或者是由于他生性便如此,或者是由于他善于克制自己。可见,在道德领域内,也跟在物理领域和知性领域内一样,人们互相补足,从而使他们总共加起来便成了他们所应当是的,便表现出完善人。

所以,交际有助于改善自己和提高自己;在交际中,人虽然没有改扮换装,但却自然而然地会跟单独一个人的时候判若两人。爱,特别是性爱,尤其会行出奇迹来。男人和女人相互补足,为的是结合起来共同表现出类、完善的人。② 没有类,爱是不可设想的。爱,不外就是在性别内部类之自我感。不然的话,虽然类之真理仅仅只是理性之对象,只是思维之对象,但是,在爱里面,它却成了感情之对象,成了感情真理,因为,在爱里面,人流露出对自己孤独的个体性感到不满,衷心需求别人同在,将别人也算作他自己的本质。并且,仅仅把他的通过爱而跟他联结起来的生活才看作是

---

① 例如,虽然虚言假语是暹罗人天生就具有的恶习,但是,他们还是有一些美德,这些美德,是其他一些不具有暹罗人这种恶习的民族所没有的。——著者

② 据印度人的摩奴法典,"一个完全的人,必须由三个联合的人格组成,即他的妻子、他自己和他的儿子。这是因为,夫与妻,父与子,乃是合而为一的。"《圣经·旧约》中属地的亚当,没有其妻子也是不完全的,他追求她。但是,《圣经·新约》中基督教式的、属天的、料算到世界没落的亚当*,却就不再有性欲和性的机能了。——著者

* 参阅《哥林多前书》,第15章第35—49节。——译者

真正的属人的、与人之概念、也即与类相适应的生活。个体是有缺陷的、不完善的、弱的、贫乏的;但是,爱却是强的、完善的、得到满足的、无缺乏的、自足的、无限的,因为在爱里面个体性之自我感乃是类的完善性之自我感。但是,像爱一样,友谊也起作用;至少,像在古人那里那样,当它是真正的和密切的友谊时,当它是宗教时,是起作用的。朋友互相补足;友谊是美德之手段,并且本身就是美德,是共同的美德。诚如古人所言,只有德者之间才有友谊。但是,终究还不能在友谊与美德之间画上等号,还是必须有所区别,因为,友谊乃基于一种补足欲。朋友通过别人给自己以自己所没有的东西。友谊以一个人的德行来补偿别人的缺点。朋友在上帝面前为朋友辩护。人自个儿不管多么缺点累累,只要他有出人头地的人做他的朋友,那他就已经证明自己有良善的核心。即使我自己不可能成为完善,我却至少仍旧爱别人的美德、完善。所以,到了时候如果可爱的上帝因了我的罪、软弱和缺点而要定我的罪,那我就列举我朋友的美德来做我的辩护人和调解人。虽然我犯了罪,但是,既然我已经在对我的没有这些罪的朋友的爱之中谴责了这些罪,那么,如果上帝还要因了这些罪来处罚我,那就未免太蛮不讲理了!

但是,既然友谊、爱从自在地非完善的存在者中创造出一个至少相对地来说是完善的整体来,那么,在那只有在全体人类中才有其相应的实存①并且因而仅只是理性之对象的类本身之中,个别

---

① 歌德说道:"只有全体的人才能认识自然;只有全体的人才能过人的生活。"这一段话,我虽然曾经在另一个地方援引过*,但我还是忍不住再复述一遍。——著者

* 见《费尔巴哈哲学著作选集》上卷,第48页(见《费尔巴哈文集》第11卷"黑格尔哲学批判"。——中文编者)。——译者

的人的罪恶和缺点就会比在友谊和爱中消失得更多了！因此，有种人之所以会成年累月地悲叹自己的罪恶，便是因为他在他的个体性中把自己当作是自为地完善的、绝对的、不需要别人就能够把类——完善的人——加以实现的存在者，便因为对类的意识业已为个体之排外的自我意识所代替，便因为个体并不了解到自己是人类的一个部分，并不将自己跟类区别开来，从而，就使自己的罪、自己的界限、自己的弱点成为普遍的罪，成为人类本身的罪、界限和弱点。虽然如此，人却还是不能丧失对类的意识，因为，他的自我意识，本质上是跟对别人的意识连在一起的。所以，如果人不把类看作类，那就必定把它看作上帝。为了能够通过上帝概念来弥补类概念之缺陷，他就认为上帝已经摆脱了一切压抑着个体并且也压抑着类——因为他使个体跟类等同起来——的界限和缺陷。但是，这个摆脱了诸个体的界限的无限存在者，却正不外就是类，因为类在无限多的和无限多样的个体中实现自己，并且在这种实现里面显示其本质之无限性。如果一切人都是绝对地等同的，那么，类跟个体之间当然就没有什么区别了。但是，这样一来，就枉空有许多人生存着；单独一个人便足以满足类之目的。如是，则一切人都可以委托一个人做全权代表来享受生存之幸福了。

　　当然，人之本质是一个，但是，这个本质却是无限的；所以，它的实际的存在乃是无限的、相互补足的多样性，以便显示出本质之殷富。本质之中的统一性，是实存之中的多样性。别人，虽然也只是一个人，但他却是类之代表，他满足了我对许多别人的需求，对我来说，他具有普遍的意义，是人类的全权代表，以人类的名义对孤独的我讲话，这样，即使我只跟如此一个人相连，我也就有了集体的、属人的生活了。所以,在"我"与别人之间,有着一个本质上的、质的区别。别人就是我的"你"——虽然这也是彼此的——,就是我的另一个"我",就是成为我的对象的人,就是我的坦白的内隐,就是自己看到自己的那个眼睛。只有在别人身上,我才具有对类的意识;只有借别人,我才体验到和感到我是个人;只有在对他的爱里面,我才明白他属于我和我属于他,才明白我们两人缺一不可,才明白只有集体才构成人类。但是,在道德上,"我"与"你"之间也有着一个质的、至关紧要的区别。别人,是我的客观的良心。他谴责我的缺点;即使他并没有直接来谴责我,他却还是我的被人格化了的羞耻感。对道德律、法、礼尚、真理的意识,本身就仅仅联系于对别人的意识。只有别人跟我相一致的地方,才是真的;一致是真理之第一象征,而这却只是因为类是真理之最终尺度。如果我仅仅按照我的个体性之尺度来思想,那么,这样所想到的东西就跟别人无关,是凭空的,是偶然的、仅仅主观的想法。但是,如果我在类之尺度中来思想,那么,这样所想到的东西就是人一般地能够想到的,从而,如果一个人想要正常地、合乎规律地、因而真正地思想的话,就必须想到这些东西。跟类之本质相一致的,就是真的,跟类之本质相矛盾的,就是假的。真理就只有这样一条法则,除此以外便没有了。但是,对我来说,别人乃是类之代表,是别人们的代表,在我看来,他的判断甚至能够比无数的群众的判断更为有效。"就让盲信者的门徒像海边的流沙一样地多吧;沙总是沙;珍珠是我的,你,有理性的朋友!"所以,在我看来,别人的同意乃象征着我的思想是合乎规律的、普遍的、真的。我自己不能把自己撇开,因而就不能完全公正无私地来评判;但是,别人却有着公平的判断;我通过他来更正、补足、扩大我自己的判断、我自己的兴味、我自己的认识。简言之,在人之间有着一个质的、至关紧要的区别。但是,基督教却抹杀这种质的区别;它认为人是千篇一律的,把所有的人都看作是同一个体,因为它并不知道类跟个体之间的区别:一切人毫无区别地有着同一个得救手段,一切人里面有着同一个基罪与原罪。

　　基督教由于过分的主观性而不懂得类,不知道只有在类里面个体的罪恶和缺陷才得到开释、辩护、调和与治疗。正因为这样,故而基督教就也需要一种超自然的、特殊的且本身又仅仅只是人格式的、主观的帮助,以便克服罪恶。如果我一个人便就是类,除了我以外便没有别的在质的方面不同于我的人生存着,或者说——这是同样的——,如果我与别人之间不存在有任何区别,如果我们所有的人都完全相同,如果我的罪并没有因了别人的正相反的品性而被中和与钝化,那么,我的罪当然就成了滔天的奇恶,成了令人发指的劣迹,从而,只有仰赖非常的、外于人的、奇迹式的手段,才能够将其清洗掉。然而,幸亏实际上有属自然的调和。别人,自在自为地就是我跟类的神圣理念之间的中介者。"对人来说,人就是上帝。"(Homo homini Deus est)我的罪恶,正因为仅仅只是我的罪恶而并不是同时又是别人的罪恶,故而就局限于其界限之内,化为乌有。[Ⅳ,Ⅺ]

第十八章　自由独身与修道之基督教的意义

类之概念以及类生活之意义，随着基督教的产生而消失了。前面曾经说过，基督教并不在自身中包含有教养之原则，——这个命题，在这里得到了新的确证。当人扬弃了类跟个体之间的区别，并且将这种统一设成为至高存在者、上帝时，当人把人性之理念仅仅当作神性之理念时，对教养的需求也就消失了；人在自身中具有一切，在自己的上帝里面具有一切，从而，就丝毫也不需要通过别人——类之代表——来补足自己，丝毫也不需要通过一般地对世界的直观来补足自己，而只有以这样的需要为基础，人才会有教养欲。人单单靠自己来达到他自己的目的，他在上帝里面达到自己的目的；上帝本身就是这个被达到了的目的，就是人类的这个被实现了的至高目的；不过，每一个个体都是独自与上帝同在的。只有上帝，才是基督徒所需要的，为此，基督徒并不必需别人、人类、世界，他缺乏对别人的内在需要。对我来说，上帝正就是代表了类、别人；并且，只有疏远了世界、离弃了世界，我才真正成为需要上帝的，我才真正活生生地感到上帝与我同在，我才真正感到上帝是什么，并且，真正感到上帝对我来说应当是什么。虽然虔诚者也需要集体，也需要共同的修道，但是，在他们那里，对别人的需要，自在地便是某种最最从属的东西。灵魂得救是基督教之基本理念、主要问题;但是,要得到这样的得救,便需要信靠上帝,单单事奉上帝。为别人而活动,固然也是必要的,也是得救之条件,但是,得救之根据却是上帝,在于直接跟上帝发生关系。并且,即使是为了别人而活动,也仍旧仅仅以宗教意义、以对上帝发生关系为其根据和目的,从而,实质上仅仅是为上帝而活动,仅仅是为了荣耀他的名、传扬他的美名。但是,上帝乃是绝对的主观性,是脱离世界的、超世界的、从物质中被解放出来的、从类生活以及从性别中被抽出来的主观性。所以,基督徒之本质重要的目的,便在于脱离世界,脱离物质,脱离类生活。① 并且,在僧侣生活中,这个目的以感性的方式来实现自己。

想仅仅由东方导引出僧侣生活来,那就是自己欺骗自己了。至少,如果想使这样的导引成为可容许的,那末持这种主张的人就也必须不是由基督教中,而是一般地由西方之精神、本性中导引出普通基督徒的跟僧侣正相反的趋向来。可是,要是如此,那末西方对僧侣生活的热忱又怎样解释呢?我们宁可说僧侣制必须直接由基督教本身之中导引出来:它是对基督教所允许给人类的天国的信仰的必然结果。属天的生活成了真理,属地的生活就成了谎言;幻想成了一切,现实就成了无。谁信仰永恒的属天生活,谁就逐渐觉得今生没有价值。或者,说得更确切一些:谁就已经觉得今生一

---

① "为了上帝而生活,就不会趋于堕落腐朽的属自然的生活……难道我们不应当景仰未来的事物,鄙视今世一切暂时的事物吗? ……因此,我们应当蔑视今世的生活和世界,由衷地景仰并且渴望永生之未来的荣誉以及尊贵。"(路德,第 1 卷,第 466、467 页)——著者

钱不值;信仰属天的生活,就意味着相信今世生活是虚无的和无价值的。如果我不羡慕彼世,如果我不是以同情或蔑视的眼光来睥睨可怜的今世生活,那我就绝不会表象到彼世。属天的生活,如果不同时又是道德律的话,那就绝不会成为信仰之对象,绝不会成为信仰之法则。倘若我要使我的生活跟我的信仰相一致,那我就必须让属天的生活来规定我的行为①;我不可贪恋尘世暂时的事物。其实,非但不可,而且也不会;因为,与属天生活的华美比起来,尘世一切事物算得了什么呢?②

虽然彼世生活的性质是依赖于今世生活的性质,依赖于其道德属性的,但是,道德性本身却便是由对永生的信仰来决定的。并且,这种与超尘世的生活相适应的道德性,仅只意味着脱离尘世,仅只意味着否定今世生活。可是,这种精神上的脱离尘世,其感性的证实便是修身生活了。一切东西都必须最终外在地、感性地显明出来。③ 僧侣生活——一般地,禁欲生活——乃是属天的生活,

---

① "灵应当指向其将赴往的目标地。"(约翰·革哈德:《圣思录》,第 46 思)——著者

② "谁慕求属天的东西,谁就对属地的东西不感兴趣。谁企望永恒的东西,谁就厌恶暂时的东西。"(伯尔拿:《修女爱利亚寄父母书信》)"在今生中,我们最迫切的心愿便是尽可能快地死去。"(台多立安:《对外邦人申辩》,第 41 章)所以,古代的基督徒并不像现代的基督徒那样庆祝诞生日,而是庆祝逝世日(见校订者格罗诺维对米努基乌斯·菲力克斯的注解:《屋大维》,第 332 页)"这样,就宁可奉劝基督徒们忍受各种疾病,甚至要他们慕求疾病,使死亡来得越早越好。因为,正像西帕里安所说的,对一个基督徒来说,再也没有比立刻死去更为有益了。但是,我们宁可听异教徒朱未那尔的话:我们祈求既要有健全的身体,又要有健全的精神。"(路德,第 4 卷,第 15 页)——著者

③ "完善的人在精神上和肉体上都与世分离。"见《论良善生活方法——致姊妹》,话篇第 7(伯尔拿伪书之一)。——著者

假如后者于尘世得到应验并且能够应验的话。如果我的灵魂属于天,那么,我怎么会、怎么能够让我跟自己的肉体一起去属于地呢?灵魂使肉体有活气。但是,当灵魂在天上的时候,肉体就被舍弃,就死去;可见,连接世界与灵魂的那个器官死去了。死,就意味着灵魂从肉体里分离出来,至少意味着从这个物质的、有罪的粗笨肉体里分离出来;死是天国的入口处。但是,如果死是福乐与道德完善之条件,那么,势所必然,禁欲、制欲便是唯一的道德律了。道德上的死,必然先于属自然的死;其所以必然,便因为基督徒认为,既然感性式的死并不是德行,而是属自然的、人兽共通的事,那么,把天国之获得去交托给感性式的死,就是最高的不道德了。所以,死必须被提高到德行,被提高到自我活动之行为。使徒说:"我是天天(冒)死";①圣安东尼——僧侣制之创始人②——把这句格言奉为他生活的主题。

但是,有人反驳说,基督教仅仅希望唯一的精神上的自由。确实是这样。但是,如果精神上的自由并不转到行为,并不感性地证实自己,那么,这样的自由还算得什么呢?或者,你竟以为,你之是否摆脱某事某物,只关系到你,只关系到你的意志,只关系到你的意念吗?哦,这样一来,就说明你执迷不悟,说明你从来没有体验到真正的解放。当你处于某一等第、某一专业、某一关系中时,你就不由自主地为其所规定。你的意志、你的意念,仅仅把你从这样的界限和印象中解放出来,这些界限和印象,是

---

① 《哥林多前书》,第 15 章第 31 节。——译者
② 关于这方面,参阅希罗尼摩斯的《圣保罗的生活》。——著者

意识得到的,并不是那包含于事物之本性里面的隐秘的、意识不到的界限和印象。因此,内心已经与之决裂,在空间上却还没有感性地与之诀别,那我们就会闷闷不乐,忐忑不安。只有感性自由,才是精神自由之真理性。一个人,如果他实实在在对尘世财富丧失了精神上的兴趣,那他就会立刻把它抛出窗外,以释其心。凡是我心底里就不想有的东西,那我有了也觉得是个累赘,因为,我有它,乃是跟我的意念相矛盾的。那么,就丢了吧!心不在焉,手也抓不牢。只有念念不忘,才使双手紧握不放;只有意念,才使占有神圣化了。谁觉得自己的妻子可有可无,那他倒不如没有妻子更来得好。可有可无,就意味着心不在焉地有,其实也就意味着没有。所以,谁主张人应当可有可无地具有事物,那么,谁就是以文雅的、惋惜的方式主张人不应当具有它。对之心不在焉,就意味着不再是我的了,任其像鸟儿一样自由飞翔。圣安东尼听到说"你若愿意做完全人,可去变卖你所有的,分给穷人,就必有财宝在天上,你还要来跟从我"①时,就决定放弃尘世。只有圣安东尼,才真正领会了这句格言。他撇下了一切,变卖了他的财产,把它分配给穷人。只有这样他才证实,他确实已经在精神上摆脱了今世的财富。②

当然,这样的自由、这样的真理,是跟现今的基督教相矛盾的,

---

① 见《马太福音》,第19章第21节。——译者

② 当然,正像希罗尼摩斯在写给代美特里亚斯人的信中所写的那样,只有在我们的主的宝血余热尚温,在信仰还处于新鲜的炽热之中时,基督教才具有这样的力量。在这个题材方面,也可以参阅高特弗烈特·阿诺德的《初期基督徒的寡欲以及对自私自利的蔑视》。(前引书,第4卷第12章,§7—16)——著者

因为，根据现今的基督教，主只希望精神的自由，换句话说，他所希望的自由完全不要求什么牺牲、精力，是一种虚幻的自由，是自我欺骗之自由，意味着嘴上说要摆脱属地的财富，实际上却又要占有和享受这些财富。所以，主也说："我的轭是容易的。"①如果基督教责令人们要牺牲今世的财富，那人们便要说它蛮不讲理了。这样一来，基督教就完全不适宜于今世。但是，事实上却完全不是这么一回事！基督教最为实践和长于世故；它让属自然的死来完成对今世财富和欢乐的摆脱——僧侣之自我禁欲，乃是非属基督的自杀——，却让自我活动来完成对尘世财富的获得和享受。虽然真正的基督徒绝不(!)怀疑属天的生活之真理性，在今天他们还跟古代的僧侣们在这一点上见解一致；但是，他们耐心地等待着属天的生活，一切听凭上帝，换句话说，听凭自私心，听凭贪图舒适的尘世享乐欲。② 不过，我毕竟还是讨厌和蔑视现代的基督教，不屑跟它打交道；因为，在现代的基督教那里，基督的新娘甚至热中于多配偶制，至少热中于相继的多配偶制——在真正的基督徒看来，这种相继的多配偶制本质上并不跟同时的多配偶制，有所区别——，同时却竟然又起誓——可耻的伪善！——要永远永

---

① 见《马太福音》，第11章第30节。——译者
② 古时候的基督徒，便多么地与此不同啊！"既要享受现世的财富又要享受将来的财富，那是困难的，甚至是不可能的"。(希罗尼姆斯：《致尤利安书信》)"我的弟兄，如果你既想在这里尘世上尽量享乐，却又想以后跟基督一起执掌大权，那就未免太自说自话了"。(希罗尼摩斯：《致海廖多尔书信》)"你既要抓住上帝又要抓住被造物，那是不可能的。上帝之乐趣与被造物之乐趣，绝不能相提并论"。(陶勒，前书，第334页)但是，他们当然是抽象的基督徒。现在我们处在和解之时代！确实！——著者

远地、划一不二地、不矛盾地、神圣地信守上帝的言语。我带着神圣的羞惭归回到纯洁的僧房之真理——虽然这个真理被误解——,在这里,已经嫁给天的灵魂,并不再跟陌生的、属地的肉体勾勾搭搭!

非世俗的、超自然的生活,本质上也是无婚的生活。独身生活虽然不是律法所规定的,却同样也包含在基督教之最内在的本质中。其实,在救主之超自然的来历中,便已经充分说明了这一点。在这种信仰里面,基督徒把无玷的童贞性神圣化为带来得救的原则,神圣化为新世界、基督教世界之原则。虽然《圣经》里面有"要生养众多"①和"上帝配合的,人不可分开"②之说,但是,绝不能以此来认可婚姻!第一处经文,正像台多立安和希罗尼摩斯所已经注意到的那样,乃仅仅关系到空空不见人影的大地,而并不是关系到居民星布的大地,乃仅仅关系到世界之始端,而并不是关系到由上帝之直接显现而开始的世界终端。而第二处经文,也仅仅关系到作为旧约之典例的婚姻。犹太人提出了人是否可以休妻的问题。其实,上面的回答已最恰当地把这个问题处理了。谁结了婚,谁就应当把这个婚姻奉为神圣。即使是仅仅有另行婚娶的念头,也是犯了奸淫了。婚姻自在自为地便意味着宽恕感性之弱点,或者毋宁说是宽恕感性之精力;婚姻是一件祸患,必须尽可能地加以限制。婚姻之牢不可破好比灵光圈一样,其所说明的,正好跟为光辉所眩惑和迷乱了的人在其背后所追求的相反。在完成了的基督

---

① 《创世记》,第1章第28节。——译者
② 《马太福音》,第19章第6节。——译者

教之意义上,婚姻本来是一个罪,①或者,终究是一种弱点;倘若你想要使这种弱点得到许可和宽恕,你就得始终局限于唯一的——牢牢谨记!——妻子。简言之,只有在《旧约》中,婚姻才被神圣化,在《新约》中却就不被神圣化了:新约知道了一个更高的、超自然的原则,知道了无玷的童贞性之秘密。②"这话谁能领受,就可以领受。"③"这世界的人,有娶有嫁。唯有称为配得那世界、与从死里复活的人,也不娶也不嫁。因为他们不能再死,和天使一样。既是复活的人,就为上帝的儿子。"④可见,在天国里,他们不再婚娶;在天国里,两性爱之原则被当作属地的、属世界的原则而被弃绝了。但是,属天的生活乃是基督徒之真正的、完成了的、永恒的生活。既然我被规定为属天的,那我又何必要结下这种在我的真正规定中已经被解除掉的纽带关系呢?既然我就可能性而言自在地便是一个属天的存在者,那我又何必不就在这里实现这个可能性呢?⑤是的,既然婚姻被排斥在天国——这是我的信仰、希望与生活之本质重要的对象——的外面,那我就也把它从我的头脑、我的心里驱逐出去。我的心里充满了对天国的期望,那我怎么会再

---

① "不想成为完善,就意味着是有罪的。"(希罗尼摩斯:《致修士海廖多尔书信——赞独身生活》)同时,必须说明,我对这里所援引到的《圣经》中有关婚姻问题的章节所作的解释,是跟基督教历史完全吻合的。——著者

② "结婚生活并不是什么新的或不平常的事。异教徒也按照理性之判断将它看作是好事,加以赞美。"(路德,第2卷,第337页a)——著者

③ 《马太福音》,第19章第12节。——译者

④ 见《路加福音》,第20章第34—36节。——译者

⑤ "想进天国者,就得放弃天国里所没有的东西"(台多立安:《勉纯洁》,第13章)"独身生活乃是学天使的样"。(大马士革的约翰:《正统信仰》,第4卷,第25章)——著者

让一位属尘世的女人来占有我的心呢？我怎么能在上帝与人之间瓜分我的心呢？① 基督徒对上帝的爱,并不像对真理、正义、科学的爱那样是一种抽象的或一般的爱;它乃是对一位主观的、人格式的上帝的爱,从而本身就是一种主观的、人格式的爱。这种爱的一个本质属性,便在于它是一种排他的、好嫉妒的爱,因为,它的对象乃是一个人格式的、并且同时又是至高的、无可类比的存在者。"无论活着和死去,你都要信靠耶稣,因为耶稣基督是基督徒的上帝;你要信赖他,因为只有他才能够在你为一切人所抛弃的时候来帮助你。他是你所爱的,他不愿意容忍别的人跟他并列;他要单独占有你的心,他要单独在你的灵魂里面像坐在王位上的王一样地执掌大权。""没有了耶稣,世界于你有何益处呢？没有基督而存在着,那就等于在地狱里受苦;与基督同存,是属天的甘甜。""没有了朋友,你就不能生活;但是,如果你并不把基督的友谊看得超过一切,那你就将超乎寻常地悲哀和绝望。""你应当为了耶稣的缘故而爱一切人,但却应当为了耶稣自己的缘故而爱耶稣。只有耶稣基督,才是值得爱的。""我的上帝、我的爱(我的心)啊,你整个地是我的,我也整个地是你的。""爱……总是期望和信靠上帝,即使上帝并不恩待于它(甚或苛待于它);因为,没有苦痛,人们就不生活在爱里面……""为了所爱者的缘故,必须甘愿担受一切,即使是艰难苦辛,也在所不惜。""我的上帝和我的一切……有你在,我就感到一

---

① "不出嫁的女子一心事奉上帝,而出了嫁的女子,其一部分是同上帝生活在一起,另一部分却同丈夫生活在一起。"(亚历山大的克雷门斯:《教育者》,第2卷,第10章)。"谁选择了孤独单身的生活,谁就仅仅只想到属神的事物。"(提奥多理:《异端邪说简要》,第5卷第24章)——著者

切尽都甘甜,没有你在,我就感到一切都令人讨厌……没有了你,什么也不能讨我喜欢。""哦,那个福乐的、日盼夜望的时刻何时才能来到,使你以你的显现来完完全全地成全我,使你成为我一切的一切!只要我尚未知道,我就难以喜悦。""没有了你,我哪里还谈得上幸福呢?或者说,有了你,我什么时候还会感到不舒服呢?我宁可为了你的缘故而做个穷人,不愿没有你而做个大富翁。我宁可与你同在地上做个虔诚的教徒,不愿没有你而做天之占有者。哪里有你,那里就是天国;哪里没有你,那里就是死亡和地狱。我只渴望你。""你不能够既事奉上帝,又以暂时的东西为乐;你必须使你自己远离所有熟人和朋友,把你的灵从一切暂时的安慰里抽出来。信基督的人应当遵循圣徒彼得的训诫,应当仅仅做个虔诚者和今世之客旅。"①从而,对作为人格存在者的上帝的爱,是本来的、正式的、人格的、唯独仅有的爱。我怎能同时爱上帝而又爱一个会死的妻子呢?这岂不是把上帝和我的妻子同等看待了?不!对一个真正爱上帝的灵魂来说,对女子的爱是不可能的事,是一种奸淫。使徒保罗说道:"娶了妻的,只为妻子的事挂虑,不娶妻的,就只为上帝的事挂虑。结了婚的男子只想到怎样叫妻子喜悦,没有结婚的男子就只想到怎样叫上帝喜悦。"②

---

① 托马斯·阿·坎比斯:《效学基督》,第 2 卷,第 7、8 章;第 3 卷,第 5、34、53、59 章。"哦,童贞女是何等地福乐,因为在她的内心之中,除了对基督的爱以外,没有别种的爱了!"(希罗尼摩斯:《致代美特里亚斯书信——论一心事奉上帝的童贞女》)但是,这当然又是一种抽象的爱,这种爱,在和解的时代,即当基督与魔鬼成了一颗心和一个灵魂时,就不再令人感兴趣了。哦,真理何其残酷!——著者

② 见《哥林多前书》,第 7 章第 32—34 节。——译者

真正的基督徒,既不需要教养——因为教养是违拗心意的、世俗的原则——,也不需要(属自然的)爱。上帝为他弥补了缺陷:既满足了他对教养的需要,同样又满足了他对爱、女人、家庭的需要。基督徒直接将类跟个体等同起来;所以,他抹杀自己的性别,认为这是一种讨厌的、偶然的附属物。① 然而,只有男人和女人合在一起才形成实在的人,男人和女人合在一起,就是类之实存,因为,他们的结合乃是复数性之源泉,乃是别人之源泉。所以,凡是不否认自己是个男性的人,他就感到自己是个男人,并且承认这样感到自己是个男人乃是合乎自然的、合乎规律的,他知道并且感到自己是个部分存在者,必须要有另外一个部分存在者,才能够形成整体,形成真正的人性。与此相反,基督徒在自己的无限度的、超自然的主观性里面将自己理解成为自为地完善的存在者。但是,性欲跟这样的观点相违背;它跟他的理想、他的至高本质相矛盾;所以,基督徒必须压制性欲。

虽然基督徒也感到有性爱的需要,但是,他仅仅把这种需要看作是跟他的属天的规定相矛盾的、单单属自然的——当然,乃是就这个词在基督教中所具有的凡俗的、低贱的意义而言——需要;他并不把它看作是道德上的、内在的需要,并不把它看作是——请允许我这样说——形而上学的也即属本质的需要,因为,人只有在并不将自己从性别中抽出来,相反地将性别算作是自己的内在本质

---

① "妇女与童贞女,是有所区别的。""看,那些甚至失却了自己的性的名称的女性,是多么福乐啊!童贞女不再意味着是妇女了。"(希罗尼摩斯:《驳赫尔维迪——论恒守的童贞》,第2卷第14页)——著者

第十八章 自由独身与修道之基督教的意义 247

的时候,才能够感到这样的需要。因此,在基督教里面,婚姻并不是神圣的,至多也只是看来似乎神圣,好像神圣而已。因为,在基督教里面,婚姻之属自然的原则、性爱——虽然市民式的婚姻无数次地与这个原则相矛盾——乃是一种非神圣的、为天国所不容的原则。① 但是,什么东西在人看来是为他的天国所不容的,那么,在他看来,就也是为他的真正的本质所不容的。天国是人的百宝箱。你不可信任他在地上所建立的,不可信任他在这里所允许的和认可的;在这里,他必得附和时流;在这里,有许多违背他的主义的东西在阻拦着他;在这里,他躲避你的视线,因为,他是处于许多使他心惊胆战的陌生存在者中间。但是,当他丢弃了自己的假装,显示出自己真正的高贵,显示出自己属天的华贵时,你对他就得另眼相看了。在天国里,他怎样想就怎样说;在那里,你听到了他的真正见解。他的天国在哪里,他的心就在那里;天国是他的公开的

---

① 关于这一点,也可以这样来说:在基督教里面,婚姻仅只有道德上的意义而并不具有宗教上的意义,它并不是虔诚的原则和模范。在别的民族那里,情形便完全不同。希腊人认为,"宙斯和喜拉是一切婚姻的伟大原型"(克洛伊采:《象征法与神话学》)。古代的拜火教徒们认为,生殖"作为人类之增多,即阿利曼王国之减少",乃是一种宗教上的义务和行为(《真德亚吠陀》)*。印度人认为,儿子乃是再生的父亲。

丈夫与妻子同房、妻子做了母亲,丈夫自己得到了再生。(弗·史雷格尔)**

在印度人那里,任何一个被再生者都务必先付清三笔债——其中一笔债就是要合法地生养一个儿子——,然后才可以进到 Sanyassi(意即虔诚的隐士)的等级。与此相反、在基督教徒——至少旧教徒——那里,如果订了婚或已经结了婚的男子——假定还是双方自愿的——竟情愿丢弃此百年之合,甘愿为了宗教上的爱而牺牲婚姻的爱,那就是宗教上一件真正的大喜事了。——著者

* 《真德亚吠陀》(Zend-Avesta),拜火教的圣经,共分五篇。——译者

** 弗·史雷格尔:《印度人的语言和智慧》,海德堡1808年版,第321页。——据德文本编者

内心。天国,不外乎就是真的东西、善的东西、有效的东西、应当存在的东西之概念;尘世,不外乎就是不真的、无效的、不应当存在的东西之概念。基督徒将类生活排斥在天国外面;在那里,类不再存在,只有纯粹的、无性别的个体——"灵"——,在那里,占统治地位的是绝对的主观性。于是,基督徒将类生活排斥在真正生活外面;他否定婚姻之原则,认为是有罪的;因为,无罪的、真正的生活,乃是属天的生活。①[Ⅵ,ⅩⅦ-ⅩⅨ]

---

① 既然宗教意识最终又设定一切它起初扬弃掉的东西,从而彼世生活最终不外乎就是重新恢复的今世生活,那么,理所当然的,性也必将重新被恢复。"他们将跟天使相类似,就是说,他们并不是不再是人。这样,使徒仍旧是使徒,马利亚仍旧是马利亚。"(希罗尼摩斯:《致寡妇提奥多拉书信》)但是,正像属彼世的形体乃是非属形体的、似是实非的形体一样,那里的性,也必定是一种无性的、似是实非的性。——著者

第十九章　基督教的天国或
　　　　　人格式的不死

　　不婚的——一般地,禁欲的——生活,乃是通往不死的属天生活的捷径,因为,天国不外就是超自然的、摆脱了类的、无性的、绝对主观的生活。对人格式的不死的信仰,其基础便在于相信性别仅仅是个体性之表明的装饰物,相信个体自在地便是一个无性的、自为地完全的绝对存在者。但是,谁不属于任何的性,谁就不属于任何的类——性别乃是联结个体性与类的脐带——,而谁不属于任何的类,谁就仅仅属于自己,成了一个绝无需求的、属神的、绝对的存在者。所以,只有干脆把类给忘了时,才会对属天的生活确信无疑。谁生活在对类的意识之中,从而也即生活在对类的真理性的意识之中,谁就也生活在对性别规定性的真理性的意识之中。这样的人,并不把这种规定性讨厌地比作绊脚石;他把它看作是他的本质的一个内在的化学成分。诚然,他知道自己是个人;但是,与此同时,他也知道自己是处于性别规定性之中的人,这个规定性,不仅深入骨髓,而且还规定他最内在的"自己",规定他本质上怎样去思维、愿望、感觉。所以,谁生活在对类的意识之中,谁通过对现实的生活、现实的人的直观来限制、规定自己的心情和幻想,谁就绝不会设想自己过一种不再存在有类生活以及性别的生活：他把无性别的个体、属天的灵当作幻想之迎合心意的观念。

但是，正像真正的人不能够舍弃性别一样，真正的人也不能够舍弃自己的道德上的或精神上的规定性，这种规定性，是跟他的属自然的规定性密切相连的。正因为他生活在对整体的直观之中，故而他也就直观到自己是一个部分存在者，这部分存在者之得以成为部分存在者，乃是由于那使他成为整体的一部分或一个相对的整体的规定性。所以，每个人都有权利把自己的业务、身份、艺术或科学奉为至高：因为，人的精神不外就是他的本质重要的活动方式。谁按自己的身份、艺术来讲是个能手，或者，像日常所说的那样，尽到了自己的本分，一心一意为了事业，那谁就也将自己的职业设想成为至高的和至美的职业。既然他以实际行动来加以赞美，满怀着喜悦地献出了自己的力量，那他怎么会在自己的精神中加以否认，在自己的思维中加以低贬呢？我怎么能够为了一件我所看不起的事而献出我的时间、力量呢？如果我不得不这样做了，那么，我的活动就是不幸的，因为，我违拗了我自己的本意。工作就是服务。如果一个对象并不为我的精神所重视，那我怎么能为它服务，服从于它呢？总之，业务规定了人的判断、思维方式、意念。并且，所从事的业务的种类越是高，人就越是与其合而为一。一般地，人把什么东西当作是自己生活的本质重要的目的的，人就也认为它是自己的灵魂；因为，它成了他内心活动之原则。但是，凭着他的目的，凭着他的为实现这个目的而从事的活动，他就一方面为了自己而生活，另一方面却又为了别人而生活，为了共相、类而生活。所以，谁在生活时意识

第十九章 基督教的天国或人格式的不死

到类是一个真理，那谁就将自己的为了别人的存在，将自己的为了公众、公益的存在，当作是与自己的本质之存在同一的存在，当作是自己的永垂不朽的存在。他全心全意为了人类而生活。他怎么能够还为自己预备一个特殊的生存呢？他怎么能够跟人类分开来呢？他怎么能够在死里面否认自己在生活中加以确认的东西呢？

属天的生活或者人格式的不死——在这里，我们并不将二者区别开来——，乃是典型的基督教学说。虽然在有一部分异教哲学家那里也有这种人格式的不死，但是，在那里，它仅仅具有幻想之意义，因为它并不跟他们的世界观相联系。例如，斯多葛派在论及这个论题时，显得多么自相矛盾啊！[①] 只有在基督徒那里人格式的不死才找到了原则，由这个原则，它的产生就有了必然性，成了一个不言自明的真理。对世界、自然、类的直观总是把古代人在半路上拦住，他们将生活原则跟生活着的主体区别开来，将灵魂、精神跟自己本身区别开来；而与此相反，基督徒则扬弃了灵魂与人格之间、类与个体之间的区别，从而，把仅仅属于类整体的东西放到他自己里面去。但是，类与个体性的直接统一，正就是基督之最高原则、上帝——在基督教里面，个体具有绝对存在者的意义——，而这个原则的必然结果，便正是人格式的不死。

[①] 参阅波伦兹(Max Pohlenz)：《斯多葛》，哥廷根1945/1949年版，第1卷，第93、229—230、256、322、349页。又可参阅宇伯威格(Friedrich Überweg, 1826—1871)的《哲学史概论》，第1部《古代》，由卡尔·柏拉希特编），柏林1926年版，第419—424页。——据德文本编者

或者倒不如说：对人格式的不死的信仰，是跟对人格上帝的信仰完全相同的。这就是说，对人格之属天的、不死的生命的信仰意味着什么，则作为基督徒们的对象的上帝也意味着什么。对人格式的不死的信仰，是跟对绝对的、无拘无束的人格性之本质的信仰完全相同的。无拘无束的人格性，便是上帝；但是，属天的、不死的人格性，正不外就是无拘无束的、摆脱了一切属地的负担和制限的人格性；区别仅仅在于，上帝是精神上的天，而天是感性的上帝，仅仅在于，同样的东西，在上帝里面人们是思想到的，而在天里面，则被定为幻想之对象。上帝只是尚未展开的天，而实在的天则是被展开了的上帝。现在上帝是天，将来天是上帝。上帝乃是未来之保证，是未来之——虽然是抽象的——具体存在及实存，是预拟的、摘要的天。上帝就是我们自己未来的本质，但是，因为我们现在生存在这个世界、这个肉体之中，故而这个本质跟现在的我们区别开来，仅只是理想的客观的本质；上帝乃是类概念，而这个类概念，只有在彼世才会得到实现、个体化。上帝是属天的、纯粹的、自由的本质性，这个本质性将在彼世作为属天的、纯粹的存在者们而生存着；上帝是福乐性，在彼世，这个福乐性在许多福乐的个体里面得到展开。由此可见，上帝不外就是绝对的、福乐的、属天的生命之概念或本质；而在今世，这种生命还被总括在一个理想的人格性之中。人们相信，福乐的生活就是与上帝合而为一；这就足够清楚地说明这一点了。在今世，我们是跟上帝区别和分离开来的，而在彼世，隔膜便消除掉了；在今世，我们是人，而在彼世，我们就是神灵了；在今世，神性为上帝独自垄断，而在彼世，神性就成了公有财产了；在今世是抽象的单一性，在彼世

第十九章　基督教的天国或人格式的不死　253

便是具体的多数性了。①

阻碍对这个对象的认识的，唯独便是幻想。幻想一方面想象上帝具有人格性和独立性，另一方面又想象有许多人格性同时居住在一个珠光宝气、五色缤纷的王国之中，这样，就拆散了概念之统一性。但是，无论被设想成为上帝抑或被设想成为天，绝对生命总还是绝对生命，其实是没有丝毫区别的；要说有区别，那也只在于就天而言在长度和广度方面是延展开来的，而就上帝而言则凝聚于一个点。对人的不死的信仰就是对人的属神性的信仰；反过来，对上帝的信仰就是对纯粹的、解除了一切界限而成为不死的人格性的信仰。只有诡辩家或者空想家，才会认为不死的灵魂跟上帝之间是有区别的。这样的说法，其荒谬程度不下于有人想用界限来限制天国居民的福乐，将其福乐分成等级，以便使上帝跟属天的存在者之间有所区别。

属神的与属天的人格性之统一，甚至也表现在对不死的通俗证明之中。如果并没有另一种更好的彼世生活存在，那上帝就不是公义和良善的了。上帝之公义和良善，被当作是依赖于诸个体的永生的；但是，没有了公义和良善，上帝就不成其为上帝了。从

---

① "《圣经》《约翰一书》，第3章第2节》说得好，当我们将像主一样，也即是他所是时，我们就得见他的真体；因为，凡是被授权成为上帝的儿子的，就也被授权成为上帝所是的，虽然并不就成为上帝本身。见《论独身生活》（伯尔拿伪书）。"良善意志之目的，就是福乐；但是，永生本身就是上帝了。"（奥古斯丁语，见伦巴底的彼得，第2卷，第38篇，第1章*）"福乐本身就是神性，每一个福乐者就是一位上帝。"（博埃提乌斯：《论哲学的安慰》，第3卷，第10篇）"福乐与上帝合而为一"（托马斯·阿奎那：《哲学大全——驳外邦人》，第1卷，第101章）"另一个人将要被改造而适应于灵性的生活，他在生活方面，在公义、尊贵、智慧方面，将像上帝一样。"（路德，第1卷，第324页）——著者

*　指他的著作《四卷集教说全集》。——据德文本编者

而，神性，上帝的生存，就被当作是依赖于个体的生存的。如果我不是不死的，那我就不会信仰什么上帝了；谁否认不死，谁就否认上帝。但是，我相信这是不可能的：上帝多么可靠，我的福乐就多么可靠。对我来说，上帝正就是我的福乐之可靠性。我对我的存在、永存感兴趣，我也同样对上帝的存在感兴趣；这两种兴趣，是一致的。上帝乃是我的稳妥的生存，乃是我的可靠的生存；他是主体们的主观性，是人格们的人格性。那么，属于人格性的，会不属于人格们吗？在上帝里面，我正是使我的将来式成为现在式，或者不如说使动词成为名词；二者怎么能分割开来呢？上帝是跟我的愿望与感情相适应的实存：他是公义者、仁慈者，他成全了我的愿望。自然、今世，却乃是一种跟我的愿望、我的感情相矛盾的实存。在今世，一切总还没有成为应当成为的那样——今世正在灭亡，但上帝却是已经成为应当成为的那样的存在。上帝成全了我的愿望；其实，这只是下面一个命题之通俗的人格化而已：上帝是我的愿望之成全者，也即是我的愿望之实在性、被成全。① 但是，天国正就是跟我的愿望、我的渴望相适应的存在。② 这样一来，上帝跟天国

---

① "既然一个不朽的形体是上帝对我们的赏赐，那我们怎么可以怀疑上帝将使我们成为这样的形体呢？"（奥古斯丁：《驳论集》，安特卫普 1700 年版，第 5 卷，第 698 页）——著者

② "属天的形体就是指一种属精神的肉体，因为它将服从于精神之意志。到了那个时候，你自己里面绝不会产生出什么东西来跟你相矛盾，你自己里面绝不会有什么东西起来反抗你。到了那个时候，你想到什么地方，你就立刻到了那个地方。"（奥古斯丁，同上书，第 705、703 页）"在那里，绝不会有什么污秽的、可恶的、不纯洁的、不正常的东西，绝不会有什么刺目的东西。"（奥古斯丁，同上书，第 707 页）"只有福乐者才随心所欲地生活着。"（奥古斯丁：《神之都》，第 14 卷第 25 章）——著者

之间就毫无区别了。上帝是力量,而人就是靠着这种力量来实现自己的永恒的幸福;上帝是绝对的人格性,而一切个别的人格就是赖此才确保了自己的福乐与不死;上帝至高无上地、最终地使人确信人自己的本质之绝对真理性。

不死学说是宗教之结论性的学说——是它的遗嘱,在其中表达其最终的志愿。因此,在这里,它把一向秘而不宣的事都坦白出来了。如果说在别的地方总是大谈其另一存在者的生存问题,那么,在这里,就爽爽气气地只谈自己的生存问题;如果说在别的地方人在宗教里面使他自己的存在依赖于上帝的存在,那么,在这里,他就使上帝的存在依赖于他自己的存在;这样,在别的地方他认为是原始的、直接的真理的,在这里,他就认为是派生的、第二性的真理:如果我不是永恒的,那上帝就不是上帝了;没有不死,就没有上帝。并且,使徒就已经作出了这样的结论。如果我们不复活,那基督也就未曾复活,一切都是虚空。那我们就吃吃喝喝吧!①(Edite,bibite)当然,避免了推理形式,人们就能够去除掉通俗证明中所包含的有所抵触——不管是真的抵触还是假的抵触——的东西。而要避免这种推理形式,就只有使不死成为一个分析的真理,如此,上帝——作为绝对的人格性或主观性——之概念本身就已经是不死之概念了。上帝保障了我未来的生存,因为他已经是我目今的生存之可靠性及真理性,已经是我的得救、我的安慰,已经是保护我不受外界暴力的侵害的避难所了;这样,我甚至不需要明确地归结出不死来,我不需要专门将不死提出来当作一个单独

---

① 《哥林多前书》,第15章第32节。——译者

的真理；我有了上帝，就也有了不死。在玄而又玄的基督教神秘家们那里，情形便是如此。在他们看来，不死之概念乃消融于上帝概念之中；在他们看来，上帝就是他们不死的生命；他本身就是主观的福乐，因而，对他们、他们的意识来说上帝是什么，则上帝自在地就是什么，也即在宗教之本质中就是什么。

这就证明了，上帝就是天国，二者是一回事。反过来的证明，即证明天国乃是人们本来的上帝，也许更来得容易一些。人怎样来思想他的天，他也就怎样来思想他的上帝；他的天国被规定为具有怎样的内容，他的上帝就也被规定为具有这样的内容；所差别的，仅仅在于在天国里面是感性地描述出来的，而在上帝里面却只不过是草图、草案。所以，天国是探索宗教奥秘的关键所在。在客观上，天国是神性之被解明了的本质；同样，在主观上，天国乃是宗教之最隐衷的思想与意念之最为率直的表明。所以，宗教之各异乃取决于天国之各异，而天国之各异又取决于人们本质上的各异。即使同是基督徒，却也极其各不相同地来设想天国。①

只有他们中间比较狡猾一些的人，才避免思考和谈论天国或彼世，而含糊其辞地宣称它是不可领会的，从而也即认为只能按照一种属今世的、只对今世才有效的尺度来思想它。他们宣称，尘世一切观念都仅仅是一些影像，而人就是用这些影像来对自己描绘

---

① 并且，同样，也极其各不相同地来设想他们的上帝。虔诚的德意志式的基督徒有着一个"德意志式的上帝"，虔诚的西班牙人也必然有一个西班牙式的上帝，法兰西人也必然有一个法兰西式的上帝。法兰西人并且还实实在在说出来了：Le bon Dieu est Français（上帝是法国人）。事实上，只要有许多种的民族存在，那就也必有多种教存在。任何一个民族的实在上帝，都是其民族性之荣誉点。——著者

出那就其本质而言未可知晓的、但就其实存而言却确实可靠的彼世来。这里的情形无异于论到上帝时的情形：在他们看来，上帝的实存是确实可靠的，但是，上帝是什么或上帝究竟怎样，那却是无可探究的。可是，说这样话的人，其实已经把彼世丢在脑后；即便他还坚持着彼世——这或者是因为他根本想也没想过这样的东西，或者是因为彼世仍旧还是他内心的需要——，那么，由于他太注重现实的事物，就使他实际上尽可能躲避彼世；他明明以自己的心来加以肯定的东西，他又以自己的头脑否定之；因为，既然他剥夺了彼世所具有的唯一使它成为对人来说实在而有效的对象的那些特性，那他也就等于是否定了彼世。质并不是跟存在区别开来的；质不外就是实在的存在。没有特性的存在，是一个怪物、幽灵。我只有通过质才认识到存在；不能说是先有存在然后再有质。所以，有关上帝之不可认识及不可规定的学说，正像有关彼世之不可探究的学说一样，并不是原本虔诚的学说；倒不如说它们是不虔之产物，不过，这种不虔还仍旧潜伏在宗教之中，或者，说得更确切一些，还仍旧隐藏在宗教背后；并且，这正是因为上帝的存在原来就只是跟特定的关于上帝的观念相依共存的，正是因为彼世的存在原来就只是跟特定的关于彼世的观念相依共存的。故而，基督徒只确信他自己的天国之实存——这天国具有基督教之质——却并不确信回教徒们的乐园或希腊人的乐土。无论哪里，质都是第一个可靠性；只要质是确实可靠的，那么存在就也是不言自明的了。在《新约》中，并没有什么证明或一般命题来指出有一位上帝存在着或者有属天的生命存在着；在《新约》中仅仅列举了天国生活中的一些特性而已。"在那里，他们也不娶也不嫁。"①也许有人要反驳说:这是自然而然的,因为先就已经以其存在为前提。然而,这样一来就意味着将反思之辨别能力硬加给原来对这种辨别一无所知的虔灵了。当然,先就已经以其存在为前提;但是,其所以这样,却只是因为质就已经是存在了,只是因为信心十足的虔诚者只生活在质之中,就好比未开化的人只在他所感觉到的质之中明了实在的存在、自在之物一样。在上引《新约》章节中,童贞的生活或者不如说无性的生活虽然被假设为真正的生活,然而,这个真正的生活却必然成为未来生活,因为现实的今世生活是跟真正生活之理想相矛盾的。但是,这个未来生活可靠与否,却仅仅取决于这个未来——作为真正的、至高的、与理想相适应的生活——之特性可靠与否。

谁实实在在信仰彼世生活,谁认为彼世生活是确实可靠的,那谁就正因此而也认为它是特定的。如果我不知道我在某个时候将是什么和将怎样,如果在我的未来与我的现在之间有着一个本质上的、绝对的区别,那么,到了那个时候我就也不会知道我以前曾经是什么和曾经怎样,那么,意识之统一性就被扬弃掉了,在彼世,有一个另外的存在者代替了我,我未来的存在实际上无异于不存在。反之,如果并没有本质上的区别,那么,彼世就也是一个我可以加以规定和加以认识的对象了。并且,实际情况也正是这样。我是处于诸特性之替代变更之中的恒续的存在者,我是把今世跟彼世连成统一体的本体。我怎么会对彼世不了解呢?相反,今世生活倒是幽暗的、不可理解的生活,它只有借彼世才变得清楚明晰

---

① 《马太福音》,第22章第30节。——译者

起来；在今世，我是一个戴了假面具的、诡秘的存在者；在彼世，假面具给脱下了，我成了我真正所是的。所以，只有宗教怀疑论，因为它完全疏远了宗教之本质，从而绝对地误解了宗教，故而才会自说自话地认为虽然有另一种的、属天的生活存在，但在今世不可能研究这种生活究竟是什么和究竟怎样。凡是被似虔实非的反思当作某个未知的、但确实可靠的实物之已知的影像的东西，在宗教之本来的真正意义上，却并不是影像，而是实物、本质本身。那些伪装虔信的不信者，怀疑实物的实存，但却又浅薄又胆怯，使他们不直接去怀疑它，而只是间接地表现于怀疑影像或表象，也即表现于认为影像仅仅是影像而已。但是，历史已经证明这种怀疑是不真的和虚无的。一旦怀疑到不死之影像之真理性，怀疑人们是否会能够像信仰所设想的那样生存着（例如，没有物质的、实在的肉体而生存着，或者，没有性而生存着），那就立刻会根本怀疑彼世的生存。影像倒下去了，实物也就倒下去了；这正是因为影像本身就是实物。

对天国或一般地对彼世生活的信仰，乃基于一个判断。这个判断说出了称赞和谴责；它具有批判的性质；它总集了今世之精华。并且，这个批判的精华总集，正就是天国。凡是人觉得善美合意的东西，在人看来，就是唯一应当存在着的存在；凡是人觉得丑恶可厌的东西，在人看来，就是应当不存在的存在，从而，既然它还存在着，那它就遭到诅咒，人们希望它没落、消灭。如果生活并不与某种感情、观念、理念相矛盾，如果这个感情、这个理念并不被当作是绝对真和绝对正确的，那也就绝不会产生对属天的彼世生活的信仰。彼世生活，不外意味着并不像今世生活那样与感情、理念相矛盾,而是与其相一致。彼世的意义,不外在于扬弃这种分裂,实现一种与感情相适应、使人与自己取得协调的状态。未知的彼世,就是可笑的怪物了;彼世只不过是某个已知的理念之实在性,只不过是某个被意识到的欲望之满足,只不过是某个愿望之成全。① 彼世仅仅意味着为理念之实现扫清道路。如果我在彼世之中只觉得漆黑一团,如同午夜一般,那么,还谈得上什么安慰,还谈得上什么彼世之意义吗?当然谈不上! 随便什么东西,在今世都只像金属氧化物那样漫射出暗淡的光线,但是,到了彼世却就像纯金属那样映射出耀眼的光泽来。彼世之意义、实存根据,正不外乎将金属从其杂质中分离出来,将善的东西从恶的东西中分离出来,将合意的东西从讨厌的东西中分离出来,将值得称赞的东西从理应谴责的东西中分离出来。彼世是人与其所爱的对象的联姻。他早就知道自己的新娘,早就渴望着她了;但是,外在的关系、无情的现实却偏不作美,不让他跟她结合起来。在结婚典礼上,他的爱人并不成了另一存在者;不然的话,他怎么会如此热恋着她呢? 那时,她就仅仅属于他了,她由渴求之对象一变而为现实占有之对象。虽然在尘世里面彼世只不过是一个影像而已,但却并不是某种遥远的、未知的事物之影像,而是人最最爱慕的东西之照相。人所爱的东西,就成了人的灵魂。异教徒将所爱的死人之骨灰装在一只坛中;而在基督徒那里,属天的彼世就是一座灵庙,在其中安

---

① "在彼世,我们的希望成了现实。"(奥古斯丁,某处)"因此,我们一直盼望着不死生命之最初果实,直到末日时完善性降临,我们就将于中感到和看到我们所信仰和所希望的生活。"(路德,第 1 卷,第 459 页)——著者

置他自己的灵魂。

为了认识一种信仰,一般地,为了认识宗教,必须也要注意宗教之最低级的、最粗野的阶段。我们应当不仅仅循着上升线来考察宗教,而且也应当俯瞰宗教存在的广大领域。我们除了研究绝对宗教以外,也不应当忽视各种各样的宗教,不应当让后者落在前者后面,不应当让后者留在过去之阴影中。这样,我们就既能够正确地评价和领会绝对宗教,并且同样也能够正确地评价和领会别的宗教。宗教意识之最可怖的"迷乱"、最野蛮的放肆,也常常促成我们洞察宗教之最深奥的秘密。看来似乎是最粗野的观念,时常却只是最天真的、最率直的、最真实的观念。论到彼世之观念,情形也然如此。"野蛮人",由于其意识并不逾越自己的国境,由于他完全跟自己的国土同生共存,故而也就将他自己的国土搬到彼世里面去;他或者是听其自然,或者是加以修缀,在彼世之观念中克服自己生活的重担。① 在不文明民族的这个局限性之中,包含有一个动人的特征。在这里,彼世不外表现了对乡土的思念。死把人跟他的家族分离开来,把人跟他的民族、他的国土分离开来。但是,那种还没有扩展自己的意识的人,却忍受不了这种分离;他必须再回到自己的故乡。西印度群岛的黑人宁可自杀,为的是想在他们自己的祖国中再复活过来。这种局限性,跟空想的唯灵主义

---

① 然而,从古代的旅行记事中看来,许多民族都并不把未来的生活设想成为相等或优胜于现在的生活,他们甚至认为未来的生活比现在的生活更为困苦。——巴尔尼《选集》,第1部,《杂记》)记述了一个垂死的黑奴,这个黑奴拒绝受洗礼得永生,他说道:"我不希望再有另一种生命,因为,到了那里,我也许又要当你们的奴隶了。"(Je ne veux point d'une autre vie, car peut-être y serais je encore votre esclave.)——著者

形成鲜明的对比；后者使人成为一个对大地毫不关心的、从一个星球行向另一个星球的流浪者。并且，这种局限性乃是基于真理的。人之所以成为他所是的，乃是依靠自然；虽然也依靠他的自我活动，但是，他的自我活动也基于自然，相对说来，也即基于他的本性。感谢自然！人离不了它。日耳曼人之所以奉自我活动为神圣至尊，也像东方人一样是由于其本性如此。对印度的艺术、印度的宗教和哲学加以谴责，无非就是对印度的本性加以谴责。你们埋怨评论家们抓住你们著作的某一片段而大肆讥讽。那你们自己为什么还要明知故犯呢？只要看问题全面一些，那么，印度的宗教也跟你们的绝对宗教一样合乎理性；你们为什么不这样呢？

所以，在"野蛮"民族那里，对彼世、对死后生活的信仰，本质上不外就是直接对今世的信仰，就是直接而坚定地对今世生活的信仰。今世生活，虽然具有地方狭隘性，对他们来说，却还是具有一切的、绝对的价值；他们不能抛弃掉它，不能够设想其中止；这就是说，他们直接信仰今世生活之无限性、永续性。只有当不死信仰成了一种批判的信仰时，只有当人们区分什么东西留存在今世，什么东西余下给彼世时，只有当人们区分什么东西应当在今世消逝，什么东西应当在彼世永存时，对死后生活的信仰才成为对另一种生活的信仰。然而，这个批判、这个区分，也已经落在今世生活之中。例如，基督徒区分属自然的生活和属基督的生活，区分感性的、世俗的生活和属灵的、神圣的生活。属天的生活、彼世生活，不外就是那在今世已经跟仅仅属自然的生活区别开来、但同时却又与其纠缠在一起的属灵的生活。基督徒在今世所已经排斥的东西，例如，性生活，也为彼世生活所不容。区别仅仅在于，在今世他只是愿望得到自由,只是企图通过意志、信心、禁欲来求得这种自由而已,而在彼世,他就真的得到这种自由了。因此,在基督徒看来,今世生活乃是烦恼痛苦之生活,因为他在今世还跟他的冤家对头勉强合在一起,还必得跟肉欲、跟魔鬼的引诱作斗争。

可见,文明民族的信仰跟不文明民族的信仰的区别所在,一般地就是文化与非文化的区别所在。这区别就在于文化之信仰乃是一种明辨的、详加分析的、抽象的信仰。有所区别,就有所判断;有所判断,则也就产生了积极的东西与消极的东西之间的分离。野蛮民族的信仰,乃是一种无有判断的信仰。与此相反,教养就有所判断:对有教养人士来说只有有教养的生活才是真正的生活,对基督徒来说只有基督教式的生活才是真正的生活。粗野的自然人毫不踌躇地、随随便便地进入彼世;彼世是他的属自然的赤裸。与此相反,有教养人士就厌恶这种不羁的死后生活,因为他在今世就已经反对不羁的自然生活。因而,对彼世生活的信仰,仅只是对真正的今世生活的信仰;今世之本质重要的内容规定性,同时也是彼世之本质重要的内容规定性。由此可见,对彼世的信仰,绝不是对某种另外的、未知的生活的信仰,而是对已经在今世被当作真正的生活的那种生活之真理性、无限性、从而永续性的信仰。[XIX,XX]

* * *

前面说过,上帝不外就是人的本质,只是,已经净除一切在属人的个体看来——不管是在感情中还是在思维中——似乎是界限、祸患的东西。同样,彼世也不外就是今世,只是,已经摆脱了一切看来似乎是界限、祸患的东西。个体越是明确地认识到界限之束缚与祸患之危害,他就越是明确地知晓使这些界限去除掉的那个彼世。彼世乃是感情、表象,使个体借着这个而设想摆脱今世一切有伤他的自我感、生存的界限。宗教的前进道路跟属自然的或合乎理性的人的前进道路的不同,仅仅在于前者是曲线式的,并且是在绕圆圈,而后者却是直线式的,是走捷径。属自然的人留在自己的故乡,因为他喜欢它,因为他完全得到了满足;与此相反,起自不满足、不和睦的宗教,离开家乡漂泊远方,但却只是为了在远处更为生动地感受到家乡的幸福。在宗教里面,人自己跟自己割裂开来,但却只是为了重新回到由以出发的原点上来。人否定自己,但却只是为了重新设定自己,并且,使自己变得身价百倍。这样,他虽然也抛弃彼世,但却只是为了最终又把它设定为彼世。① 这失而复得、并且在复见之欢乐中闪发出更耀眼的光辉来的今世,便是彼世了。虔诚者放弃了今世的欢乐;但是,这却只是为了因此而获得属天的欢乐,或者,不如说他之所以要放弃今世的欢乐乃只是因为他已经至少在精神上占有了属天的欢乐。并且,属天的欢乐跟今世的欢乐并没有什么两样,只不过摆脱了今世生活之界限与可厌之处而已。属自然的人沿着直线迅速地达到了欢乐这个目的,而宗教却迂回曲折地达到这个目的。生活在影像之中,乃是宗教之本质。宗教为了影像而牺牲实物。彼世是经过幻想这面镜子而映射出来的今世,是迷人的影像,是宗教意义上今世之原型;现

――――――――
① 所以,在彼世,一切都重新恢复起来;甚至于"没有一个牙齿或指甲"会失落掉。(见奥理略·帕鲁顿修的《敬神书》中的《论人体之复活》)并且,这种在你们目光中看来似乎是粗野的、属肉体的、从而被你们所拒绝的信仰,乃是唯一彻底的信仰,乃是唯一诚恳的信仰,乃是唯一真诚的信仰。人格之同一性,必须要有肉体之同一性。——著者

第十九章　基督教的天国或人格式的不死　265

实的今世生活,仅仅是属精神的、属影像的彼世生活之假象、闪光而已。彼世,是在影像中被直观到的、净除了一切粗笨的物质的今世,是美化了的今世。

美化、改善,乃以谴责、不满为前提。但是,不满只是表面上的。我并不否认实物具有价值;只是它现在这个样子并不合乎我的心意;我不过是非难特性,而并不是非难本质;不然的话,我也许就不得不要消灭掉它了。一幢房子,如果完全使我不满,那我就干脆拆了它,而不是想法去美化它。对彼世的信仰抛弃了世界,却并不抛弃它的本质;只是不喜欢它现在这个样子罢了。欢乐合乎彼世信仰者的心意——谁会不感到欢乐是某种真的、本质的东西呢?——,但是,使他不满的是,在今世,欢乐之后必有悲哀,欢乐是短暂的。所以,他虽然也将欢乐置放到彼世里面去,但却是将其设定为永恒的、不中断的、属神的欢乐——因此,彼世也被称为欢乐王国——,就像他在今世已经将欢乐置放到上帝里面去一样;因为,上帝不外就是永恒的、不间断的、作为存在者的欢乐。个体性使他满意,但却并不是指负有客观意向的个体性;所以,他虽然也包含有个体性,但却只是指纯粹的、绝对主观的个体性。他喜欢光而不喜欢重量,因为后者对个体来说似乎是一种限制;他不喜欢夜,因为在夜里面人服从于自然;在彼世,只有光而没有重量,没有夜——纯粹的、不受阻碍的光。①

正像人在远离自己而进到上帝中去时总又只是回返到自己本

---

① "复活以后,时间就不再以白天和夜晚来量度。倒不如说到那时将有没有夜晚的白昼。"(大马士革的约翰:《正统信仰》,第 2 卷第 1 章)——著者

身，总还只是环绕着自己打圈子一样，人在远离今世时也总是最终又回返到今世。上帝在开始时越是显得外于人间和超于人间，则他在过程中或在结束时就越是显得属人。同样，属天的生活在开始时或从远处看来越是显得超于自然，则在结束时或在近处看来就越是跟属自然的生活相统一，并且，这种统一最后还一直深入到肉体方面。最初先是灵魂跟肉体分离开来，论到上帝，则是本质跟个体分离开来——个体经历一种精神式的死，留存下来的死了的肉体乃是属人的个体，而从中分离出来的灵魂却是上帝。但是，灵魂跟肉体的分离，本质跟个体的分离，上帝跟人的分离，必然又被扬弃掉。相依共存的东西的任何分离，都是苦痛的。灵魂重又渴望其失却了的诸部分，渴望肉体，就像上帝、离逝了的灵魂重又渴望现实的人一样。所以，正像上帝又成为人一样，灵魂也又返回到自己的肉体；这样，今世与彼世的完善的统一，也就重新恢复了。虽说这新肉体乃是一种容光焕发的、奇迹式的肉体，但是，主要还在于它既不同于而又相等于现在这个肉体，①就像上帝既不同于属人的存在者，却又就是属人的存在者一样。在这里，我们又来到了将互相矛盾的东西统一起来的奇迹之概念。超自然的形体乃是幻想之形体，但却正因此而适合于人的心情，因为它丝毫不麻烦他，是个纯粹主观的形体。信仰彼世不外意味着信仰幻想之真理性，就像信仰上帝不外意味着信仰属人的心情之真理性与无限性

---

① "Ipsum（corpus）erit et non ipsum erit.（它［形体］既就是这个形体而又不就是这个形体。）"奥古斯丁语，见于多德兰的《基督教神学之基本原理》，阿尔多夫1781年版，§280。——著者

第十九章 基督教的天国或人格式的不死 267

一样。或者说,正像对上帝的信仰仅只是对人的抽象本质的信仰一样,对彼世的信仰,也仅只是对抽象的今世的信仰。

但是,彼世之内容却是人格性之福乐、永恒的福乐,这个福乐虽然也在今世存在,但却被自然所局限和损害。所以,信仰彼世,就意味着相信主观性摆脱了自然之限制;也就是说,对彼世的信仰,就是对人格性之永恒性与无限性的信仰,并且,并不是指处于类概念——它不断在更加新的个体中得到展开——之中的人格性,而是就是指这些已经生存着的个体之人格性;从而,它也就是对自在的人的信仰。可是,对天国的信仰是跟对上帝的信仰相一致的——二者的内容相同——,上帝乃是纯粹的、绝对的、摆脱了一切自然界限的人格性:他原本就是属人的个体所仅仅应当是的、将要是的。所以,对上帝的信仰,就是人对他自己的本质之无限性及真理性的信仰。属神的本质就是属人的本质,并且,是处于其绝对的自由与无限性之中的主观地属人的本质。

至此,我们完成了我们最最本质的任务。我们已经将外于世界的、超于自然与超于人的上帝的本质还原成为属人的本质的组成部分,以作为其基本组成部分。我们在结束处又回到了开端处。人是宗教的始端,人是宗教的中心点,人是宗教的尽头。

第二部分

宗教之不真的（或神学的）本质

第二十章　宗教的基本立场

宗教的基本立场，是实践的立场，在这里，也即主观的立场。宗教的目的，是人的安适、得救、福乐；人对上帝的关系，不外就是人对自己的得救的关系：上帝是被实现了的灵魂得救，或者说，上帝是实现人的得救、福乐的无限权力。① 基督教跟别的宗教的尤其突出的区别，便在于它最为强调人的得救。所以，基督教不称自己为关于上帝的学说，而称自己为关于得救的学说。② 可是，这个得救并不是指世俗的、属地的幸福和安适。相反，最深造的、最纯真的基督徒们断言，属地的幸福使人离弃上帝，而尘世上的不幸、苦难、疾病却使人归顺上帝，从而，唯有这些是适合于基督徒们的。③ 为什么呢？就因为在不幸之中人只倾向于实践或主观，在不幸之中人只想到急需的东西，在不幸之中人感到上帝是人的需

---

① "你的得救应当成为你唯一的思想，上帝应当成为你唯一所关心的。"（托马斯·阿·坎比斯：《效学基督》，第 1 卷第 23 章）"不可思想违背你自己的得救的东西。其实，非但不违背，而且，一切除了你自己的得救以外的东西，你都不可思想。"（伯尔拿：《论沉思——致教皇尤金三世》，第 2 卷）"谁寻求上帝，谁就关心他自己的得救。"（亚历山大的克雷门斯：《劝导外邦人》）——著者

② 关于作为人类之救赎者的基督的学说，便叫作救世说。——俄译本编者

③ 然而，谁仅仅由不幸来证明宗教之实在性，谁就也证明了迷信之实在性。——著者

要。乐趣、欢乐使人扩张,而不幸、痛苦则使人收敛和压缩;在痛苦中人否定世界之真理性;一切迷住了艺术家的幻想和思想家的理性的东西,对他来说,都丧失其刺激,丧失其魔力;他沉潜于自身之中,沉潜于自己的心情之中。而这样一个沉潜于自身,仅仅专注于自身,对世界——一般地对自然——是唯心主义的,而关系到人时则是现实主义的,只关心自己的必要的、内在的对得救的需要的存在者或心情,就是上帝。作为上帝的上帝,作为宗教之对象的上帝——并且只有作为宗教之对象他才是上帝——,也即在专有名词之意义上的上帝而不是在一般的、形而上学的存在者之意义上的上帝,在本质上仅仅是宗教之对象而不是哲学之对象,是心情之对象而不是理性之对象,是内心需要之对象而不是思想自由之对象;简言之,仅仅是这样的一个对象、存在者,它并不反映出人里面理论的倾向,而是反映出实践的倾向。

宗教使自己的学说包含有诅咒和祝福,沉沦和福乐。信的就福乐,不信的就不福乐,就被舍弃,被定罪。因此,宗教并不诉诸理性,而是诉诸心情,诉诸对幸福的追求,诉诸恐惧与希望之激情。它并不站在理论的立场上;不然的话,它在述说自己的教义时就应当有自由不去联系到其实践后果,应当有自由不再在一定程度上强制别人信仰;因为,既然说"我不信,我就要被定罪",那么,达到信仰就完全是由于良心的驱使,是对地狱的恐惧驱使我去信仰。即使我的信仰就其来源而论应当算是自由的信仰,实际上却也总还是有恐惧的成分在内;我的心情始终是受拘束的;怀疑——理论自由之原则——对我来说显得是一种犯罪。然而,既然宗教之最高概念、最高存在者便是上帝,那么,怀疑上帝甚或怀疑上帝是否存在，就当然是最高的犯罪了。可是，那我不敢加以怀疑的东西，也即那如果我加以怀疑我就会感到心情不安、就会深深责备自己的东西，则也就不属于理论之领域，而是属于良心之领域，并不是理性之本质，而是心情之本质。

但是，因为只有实践的或主观的立场才是宗教之立场，从而，宗教只把实践的人，有企望的人，专门按照自己有意识的目的——不管是肉体上的还是道德上的——而行动着的人，只把那仅仅与这种目的和需要相联系地而不是自在地来看待世界的人，才看作是本质完整的人。故而，对于宗教，一切隐藏在实践意识后面但却是理论（这里的理论，是指在最原始和最普遍的意义上的理论，是指在客观直观和经验、理性以及科学①之意义上的理论）之主要对象的东西，就被视为超脱人和自然之外的一个特殊的人格存在者。一切善的东西都来自上帝——然而，来自上帝的善，主要说来却只是这样一些东西，即意想不到地掌握住人，不跟企望与意图步伐一致，逾越实践意识之界限；而一切坏的、恶的、劣的东西都来自魔鬼——然而，来自魔鬼的恶，主要说来却只是这样一些东西，即意想不到地突然从中破坏他的道德企望或宗教企望，或者用可怕的暴力使他的企望幻灭。要认识宗教之本质，就也必须要认识魔鬼、撒旦、鬼怪。② 只要不是粗暴地将宗教改头换面，那么，这些东西

---

① 可见，在这里以及在本书的别的地方，理论乃被理解成为真正的客观实践之源泉，因为，人只能做他所知道的事情（tantum potest quantum scit）。所以，"主观的立场"这个字眼表明，无教养与无知之立场，就是宗教之立场。——著者

② 论到《圣经》中有关撒旦及其权力与作用的观念这一方面，可以看吕马尔别格的《保罗教义之基本特征》以及克纳普的《基督教教义讲演录》（§62—65）。来自鬼怪的各种疾病，魔鬼的附身，也属于这一方面。所有这些疾病，也都在《圣经》里面得到论证。见克纳普（§65，Ⅲ，2,3）。——著者

就绝不会失去。圣恩及其作用,乃直接与魔鬼之作用相对抗。宗教认为,那些不由自主的、由本性深处激发出来的感性意向,一般地,一切为宗教所不明白的道德祸患和肉体祸患——不管是真祸患还是假祸患——之现象,都是邪灵的作用。同样,宗教也认为,灵感与圣灵充满①时的不由自主的运动,必然是良善者的作用,是上帝、圣灵或圣恩的作用。这样,就形成了恩典之专擅;敬虔者申诉道,恩典一会儿临到他们、赐福给他们,一会儿又遗弃、斥黜他们。恩典之生命、本质,就是不由自主的心情之生命、本质。心情,就是基督徒们的保惠师。② 缺乏心情与灵感的时刻,就是生命中被属神的恩典所遗弃的时刻。

在关系到内在生活时,可以把恩典定义为宗教守护神,而在关系到外在生活时,却又可以将其定义为宗教偶然。人是善是恶,绝不是仅仅决定于自己,决定于自己的力量,决定于自己的意志,而是同时又决定于许许多多秘密的和公开的定命,这些定命,因为绝不基于绝对的和形而上学的必然性,故而我们把它们归属于弗里德里希大王常说的"偶然陛下"之威力。③ 属神的恩典是偶然的威力被神秘化了。在这里,我们再一次确证了我们认为是宗教之基本法则的东西。宗教使一切都依赖于上帝,由上帝来解释一切,这

---

① 始见于《使徒行传》,第2章第4节。——译者
② 参阅《约翰福音》,第14章第16节。——译者
③ 谢林在其关于自由的著作中,是通过一种在永恒之中,也即在今世生活以前便已成就了的自我规定来解释这一个谜的。这样的假设,是多么空虚和幻妄啊!可是,幻想学,凭空的、幼稚的幻想学,却是所谓的实证哲学家——这些"玄奥的"、极其玄奥的宗教思辨家——之最奥妙的秘密。愈是乖谬,就愈显得玄奥。——著者

样,宗教就否定、取消了偶然。可是,它只是表面上似乎否定了偶然;其实不过是将偶然移到属神的专擅之中而已。因为,上帝的意志——由于一些不可理解的原因,说得明白一些,也即由于没来由的、绝对的专擅,甚至可以说由于属神的意气,它命定、注定一些人堕落、不幸,而又命定、注定另一些人善良、得救、福乐——,它本身并不具有唯一有效的标志可以使自己区别于"偶然陛下"之威力。这样,恩典选择之秘密,就是偶然之秘密,或者说,就是偶然之奥理。我之所以说是偶然之奥理,乃因为实际上偶然就是一个神秘。然而,我们的思辨宗教哲学却完全忽视和无视这个神秘,它由于绝对存在者之假神秘,也即由于神学之假神秘而忘记了思维与生命之真神秘,这样,也就由于属神的恩典或选择自由之神秘而忘记了偶然之凡俗的神秘。①

还是回到我们的题目上来吧!魔鬼的消极的东西、恶的东西,其所以消极、恶,并非来自意志,而是来自本质;而上帝是积极的东西、善的东西,其所以积极、善,也并非来自意志,而是来自本质。魔鬼是不由自主的、不可解释的邪恶,而上帝是不由自主的、不可解释的良善。二者具有同一个源泉;只是,性质有所不同或正相乖异。因而,即使在近代,对魔鬼的信仰也与对上帝的信仰有着最为密切的联系,从而,对魔鬼的否认,也跟对上帝的否认一样,被当作是无神论。如果我们由属自然的原因中导出恶、劣的东西之现象

---

① 毫无疑问,这样来揭露恩典选择之神秘,将被称为是不虔的、背神的、魔鬼式的。我对此毫无异议:与其做一个与谎言联盟的天使,倒不如做一个与真理联盟的魔鬼。——著者

来，那我们就同样也要由事物之本性而不是由某个超乎自然的存在者中导出善的、属神的东西之现象来。这样一来，最终必然会达到这样的地步，即或者是完全抛弃了上帝，或者是至少不信仰宗教之上帝而信仰别的，或者是——这是最常见的——使上帝成为一个懒惰的、不干事的存在者，使他的存在无异于不存在，因为他不再有效地干涉生活了，他只不过被移放到世界之顶端，被移放到始端作为第一原因。这里，关于上帝，还剩下来的只是：上帝已经创造了世界(Gott hat die Welt erschaffen)。在这里，第二过去时①是必要的；因为，从那时开始，世界像一台机器那样继续在开动着。至于有人补充说"他永远在创造，他今天还在创造"，那就只不过是凭空臆想出来的而已；在这里，第二过去时完善地表达其宗教意义；因为，如果上帝的作用是完了时，那么，宗教的精神就是过去的东西了。若是实实在在的虔诚者说，"第二过去时在今天还是现在时"，那事情却不同了，这固然也是臆想之产物，但却有着合乎规律的意义，因为在这里上帝一般地是被设想为行动着的。

哪里有世界之观念，即所谓中间原因之观念潜入于上帝与人之间，那里宗教就整个的被扬弃掉了。在那里，已经有一个陌生的东西——理智教养之原则——不知不觉地潜入了，那仅仅存在于人与上帝的直接关联中的宗教之和平与和谐就被破坏了。中间原因是非信仰的理智与尚属信仰的心所签订的和约。诚然，按照宗教的说法，上帝也是借助别的事物和存在者而对人起作用的。但是，终究只有上帝才是原因，只有上帝才是行动着的和起作用的存

---

① 德语动词过去时有三种形式。第二过去时为完了时态。——译者

在者。别人对你做的事,在宗教之意义上,并不是别人对你做的,而是上帝对你做的。别人,只不过是假象、中介、媒介物而已,并不是原因。然而,中间原因却是独立的存在者与非独立的存在者之间的非神圣的中介物:上帝给予第一个推动力,然后就开始了中间原因的自我活动。①

宗教由自己本身完全不知道有什么中间原因存在;相反,对它来说,中间原因之存在无异于一块绊脚石。因为,虽然上帝作为实在的上帝而言本身又是一个感性存在者,但是,中间原因之王国——感官世界、自然——却毕竟正是使人脱离上帝的东西。②所以,宗教相信,这堵隔墙迟早总会去掉。终有一天,什么自然、物质、肉体——至少,那种使人跟上帝分离开来的肉体——都不存在了;终有一天,只存在有上帝和虔灵。虽然宗教仅仅由感性的、属自然的、从而非宗教的或至少不虔的直观中了解到中间原因——

---

① 愚蠢而空洞的——或者,说得更确切一些,诡辩的——"上帝共运说",必须在这里提一下。根据这种学说,上帝不仅给了第一个推动力,而且也参与中间原因的行动。其实,这个学说只是那种贯穿整个基督教历史的充满着矛盾的上帝自然二元论之特殊表现而已。关于这一条注解和这一个论题——一般地,整个这一章的论题——,可以参阅斯特劳斯的《基督教教义》,第2卷,§75和§76。——著者

② "当我们还处于形体之中时,我们是远离上帝的。"(伯尔拿,书信第18,巴塞尔1552年版)所以,彼世之概念,不外就是那真正的、完成了的、从属今世的桎梏中解放出来的宗教之概念,而彼世,前已提及,则不外就是宗教之真正的主张和意念,是宗教之公开的内心。在今世,我们信仰;在彼世,我们观看。换句话说,在彼世,除了上帝以外什么也没有,从而,在上帝与灵魂之间也完全没有什么区别可言;然而,这却只是因为二者之间不应该有什么区别,只是因为上帝与灵魂的直接统一是宗教之真正的主张与意念。——"可见,我们必要与上帝灵交,因为他始终隐而不露,使我们不能在今世面对面地与他交往。在现在,一切被造物都不过是空虚的面具而已,上帝就隐藏在这下面,借以与我们往来。"(路德,第11卷,第70页)"假如你摆脱了被造物之影像,那你就可以不间断地与上帝同在。"(陶勒,前书,第313页)——著者

存在于上帝与人之间的障碍物——之实存,然而,由于宗教使自然之作用成为上帝之作用,故而立刻又压抑了这种直观。可是,那容许属自然的事物具有实在的自我活动的属自然的理智与智能,却跟这种宗教观念相矛盾。为了解决感性直观跟宗教直观之间的这个矛盾,宗教正是使事物之无可否认的效能成为凭借这些事物而起作用的上帝之效能。在这里,上帝是本质、主要,而世界是非本质、次要。

反之,当中间原因处于主动的时候,也即所谓当中间原因被解放了的时候,情形就正好相反:自然成了本质,而上帝成了非本质。世界就其存在而言是独立的,仅就其始端而言,才是从属的。在这里,上帝只是一个假设的、派生的存在者,他仅仅起源于狭隘的理智的需要;上帝不再是发源的、绝对必然的存在者了。这种狭隘的理智把世界比作一台机器,不能设想如果没有一个自我运动着的原则世界怎么能够存在。上帝之所以存在,并非为了他自己,而是为了世界,仅仅为了作为第一原因而来解释世界机器。狭隘的理智人不同意说世界一开始就独立地存在着,因为他仅仅从主观的实践的观点来看世界,仅仅看到了世界的卑劣,仅仅把世界看作是一台工作着的机器,他并没有看到世界的崇高和尊贵,没有把世界看作是宇宙。可见,他在世界上面撞昏了他的头。这样一撞使得他神志不清起来,以致他把自己的震撞当作外于世界,将其对象化成为使世界得以存在的原始推动力,这原始推动力使得世界永续地运动着,就像数学运算中一次撞击使物体进入运动状态一样。这就是说,他设想了一个机械的起源。一台机器必须要开动它;机器之概念中就已经包含有这一点了;因为,机器并不是依靠自己本身就能够开动起来。

一切宗教思辨式的创世说,都是同语反复。我们从这个例子中也看到了这一点。在创世说中,人只是向自己解释——或者说,只是实现——他自己对世界所具有的概念,他只是重复了他在别的地方已经说过的对世界的看法。所以,在这里,既然世界是一台机器,那么,不言自明,它"并非自己制造自己",倒不如说它是被造出来的,换句话说,它具有机械的起源。当然,因为宗教意识也认为世界仅仅是成品,仅仅是意志之产物而已,故而宗教意识在这一点上是跟机械观点相一致的。但是,它们的一致是短暂的,仅仅在论到创造时才取得一致;这创造之瞬间过去了,协调也就消逝了。机械家只需要上帝来创造世界而已;世界一经创造出来,便立刻背弃亲爱的上帝,并且还因了自己无神的独立性而心花怒放呢。与此相反,宗教之所以要创造世界,却只是为了能够经常意识到世界的虚无性,经常意识到它对上帝的依赖性。对机械家来说,创造是把宗教与自己连起来的最后一根细线;那认为世界之虚无性是具体真理的宗教(因为,在宗教看来,一切力量和活动都是上帝的力量和活动),对机械家来说,只是一种对青年时代的回忆而已;所以,他把创世、宗教奇迹、世界之虚无性——因为,在太初,在创世以前,并没有世界,只有上帝——移到遥远的过去,而世界之独立性——这是唯一对他有吸引力的东西——却以现存之实力对他起作用。机械家以世界之活动来中断和缩短上帝之活动。诚然,在他看来,上帝仍然还具有某种历史上的权利。但是,由于这个权利跟他的自然法有矛盾,因而他尽可能地限制这种还属于上帝所具有的权利,以便为他的属自然的原因以及为他的理智赢得越来越大、越来越自由的活动余地。

机械家意义上的创造，其情形跟奇迹一般无二；他能够、并且实实在在地容忍了奇迹，因为——至少宗教如此认为——它们曾经存在过。可是，除非他属自然地、也即机械地来解释奇迹，不然的话，他就只能通过将它们移至过去而使其灭迹；为了现在，他就大大方方地要求一切东西了。如果人们从理性中、从智能中失却了某种东西，如果人们不再出自本意地去信仰它，而且，即使仍旧还信仰，也只是因为大家都信仰它或由于某种原因必须信仰它，总之，如果某种信仰内在地已经消逝，那么，人们也就一定会外在地将信仰之对象移至过去。这样一来，一方面不信者可以吐一口气，另一方面，却也仍旧赋予信仰以一种至少是历史上的权利。在这里，"过去"成了信仰与不信之间的巧妙的权宜之计。虽然我信仰奇迹，但是，nota bene（请注意），我并不信仰现在发生的奇迹，而是信仰曾经发生过的、已经成为——上天保佑！——第三过去时（Plusquamperfecta）的奇迹。在这里，情形也然如此。创造是上帝的一个直接的行为或作用，是一个奇迹，因为，除了上帝以外，曾经什么也没有。在创造之观念中，人超越了世界，将世界置之度外；他设想在创造的一刹那间世界是不存在的；这样，他把存在于他自己与上帝之间的东西——感性世界——完全忽略掉了；他使自身直接与上帝相接触。与此相反，机械家就不敢这样直接与上帝相接触；所以，他——虽然这样做未免有些非分——立刻又使现在时成为第二过去时；他在他自己的属自然的或唯物主义的直观跟关于上帝直接作用的思想之间，插入了好几千年。

反之，在宗教之意义上，只有上帝才是一切积极的、善的作用之原因,①只有上帝才是最终的,但又是唯一的根据,使宗教以此来回答——或者,倒不如说以此来拒绝——理论或理性所提出的一切问题;因为,宗教用"不"来回答一切问题:它用千篇一律的回答来对付各种各样的问题,使自然之一切作用都成为上帝的作用,成为某一个有意图的、人格式的、外于自然和超于自然的存在者的作用,这样一来,它就给了一个等于不回答的回答。上帝是用以弥补理论之缺陷的概念。他是不可解释的东西之解释,而这种解释,既然应当要毫无区别地解释一切事物,结果,实际上就什么也解释不了。他是理论之夜晚;他之所以能够使心情好像什么都明白,乃只是因为在这种夜晚之中没有了黑暗之尺度,没有了辨明是非的理智之光。他是无知;他之所以解决了一切怀疑,乃只是因为他用暴力镇压一切的人,他之所以什么都知道,乃只是因为他什么确定的东西也不知道,只是因为一切使理性敬服的东西都在宗教面前消失了,都丧失其个体性,从而,在属神的威力看来,就显得一无所是。夜晚,乃是宗教之母亲。

祈祷是宗教之本质重要的行为;在祈祷中,表现出了宗教的本质。祈祷是全能的。虔诚者在祈祷中所渴求的,上帝无不一一成

---

① 真正说来,上帝也是一切消极的、恶的、有害的、危害人的作用之原因,因为,正像诡辩神学所说的那样,这一些作用也只有在上帝的允许下才会发生;并且,真正说来,魔鬼——一切邪恶、祸患之主谋——也不外乎就是恶的上帝,不外乎就是上帝的怒气,只是,已经被人格化了,已经被表象成为某个特殊的存在者。因而,上帝之怒气也就成了一切祸患之原因了。历史上一些可怖的场面(例如,发生在耶路撒冷、乌底加的事)应当使我们回忆起上帝的怒气,促使我们以真诚的忏悔和恳切的祈祷来感动上帝(可参考密朗赫顿的《密朗赫顿演说集》,第3部,第29页)。——著者

全。但是,他不单祈求属精神的事物,①并且也祈求在他之外存在着的、处于自然之威力下面的事物;他在祈祷中正是想要克服这自然之威力。在祈祷中,他求助于超自然的手段,为的是要达到自在地属自然的目的。在他看来,上帝并不是一切属自然的作用之遥远的、第一的原因,而是其直接的、此时此地起作用的原因。在祈祷中,他鄙视所谓的中间力量和中间原因;因为,不然的话,他的祈祷就会丧失力量和热心了。说得更确切一些,他压根儿就不管这种中间力量和中间原因;因为,不然的话,他就必得通过迂回曲折的道路来达到他的目的了。然而,他却企望直接的帮助。他把祈祷看作是避难所。因为,他确信,求助于上帝远远胜过求助于理性和本性之一切努力与活动,他确信,祈祷具有超乎人的和超乎自然的力量。②但是,在祈祷里面,他直接向上帝祈求。这样,在他看来,上帝便是直接的原因,是被成全了的祈祷,是使祈祷实现的那种威力。然而,上帝的直接作用,便就是奇迹。所以,奇迹是宗教观中本质重要的东西。宗教以奇迹的方式解释一切。奇迹并不是经常不断地发生;这一点,就像人并不是经常不断地祈祷一样,是不言自明的。不过,"奇迹并不是经常不断地发生"这样的说法,却并不包含于宗教之本质里面,而是仅仅包含于属自然的或感性的直观里面。然而,哪里开始有宗教,那里就开始有奇迹。每一次真

---

① 只有不信仰祈祷的人,才会狡猾地把祈祷仅仅局限于精神方面。——著者

② 所以,在未开化人的观念中,祈祷就成了强制手段或符咒。可是,这种观念是非基督教的(虽然许多基督徒也认为,祈祷实在是对上帝起强制作用的),因为,在基督教里面,上帝自在自为地就是自我满足了的心情,是对(当然是指虔诚的)心情百依百顺的仁慈全能者。可是,强制之观念却基于无情的上帝。——著者

正的祈祷,都是一个奇迹,都是行奇迹的力量之作用。外在的奇迹不过是使内在的奇迹成为可见而已;换句话说,在外在的奇迹中,只不过是那自在自为地包含于宗教之基本观点——这就是:一般地,上帝是一切事物之超自然的、直接的原因——之中的东西进入时间和空间,从而成为一个特殊的事实而已。实际的奇迹,其实只不过是宗教之充满着激情的表露,只是激动的瞬间。只有在非常场合下,即当心情激动的时候,奇迹才会发生。故而,也有愤怒之奇迹。冷静清新时不会有奇迹发生。正是在激动的时候,最内在的东西就显示出来了。人并不是始终以同样的热情和力量来祈祷的。如果是这样,那祈祷就无效了。只有满腔热情的祈祷,才显示了祈祷之本质。只有那把祈祷看作是一种自在自为地神圣的权力,看作是一种自在自为地属神的力量的人,才会去祈祷。奇迹也然如此。只有在以奇迹式的世界观作为基础的地方,才会或多或少有奇迹发生。可是,奇迹完全不是理论的或客观的世界观与自然观;奇迹满足了实践上的需求,并且,是跟理性所敬服的各种规律相矛盾地来满足的。在奇迹里面,人把自然看作是自为地虚无的存在,使它服从于他自己的目的;奇迹是属灵的或虔诚的利己主义之最高级;在奇迹里面,一切事物都为危急不堪的人服务。由此自明,宗教之本质重要的世界观,是站在实践的或主观的立场上的世界观;上帝——因为,奇迹力之本质,是与上帝之本质一致的——是一个纯粹实践的或主观的存在者,但他却弥补与满足了理论的世界观之缺陷与需要,从而,就像那仅仅起源于不动脑筋的奇迹一样,并不是思维、认识之对象。如果我站在思维、研究、理论之立场上,实事求是地来看事物,那么,对我来说,行奇迹的存在者就化为乌有,从而,奇迹也就化为乌有。不过,请注意,我这里所说的奇迹,是指宗教式的奇迹,是绝对不同于属自然的奇迹的。因为,实际上,为了蛊惑理性,为了在属自然性之假象下使宗教式的奇迹冒充成为合乎理性的和实在的,人们常常将二者混同起来。

可是,正因为宗教对于理论之立场,对于理论之本质是一无所知的,所以,宗教把自然与人类之真正的、普遍的本质——这个本质是宗教所不能看到的,只有理论的眼睛才看得到——设想成为另一种的、奇迹式的、超自然的存在者,将类之概念设想成为上帝之概念,而这上帝,既是一个个体型的存在者,但却又与诸属人的个体不同,具有后者整个类的属性。因此,在宗教里面,人必然把自己的本质放到自己以外,将其设定为另一存在者。其所以必然,便因为他不了解理论之本质,便因为他的整个被意识到的本质都消失于实践的主观性之中。上帝是他的另一个"我",是他的被失去了的另外一半;他在上帝里面得以完整;只有在上帝里面,他才是完善的人。他感到需要上帝;他觉得缺少些什么,但却不知道到底缺少些什么;而上帝却正就是这个缺少的什么,上帝是他所必不可缺的,上帝是他的本质所必需的。在宗教看来,世界一无所是。① 因为世界不外乎就是实在性的总和,因而,只有理论才揭示

---

① "没有神意和神威,则自然就一无所是。"(拉克丹修:《神训录》,第 3 卷,第 28 章)"一切被造的东西,虽然由上帝很好地创造出来,然而,与创造者相比,就相形见绌,并且,相比之下,似乎就谈不上其存在了,因为,既然创造者曾说'我是自有永有的'*,那他就仅仅将最高和最本来意义上的存在归给他自己。"(奥古斯丁:《论义人之完善》,第 14 章)——著者

* 见《出埃及记》,第 3 章第 14 节。——据德文本编者

世界的壮丽；理论的欢乐，是生活中至美的精神欢乐。但是，宗教不了解思想家的欢乐，不了解自然科学家的欢乐，不了解艺术家的欢乐。宗教缺乏宇宙观，缺乏对实实在在无限的东西的意识，缺乏对类的意识。宗教只在上帝里面才补偿了在生活方面的缺陷，补偿了现实生活提供给理性直观的无限丰富的本质内容。对宗教来说，上帝是失去了的世界之补偿；对宗教来说，上帝是纯粹的直观，是理理之生命。

实践的直观，是不洁的、为利己主义所玷污的直观，因为，在这样的直观中，我完全以自私的态度来对待事物；它是一种并非在自身之中得到满足的直观，因为，在这里，我并不把对象看作是跟我自己平等的。与此相反，理论的直观却是充满喜悦的、在自身之中得到满足的、福乐的直观，因为，它热爱和赞美对象；在自由知性之光中，对象像金刚石一样闪发出异样耀目的光辉，像水晶一样清澈透明。理论的直观是美学的直观，而实践的直观却是非美学的直观。宗教因为缺乏美学的直观，故而需要在上帝里面得到补偿。在宗教看来，世界原本就是虚无的，一切对世界的赞美、直观，尽都是偶像膜拜；因为，在它看来，世界只不过是一件被造出来的成品而已。① 因而，上帝是纯粹的、无瑕疵的，也即理论的或美学的直

---

① "眼睛喜爱美丽而多样的形状，喜爱光亮惹爱的颜色。但是，这些事物不应当吸引住我的灵魂；它们只吸引住将它们创造出来的上帝；它们虽然非常好（因为是他创造出来的），但是，毕竟只有他自己，而不是这些事物，才是我的寄托和依靠。"（奥古斯丁：《忏悔录》，第5卷第34章）"《圣经·哥林多后书》第4章第18节禁止我们顾念可见的东西。因此，只有上帝，才是应当爱的；至于这整个的世界，也就是一切感性的东西，虽则为了今世生活的需要可以加以利用，但必须加以蔑视。"（奥古斯丁：《天主教聚会要则》第20章）——著者

观。上帝是虔诚者客观地对待之的对象;在上帝里面,他为了他自己而把对象看作是对象。上帝是自我目的;这样,上帝对于宗教所具有的意义,就是一般对象对于理论所具有的意义。在宗教看来,理论之普遍本质成了特殊本质。

第二十一章 上帝的实存中的矛盾

宗教是人对他自己的本质的关系——这里面就包含了宗教的真理性以及道德上的拯救力。但是，这里所说的他的本质，却并不被当作他自己所固有的本质来看待，而是被当作一个另外的、跟他区别开来的、甚至正跟他相对立的存在者；这里面，就包含了宗教之不真、宗教之限制、宗教之与理性及德性相矛盾，就包含了宗教狂热之祸根，就包含了残酷的人祭之至高无上的、形而上学的原则，简言之，也即包含了宗教史悲剧中一切残虐、一切令人战栗的场面之原始根据。

然而，在宗教的原始概念中，人不由自主地、天真地、率直地会将属人的本质当作一个另外的、自为地生存着的存在者，从而，既直接把上帝跟人区别开来，却又使上帝跟人等同起来。但是，当宗教在理智方面逐渐增长，当宗教内部逐渐激发起对宗教本身的反思，逐渐滋长起对属神的本质与属人的本质的统一的意识时，一句话，当宗教成为神学时，则人们原来虽然是不由自主地、无恶意地把上帝跟人分开来，这时，这种分离却成了故意的、有阴谋的区分了，这种区分的目的，无非就在于将这个已经进入意识之中的统一重新驱逐出意识。

所以，宗教离其起源越是近，宗教越是真实无假，那它就越不隐瞒自己的这个本质。这就意味着,在宗教之起源处,上帝与人之间甚至并没有什么质的或本质的区别。并且,虔诚者绝不会因了这种同一性而不安;因为,他的理智还是跟他的宗教相协调的。例如,在古犹太教中,耶和华只不过是一位就其生存而言跟属人的个体区别开来的存在者;但是,在质的方面,就其内在本质而言,那他就完全跟人一样,他有着像人一样的情感,他具有同样的一些属人的、甚至属形体的属性。只有在后期犹太教中,人们才最为严格地将耶和华跟人分别开来,并且以譬喻为其避难所,以便赋予上帝的人情味以不同于原来意义的意义。在基督教中,情形也然如此。在基督教之最古的文献中,基督之神性还没有像以后那样鲜明。尤其是在保罗那里,基督甚至还是一位在天与地之间、上帝与人(或者,一般地,从属于至高者的存在者)之间摇摆不定的存在者,是天使之首,是第一被造者(但毕竟还是被造者)。基督为了我的缘故而被生下来,但是,这以后,天使、人也不是被造出来的,而是被生下来的;因为,上帝也是他们的父。只有教会,才明明白白地将他跟上帝等同起来,使他成为上帝的独生子,规定了他跟人和天使的区别,给予他以永恒的、非被造的存在者之独占权。

对宗教的反思——这就是神学了——在使属神的存在者成为另一存在者,成为外于人间的存在者时,就概念而言,首要的方式便在于正式证明上帝的实存。

人们宣称,对上帝的实存的各种证明,都是跟宗教之本质相矛盾的。确是这样;但是,仅就证明之形式而言才是这样。宗教直接将人之内在本质叙述成为客观的、另一种的本质。证明,则只不过要证明宗教有权利这样来做。最完善的存在者,便意味着人们不能设想再有更高的存在者了；而上帝，正就是人设想到的和能够设想到的至高者。本体论式的证明——这是最使人感兴趣的证明，因为它是由内而外的——之这个前提，道出了宗教之最内在、最秘密的本质。什么东西人认为是至高者，不再能够加以抽象，并且成为他的理智、心情、意念之本质重要的界限，那这个东西对他来说就是他的上帝，也就是不能再设想较其更高的至高者了。但是，这个至高存在者，如果并不实存着，那也许就并不是至高的了；这样，我们也许就能够设想一个更高的存在者，后者因了自己的实存而胜过前者。但是，最完善的存在者这概念本身，先就已经不允许我作这样的假想。不存在，就是缺陷；存在，就是完善、幸福、福乐。对于一个存在者，如果人把一切都给了他，为了他而忍痛牺牲一切可贵的东西，那么，人绝不会不肯把实存之福给予他。要说与宗教虔诚相矛盾，那就仅仅在于实存抽象地被思想，从而，产生了这样一种假象，即似乎上帝仅仅是一个被思想的、在表象里面生存着的存在者。不过，这个假象立刻又被扬弃掉了；因为，对上帝的实存的证明，正是证明上帝是一个跟被思想的存在区别开来的存在，是一个外于人、外于思维的存在，是一个现实的存在，是一个自为的存在。

　　证明跟宗教之间的区别，仅仅在于证明是以一个正式的推理式来阐明和展开宗教之秘密的省略推理法（Enthymema），从而，把宗教直接联结起来的东西区分开来；因为，宗教认为是至高者、上帝的，宗教也就不会把它当作是思想，而是直接把它当作是真理与实在。但是，每一种宗教在反驳别的宗教时，本身就承认也在作秘密的、未展开的推理。基督徒说道："你们异教徒不能够设想还有比你们的神灵更高的东西了,因为你们罪深恶极。你们的神灵基于一个推理,而这个推理的前提,却就是你们的感性欲望、你们的情欲。你们以为,最卓越的生活便是尽情纵欲的生活;并且,因为你们认为这种生活是最卓越的、最真的生活,因而你们就使它成为你们的上帝。你们的上帝,乃是你们的感性欲望;你们的天堂,仅仅意味着可以使你们那些在公民生活——一般地,现实生活——中受到限制的情欲得以为所欲为。"但是,在关系到自己时,宗教当然就绝不会意识到什么推理了;因为,它所能够达到的最高思想,就是它的界限,并且,对它来说,具有必然性之力量,从而,对它来说,并不是思想,并不是表象,而是直接的现实。

　　对上帝的实存的证明,其目的在于使内在的东西得以显明出来,使其从人里面分离出来。① 通过实存,上帝就成了一个自在之物:上帝不仅是一个为了我们的存在者,不仅是一个处于我们的信仰、我们的心情、我们的本质之中的存在者,并且,他又是一个自为的存在者,又是一个外于我们的存在者。简言之,他不仅是信仰、感情、思想,而且也是一个与信仰、感觉、思维等行为区别开来的、实在的存在。但是,这样的存在不外就是感性存在。

　　并且,感性之概念,已经包含在"外于我们的存在"这个典型的说法之中了。诚然,诡辩的神学并不在本来意义上来理解这"外于我们",从而,代之以"不依赖于我们和区别于我们的存在"这种不

---

① 但是,与此同时,目的又在于确证人的本质。各种不同的证明,不外就是属人的本质之自我肯定之各种不同的、极其重要的形式而已。例如,物理神学式的证明,乃是有目的地活动着的理智之自我肯定。——著者

明确的说法。只要这种外于我们的存在是非本来意义的,那么,上帝的实存就也是非本来意义的了。然而,这里所说的实存却正是指最最本来意义上的实存,并且,只有"外于我们的存在"才明确地而不是不可捉摸地表明了上面所说的"区别于我们的存在"。

要称得上是现实的、感性的存在,就得不依赖于我的"自己规定自己",不依赖于我的活动——而我倒不由自主地为其所规定——,并且,即使我并不存在,并不想到、感到它,它也仍旧存在。这样说来,似乎上帝的存在也应当是感性地被规定了的存在。然而,上帝却并不被看到、听到,并没有被感觉到。如果我不为他而存在,那他也就不为我而存在;如果我并不信仰和想到上帝,那么,对我来说,也就不存在有上帝。可见,只有当他被思想到、被信仰时,他才存在着;在这里,并不一定要加上"为我"两个字。这样,他的存在既是现实的存在而同时又不是现实的存在;无以名之,人们就称其为精神存在。但是,精神存在,正就只是依赖于思想、信仰的存在。也就是说,他的存在是感性存在与依赖于思想的存在之间的中介物,是一个充满着矛盾的中介物。或者说,他的存在是一个感性存在,但却缺乏感性之一切规定;也就是说,是一个非感性的感性存在,是一个跟感性之概念相矛盾的存在,或者,一般地,仅仅是一个不确定的实存,这个实存虽然以感性实存为基础,但是,为了不让这个基础显露出来,就被剥夺了现实的感性实存所必具的一切宾词。但是,一个这样的实存,完全是自相矛盾的。实存,就必须要有完全的、确定的实在性。

这个矛盾之必然后果,便是无神论。上帝的实存,本质上乃是经验的或感性的实存,但却没有后者之特征;他的实存虽然自在地本是一个经验事实,但实际上却不是经验之对象。他要求人在现实之中来探寻他;他使人产生出感性的表象与要求。因而,既然这些都没有得到满足,倒不如说他觉得经验是与这些表象相矛盾的,那他就完全有权利来否认这种实存。

众所周知,康德在他批判对上帝的实存的证明的著作中主张,①上帝的实存并不可以由理性来加以证明。因此,黑格尔对康德的非难,其实是康德所不应当受到的。我们倒不如说康德是完全对的;他说道:"我不能由一个概念中导出实存来。"如果说他应当受到非难,那至多也只在于他想以此来说明某种特殊的东西,似乎想以此来责难理性。这一点,是不言自明的。理性不能够使自己的对象成为感官的对象。我不能够在思维之中将我所思维到的东西同时又放到我以外,使其成为感性的事物。对上帝的实存的证明,逾越了理性之界限,正是这样;但是,其实这却无异于看、听、嗅逾越了理性之界限。只有傻瓜才会责备理性不能够满足人们只能对感官提出的要求。事实上,只有感官,才能够对我证明实存——经验的、实在的生存。并且,在关于上帝的实存问题上,实存并不意味着内在的实在性、真理性,而是意味着形式的、外在的实存,意味着这样的实存,这种实存,是每一个在人以外并且不依赖于人的意念、精神而生存着的感性存在者所固有的。

所以,就上帝之实存为一个经验的、外在的真理而言,则以此

---

① 可参阅康德的《纯粹理性批判》,莱比锡 1944 年版,第 561—575 页;黑格尔的《大逻辑》,莱比锡 1951 年版,第 1 部,第 71 页起,第 2 部,第 103 页。——据德文本编者

为基础的宗教就成了一种跟内心意念毫无关系的事了。并且,正像在宗教礼拜中仪式、典例、圣礼必然自为地、没有精神、意念地成为事情本身一样,那种仅仅相信上帝的实存而不管内在性质、精神内容的信仰,最终也成了宗教之主干。只要你相信上帝,只要你一般地相信有上帝存在着,那你就已经得救了。不管你把这个上帝设想成为一个善的存在者还是一个怪物,不管你把他设想成为尼禄还是卡里古拉,哪怕你把他当作是你的情感、你的复仇心与名誉心之影像,也都是没有关系的;主要的是你不是个无神论者。宗教史已经充分地证明了这一点。倘若上帝的实存并没有在人们的心情中独立地被确立成为宗教真理,那人们也许就绝不会如此可耻、荒谬和恐怖地来对上帝作种种假想,致使宗教和神学的历史蒙受耻辱了。在历史上,上帝的实存乃是一件普通的、外在的、但同时却又是神圣的事情。然而,奇妙的是,在这块土地上,却仅仅只萌发出最普通的、最粗野的、最不神圣的表象和意念。

无神论,无论在过去和现在,都被认为是对一切道德原则、道德根据和道德纽带的否定:如果没有上帝存在,那就根本没有善恶之分,根本没有美德与恶行之分了。可见,分别乃依赖于上帝的实存,美德之真并不在其自身之中,而是在自身之外的。这样,虽然人们把美德之实存跟上帝的实存联系在一起,但却并不是出于道德心,并不是由于确信美德之内在的价值和重要性。相反,相信上帝是美德之必要条件,就意味着相信美德就其本身而言是虚无的。

值得注意,上帝的经验实存之概念,只有在近代,当经验主义和唯物主义盛极一时时,才得到了完善的发展。诚然,在宗教之原始的、质朴的意义上,上帝也已经是一个经验实存了,甚至还具体地生存于某个——当然是超尘世的——地方。然而,在这里,这种实存还没有如此直率而平淡的意义;想象力又把外在的上帝跟人的心情等同起来。一般说来,对于某种并不具体存在的,并不为感官所验实的,但就本质而言却是感性的实存来说,最恰当的存身之处便是想象力。① 只有幻想,才解决了既是感性的又是非感性的实存之自相矛盾;只有幻想,才抵御了无神论。在想象力之中,上帝的实存具有一系列的感性作用,使这实存显得是一种威力;想象力又使感性实存之现象与感性实存之本质联结起来。哪里上帝的实存是一个活的真理,是想象力大显神通的对象,那里,人们也必定信仰上帝的显现。② 反之,哪里宗教想象力之火熄灭了,哪里那些必然跟自在地感性的实存相联结的感性作用或感性现象消失掉了,那里,实存就成了一个死的、自相矛盾的实存,无可挽救地承受无神论的否定。

---

① "基督升入天国……这就是说,他并不单单居坐于天国,而且也在尘世。并且,他之所以要升入天国,也正是为了要使他自己在尘世,成全一切事物和能够无处不在;这些,是他在地上所不能做到的,因为,在那里,一切肉眼都不能够见到他。因此他就坐到天上的宝座上去,在那里,每个人都能够看到他,并且,他得以跟每个人交通。"(路德,第 13 卷,第 643 页)这意思就是说,基督或上帝乃是想象力之客体、实存;在想象力之中,他随便在哪里都不受限制,他与每一个人同在,成为每一个人的对象。上帝生存于天上,但却正因此而是无处不在的;因为,这个天,就是幻想、想象力。——著者

② "你不可埋怨说你并不像亚伯拉罕或以撒那样常蒙上帝的降临。你也有上帝的显现……你有神圣的洗礼,你有圣餐礼。在圣餐礼中,饼和酒是形状、外观和形式,在其中和其下,上帝对你的耳朵、眼睛和内心说话和作用……他在洗礼中向你显现,是他自己在向你施洗和说话……一切东西都充满了属神的显现和谈话,他就是这样与你同在的。"(路德,第 2 卷,第 466 页。关于这个论题,也可参阅第 14 卷,第 407 页。)——著者

对上帝的实存的信仰，就是对一种特殊的、跟人与自然之实存区别开来的实存的信仰。特殊的实存，只能够以特殊的方式来给自己作证。所以，只有当人们信仰一些特殊的作用，信仰直接的上帝显现，信仰奇迹时，这种信仰才成为又真又活的信仰。只有当对上帝的信仰跟对世界的信仰同一化，从而，对上帝的信仰不再是特殊的信仰时，当世界之普遍本质占有了整个的人时，对上帝之特殊作用以及显现的信仰，才会自然而然地消失。对上帝的信仰已告破产，已搁浅于对世界的信仰，搁浅于对属自然的、被认为是唯一实在的作用的信仰。正像对奇迹的信仰在这里仅仅是对历史上的、已经过去了的奇迹的信仰而已一样，在这里，上帝的实存也仅仅是一个历史上的、自在地无神论的观念。

第二十二章 上帝的启示中的矛盾

启示概念，是与实存概念密切相关的。实存之自我确证，即证实上帝确实存在着的真凭实据，便是启示。从理性出发来证明上帝的实存，乃是一种仅仅主观的证明；上帝实存之客观的、唯一真正的证明，就是他的启示。上帝对人说话——启示就是上帝的言语；他所发出的声调，动人心弦，使人欣然信服上帝实在是存在着的。言语是生命之福音——用以判别存在与不存在的标志。对启示的信仰，是宗教客观主义之极点。在这一点上，对上帝实存的主观确信，转变成为一个无可怀疑的、外在的、历史的事实。上帝之实存，作为实存而言，自在地就已经是一个外在的、经验的存在了；然而，终究还只是一个被思考的、被表象的，从而也即可以怀疑的存在——所以有人认为，一切证明都不能使人真正信服——，而这个被思考的、被表象的存在，作为实在的存在，那就是启示了。上帝已经启示了自己，已经证实了自己。那么，谁还能够怀疑呢？我确信其启示，我也就确信其实存。一个上帝，若仅仅存在着而并没有启示自己，仅仅通过我为我而存在着，那就仅仅是一个抽象的、被表象的、主观的上帝了；只有那通过他自己而使我认识他的那个上帝，才是实在生存着的、表现为存在着的、客观的上帝。对启示的信仰，便意味着虔诚者确信，凡他所相信的、他所愿望的、他所表象的,尽都存在着。虔诚者不区别主观与客观——他毫不怀疑;他之具有感官,并不是为了看见别的东西,而是仅仅为了把自己的表象看成是外在的存在者。对虔诚者来说,一件自在地本是理论上的事,都成了一件实践的事,成了一件良心上的事,也即成了一个事实。事实者,即不再是理性之对象,而是成了一件良心上的事;事实者,即人所不敢加以批评和触碰的,以免担当冒犯之罪;①事实者,即人无论愿意与否都必须相信的;事实是感性暴力,而并不是根据;事实之于理性,宛如拳头之于眼睛。呵,你们这些近视的德国宗教哲学家们,你们用宗教意识之各种事实弄得我们头昏脑涨,想使我们的理性麻痹,以便为你们幼稚的迷信所奴役;但是,难道你们没有看见,与各门宗教的各种观念一样,事实也是相对的、各各不同的、主观的吗?奥林匹亚的诸神,不也曾经是事实,也曾经确证自己的实存吗?② 异教徒们的各种最可笑的神迹奇事,不也曾经被当作是事实吗?天使、妖魔,不也曾经是历史人物吗?他

---

① 否定一件事实,并不是一件无害的、自在地无所谓的事情,而是具有某种恶劣的道德意义的。基督教使它的信条成为感性的,也即不可否认的、不可触碰的事实,也就是说,它用感性事实来压制理性、禁锢精神;这就使我们真正地、彻底地、寻根究源地明了,在基督教——不仅是旧教,而且也包括新教——里面,下面的这个原则为什么和怎样能够如此隆重地被宣布,这原则就是:否认某信仰观念或事实的异端,是一种犯罪,要受世俗政权的惩罚。理论之中的感性事实,在实践之中便变成感性暴力。在这一方面,基督教远远低于伊斯兰教,至少远远低于《可兰经》,因为后者不知道异端之犯罪。——著者

② "诸神不时显现。"(西塞罗:《神性论》,第 2 卷)西塞罗的著作《神性论》和《卜论》,现在人们也很感兴趣,这特别是因为这里用来论证异教的信仰对象的真理性的论据,恰就是今天神学家们———一般地,实证主义者们——用来论证基督教的信仰对象的真理性的论据。——著者

们不是真的出现过吗?巴兰的驴不是曾经真的讲过话吗?① 甚至上一世纪某些开明的学者,不也曾经像相信化身或别的奇迹一样地相信会说话的驴是一个实在的奇迹吗?呵,你们这些故弄玄虚的大哲学家们,还是先来研究研究驴的语言吧!只有无知者才会感到这种语言莫名其妙;至于说到你们,那我担保,只要进一步研究下去,你们就会在这种语言本身之中认到和找到你们的语源;我担保,早在几千年以前,这头驴就已经泄露了你们思辨哲理的最深秘密。我再重复一遍,我的先生们!事实是一个表象,这个表象的真理性是不容怀疑的,因为它的对象并不是关乎理论的事,而是关乎心情的事,而心情乃愿望凡它所愿望的和相信的都存在着;事实是禁止人们加以否认的,虽然并不是外在地加以禁止,而是内在地加以禁止;事实是任何一种被认作是现实性的可能性,是任何一个表象,这个表象,在它作为事实而存在着的那个时候,表达了当时的某种需要,而到现在则成了精神之不可逾越的界限;事实是任何一个被表象成为已经成全了的愿望的愿望。简言之,事实是一切不被怀疑的东西,而其所以不被怀疑,简单地说,就因为它不被怀疑,不应当被怀疑。

虔诚者由于其上述本性而直接确信,他的一切不由自主的运动与规定都是外来的印象,都是另一存在者的显现。虔诚者使自己成为受动者,而使上帝成为主动者。上帝就是活动;但是,决定他活动的,使他的活动——首先便是他的全能——成为实际的活动的真正动机、根源,却并不是他——他自己并不需要什么,他是

---

① 见《民数记》,第 22—24 章。——译者

没有需要的——,而是人、宗教主体或虔灵。但是,与此同时,人又为上帝所规定,人使自己处于被动地位;他从上帝那里接受特定的、足以证明上帝实存的启示。由此可见,在启示里面,人,作为规定上帝的根据,作为规定上帝的主体,实质上是自己规定自己;也就是说,启示只是人的自我规定,所不同的,仅仅在于他在作为被规定者的自己跟作为规定者的自己中间插入了一个客体——上帝、另一存在者。通过上帝,人将自己所固有的本质与自己联系起来——上帝就是本质、类跟个体之间,属人的本性跟属人的意识之间的被人格化了的纽带。

对启示的信仰最明显不过地暴露了宗教意识所特有的虚幻。这个信仰的前提是:人不能由自己本身而知晓关于上帝的事,他的一切知识都只是空虚的、属地的、属人的。可是,上帝是一个超乎人的存在者:只有上帝才认识他自己。因此,关于上帝,除了他启示给我们的以外,我们什么也不知道。只有上帝告知我们的内容,才是属神的、超乎人的、超乎自然的内容。可见,凭借启示,我们通过上帝自己来认识上帝;因为,启示正就是上帝的言语,是上帝的现身说法。所以,在对启示的信仰中,人否定了自己,他脱离自己、超越自己;他使启示同属人的知识与见解对立起来;在启示里面,含有一种充满着超感性的秘密的深奥知识;在这里,理性只能默不作声。然而,属神的启示终究还是一种为人的本性所规定的启示。上帝并不向野兽或天使讲话,而是向人讲话;因此,他讲的是一种具有属人的观念的属人的语言。在上帝从外面把自己介绍给人以前,人先就已经是上帝的对象了;上帝想念人;上帝按照人的本性、人的需要来规定自己。诚然,在意志中,上帝是自由的;他能够启示,也能够不启示。但是,在理智之中,他就不自由了;他不能随心所欲地向人启示;如果他想要启示自己,那他就得启示适宜于人的东西,启示符合于人的本性——不论这个本性是怎么样的——的东西;只要他的启示是对人的,而不是对别种的存在者,那他就只能启示他所必须启示的东西。由此可见,凡是上帝为了人而想到的,都是他认为为人的观念所规定的,都是起源于对人的本性的反思。上帝把自己移到人里面,并且按照这另一个存在者在想到他时所能够想到和应该想到的那个样子来思想他自己;上帝并不是用自己的思维能力,而是用人的思维能力来思想自己。上帝在设计其启示方案时,并不以自己为转移,而是以人的理解力为转移。凡是从上帝转移到人内的东西,都只不过是从上帝里面的人转移到人,也即只不过是从人的本质转移到有意识的人,从类转移到个体而已。由此可见,在属神的启示与所谓属人的理性或本性之间,除了一种虚幻的区别以外,并没有什么别的区别;属神的启示之内容,也具有属人的起源,因为,它并不是起源于作为上帝的上帝,而是起源于为属人的理性、属人的需要所规定的上帝,也即正是起源于属人的理性,起源于属人的需要。同样,在启示中,人从自身出发,也只是为了绕道重新回归自身! 在这个论题上,再一次最为有力地证实了神学之秘密不外就是人本学!①

---

① 那么,启示的实质内容,究竟是什么呢? 这就是:基督是上帝,换句话说,上帝是一个属人的存在者。异教徒带着他们自己的需要去祈求上帝,但是,他们怀疑,上帝到底是否倾听人的祈求,他到底是否慈悲,到底是不是人。可是,基督徒们却确信上帝对人的爱:上帝将自己启示为人(关于这方面,可参看《论真正的祈祷》,见《密朗赫顿演说集》第3部;又参看路德,例如第4卷,第538、539页)。可见,上帝的启示正好说明人确信上帝就是人,人就是上帝。确信如此,便是事实如此。——著者

在关系到已经过去了的时代时,宗教意识本身也承认被启示出来的内容具有属人的性质。可是,现代的宗教意识就已经不再满足于一个从头到脚都是人,并且无所顾忌地暴露出自己的人性的耶和华了。这样的耶和华,不过是上帝适应于当时人的理解力的一种表象;换句话说,仅仅只是属人的表象。但是,论到其现今的内容,则因为宗教意识已深陷于这个内容,故不再容许这个内容成为属人的表象。虽然如此,上帝的每一个启示,仍然只不过是人的本性的启示。在启示里面,人的隐蔽的本性向人启露,成为对象。他为他自己的本质所规定、感染,如同为另外一个存在者所规定、感染一般;他从上帝手中领到的,乃就是他自己的、他所不知道的本质在一定的时间条件下作为必然性而强加给他的。

启示信仰是一种孩童式的信仰,并且,只有当它是孩童式的信仰时,才是可尊敬的。可是,孩童是为外界所规定的。而启示的目的,正就在于借助上帝来达到人借自己本身所不能达到的。所以,人们称启示为人类之教育。① 这是正确的;只是,不应该使启示脱离人的本性而独立起来。人怎样为内心所驱使,以故事和寓言的形式来描述道德上和哲学上的教诲,那他也就如此必然地会将内心给予他的东西描述成为启示。寓言作家的目的,仅仅在于引人为善,增人智慧;他之所以选中寓言这种形式,就是因为他觉得这是最适宜于这个目的的,是最具直观性的方法;可是,同样也可以说,他之不得不选中这种教诲方式,是由于他对寓言的爱,是由于

---

① 参阅莱辛的《人类之教育》(1780),见《全集》,第 19 卷,斯图加特版,第 173 页起。——德文本编者

他自己内在的本性。那种以某一个个体作为本源的启示,其情形也然如此。这个个体有一个目的,但与此同时,他自己又生活在借以实现这个目的的表象之中。人不由自主地通过想象力使自己内在的本质直观化;他使它离开他自己而显露于外。人的本性的这个被直观化了的、被人格化了的、通过幻想力之难以抗拒的力量而反过来对他发生作用的本质,作为他思维与行动的法则,就是上帝了。

启示信仰之所以对人起有益的道德作用,就在于此;因为,对于无教养的、主观的人来说,只有当他将自己的本质表象成为另一人格式的存在者,表象成为一个具有惩罚权、并且一无遗漏地监督着每一件事的存在者时,他自己的本质才会对他发生影响。

可是,正像自然"无意识地创造一切,而这一切,看起来却似乎是有意识地被创造出来的"一样,启示产生出道德行为,但这些道德行为并不是来自德性;仅仅是道德行为,并不是道德心。道德戒律虽然被遵守着,但是,由于它们被当作是一位外在的立法者的戒律,由于它们被归到专横的警察式的戒律之范畴之内,因而,它们已经与内在的意念、心格格不入了。我做出某一行动,并非因为这样做是好的和对的,而是因为上帝命令我这样做。内容本身是无关紧要的;只要是上帝命令的,就是对的。① 如果这些戒律跟理性、伦理相一致,那就大幸而特幸了,虽然这对启示之概念来说是

---

① "希伯来人必得做那如果没有上帝的命令而这样做就将是非常残酷的事,因为他们奉生死至高主宰上帝的命令去作战。"(克莱利克斯对《民数记》,第31章,第7节的注释)"如果参孙不是众望所归的上帝的工具,那么,他做的许许多多事情,就都很难得到宽恕。"(克莱利克斯对《士师记》第14章,第19节的注释)关于这一方面,也可参看路德,例如第1卷,第339页;第16卷,第495页。——著者

偶然的。犹太人的典章也是被启示出来的、属神的，但却又是自在的、偶然的、任意的。犹太人甚至从耶和华那里获得允许他们进行偷窃的恩令；当然，这只是在某种特殊的场合。

可是，启示信仰不仅毁坏了道德感和道德兴趣，破坏了德行之美学，它并且还毒化，甚至杀害人里面最属神的智能——真理感。上帝的启示，是特定的、有时间性的启示：上帝只在某一时候一度启示自己，他并不是向所有时代和所有地点的人启示，并不是向理性、类启示，而是向特定的、有限的个体启示。既然在地点上和时间上是受到限定的，那么，启示就当然必须用文字保存下来，俾使别人也能原样地得益。故而，对启示的信仰，至少对后人来说，不外就是对用文字记载下来的启示的信仰。一种信仰，若要使一本必然在时间性与有限性之一切条件下著成的历史的书中的语句具有永恒的、绝对的、普遍有效的意义，那么，这种信仰的必然后果和影响，当然就是迷信与诡辩了。

对用文字记载下来的启示的信仰，只有当人们相信圣书中的每一句话都包含有丰富的意义，都是真的、神圣的时，才还可以算作是一个实在的、真的、不伪善的信仰，并且，在这样的意义上，也是可尊敬的信仰。反之，如果把属人的与属神的、相对有效的与绝对有效的、历史的与永恒的区别开来，如果并不认为圣书中的每一句话都无区别、无条件地完全是真的，那么，不信者所谓"《圣经》不是属神的书"，这样的判断便被带入到《圣经》里面去了，这样，《圣经》就至少是间接地要丧失其作为属神的启示的性质了。只有那统一的、不受制约的、毫无例外的、具有直接可靠性的，才称得上是属神的。一本书，倘若我必须对之进行区分和批判，以便把属神的东西从属人的东西中区别出来,把永恒的东西从暂时的东西中区别出来;——那么,这样的一本书,就绝不再是属神的书,绝不再是可靠的书,绝不再是可以信赖的书,而是已经被赶到世俗书籍这一等级中去;因为,每一本世俗的书籍都正是具有上述特性,即既包含有属人的东西,而另外——或者就在这里面——又包含有属神的东西,或者说,既包含有个别的东西,而另外——或者就在这里面——又包含有普遍的和永恒的东西。然而,一本真正好的书,或者不如说一本属神的书,却必须是这样的一本书:在这本书里并不是既有好的又有坏的,既有永恒的又有暂时的,而是一气呵成的,所有一切都是永恒的,都是真的,都是好的。可是,在我所遇到的启示那里,我却必须先倾听使徒保罗,然后是彼得,然后是雅各,然后是约翰,然后是马太,然后是马可,然后是路加,为的是使我最终能够到达一个地点,在那里,我的渴望上帝的灵魂也许可以喊道:"εὔρχη(找到了)!这里圣灵自己在说话;这里有着我所需要的,有着一切时代和一切人所需要的。"这是怎样的启示呵!与此相反,古代的信仰却想得很真实;它甚至使灵感一直扩展到每一句话,一直扩展到每一个字母!语句对思想来说并不是无关紧要的;一定的思想,必须通过一定的语句才能表达出来。语句不同,字母不同,意思也就不同。这样的信仰,当然是迷信;然而,这种迷信却是唯一真正的、毫不粉饰的、公开的、不因为自己的结论而感到羞愧的信仰。如果说上帝数清了人头上的头发,如果说没有上帝的旨意就没有一只麻雀会从屋顶上掉下来,①那么,他怎么会听凭著书

---

① 见《马太福音》,第 10 章第 29—31 节。——译者

人将关乎人的永恒福乐的他的言语随意表达成各各不同的呢？为什么他不将他自己的思想口授给他们，叫他们笔录下来，以免歪曲呢？"但是，如果人只是圣灵的一个工具，那么，属人的自由就要断送掉了！"①呵，多么贫乏的理由！属人的自由难道比属神的真理更为贵重吗？或者说，难道只有歪曲了属神的真理，才能得到属人的自由吗？

正像迷信必然与对某一个作为绝对真理的特定的、历史的启示的信仰相结合一样，诡辩也必然与这样的信仰相结合。《圣经》与道德相矛盾，与理性相矛盾，其自相矛盾处，更是不计其数；但是，它是上帝的言语，是永恒的真理，而"真理是不可能、不可以自相矛盾的。"②那么，启示信仰者怎样从作为属神的、谐和的真理的启示之理念同据说是实在的启示之间的这个矛盾中走出来呢？唯一的办法就是依靠自我欺骗，依靠最愚蠢的托词，依靠最恶劣的、最违背真理的诡辩。基督教的诡辩，是基督教信仰之产物，特别是那种把《圣经》奉为属神的启示的信仰之产物。

真理、绝对真理，在客观上是在圣经中给出的，在主观上是在

---

① 与耶稣会派相反，詹孙派教徒（Jansenisten）已经有了正确的见解。"愿望在圣书中重新找到人的弱点和被局限的精神，就意味着给每一个人以明辨的自由，给每一个人以摒弃那据他看来与其说是起源于神灵，倒不如说是起源于人们的弱点的东西的自由。"（比埃尔·培尔:《历史的和批判的辞典》，《亚当〔约翰〕》一条内，附注E）——著者

② "在《圣经》中，不可以设想有矛盾存在。"（伦巴底的彼得，第2卷，第2篇，第1章）教父们，宗教改革家们（例如，路德），也有同样的思想。此外，还必须注意，正像旧教的耶稣会派主要是以道德作为其诡辩之活动场所一样，新教的耶稣会派——当然，至少就我所知道的而言，他们还没有建立起正式有组织的团体——则主要是以《圣经》，以释经学为其诡辩之活动场所。——著者

信仰中给出的,因为,对于上帝自己说出来的话,我唯有相信、忠守、服从而已。在这里,理智、理性只能做一些形式上的、次一等的事;理智、理性所处的地位,是不恰当的,是与其本质相矛盾的。在这里,理智自为地漠视真的东西,漠视真假之分;它自己里面并不包含有标准。凡存在于启示之中的,都是真的,不管它怎样直接地与理智相矛盾;理智毫不抵抗地听任最最恶劣的经验兴风作浪;凡是我在属神的启示中找到的,我就必须相信,并且,如果需要的话,理智还必须设法替它辩护;理智是 Canis Domini,①它必须无区别地——进行区别,就被认为是怀疑,是亵渎——把一切可能的东西都当作真理而担负起来。故而,这样一来,它就只不过成了一个偶然的、一视同仁的,也即违背真理的、诡辩的、狡猾的思维,这个思维,唯独以策划最浮而不实的花言巧语,策划最不光彩的阴谋诡计为事。但是,人越是在时间上远离启示,理智越是逐渐成熟而趋于独立,则理智与启示信仰之间的矛盾也就必然越是尖锐化。所以,信者为了要证实启示是神圣的和属神的,就必得有意识地与自己本身相矛盾,与真理相矛盾,与理智相矛盾,必得厚颜地蛮不讲理,必得不顾羞耻地说谎,必得冒犯圣灵。[Ⅸ]

---

① 意为"主人的狗"。费尔巴哈在这里暗指圣多米尼克斯教团修道士(Domini-canis)。——据德文本编者

第二十三章　上帝一般本质中的矛盾

　　基督教诡辩的至高原则、中心，便是上帝之概念。上帝是属人的存在者，但却又应当是超乎人的一个另外的存在者。上帝是普遍的、纯粹的存在者，直截了当地就是存在者之理念，但他却又应当是人格的、个体的存在者；换句话说，上帝是人格，但他却又应当是上帝，应当是普遍的存在者而不是人格的存在者。上帝存在着；他的实存是确实可靠的，较比我们的实存更为确实可靠；虽然他具有一种孤独的、同我们以及同万物区别开来的存在，也即是一种个体的存在，但是，他的存在却又应当是一种精神上的存在，也即不能使人知觉的一种特殊的存在。由上面这种表述法中可以看到，虽然他应当怎样怎样，但实际却又是另外一个样子。基本概念是一个矛盾，只不过被形形色色的诡辩所掩饰了而已。一位不关心我们、不垂听我们的祈祷、不看我们和不管我们的上帝，就不成其为上帝；也就是说，上帝的本质的宾词应当是人性。但是，与此同时，人们又说，一位不是自为地实存着，不是外于人、超于人、作为另一存在者而实存着的上帝是一个幻影；也就是说，神性应当是非属人的和外于人的。一位并不像我们一样地存在着的上帝，一位像斯宾诺莎的"实体"那样不具有意识、理智——即指人格的理智、人格的意识——的上帝，就不成其为上帝。神性之首要条件，便是本质上与我们相统一；神性之概念，被当作是依赖于作为人能够设想到的至高者的人格性、意识之概念的。但是，与此同时，人们又说，一位并不与我们有本质上的区别的上帝就不成其为上帝。

宗教的特点，便在于直接地、不由自主地、无意识地将属人的本质看作为另一本质。但是，当这个被直观的客观的本质成了反思、神学之对象时，则它也就成了谎言、欺骗、幻妄、矛盾和诡辩的取之不尽的富源。

基督教诡辩所特有的妙法和良机，便是属神的本质之不可探索性、不可思议性。但是，后面将要指出，这不可思议性之秘密，乃不过在于人们使已知的属性成为未知的属性，使属自然的性质成为超自然的、非自然的性质，从而，就产生错觉，误认为属神的本质不同于属人的本质，并且正因此而认为它是不可思议的。

在宗教的本来意义上，上帝之不可思议性本只意味着一种充满着激情的说法。例如，我们在遇到某种意外的现象而感情冲动时，也会喊道："这是不可置信的，是超越一切概念的！"然而，过了一个时候，当我们回复常态时，我们就明白，我们感到惊异的对象，其实并不是不可思议的。宗教式的不可思议性，并不是那每逢丧失理智时反思所打上的一个没精打采的句号，而是一个富有感情的惊叹号，用以表达幻想对心情所造成的印象。幻想是宗教之原始的工具与本质。在宗教之本来意义上，在上帝与人之间，一方面仅仅有实存方面的区别——上帝是一个独立的存在者，而人却是一个非独立的存在者——；另一方面，仅仅有量的区别，也即就幻想而言的区别，因为，幻想之区别仅仅是量的区别。在宗教里面，上帝的无限性是量的无限性；上帝是人所是的一切，具有人所有的一切,只是,在规模上远远大于后者。上帝之本质就是幻想之本质,只是,已经被对象化了。① 上帝是一个感性存在者,但却摆脱了感性之界限;因此,上帝是无限的感性存在者。但是,什么是幻想呢? 正就是无界限的、不受限制的感性。上帝是永恒的实存,换句话说,是永续的、一切时代的实存;上帝是无处不在的实存,换句话说,是一切地点的实存;上帝是全知的存在者,换句话说,是无区别地、无时间地点限制地认识一切个别的东西、一切感性的东西的存在者。

永恒性与无处不在,是感性型的属性,因为,它们并不否定处于时空之中的实存,它们只是反对将实存绝对地局限于一定的时间、一定的地点而已。同样,全知也是一种感性型的属性,是感性知识。宗教甚至毫无顾虑地把一些外部的感官归给上帝;上帝看到和听到一切。这样,属神的全知就是感性知识了,只是,它弃却了实在的感性知识所具有的属性、本质重要的规定性而已。我的感官之使我对感性对象产生表象,乃只是一个外于一个,一个接着一个的;但上帝却一下子表象到一切感性的东西,以非空间的方式表象到一切属空间的东西,以非属时间的方式表象到一切属时间的东西,以非感性的方式表象到一切感性的东西。② 这意思就是

---

① 并且,这一点特别表现于形容词最高级以及前置词ὑπέρ(超越于)之中。它们被放置在属神的宾词前面,并且,自古以来——例如,在新柏拉图派,也即异教哲学家中间的基督徒那里——就在神学中起首要作用。——著者

② "由此可见,上帝知道蚤、蛇、蚊和鱼有多么多,他也知道生出来的和死去的多么多,但是,他并不是逐一知道这些的,他是同一时刻一下子知道这一切的。"(伦巴底的彼得,第1卷,第39篇,第3章)——著者

说,我通过幻想来扩大我的感性地平线;我在混沌的关于万有的表象中好像知道了一切事物(甚至也包括就地点而言并不存在的事物),这样,我就将这个使我逾越有限感性的立场、施恩惠于我的表象设成为属神的本质性。我感到我那仅仅束缚于地点立场、感性经验的知识是一种限制;凡是我感到是限制的,我就在幻想之中将其抛弃掉,依靠幻想而使我的感情得以自由自在。这种借助于幻想的否定,乃就是将全知肯定为一种属神的威力与本质性了。然而,在全知与我的知识之间,仅仅有一种量的区别;知识之质,是同样的。实际上,如果全知果然是本质上区别于我的知识,果然不同于我的表象方式,果然不存在于我的表象能力之中,那我也就不能将全知归给一个外于我的对象或存在者了。属神的全知,跟我的知识一样,也是以感性的东西为其对象与内容。幻想仅仅去除了量之界限,却并没有去除质之界限。我们的知识是有限的;这就意味着,我们只知道某一些东西,只知道很少的东西,并不知道所有的东西。

宗教的益处,便基于感性意识(das sinnliche Bewuβtsein)的这种扩大。在宗教里面,人好比是在旷野一样,而在感性意识里面,人就好比是在他的狭隘的居所中一样。宗教在最初时——随便什么东西,只有在其最初时才是神圣的、真的、纯的和善的——本质上只跟直接属感性的、无教养的意识发生关系;宗教乃意味着感性界限之去除。孤独的、局限的人和民族之所以保持宗教之本来意义,便因为他们本身就停留在宗教之起源处。人的视界越是狭隘,他关于历史、自然、哲学知道得越是少,那他就越是紧密地依靠着他的宗教。

第二十三章 上帝一般本质中的矛盾

因此,虔诚者并不在自身之中包含有受教养的需要。为什么希伯来人不像希腊人那样有艺术、科学呢?便因为他们并不需要这些。那么,为什么他们并不需要呢?耶和华补偿了他们的这种需要。在属神的全知之中,人使自己逾越了他知识的界限;[①]在属神的无处不在之中,人使自己逾越了他立足地点的界限;在属神的永恒性之中,人又使自己逾越了他时间的界限。虔诚者在自己的幻想中自得其乐;他动也不动就在精神中得到了一切;他的行李总是打好了的。耶和华到处与我同在;我并不需要越出我自己;我在我自己的上帝里面具有一切金银财宝、一切值得知识和值得思维的东西之总和。与此相反,教养却依赖于外界,具有各种各样的需要,因为,虽然它也克服了感性意识与感性生活之界限,但它却又是通过感性的、现实的活动来加以克服的,并不是通过宗教幻想之魔力来加以克服的。所以,正像以前已经多次提到过的那样,基督教就其本质而言并不在自身之中具有文化、教养之原则,因为,它仅仅依靠幻想、上帝、天国来克服尘世生活之界限与负担。上帝就是心所要求的和渴望的一切东西,是一切事物、一切良善。"如果你想要得到爱、忠实、真理、安慰或恒在,那么,这所有一切,都无限度地、无方式地存在于他那里。如果你要求美,那他是最美者。如果你要求财富,那他是最富者。如果你要求坚强,那他是最强者。换句话说,你的心要求什么,你就可以在他那里找到千倍于此的东西,因为他是单纯

---

① "谁知道全知者,谁就不会有什么东西不知道。"见《沉思录》,第 26 章(奥古斯丁伪书)——著者

的、至善的善,是上帝。"①既然你在上帝里面得到了一切,既然你已经在幻想里面享受到属天的福乐,那你怎么会感到贫乏、穷困而去追求文化呢?文化之目的正不外在于实现世间天堂;但是宗教式的天堂也只有借宗教活动才被实现或被获得。

属神的本质与属人的本质之间原来仅仅是量的区别,现在却由于反思而成为一种质的区别了;从而,原来只意味着激情,只是赞叹、狂喜之直接表现,只是幻想对心情所造成的印象的东西,现在却就被确定成为客观的特性,被确定成为实在的不可思议性。在这一方面,反思最喜欢这样来说:我们只知道上帝的所行所为,却不知道上帝如何来行事。例如,我们确实无疑地知道,上帝是一位创造者,他创造世界,并且并不是由某种现成的物质,而是借其全能由虚无之中创造出世界来;但是,这究竟怎样会可能,那就自然而然地超越我们的有限的理智了。这就意味着:类概念是明白的、确实的,而种概念却是不明白的、不确实的。

活动之概念、创造之概念,自在自为地便是一个属神的概念;因此,人们毫不犹豫地把它应用于上帝。在主动之中,人感到自由、不羁、幸福,而在受动之中,人就感到受约束、压抑、不幸。活动是积极的自我感。一般说来,在人里面,凡伴随产生有欢乐的东西,就是积极的;因此,正像我们上面已经说过的那样,上帝乃是纯粹的、无限的欢乐之概念。只有当我们为所欲为时,我们才心满意足;一切都取决于是否产生欢乐。但是,要称得上是欢乐的活动,那就得跟我们的本质相一致,使我们不会感到它是一种限制,从而

---

① 陶勒,前引书,第312页。——著者

也就不会感到它是一种强制。然而,最幸福的、最福乐的活动,便是有所产生的活动。例如,读书是愉快的;可是,读书是被动的,创造出值得读的东西就更来得愉快。"给比取更为福乐"这句成语,在这里也用得上。这样,人们就将有所产生的活动之类概念应用于上帝,换句话说,实际上将它看作是属神的活动和本质性,使它成为这样性质的一个对象。活动之任何特殊规定,活动之任何方式,都被舍弃掉了;只留下基本规定——而这个基本规定,本质上却是属人的基本规定——:处于自己而产生。上帝并不产生出某物,并不像人那样产生出这个或那个特殊的东西,而是产生出一切东西,他的活动是彻头彻尾普遍的、无限的。所以,不言自明、势所必然的,论到上帝怎样产生出这一切,论到其产生的方式,那就是不可思议的了,因为这个活动并不是某一种活动,因为在这里不允许问"怎样";无限活动之基本概念,自在自为地便已经否决了这个问题。任何特殊的活动,都以特殊的方式产生其作用,因为活动本身在这里就是活动之特定的方式;在这里,必然会提出这样的问题:它怎样产生了这个?但是,对"上帝怎样创造世界"这个问题的回答,却必然一无结果,因为创世活动本身就排斥任何特定的活动——只有对特定的活动,才可以提这个问题——,排斥任何被束缚于特定的内容,也即被束缚于物质的活动方式。在这个问题中,在主体——有所产生的活动——与客体——被产生出来的东西——之间不正当地插入了一个与这个场合不适宜的、遭到驱逐的中介物:特殊性之概念。活动仅仅关系到集合体:一切、世界;上帝产生了一切,而并不是产生了某物,他产生了不确定的整个、全部——至于其何以能够被总合起来,那就应当归功于幻想了——,

而并不是产生了特定的、特殊的东西。这特定的、特殊的东西,就一个个而言,乃是感官之对象,而就其总和而言,也即作为宇宙来讲,那就是理性之对象了。一切某物,都自然而然地产生出来;它是特定的东西,并且,作为特定的东西,不言而喻,具有特定的根据,具有特定的原因。并不是上帝产生出金刚石,而是碳元素产生出金刚石;这里一种盐的产生,并非由于上帝,而是仅仅由于一定的酸与一定的盐基化合而成。上帝只是无区别地产生出所有一切而已。

诚然,在宗教观念中,上帝创造出一切个别的东西,因为一切个别的东西尽都包括在"万物"二字之中。但是,他只不过间接地创造出一切个别的东西;因为,他并不以个别的方式产生出个别的东西,并不以特定的方式产生出特定的东西;不然的话,他也许就要成了一个特定的存在者了。诚然,我不能领会特殊的、特定的东西如何从这种普遍的、非特定的活动中产生出来。但是,这却只是因为我在这里偷偷输入了感性的、属自然的直观之对象——特殊的东西——,只是因为我归给属神的活动以另一个它所不应该具有的对象。宗教并没有物理的世界观;它并不对属自然的解释感兴趣,因为这样的解释总得牵涉到事物之发生。但是,发生是一个理论上的、自然哲学的概念。只有异教哲学家才研究事物之发生。虔诚的基督徒厌恶这个概念,认为它是异教的、不虔的概念,从而,就代之以创造之实践的或主观地属人的概念,而后者不外乎意味着禁止人们循着属自然的道路把事物设想成为发生出来的,不外乎意味着勒令严禁一切物理学与自然哲学。宗教意识将世界跟上帝直接联系起来;它由上帝之中导引出一切,因为它丝毫也不知道

第二十三章　上帝一般本质中的矛盾　315

一切居于特殊性与现实性之中的事物,丝毫也不知道一切作为理性之对象的东西。一切都来自上帝;这就够了,就完全满足了宗教意识。若要问上帝如何创造,那间接就等于怀疑上帝之创世。谁提出这样的问题,谁就是走向无神论、唯物主义、自然主义了。谁这样发问,谁就已经把世界当作是理论、物理学之对象,也即在世界之现实性、在世界内容之规定性中来看世界。但是,这个内容却与非特定的、非物质的活动之观念相矛盾。这个矛盾,导致对基本观念的否定。

　　只有当人们把世界上一切事件与现象尽都归源于上帝时,全能之创造才有意义,才成为真理。然而,当物理学逐渐成为研究的工具,当人使现象之特定的根据、现象之"怎样"成为自己研究的对象时,正像前面已经提到过的那样,全能之创造就成了古代的一个神话了。所以,虔诚者并不认为创造是什么不可领会的、难求满足的东西;至多只有在他信心动摇的时刻,即当他远离上帝而转向事物时,才会这样认为。但是,对于反思,对于那一只眼睛望天、一只眼睛望世界的神学来说,这就是不可领会、难求满足的了。原因怎样,结果就怎样。长笛只发出长笛的音调,而并不发出大管和小号的音调。如果你除了长笛以外从来没有听到过和看到过别的吹奏乐器,那么,你在听到大管时就未免要感到不可领会,奇怪长笛怎么会发出这样的音调来。在这里,情形也然如此;只是,就长笛本身也是一种一定的乐器来讲,这个比喻还不够恰当。但是,如果可能的话,那就请你设想这样一种完全普遍的乐器,它将一切乐器都结合于自身之中,本身却并不是一种一定的乐器。这样,你就将发现,要想从这种弃却了一切特定乐器的特征的乐器中听到仅仅特定的乐器才能发出的音调,那乃是极其愚蠢的自相矛盾。

但是,这个不可领会性却有着一个目的,就是要使属神的活动与属人的活动远离开来,去除掉属神的活动与属人的活动的类似、相同以及本质上的同一,使属神的活动本质上不同于属人的活动。属神的活动与属人的活动之间的这个区别,其实是无。上帝制造;他像人一样,外于自己而制造出某物来。制造,是一个真正属人的和根本属人的概念。自然界繁殖、产生,而人则制造。制造是我可做可不做的行为,是一个有意的、故意的、外在的行为;在制造这个行为中,并不是我最固有、最内在的本质直接参与其中,我并不是同时又是受动的、被动的。与此相反,一个并不是无关紧要的活动,那就是跟我的本质相同一的,对我来说是必然的。精神生产便是这样。精神生产是我的内在需要,并且因此而最深地吸引住我,如同疾病一般地纠缠着我。精神作品并不是制造出来的——在这里,制造只是最外在的活动而已——,它们是在我们里面发生出来的。① 但制造却是一种无关紧要的,从而自由的,也即任意的活动。可见,就上帝也制造而言,他完全跟人一致,完全跟人没有区别;相反,还特别强调他的制造是自由的、任意的、随心所欲的。上

---

① 因此,在近代,人们也实实在在使天才之活动成为创世的活动,从而,在宗教哲学的幻想开辟了新的场地。在我们看来,宗教思辨一向就试图把创造之自由性甚或任意性,也即创造之非必然性——注意,这个非必然性乃是跟理智相矛盾的——跟创造之必然性,也即跟理智调和起来。这一点,本来可以饶有趣味地仔细加以批判,但是,我们却不准备在这里来批判它;因为,这跟我们的目的不符合。我们仅仅通过对宗教的批判来对思辨进行批判,我们仅仅把自己局限于原始的东西、基础性的东西。对思辨的批判,仅仅是由此推论出来的而已。——著者

帝乐意于创造世界。这样,在这里,人神化了自己的因了称心如意、随心所欲和专擅任性而感到的欢欣。属神的活动之基本属人的规定,由于随心所欲之观念而成了一般属人的规定;上帝由属人的本质之镜子变成属人的虚荣与自恃之镜子。

但是,这样一来,和谐立刻又化为失调;迄今为止与自身相一致的人,自己跟自己分裂开来了:上帝由无来制造;他创造;由无来制造就是创造——这就是区别了。本质上的规定,是属人的规定;但是,当这个基本规定之规定性立刻又被消灭了的时候,反思就使它成为不是属人的了。并且,随同这种消灭,概念、理智也消失了;只留下有一个虚无的、无内容的表象,因为可设想性、可表象性都已穷尽了,也就是说,属神的规定与属人的规定之间的区别,确实是理智之无,是理智之消极的虚无(Nihil negativum)。这种理智无之朴实的自我供认,便是作为对象的无。

上帝是爱,但并不是属人的爱;是理智,但并不是属人的理智,绝对不是属人的理智,而是本质上另外的理智。但这个区别何在呢?除了我们自己的理智以外,我再也不能设想或表象任何处于另外的规定性之中的理智;我不能够将理智一分为二或一分为四,我不能够设想有若干个理智;我仅仅只想到唯一的一个理智。当然,我能够思想自在的理智,也即摆脱了偶然限制的理智;但是,在这里,我并不弃却本质重要的规定性。与此相反,宗教反思却直接否定那使某物得以成为某物的规定性。只有那使属神的理智在其中跟属人的理智同一起来的东西,才是某物,才是理智,才是实在的概念;至于那要使属神的理智不同于、甚至本质上不同于属人的理智的东西,在客观上是无,在主观上是仅仅的想象。

另一个典型的例子,便是圣子出生之不可思议的秘密。上帝的生殖,当然不同于凡俗的、属自然的生殖,是超自然的生殖,实则也即仅仅虚幻的、貌似实非的生殖,是缺乏使生殖得以成为生殖的那种规定性的生殖,因为,这里面缺乏性的差异。换句话说,它是跟自然及理性相矛盾的,但是,正因为它是一个矛盾,正因为它并不说明任何明确的东西,并不提供任何可供思考的东西,故而它就给幻想留下了越来越大的活动余地,并由此而对心情造成深邃之印象。上帝是父与子。好好想一想,他是上帝呢!激情征服了思想;与上帝合而为一之感情,使人欣喜若狂,以至于用最近的东西来称呼最远的东西,用最固有的东西来称呼另外的东西,用最深的东西来称呼最高的东西,用属自然的东西来称呼超自然的东西,换句话说,也就是将超自然的东西设定为属自然的东西,将属神的东西设定为属人的东西,否认属神的东西不同于属人的东西。但是,属神的东西与属人的东西的这种统一,立刻又被否认了:明明是上帝和人都同样有某种东西,但是,在上帝里面却跟在人里面具有完全不同的意义;这样,固有的东西又成了陌生的东西,已知的东西又成了未知的东西,最近的东西又成了最远的东西。上帝并不像自然那样生殖,并不像我们那样地是父亲,是儿子;那么,他究竟怎样呢?这就正是属神的生殖之不可领会处,正是属神的生殖之难以言明的深奥之处。这样,宗教——或者不如说神学——最终总是又将它所否定的属自然的东西、属人的东西放到上帝里面去;只是,在现在,这种东西就成为跟人之本质、跟自然之本质相矛盾了,因为宗教或神学使它在上帝里面变成了另外的东西,虽然它实际上并不是什么另外的东西。

但是,在属神的本质之一切别的规定那里,这个区别之无①乃是一个隐蔽的无;反之,在创造之中,却是公开的、明言的、客观的无。因此,众所周知,与人本学区别开来的神学,乃是无。

但是,人借以使自己的业已分离开来了的本质成为一个另外的、不可思议的存在者的那个基本规定,却就是独立性、个体性或者——这只是抽象的说法——人格性之概念、观念。实存之概念只有在启示之概念中才得以实现,而启示之概念,作为上帝之自我确证,又只有在人格性之概念中才得以实现。上帝是人格式的存在者;这是咒语,用以使被表象的东西一下子变成实在的东西,使主观的东西一下子变成客观的东西。属神的本质的一切宾词、一切规定,都是基本属人的;但是,这些规定,作为是属于一个人格式的、但又区别于人和不依赖于人而生存着的另外的存在者的,却又显得似乎是另外的规定。不过,虽然如此,本质上还是一致的。这就致使反思提出了所谓的拟人说。拟人说是上帝与人之间的类似性。属神的本质之规定与属人的本质之规定,虽说并不是一般无二的,但却是极其相似的。

因而,人格性也是对泛神论的解毒剂;换句话说,宗教反思通过人格性之观念而将属神的本质与属人的本质的非差异性丢在脑后。泛神论之粗野的、然而总是道中要害的说法是:人是属神的本质之流出物或一部分。与此相反,虔诚的说法是:人是上帝之影像,或者,人是跟上帝有亲缘关系的存在者;因为,根据宗教的说法,人并不是源自自然,而是来自神族,来自神系。可是,亲缘关系

---

① 意即没有区别。——译者

乃是一种不明确的、不可捉摸的说法。亲缘关系有程度上的不同，有近亲与远亲之分。这里是指怎样的亲缘关系呢？对于宗教意义上人对上帝的关系来讲，只有唯一的一种关系才适合——人所能够设想得到的最亲近的、最密切的、最神圣的关系——，这就是：孩子对父亲的关系。由此，上帝跟人的区别乃在于：上帝是人的父亲，而人是上帝的儿子、孩子。在这里，上帝之独立性以及人之依赖性同时被设定，并且，直接被设定为感觉之对象；与此相反，在泛神论中，部分也跟整体一般地显得独立，因为整体被表象成为一种由其各部分组成的。但是，虽然如此，这个区别还仅仅是假象而已。没有孩子，父亲就不成其为父亲；二者合而为一。在爱之中，人将自己低贬为一个部分，抛弃了自己的独立性。可是，这种自贬、自卑是得到补偿的，因为，另一个也同样被低贬为一个部分，二者都服从于一个更高的权力——家族精神之权力、爱之权力。因而，在这里，上帝与人之间的关系，乃如同在泛神论中一样；只是，在这里，这种关系表现为人格式的、家长制式的，而在泛神论中，这种关系却表现为非人格的、普遍的，换句话说，内容是同样的，只是，在泛神论中，是合乎逻辑地、从而明确地、直接地说出来的，而在宗教中，由于幻想的缘故，是吞吞吐吐地说出来的。可见，在宗教里面，上帝与人的相依共存甚或非差异性，被掩饰掉了；因为，在这里，人们一方面把二者都表象成为人格或个体；另一方面却又不管上帝的父性而将上帝表象成为一个独立的存在者。不过，这种独立也只不过是假象，因为，谁像宗教里的上帝那样从心底里就是一个父亲，那他就把自己的孩子视同自己的生命与本质。

虽然人们硬说只有基督才是上帝的嫡子，而人乃是上帝的养子,从而,硬说上帝只对他的独生子而并不对人处于本质重要的依赖关系中,然而,作为父亲的上帝与作为孩子的人相互之间的密切的依赖关系,却并不因为这种区分而遭到削弱。因为,这种区分,也仅仅是神学式的区分,因而乃是虚幻的区分。上帝只收人为养子,并不收动物为养子。上帝之所以收人为养子,乃是决定于人的本性。蒙神恩被收为养子的人,只是那意识到自己的属神的本性和尊贵的人。况且,独生子本身也不外乎就是人性之概念,不外乎就是人,只是,是为自己所预料到的,是在上帝里面规避自己和世界的,是属天的人。逻各斯是隐秘的、默默无声的人;人是公开的、言明了的逻各斯。逻各斯只是人之序曲。说逻各斯怎样怎样,就等于说人的本质怎样怎样。① 但是,在上帝与独生子之间,并没有什么本质上的区别——谁认识子,谁也就认识父②——,从而,在上帝与人之间,也并没有什么本质上的区别。

论到上帝的肖像性,情形也然如此。在这里,影像绝不是死的存在者,而是活的存在者。人是上帝的影像;这意思就不过在于,人是类似于上帝的存在者。两个活的存在者之间的类似性,乃基于天然亲缘关系。这样,肖像性归结为亲缘关系:人类似于上帝,因为人是上帝的孩子。类似性只是感官可以感觉得到的亲缘关系;无论在什么地方,我们总是由前者推论到后者。

---

① "基督与父的最大的一致,是我也能够获得的……上帝给予他的独生子的一切,他也同样完完全全地给了我。"(《陶勒及其以前时代诸说教师说教集》,汉堡1621年版,第14页)"在独生子与灵魂之间,并没有什么区别。"(同上书,第68页)——著者

② 例如,见《约翰福音》,第8章第19节。经文为:"若是认识我,也就认识我的父。"——译者

但是，类似性跟亲缘关系一样，也是一种捉摸不定的、虚幻的表象。只有人格性之表象，才去除了天然统一性。类似性就是统一性，但它却不愿意人家叫它是统一性，宁可躲藏在一个障眼的媒介物后面，躲藏在幻想之迷雾后面。如果我去除了这迷雾，那我就可以看到赤裸裸的统一性了。两个存在者越是相类似，则他们的区别就越是小；我认识了其中一个，就也认识了另一个。当然，类似性有程度上的不同。但是，上帝与人之间的类似性，也有其程度上的不同。良善的、虔诚的人，较比那种仅仅以人之一般本性为其类似性之根据的人，更为类似于上帝。可见，在这里，也是假设有类似性之最高级，只是，它并不是在尘世所能够达到的，而是要在彼世才能达到。可是，既然人到了某个时候将要成为这样，那么，至少就可能性而言，他现在便已经这样了。另一方面，最高度的类似性乃意味着两个个体或存在者说出和表达出同样的东西，从而，并不更有什么区别，至多也不过在于他们仍旧还是两个个体。二者具有同样的本质重要的质，而我们是仅仅借这种本质重要的质来区分事物的。因而，我不能借思想、理性来区分他们——这里，思想、理性已丧失了一切的支点——，我只能借感性表象或感性直观来区分他们。倘若我的眼睛并不对我说他们实在是两个就实存而言各各不同的存在者，那我的理性就要把二者混同起来了。这样，我的眼睛也分不清了。那并不是对于理性来说、而是仅仅对于感官来说才各各不同的东西，或者，说得更确切一些，那并不是就本质而言、而是仅仅就实存而言才各各不同的东西，——只有这样的东西，才有可能被混同起来。因此，完全相类似的两个人格，无论对于相互之间还是对于幻想，都具有异常的吸引力。类似性激起了形形色色的神秘之谈和猜想；因为，我的眼睛嘲笑我的理性：对于理性来说，独立生存之概念总得跟特定区别之概念联在一起。

宗教是精神之光，只是，在幻想与心情之介质中受到折射，从而，将同一个存在者直观化成为双重的存在者。类似性是理性之统一性，但它在现实性之领域内为直接感性的表象所分割、切断。一句话，类似性是为个体性或人格性之表象所分割开来的理性同一性。我不能够发现父亲与孩子、原形与肖像、上帝与人之间有实在区别，如果我不将人格性之表象插入其中的话。类似性就是统一性，只是它既为理性、真理感所肯定，却又为想象所否定；类似性就是统一性，只是它允许区别之假象存在——一个假象表象，它既不直接说是，也不直接说不是。[Ⅵ]

第二十四章　思辨的上帝学说中的矛盾

可见，上帝的人格性是手段，人借以使他自己的本质之规定及表象成为另一个存在者、一个外于他的存在者之规定及表象。上帝的人格性，本身不外乎就是人之被异化了的、被对象化了的人格性。

那种使人对上帝的意识成为上帝的自我意识的黑格尔式的思辨学说，便是以这种自我异化过程为基础的。上帝被我们所思维，被我们所知识。在思辨看来，他的这种被思维乃是他自己思维自己；宗教把它分割开来，而思辨又将两个方面结合起来。在这一点上，思辨远远比宗教来得深刻，因为，上帝的被思维的存在，异于某个外在对象的存在。上帝是一个内在的、属精神的存在者，而思维、意识乃是一种内在的、属精神的活动，所以，上帝之被思维便意味着肯定上帝所是的，确证上帝的本质是一种活动。上帝之被思维、被知识，对上帝来说，乃是本质的、必然的；反之，树木之被思维，对树木来说，就是偶然的、非本质的了。可是，难道这种必然性会仅仅表现出主观必然性而并不同时又表现出客观必然性吗？既然上帝为我们而存在，成为我们的对象，那么，如果上帝自在地像树木一样对自己之是否被思维、被知识漠不关心，那哪里还谈得上他必然被思维呢？不！不可能这样。我们不能不使上帝之被思维

第二十四章 思辨的上帝学说中的矛盾

成为上帝之自己思维自己。

宗教客观主义有两个被动态,有两个被思维。一次是上帝被我们所思维,另一次是上帝被自己所思维。上帝自己思维自己,不问是否被我们所思维;他具有一种跟我们的意识区别开来的、不依赖于我们的意识的自我意识。只要上帝被表象成为实在的人格性,那这一点就不用说了;因为,实在的、属人的人格思维自己并且被另一个人格所思维;我对他的思维,对他来说,是无关紧要的、外在的。这就是宗教拟人说之最高点了。为了使上帝摆脱一切属人的东西而独立,人们就宁可把上帝当成正式的、实在的人格,把他的思维包括到他里面去,而把被思维从他里面排除出去,似乎是属于另一个存在者的。这种对我们、对我们的思维的漠不关心,证实了他的独立的也即外在的、人格式的生存。当然,宗教也使上帝之被思维成为上帝之自我思维;但是,因为这个过程是在它的意识后面完成的,上帝先就直接被假设为一个自为地生存着的人格式的存在者,故而,在它的意识中,仅只反映出两个方面之等效性而已。

并且,宗教也绝不停留在两个方面的这种等效性上面。上帝为启示自己而创造——创造是上帝的启示。但是,对石头、植物、动物来说,并不存在有什么上帝。仅仅对人来说,才存在有上帝。这样,自然仅仅为了人的缘故而存在,而人却又仅仅为了上帝的缘故而存在。上帝在人里面得荣耀——人是上帝的骄傲。虽说即使没有人上帝也认识自己,但是,当没有另一个"我"存在时,他就仅仅只是可能的、被表象的人格了。只有当有区别于上帝的东西、非属神的东西被设定时,上帝才意识到他自己;只有当他知道什么东西不是上帝时，他才知道做个上帝意味着什么，才认识到自己的神性之福乐性。只有设定了另外的东西——世界——，上帝才得以将自己设定为上帝。没有创造，上帝会是全能的吗？不！只有在创造里面，全能才得到了实现、证实。如果不表现出来、行使出来，那还成了什么力量、属性呢？什么也做不成，那还成什么权力呢？有不发光的光吗？有什么也不知道，也即什么实在的东西也不知道的知性吗？可是，如果人不存在，那还会有全能，还会有其他一切属神的规定吗？没有了上帝，人就一无所是；但是，没有了人，上帝也一无所是；①因为，只有在人里面，上帝才作为上帝而成为对象，才成为上帝。只有人的各种不同的属性，才将差异性——实在性之根据——放到上帝里面去。人的物理属性使上帝成为一个物理存在者，使上帝成为父神——自然之创造者，换句话说，自然之被人格化和属人化了的本质②——，人的知性属性使上帝成为一个知性存在者，人的道德属性使上帝成为一个道德存在者。人的困苦，便意味着属神的怜悯的得胜；罪之痛感，便是属神的神圣性之乐感。生命、火、激情，仅仅通过人而进到上帝里面去。上帝因了执迷不悟的罪人而发怒，但却也因了痛悔前非的罪人而高兴。人是公开的上帝；只有在人里面，属神的本质才得实现，才确证自

---

① "上帝少不了我们，就像我们少不了上帝一样。"见《陶勒及其以前时代诸说教师说教集》，第 16 页。关于这一方面，也可以参看斯特劳斯的《基督教教义》，第 1 卷，§47 以及《德意志神学》，第 49 章。——著者

② "我们由上帝——全能的天地创造者——而得到今世这个暂时的、必逝的生命（也即属自然的生命）。至于永恒的、永不消逝的生命，那我们就由主耶稣基督的受难和复活而得到……耶稣基督是彼世生命之主宰。"（路德，第 16 卷，第 459 页）——著者

己是属神的本质。在自然之创造中,上帝离脱了自身,跟他物发生关系,而在人里面,他又回返到自身——:人认识上帝,因为上帝在人里面找到和认识自己,在人里面感到自己是上帝。没有了压迫,没有了困急,则也就没有了感知;而只有感知,才是实在的认识。如果不感到对怜悯的需要,那谁还能够认识怜悯呢?如果不感到不义,那谁还能够认识公义呢?不感到困急,那谁还能够认识福乐呢?你必须感知一件事是什么;不然的话,你就不会认识它了。然而,只有在人里面,属神的属性才成为感觉,换句话说,人是上帝之自我感。被感知的上帝,是实在的上帝;因为,上帝的属性,只有作为为人所感知的属性,只有作为感觉,只有作为病理学式的和心理学式的规定,才得以成为实在性。如果对人间困苦的感受果真是外于上帝的,是在一个在人格上与他分离开来的存在者之中的,那么,怜悯就也不是在上帝之中,从而,呈现在我们面前的,便又是无特性的存在者,或者不如说又是无,就像上帝在人以前或没有人时所是的那样。举一个例子。在我有机会行善事于别人身上以前,我并不知道我自己是不是一个良善的或乐于舍己为人的存在者——因为,只有乐于舍己为人者才是良善的。只有在舍己为人之具体行为中,我才体会到善行之幸福,我才体会到慷慨、大度之乐。但是,难道这个喜乐是跟接受者之喜乐区分开来的吗?不;我之所以喜乐,便因为他喜乐了。我感到了别人的困苦,我同情于他;当我设法减轻他的困苦时,我也减轻了我自己的困苦,因为困苦之感也是困苦。给予者之乐感,只是接受者里面的喜乐之反映、自我感。他们的喜乐,是一种共同的感情。就是因为这个缘故,所以即使在外表上他们也用紧紧的握手或接吻来使这种喜乐感性化。在这里,情形也然如此。既然对属人的困苦的感受是一种属人的感受,那么,同样,对属神的怜悯的感受也是一种属人的感受。只有感到有限性之不足,才会感到无限性之福乐。没有了一个,也就没有另一个。二者是不可分离的——对作为上帝的上帝的感觉与对作为人的人的感觉,是不可分割的——,上帝的自我认识,是跟人之认识不可分割的。这里的"自我"两个字,只有在属人的自我之中,才意味着是上帝自己;换句话说,只有在属人的辨别力之中,只有在属人的本质之内在的双重性中,才意味着是上帝自己。这样,怜悯仅仅被自己的反面感觉成为"我"、自我、力量,也即仅仅被自己的反面感觉成为某种特殊的东西。上帝仅仅借着不是上帝的东西,仅仅就与他的反面有所区别而言,才成为上帝。在这里,我们也找到了波墨学说的秘密。不过,必须注意一点。我们知道,只有在感觉之中,属神的本质才得实现,才得由无而变成某物,变成质的存在者。然而,雅各·波墨,作为一个神秘家和神学家,使上述这种感觉跟人之感觉分离开来——至少按他的想象来说是如此——,使其外于人,并使其对象化成为看来似乎是属自然的质。然而,这样一来,这些质却又仅仅意味着它们对人的心情所造成的印象了。因而,不可忽略,那凭经验而虔诚的意识仅仅以自然与人之实际创造来设定的,神秘的意识却早在创造之前就把它移放到先于世界的上帝里面去了,不过,却也正因此而扬弃了创造之意义。如果上帝已经在自己后面有不是上帝的东西,那他就不需要在自己前面有这种东西了;如果上帝已经在自身之中具有不是上帝的东西,那他就用不着设定这种非属神的东西然后再做上帝了。在这里,现实世界之创造就成了纯粹的浪费了,或者不如说成为不可能的了;这位上帝,由于有过多的实在性,因而并不走向实在性;他在自身之中便已经如此丰富地蕴含着这个世界,他已经饕餮了属地的食物,以至于很难解释他缘何再要创造现实世界。也许,这只是由于上帝的吞食世界的胃里面的一种倒逆的蠕动,只是由于一种属神的呕吐。这尤其适用于谢林式的上帝。谢林式的上帝,虽然由无数的潜能组成,但却毕竟是一个根本一无潜能的上帝。所以,凭经验而虔诚的意识远远来得合理一些;只有这种意识,才让上帝以现实的人、现实的自然来启示自己,使自己实现为上帝;根据这种意识,人之被造,完全是为了赞美上帝。这就意味着,人是上帝的嘴,这张嘴抑扬顿挫地念出了作为属人的感觉的属神的质。上帝希望受到尊崇、赞美。为什么呢?就因为只有人对上帝的感觉才是上帝的自我感。然而,宗教意识却又将这两个不可分割的方面分割了开来,它借助于人格性之表象而使上帝和人都成为独立的实存。现在,黑格尔式的思辨虽然将这两个方面同一了起来,但是,旧的矛盾仍旧没有解决。因此,黑格尔式的思辨只是宗教真理之彻底的完成而已。一小撮学者因其对黑格尔的憎恶而弄得不分青红皂白;他们甚至于没有认识到他的学说至少在这一方面其实并不与宗教相矛盾;要说有矛盾,那至多也只不过一般地像那发育完善的、彻底的思想与那尚未发育的、不彻底的、但总还是说明同样的东西的表象之间的矛盾那样的矛盾。

可是,如果像黑格尔学说那样把人对上帝的意识当作上帝的自我意识,那么,属人的意识自在地便是属神的意识了。那么,你为什么要使人的意识跟人疏远开来,并且使它成为某个跟他区别开来的存在者、某个客体之自我意识呢?你为什么把本质归给上帝,而仅仅把意识归给人呢？难道说,上帝是在人里面有其意识,而人又是在上帝里面有其本质吗？人对上帝的知识,难道就是上帝对自己的知识吗？何等的分裂,何等的矛盾啊!把它颠倒过来,你就得着真理了:人对上帝的知识乃是人对自己、对自己所固有的本质的知识。只有本质与意识的统一,才是真理。上帝之意识,是与上帝之本质不可分割的；二者都是在人里面。在上帝之本质中,你不过遇到了你自己的本质而已；这只是意味着,本来在你的意识后面的,现在跑到你的意识前面来了。如果属神的本质之规定乃是属人的,那么,属人的规定就具有属神的本性了。

只有这样,我们才获得了属人的本质与属神的本质的真正的、在自身之中得到满足的统一——属人的本质与自己的统一。不过,为了这个,我们就得放弃某种特殊的、与心理学或人本学区别开来的宗教哲学或神学,而是把人本学本身认识成为神学。然而,一切并不意味着真正与自己相同一、相统一的那种同一性,却仍旧还是基于分裂、割裂；这种同一性,立刻又被扬弃掉了,或者,说得更确切一些,应当立刻被扬弃掉。这个样子的同一性,既与自身相矛盾,又与理智相矛盾,它意味着畏缩不前、空想、谬误。并且,它越是谬误和不真,它就越是故弄玄虚,在空洞的概念里面打圈子。

第二十五章　三位一体中的矛盾

但是，宗教——或者不如说神学——并不仅仅将属人的或属神的一般本质对象化成为人格存在者而已；它还把这本质所固有的那些基本规定或基本区别也表象成为各个人格。所以，三位一体原来不外乎是人在人的本质中所知觉到的那些本质重要的基本区别之总和。这个本质被理解为有多少不同之点，则三位一体所依据的基本规定就也具有多少不同点。同一个属人的本质之这些区别，正像已经说过的那样，却被表象成为各个本体，被表象成为各个属神的人格。既然这些区别在上帝里面表现为三位一体中的三圣，表现为主体，表现为存在者，那么，虽然是同样的这些规定，但存在于上帝里面就应当不同于存在于人里面。在这里，又证实了前面已经说明的那个规律，即属人的人格性仅仅在人格性之表象中使自己的规定与自己疏远开来。可是，上帝的人格性仅仅存在于想象力之中；所以，在这里，基本规定也仅仅对于想象来说才表现为三位一体中的三圣，才表现为人格；对于理性、思维来说，却仅仅是规定而已。三位一体是多神教与一神教的矛盾，是幻想与理性的矛盾，是想象与现实的矛盾。幻想对应于"三位"，而理性则对应于"一体"。按照理性，区别仅仅是区别而已，而按照幻想，区别却就成了被区别开来的东西，后者从而便扬弃了属神的本质之统一性。对理性来说，三位属神的人格乃是幻影，而对想象来说，却是实在的存在者。三位一体要求人思想那跟人们所想象到的正相反的东西，并且又要求人想象那跟人们所思想到的正相反的东西；就是说，要求人把幻影当作存在者来思想。①

虽然是三个人格，但他们本质上并无区别。三个人格，一个本质(Tres personae, una essentia)。当然是这样。我们设想三个甚至更多个在本质中同一的人格。例如，我们人彼此有人格上的区别，但就主要而言，在本质中，在人性中，我们是合而为一的。并且，不仅是哲学玄思造成这种同一化，感觉本身也造成这种同一化。这一个个体跟我们一样是个人；这一点就够了；在这个感觉之中，一切别的区别都消失掉了——不论富有与贫穷，不论聪明与愚笨，不论有罪与无罪。所以，同情、同感，乃是一种实质的、本质的、哲学的感情。但是，三个或更多个属人的人格，虽然他们应当以密切的爱来实现、证实本质之统一性，但他们终究还是彼此外在地实存着，终究还是具有一种分离开来的实存。虽然他们用爱来奠定

---

① 思辨的宗教哲学，一方面反对背神的理智，竭力为三位一体辩护；另一方面却又将人格式的本体去除掉，认为父子关系仅仅是一种从有机生命那里借用来的不适当的比喻说法，从而，使三位一体丧失了灵魂、心，成了一个空壳子。这种论调是够奇怪的。实际上，如果人们竟然敢于或者竟然希望像应用于"绝对"宗教上面一样地把"犹太奥秘"式的专擅之诡计也应用于其他各"有限"宗教上面的话，那么，人们也许就不难于将埃及神牛的牛角经过加工而制造成为基督教教条学的潘多拉箱(Pandorabüchse)*了。为了这个，只需要把理智跟思辨式的理性分割开来就可以了。这种分割，是不吉利的，它意味着为任何一种歪理作辩护。——著者

* 潘多拉箱，源出希腊神话。神因为人类盗火而大大发怒，遂差遣美女潘多拉到世上来。尤比德赠她一只箱，箱中藏有人生一切祸患，开箱则播害人间，贻害整个人类。——译者

一个道德上的人格,但他们每个本身却还是具有一种物理实存。虽然他们互相补足,谁也少不了谁,但他们总还是具有一种形式上的自为存在。自为的存在与彼此外在的存在是一致的,是一个人格、一个本体之本质重要的标志。论到上帝,这就两样了。其实也必然是两样的,因为,虽然上帝里面包含有跟人里面同样的东西,但却是作为另一种东西;公设是:应当是另外的东西。上帝里面的三个人格,并不具有彼此外在的实存;不然的话,等到我们到了基督教教义中所说的天国时,热情而恳切地跑来迎接我们的,也许就要有三个——虽然没有像奥林匹亚的诸神那么多,但毕竟还是有三个——属神的人格,表现为三个个体,三个上帝。奥林匹亚的诸神,在其个体性中表现出实在的人格性;他们虽然在本质中、在神性中彼此一致,但他们每一个单独地就是一个上帝;他们是实在的属神的人格。反之,基督教中的三个人格,却仅只是被表象的、被想象的、假装的人格。不过,虽然他们因为仅只是被想象的、似是而实非的人格性而不同于实在的人格,但他们却同时又希望和应当成为实在的人格。人格上的实在性之本质重要的标志——多神教所谓的要素——被排除掉了,被当作是非属神的东西而被否定掉了。但是,正是由于这种否定,他们的人格性便仅仅变成想象之假象了。只有在复数之真理性中,才包含有各个人格之真理性。基督教中的三个人格,并不是三个上帝(tres Dii)——至少不应当是三个上帝——,而是一个上帝(unus Deus)。出乎意料,三个人格并不归结为复数,而是归结为单数;他们不但仅仅是"一"(Unum)——多神教中的神灵们,也是这样的"一"——,而且,还仅仅是"一个"(Unus)。在这里,单一性不仅具有本质之意义,而且同时又具有实存之意义；单一性是上帝之实存形式。三而一，复数而单数。上帝是一个由三个人格组成的人格存在者。①

可见，在理性眼光中看来，三位人格只不过是幻影而已，因为，他们的人格性所必须赖以得到证实的那些条件和规定，由于一神教之禁令而被扬弃掉了。单一性否认人格性；诸人格之独立性灭没在单一性之独立性中；他们仅仅是关系而已。没有父就没有子，没有子就没有父，而那一般说来破坏了对称关系的圣灵，则不外乎表现了二者相互的关系。要说属神的人格相互之间有所区别，那就仅仅是由他们相互之间的关系而来的。父亲——作为人格——的本质重要的东西，便在于他是父亲，而儿子的本质重要的东西，便在于他是儿子。至于父亲除了其父性以外另外还具有的特性，那是跟他的人格性无关的；他凭借这些特性而成为上帝，并作为上帝而与作为上帝的儿子同一起来。因此人们说，父神、子神、圣灵神，三者都是同样的上帝、同一个上帝。"虽然又有圣父，又有圣子，又有圣灵，但是，圣父是什么，圣子就也是什么，圣灵就也是什么。"换句话说，虽然有不同的人格，却并没有本质之不同。由此可见，人格性仅仅化为父性之关系，也就是说，"人格"这个概念在这里只不过是一个相对的概念，是关系之概念。作为父亲的人，正由于是父亲，故而就不是独立的，而是本质上与儿子有关系的；没有

---

① "单一性并不意味着类，并不意味着'一'，而是意味着'一个'。"（奥古斯丁，以及伦巴底的彼得，第 1 卷，第 19 篇，第 7、8、9 章）"神性之不可思议的纽带，以不可思议的方式将三者联了起来。这样，他们就成了唯一的一个上帝。(Hi ergo tres, qui unum sunt propter ineffabilem conjunctionem deitatis, qua ineffabiliter copulantur, unus Deus est)"（伦巴底的彼得，同上，第 6 章）"理性怎么能够同意或相信，三就是一，一就是三呢？"（路德，第 14 卷，第 13 页）——著者

儿子，他就不是父亲了；由于父性，人把自己低贬为一个相对的、非独立的、非人格的存在者。不过，首先要注意，不应当由于这种存在于现实之中、人之中的关系而误入歧途。人间的父亲，除了他的父性以外，还是一个独立的人格存在者；他至少还具有一种形式上的自为的存在，具有一种外于他儿子的实存；他不仅是父亲而已，他，作为一个实在的人格存在者，还具有许多别的属性。对父性这种关系，恶人甚至于使它成为完全外在的、并不跟自己的人格本质有什么牵连的关系。但是，在父神里面，父神与子神——作为上帝——之间就毫无区别了；只有抽象的父性才奠定了他的人格性，才奠定了他跟儿子的区别。可是，另一方面，儿子的人格性同样也只是由抽象的子性来奠定的。

然而，正像已经说过的那样，这些关系同时又不应当只是单纯的关系、非独立性而已，也应当是实在的人格、本质、本体。这样，复数之真理性、多神教之真理性重新又被肯定，[①]而一神教之真理性却重新又被否定了。这样，在三位一体之神圣的神秘中——之所以说是神圣的神秘，便因为这种神秘应当显明一种与属人的本质区别开来的真理——，一切东西都消失于欺骗、幻象、矛盾与诡辩之中。[②]〔Ⅸ〕

---

① "既然同时有圣父、圣子、圣灵存在，那为什么不称他们为三个上帝呢？请听奥古斯丁是怎样回答这个问题的。奥古斯丁说道：'如果我说有三个上帝，那我就跟《圣经》相矛盾了。《圣经》里有这样的经文：以色列啊，你要听，你的上帝是独一的上帝*。因此，我们宁可说三个人格而不要说三个上帝。这样就不跟《圣经》矛盾了。'"（伦巴底的彼得，第1卷，第23篇，第3章）旧教也多么信赖经文啊！——著者

* 《申命记》，第6章第4节。——译者

② 我的弟弟弗·费尔巴哈的著作《神人》（苏黎支1838年出版）很好地描述了笃信的虔诚者怎样由于三位一体之神秘而信心动摇、堕入迷雾之中。——著者

第二十六章 圣礼中的矛盾

　　正像宗教的客观本质——上帝之本质——一样,宗教的主观本质,由于一些可以理解的原因,也归结为纯粹的矛盾。

　　宗教之主观的本质关键,一方面是信仰与爱;另一方面,就宗教外在地表现于礼拜仪式中而言,则是洗礼与圣餐礼这两种圣礼。信仰之圣礼是洗礼,而爱之圣礼则是圣餐礼。严格地说,只存在有这么两种圣礼,就像宗教只有两个主观的本质关键——信仰与爱——一样。希望,仅仅是指关系到未来的那种信仰;所以,它之被当成特殊的本质,乃跟圣灵一样是不合逻辑的。

　　撇开其他一切关系不管,圣礼与前面说过的宗教固有本质的统一由下面这一点立刻就可判明,即:圣礼的基础乃是属自然的事物或物质,只是被允许具有一种跟它们的本性相矛盾的意义和作用罢了。例如,洗礼之主体或物质乃是水,是普通的、属自然的水,就像一般说来宗教之物质乃是我们自己的属自然的本质一样。但是,正像宗教使我们自己的本质跟我们疏远开来,从我们这里把我们的本质盗窃了去一样,洗礼之水,同时又是一种不同于普通的水的水;因为,它并不具有物理力量和物理意义,而是具有超物理的力量和意义:它是重生之浴(Lavacrum regenerationis),洗净人一切原罪的污秽,驱赶出生来就有的魔鬼,使人跟上帝和解。这样,真正说来,它只不过看来似乎是属自然的水罢了,它实际上乃是超自然的水。换句话说,仅仅在表象、想象之中,洗礼水才具有超自然的作用。可是,起超自然的作用的,就有超自然的本质。

然而,与此同时,行洗礼终究还是必须用属自然的水。如果没有用水,那洗礼就失去效验了。这样,属自然的质终究还自为地就具有价值和意义,因为,洗礼之超自然的作用乃是以超自然的方式跟水——仅仅是跟水,而不是跟别的什么物质——联在一起的。既然上帝是全能的,那么,上帝本来当然可以把上述作用跟任意一种事物联在一起。但他却并没有这样做;他使自己适应于属自然的质;他选择了一种跟他的作用相适应的、相类似的物质。可见,在这里,属自然的东西完全不是无关紧要的;倒不如说人们在这里总是设法使其类似于属自然的东西,致使看起来似乎是属自然的。酒代表血,饼代表肉。① 甚至奇迹也遵照类似性;耶稣把水变成酒,把一种变成另一种,但是,还是保留了"液体"这个不明确的类概念。在这里,也然如此。水是最纯粹的、最清澈的液体:赖于它的这种自然特性,它就成了神灵之纯洁无瑕的本质之象征。简单地说,水,自为地、作为水来讲,同样也具有意义;由于它的属自然的质,它被神圣化了,被选为圣灵之工具或手段。就这种意义而言,洗礼乃是以优美的、深刻的自然感为基础的。然而,这种优美的自然感立刻又失去了,因为在洗礼中水又具有一种超出它的本质的作用;它之具有这种作用,只是由于圣灵之超自然的力量,并

---

① "圣礼跟对象有类似性;圣礼是对象的标志。"(伦巴底的彼得,第 4 卷,第 1 篇,第 1 章)——著者

不是由于自己本身。就这种意义而言，属自然的质又成为无足轻重的了：谁由水中变出酒来，谁也就能够把洗礼水之作用任意地跟任何物质联起来。

所以，没有了奇迹之概念，我们就不可能了解洗礼。洗礼本身就是一个奇迹。怎样的力量行出奇迹来，并为了证实基督之神性而通过奇迹使犹太人和异教徒变成基督徒，则也就是这同样的力量定下了洗礼，并于中起作用。基督教以奇迹而开始，也以奇迹而继续。如果要否认洗礼之奇迹力，那就必须一般地否认奇迹。行奇迹的洗礼水，其属自然的根源乃是那在迦拿婚筵上被变成酒的水。①

由奇迹而促成的信仰，并不依赖于我，并不依赖于我的自我活动，并不依赖于信念力与判断力之自由。只要我不是顽固到极点，那我就必定相信在我眼前所发生的奇迹。奇迹迫使我相信行奇迹者之神性。② 当然，在一定的场合下，也即当奇迹表现为酬报时，奇迹也以信仰为前提；可是，除了这种场合以外，奇迹之前提就不是实实在在的信仰，而仅只是信心、气质、热诚、顺从——跟法利赛人的那种执迷不悟、心恶意邪正好相反。奇迹甚至于应当来证明，行奇迹者实在有他自称的那种能为。只有那基于奇迹的信仰，才是被证明了的、被论证了的、客观的信仰。作为奇迹之前提的信仰，乃只不过意味着对一位米赛亚——一般地，对一位基督——的信仰；但是，要促成我们相信正是这个人是基督——而这种信仰乃

---

① 见《约翰福音》，第2章第1节起。——译者

② 当然，论到行奇迹者，则信仰（对上帝的援助的信赖）是奇迹之原因、动因（见《马太福音》，第17章第20节；《使徒行传》，第6章第8节）。但是，论到奇迹之目睹者——在这里，便是讨论这样一种情形——，那么，奇迹是信仰的动因了。——著者

是主要的——,那就只有靠奇迹了。况且,把这种不确定的信仰当作前提,也完全不是必然的。无数的人都只是因了奇迹才信仰;这样,奇迹就是他们信仰的原因了。所以,如果奇迹不跟基督教相矛盾——怎么会相矛盾呢?——,那么,圣礼之奇迹作用就也不跟基督教相矛盾。相反,既然人们要赋予圣礼以一种属基督的意义,那么,势所必然的,就也一定赋予其以一种超自然主义的意义。保罗原来是最恨恶基督徒的,但由于一个突然的奇迹,他竟然回心转意了。① 基督教暴力地制服了他。有些人反驳说,如果换了另外一个人,那这个现象就不会有同样的效果;这样,现象之作用似乎应当归功于保罗本人。不过,这样的说法其实是站不住脚的。因为,如果别人也配遇到这同样的现象,那他们就会像保罗一样地成为基督徒了。属神的恩典是全能的。法利赛人之顽固不化和执迷不悟,不能被用来作为反驳的理由;因为,恩典正是撇开他们的。按照神谕,米赛亚必然要被出卖、虐待,必然要被钉十字架。这样,就必须存在有一些虐待他、把他钉十字架的人;从而,属神的恩典打一开始就已经撇开他们了。如果说并不是完完全全地撇开他们,那也只是为了增加他们的罪名,而不是诚心诚意要他们回心转意。怎么能够违拗上帝的意志——当然,假定这实在是他的意志,而不是仅仅一个念头而已——呢?保罗自己也认为他的回心转意完全是由于属神的恩典,是他所完全不配得到的。② 完全正确。不

---

① 见《使徒行传》,第9章第3节起。——译者

② "这是超乎一切奇迹的奇迹。基督行了如此奇妙的奇迹,甚至于使他的最敌对的敌人也由于恩典而回心转意。"(路德,第16卷,第560页)——著者

反抗属神的恩典,接受属神的恩典,让属神的恩典对自己起作用,——这本身就已经是某种良善的东西,从而,是圣灵的恩典所起的一种作用。再也没有比想把奇迹跟思想言论自由调和起来、把恩典跟意志自由调和起来更加来得荒唐了。宗教使人的本质跟人割离开来。上帝的活动、恩典,乃是人的被异化了的自我活动,乃是被对象化了的自由意志。①

有人认为——例如,唯理主义式的正教派神学家就这样认为②——,既然人并不由于神圣的洗礼而经验到自己被神圣化、转变了,那么,对洗礼之奇迹式的作用的信仰就要因此而动摇了。这样的说法,是极其不彻底的。奇迹,祈祷之客观力量,一般地,一切超自然的宗教真理,都是跟经验相矛盾的。谁诉诸经验,那谁就丢弃了信仰。经验成了法庭,则宗教信仰与宗教虔诚就都要溜跑了。不信者之所以否认祈祷之客观力量,便是因为它是跟经验相矛盾的;无神论者之所以还进一步否认上帝之实存,便是因为他在经验之中找不到上帝的实存。内在的经验并不妨碍他;因为,你在你自己里面关于另一存在者而经验到的,乃只是证明在你里面有某种

---

① 路德的理智与真理感之所以获得大大的荣誉,就因为他——尤其是在他的反对爱拉斯谟的著作中——只绝对地肯定属神的恩典,无条件地否定人的自由意志。从宗教观点而论,路德说得很对:"'自由意志'这个名称,是一个属神的称号和名称,人间任何哪一个都不应当而且也不能够取得这个称号,因为,只有崇高的、属神的尊严才配得上这一个称号。"(第19卷,第28页)——著者

② 经验也使古代笃信的神学家们承认,洗礼之作用,至少在今生之中,是极其有限的。"洗礼并不消除今生一切罪恶(Baptismus non aufert omnes poenalitates hujus vitae)。"(美兹格:《经院神学》,第4部,第251页)也可以参阅伦巴底的彼得,第4卷,第4篇,第4章及第2卷,第32篇,第1章。——著者

并不就是你自己,并且不依赖于你个人的意志和意识而对你起作用的东西,虽然你并不知道这个秘密重重的某种东西究竟是什么。但是,信仰更强于经验。任凭风急浪高,信仰也不动分毫;它自福自乐;它只看到自己,而对一切别的东西连看也不看一下。

当然,即使站在神秘唯物主义的立场上,宗教也总是同时又要求主观性、精神性之要素,从而,在圣礼里面也这样要求。然而,在这里面,正是显示出它的自相矛盾。并且,这个矛盾还特别尖锐地表现于圣餐礼中;因为,洗礼总还有利于孩子们,虽然人们在这里为使其有效起见也主张精神性之要素,但却又奇妙地把它移到别人的信仰中去,把它移到父母或其代表者的信仰中去,一般地,把它移到教会的信仰中去。①

圣餐礼之对象,是基督的肉体,实实在在的肉体;但是,这个肉体却缺乏实在性所必具的宾词。在这里,我们又只是在一个适合于感官的实例中得到了我们一般地在宗教之本质中所找到的东西。在宗教句法中的补语或主语,总是实在的属人的或属自然的主词或宾词;但是,这个宾词②之更近的规定、本质重要的宾词,却被否定了。主词是感性的,但宾词却是非感性的,也即跟这个主词相矛盾的。要使我能够把一个实在的肉体跟一个想象出来的肉体

---

① 路德派极其荒谬地假想:"孩子自己在洗礼中达到信仰。"然而,即使在这样的假想里面,主观性之要素也又归结为别人的信仰,因为"上帝通过基督教教会信仰中神甫们的代为祈求和带领"而促成孩子的信仰(路德,第13卷,第360、361页)。"这样,别人的信仰帮助我获得我自己的信仰。"(路德,第16卷,第347页,a)——著者

② 作者在这里可能有笔误。手头所有的三种译本中,除英译本译为"宾词"以外,俄、日译本都已改为"主词"。——译者

区别开来,则那个实在的肉体就一定得对我起属肉体的作用——不以意志为转移的作用。这样,假如饼就是上帝实在的身体的话,那么,吃饼就必定会直接地、不由自主地在我里面产生神圣的作用;从而,在吃圣餐以前,我们根本就不需要做什么特别的准备工作,我根本就不需要先圣洁我自己的思想。我吃一只苹果,那苹果就由本身而供给我以苹果的滋味。为了要把苹果感觉成为苹果,我并不更需要别的什么东西,至多也只要有一只健全的胃就可以了。在身体这方面,旧教徒要求空腹吃圣餐。这就够了。我用我的嘴唇把一小块象征着基督的肉体的饼含到口中,用我的牙齿嚼碎它,又通过我的食道把它带到胃里面去;我并不是在精神上消化了它,而是在肉体上消化了它。① 那么,它的作用为什么不应当是身体方面的呢?这个属于既是属肉体的、同时又是属天的、超自然的存在者所具有的肉体,为什么不应当在我里面也产生既是属于身体方面的、同时又是神圣的、超自然的作用呢?如果只有我的意念、我的信仰才使这个肉体成为一个使我神圣的肉体,才使这一小块干燥的饼变成精气型的本体,那我又何必需要这样一种外在的

---

① "路德说道:'我们的意见,总括起来就是要实实在在吃饼,以此代表吃基督的肉体。换句话说,凡是饼所作用的和接受的,都是基督的肉体所接受的和作用的;由于二者神圣的合一,故而把饼分给大家,让大家用牙齿来嚼它。'"(普兰克:《新教教义之发生史》,第8卷,第369页)。另一方面,虽然基督的身体在肉体意义上被人吃了,但路德当然又否认基督的身体"像一块牛肉那样地被嚼碎、撕裂和消化掉"(第19卷,第429页)。这是毫不奇怪的;因为,在这里被吃掉的,乃是一个并不具有对象性的对象,是一个不具有肉体性的肉体,是一个不具有肉性的肉,像路德*所说的,是"灵肉",也即虚幻的肉。还需要注意,新教徒也是空腹吃圣餐的;只是,在他们那里,这只小过是习惯而已,并不是什么律例(见路德,第18卷,第200、201页)。——著者

* 第19卷,第429页。——据德文本编者

东西呢？基督的肉体对我所起的作用，它的实在性，乃是我自己产生出来的；我自己对自己起作用。客观力量和客观真理何在呢？不配吃圣餐的人，即使吃了圣餐，也仅仅只停留在吃了饼和酒而已。什么也不带来的人，就什么也拿不到。所以，这里的饼跟普通属自然的饼的本质上的区别，便仅仅基于在主的餐桌旁的意念跟在别的餐桌旁的意念的区别。"因为人吃喝，若不分辨是主的身体，就是吃喝自己的罪了。"①但是，这个意念却又仅仅依赖于我给予饼的意义。如果对我来说它并不意味着是饼，而是意味着基督本身的身体，那它就并不具有普通的饼的作用了。意义怎样，作用就怎样。我并不为吃饱而吃；因而，我只吃一点点。这样，虽然在一切别的物质享受中量都起着本质重要的作用，但是，在这里，即使在量的方面，普通的饼的意义也外在地被去除掉了。

但是，这个意义仅仅存在于幻想之中；根据感官来讲，酒还是酒，饼还是饼。因此，经院哲学就吹毛求疵地区别本体与偶性，企图以此来解围。一切造成酒与饼的本性的偶性，都仍旧存在着；不过，由这些偶性所形成的东西，即本体、本质，就不再存在了，已经转变成为血和肉。但是，把一切属性总加起来，则这种统一就是本体了。如果我除去酒和饼所具有的使其得以成为酒和饼的那些属性，那酒和饼还成了什么呢？什么也不是了。所以，肉和血并没有客观的存在；不然的话，它们就也是非信仰的感官的对象了。正好相反：客观存在之唯一有效的凭证，即味觉、嗅觉、触觉、视觉，都异

---

① 《哥林多前书》，第11章第29节。——著者

口同声地为酒和饼的实在性辩护。酒和饼在现实中是属自然的本体,但在想象中却是属神的本体。

信仰是想象力之威力,这个威力,使实在的东西成为不实在的东西,使不实在的东西成为实在的东西:它直接跟感官之真理、理性之真理相矛盾。理性加以肯定的,信仰就加以否定,而理性加以否定的,信仰就加以肯定。① 圣餐之秘密,乃是信仰之秘密。② 所以,吃圣餐乃是信心之最高的、最醉心、最狂喜的时刻。对不合乎心意的真理、现实之中的真理的否定,对客观世界与理性的否定——信仰之本质,就是由这种否定所形成的——,在圣餐之中达到其最高峰,因为信仰在这里否定了一个具体存在着的、明显的、无可怀疑的客体认为它并不是像理性与感官所证实的那种东西,认为它之为饼乃是假象,实际上它乃是肉。经院学者提出这样的命题:"它按偶性来说是饼,按本体来说乃是肉。"这个命题,仅仅是抽象地、释明地以思想来表明信仰之见解与主张,从而,它的意思

---

① "我们看到了酒和饼的形态,却不信酒和饼的本体之存在。反之,我们相信,虽然基督的身体与血之本体是存在着的,但我们却看不到其形态。"(圣伯尔拿,巴塞尔1552年版,第189—191页)——著者

② 这一点,也表现于另一个这里没有加以详述、但已经很注意地提及的方面。在宗教中,在信仰中,人把自己当作是上帝之对象,也即把自己当作是上帝之目的。在上帝面前并且通过上帝,人使自己成为目的。上帝是属人的生存与福乐之手段。这个宗教真理,被设定为礼拜之对象,被设定为感性客体,那就成了圣餐礼了。在圣餐礼中,人像肉食一样地吃了上帝、天地之创造者,他通过"口中的吃喝"之行为而把上帝解释成为人之仅仅的生活手段。在这里,人被设定为上帝之上帝;从而,圣餐礼乃是属人的主观性之至高的自我享受。在这里,新教徒虽然并不直截了当地承认,但是,既然他也把上帝当作感性享受之客体,使他为自己效劳,那他实际上就等于也是将上帝变成外在物了。——著者

不外乎在于:按感官假象或普通直观而言是饼,但按真实而言却是肉。所以,既然信仰之想象力自命征服了感官与理性,甚至于否认最明显的感官真理,那么,完全不必大惊小怪的,信徒甚至狂热到会实实在在不是看到酒,而是看到血在流。旧教应当可以举出这一类的例子。要在自身以外感性地知觉到在信仰里面、在想象之中认为真的东西,当然并不是一件难事。

当对圣餐神秘的信仰作为神圣的甚至至圣的、至高的真理而统治着人类时,人类之占统治地位的原则便是想象力了。实在性与非实在性之间、非理性与理性之间的一切区异标志,都消失掉了;凡是人们能够想象到的东西,都被当作是实在的可能性。宗教使任何一种跟理性、跟物性的矛盾都神圣化起来。请不要嘲笑经院学者们愚蠢的问题!这些愚蠢的问题,乃是信仰之必然的结果。在现在看来只是关乎心情的事,在那时却必须被认为是关乎理性的;在现在看来是跟理智相矛盾的,在那时却必须被认为是不跟理智相矛盾的。这就是经院哲学之基本矛盾了,而一切别的矛盾,都是由这个基本矛盾中产生出来的。

至于我究竟是信仰旧教的圣餐学说还是信仰新教的圣餐学说,那就并不显得特别重要了。区别仅仅在于,在新教中,只有在吃圣餐时的舌头上面,①肉和血才以完全神奇的方式跟饼和酒联了起来,而在旧教中,则早在吃圣餐以前,饼和酒便已经实实在在

---

① "不要因为基督是在他的门徒真的吃以前讲'这是我的身体'*而就认为在吃以前饼就已经是基督的身体了。"(布丢斯,前书,第5卷,第1章,§13、17)与此相反的看法,见《特利恩特第十三届宗教会议》,第3章、第8章、第4教规。——著者

* 《马太福音》,第26章第26节。——译者

地转变成为肉和血了——这是依靠神甫之大力，然而，在这里，神甫也只是奉全能者的名来行事的。新教徒只是狡猾地规避了明确的说明而已；他并不像因为虔诚、无批判而显得单纯的旧教徒——旧教徒的上帝，作为外在物，甚至也能够被一只老鼠吞食掉——那样完完全全地把自己暴露出来；他把他的上帝款留在自己那里，使上帝跟他永不分离，由此，既保证他不受偶然之侵害，又保证他不受嘲笑之侵害。不过，虽然如此，新教徒却仍旧还是像旧教徒那样在饼和酒里面吃实在的肉和血。在起初时，新教徒与旧教徒在圣餐学说方面的区别尤其来得小。例如，在安斯巴哈甚至还争论过这样的一个问题："基督的身体是否也到达胃之中，像别的食物一样地被消化，从而也经过属自然的过程而又被排泄出去呢？"①

可是，虽然信仰之想象力使客观的存在仅仅成为假象，使合乎心意的、被想象的存在成为真理与实在，然而，自在地或按实际而言，实在客观的东西终究还是属自然的物质。即使是旧教神甫们盒中的"圣体"，自在地而言，也只有在信仰中才是属神的身体；他使属神的本质转变成为这个外在物，但是，这个外在物却只是信仰之物而已；因为，在这里，身体也绝对不会被视觉、触觉、嗅觉证明为身体。这意思就是说，仅就意义而言，饼才是肉。诚然，对信仰来说，这个意义乃就是指着实在的存在——正像一般地在狂热之中，意味的东西变成被意味的东西一样——，饼不应当意味着肉，应当就是肉。但是，这个存在正是非属肉体的；它本身只是被信仰的、被表象的、被想象的存在，也就是说，它本身只具有一个意义之

---

① 斯特罗勃尔：《密朗赫顿之辩护》，纽伦堡1783年版，第127页。——著者

价值、性质。① 一样对我来说具有特殊意义的东西,在我的表象之中就会跟它的实际情况大有出入。意味着的东西,并不就是以此而被意味的东西。它是什么东西,这反映在感觉之中;而它意味着什么东西,那就要看我的意念、表象、幻想了,是仅仅为我而存在的,并不是为了别人、客观地存在着的。在这里,也是如此。因此,当萨文黎说圣餐只具有主观的意义时,他本来只不过是说了别人也说过的话罢了;只是,他破坏了宗教想象力之幻觉;因为,在圣餐礼中的"是",本身只不过是一个想象,但却又想象自己不是想象。同样的话,只是,萨文黎是简单地、赤裸裸地、散文式地、唯理主义地、因而有所冒犯地说出来的,而别人则是神秘地、间接地说出来的。实际上,许多别的人也已经承认,②圣餐之作用是仅仅依赖于信心或信仰的,也就是说,只有那些给予饼和酒以属神的身体之超自然的意义的人,才会把饼和酒当作是主的肉和血,当作是主本身;因为,信心、虔诚,就是仅仅依赖于这种超自然的意义。③

但是,既然没有了信心、信仰圣餐就不起什么作用,从而也就一无所是——因为,只有起作用的东西才是存在着的——,那么,

---

① "但是,既然盲信者相信这仅仅只是饼和酒而已,那他们就确实只有他们所信的那种东西了,他们单单只吃到了饼和酒而已。"(路德,第 14 卷,第 432 页)这就是说,如果你相信、表象、想象,饼并不就是饼,而是身体,那它就不是饼了;只要你不信,那情形也就不同了。它对你来说是什么,那它就真的是什么了。——著者

② 甚至旧教徒也这样承认。"配吃圣餐的人,吃了圣餐以后,就跟基督合而为一了。"见《佛罗伦萨宗教会议》中论圣餐的一部分。——著者

③ "信者以吃饼而吃了主的肉体,并且,就是因为相信口中所吃到的是主的身体,故而使自己的灵魂大大地坚强起来。"(路德,第 19 卷,第 433 页;也可看第 205 页)"因为,我们相信接受到什么,我们实际上也就真的接受到什么。"(路德,第 17 卷,第 557 页)——著者

它的意义就仅仅包含于这信心、信仰之中了；事情自始至终就是在心情之中发生的。虽然那使我觉得好像于此领受到救主的实在的身体的那种表象也对虔诚心起作用，但是，这个表象却也是起源于心情的；它之促成虔信，其条件和原因乃在于它本身已经是一个虔诚的表象了。在这里，宗教主体也是为自己本身所作用、所规定；只是，他借助于表象出一个臆想出来的客体而把自己当作了另一存在者。所以，即使没有饼和酒做媒介物，即使没有一切的教会仪式，我也许也能够在我自己里面、在想象之中很好地完成这个圣餐礼。有无数的圣诗，其唯一的素材便是基督的血。因而，在这里，我们就有了一个真正诗意的圣餐典礼。在对受难流血的救主的活的表象中，心情使自己跟他联合起来；在这里，虔灵在富有诗意的灵感中喝到纯粹的、不跟任何与此有矛盾的感性物质混合起来的血；在这里，在血之表象以及血本身之间，并不存在有任何从中扰乱的对象物了。

虽然圣餐——一般地，圣礼——没有了信心、信仰就一无所是，但是，宗教却还是同时又把圣礼描述成为某种自为地实在的、外在的、跟属人的本质区别开来的东西，从而，在宗教意识中，真实的东西——信心、信仰——成了次要的东西，成了一个条件，而假想的、想象出来的东西却反而成了主要的东西。这种宗教唯物主义——它使属人的东西从属于假想的属神的东西，使主观的东西从属于假想的客观的东西，使真理从属于想象，使德性从属于宗教——之必然的、不可避免的后果和作用，便是迷信和不道德了。之所以说是迷信，便因为人们把某种不包含在某个事物之本性中的作用跟事物联系在一起，便因为事物在这里完全跟实际情况不同,便因为人们把纯粹的想象当作了实在。之所以说是不道德,那是因为在心情之中行为——作为行为——之神圣性必然从道德性中抽离出来,圣礼之享受,即使不依赖于信心,也成了一个神圣的、带来得救的行为。至少,在实践中情况是这样的,因为实践丝毫也不知道神学之诡辩手法。一般地,宗教何以会使自己跟理性相矛盾,那它就也由此而跟道德感相矛盾。热爱良善是跟热爱真理密切相关联的。理智之邪恶,总又是内心之邪恶。谁欺诈、诳骗理智,谁也就没有忠厚的心地;诡辩败坏了整个的人。但是,圣餐学说正就是诡辩。意念为真,则上帝的存活就为不真;客观实存为真,则意念就为不真和非必然。[XXI]

第二十七章　信仰与爱的矛盾

　　圣礼使唯心主义与唯物主义的矛盾、主观主义与客观主义的矛盾感性化了,而宗教之最内在的本质,正就是由这种矛盾构成的。但是,如果没有了信仰与爱,那圣礼就是无。所以,在圣礼之中的矛盾,将我们引回到信仰与爱的矛盾。

　　宗教之秘密的本质,是属神的本质与属人的本质的统一。但是,宗教之形式,或者说,宗教之公开的、被意识到的本质,却是上帝跟人的区别。上帝就是属人的本质;但是他却被知识成为另一种本质。现在,爱显示了宗教之隐蔽的本质,而信仰却形成宗教之被意识到的形式。爱使人跟上帝、上帝跟人同一化,因而也就是使人跟人同一化,而信仰却使上帝跟人分离开来,因而也就是使人跟人分离开来;因为,上帝不外就是人类之神秘的类概念,从而,把上帝跟人分离开来就意味着把人跟人分离开来,解除共同的纽带。由于信仰,宗教跟人的道德性、理性、简单的真理感相矛盾;而由于爱,宗教又跟这个矛盾相对抗。信仰使上帝个别化,使上帝成为一个特殊的、另外的存在者;而爱却使上帝一般化,使上帝成为普通的存在者,使他的爱跟他对人的爱合而为一。信仰在内部使人跟自己分离,从而,在外部也是如此;而爱却医好了信仰所造成的人的内心创伤。信仰使对其上帝的信仰成为法律;而爱却就是自由它甚至也并不诅咒无神论者，因为它本身就是无神论的，并且，在实践上——虽然在理论上未必如此——否认有一位特殊的、跟人对立的上帝存在。

信仰区别：这是真的，也是假的。并且，它仅仅把真理归给自己。信仰有特定的、特殊的真理作为其内容，而这个真理，则是必然跟否定相连的。信仰，就其本性而言，是排他的。真理只有一个，上帝只有一个，享有做上帝的儿子的专权的，只有一个；其他一切，都是虚无、谬误、偏差。只有耶和华才是真的上帝；一切别的上帝，都是虚空的偶像。

信仰有其独特的想法；它基于上帝的特殊的启示；它并不是沿着普通的、毫无区别地对一切人开放着的道路来到达自己的所有物的。对一切人开放着的东西，就显得平平常常，不会形成什么特殊的信仰对象。一切的人出自本性就已经认识到上帝是创造者，但是，这位上帝在人格之中自为地究竟是什么，那就属于恩典范围之内的事了，是一个特殊信仰的内容了。然而，正因为只是以特殊的方式启示出来的，故而这种信仰之对象本身也只是一个特殊的存在者。基督徒们的上帝实在就是异教徒们的上帝；只是，有着一个强力的区别，这个区别，就好比朋友眼光中的我跟一个与我素不相识的陌生人眼光中的我之间的区别一样。基督徒眼光中的上帝，完全不同于异教徒眼光中的上帝。基督徒从人格上认识上帝，面对面地认识上帝。而异教徒却只知道——这也是马马虎虎的知道——上帝是"什么"而不知道上帝是"谁"，从而，就陷于偶像膜拜之中。所以，异教徒和基督徒在上帝面前的平等，乃是空谈；至于异教徒跟基督徒的共通之处——如果我们希望宽容一些，允许确立某种共通的东西的话——,那就不是真正属基督的了,不是形成信仰的东西了。使基督徒得以成为基督徒的东西,正就是使他们跟异教徒区别开来的东西;①但是,他们之所以是基督徒,乃是由于他们特有的对上帝的认识;因此,他们的区别标志,乃是上帝。特殊性好比盐,只有有了它,才使平平常常的东西有了滋味。每一样东西的本质,都归结为其特性:只有那特种地、人格地认识我的人,才是真正认识我。因此,只有特种的上帝——基督徒眼光中的上帝、人格式的上帝——,才是上帝。而这个上帝,是异教徒——一般地,不信者——所不知道的,对他们来说,这个上帝是不存在的。当然,他也应当成为异教徒们的上帝;但是,这却只是间接的,即只有当他们不再是异教徒,而是成了基督徒时,他才也应当成为他们的上帝。信仰限制、约束人;它使人丧失了恰如其分地来评价别的跟自己区别开来的东西的那种自由与能力。信仰拘泥于自身。哲学上的——一般地,科学上的——教条家虽然也用他的体系的规定性来限制自己,但是,理论上的局限性,不管怎样不自由、近视和心胸狭窄,总还是带有一种比较自由的特点,因为理论之领域自在自为地便是一个自由的领域,因为在这里占统治地位的乃是实事求是的作风。与此相反,信仰则使自己的事情本质上成为有关良心、利益、幸福欲的问题,因为,它的对象本身就是一个特殊的、人格式的存在者,这个存在者强制人们承认他,并且使福乐依赖于这种承认。

---

① "如果我要做一个基督徒,那就必须跟别人不一样地信仰与行事。"(路德,第16卷,第569页)——著者

信仰给人以特殊的荣誉感和自我感。信者感到自己比别人来得优越,胜于属自然的人;他认为自己是一个出类拔萃的、享有特权的大人物;信者是贵族,而不信者是平民。上帝,正就是信者跟不信者的区别,正就是信者对不信者的优越,只是,这种区别、优越已经在这里被人格化了。① 但是,因为信仰把自己的本质表象成为另外的存在者,因而信者并不把他的荣誉直接归给自己,而是把它归给这另一人格。对自己的优越的意识,就是对这个人格的意识,他在这另外的人格性里面感到自豪。② 正像仆人在自己主人的显赫中感到自豪,甚至觉得自己胜过那些虽然自由而且独立、但在等级上低于他的主人的人一样,③信者也是如此。他推却一切的功劳,唯一的目的就是使自己的主人能够因功受荣;但是,这却只是因为这种功劳是有利于他的,只是因为他在主人的荣誉中满足了自己的荣誉感。信仰是傲慢的,但它却跟属自然的傲慢有所不同,它把自己的优越感、自己的骄傲转移到另一人格中去,然后让这另一人格来夸奖自己。可见,这另一人格,就是信者自己隐蔽的"自我",就是信者自己的被人格化和被满足了的幸福欲,因为,这个人格性并没有别的什么规定,只不过被规定为是慈善者、拯救

---

① 凯尔苏斯非难基督徒,说他们自夸是仅次于上帝的优秀者。"先是上帝,然后就是我们(Est deus et post illum nos)。"(欧利琴:《反对凯尔苏斯》,1605年版,第182页)——著者

② "我因了我的福乐与赦罪而自豪和自夸。但是,我是依靠什么而得到的呢? 乃是依靠他者的荣誉和骄傲,也即依靠基督我主的荣誉和骄傲。"(路德,第2卷,第344页)"夸口的当指着主夸口。"(《哥林多前书》,第1章第31节)——著者

③ 一位曾经当过俄国将军米尼希的副官的人说道:"当我做副官时,我倒觉得比现在当指挥官更大一些。"——著者

者、救主，也即只不过具有这样一些规定，在这些规定之中，信者仅仅关系到自己，仅仅关系到自己的永恒得救。一句话，我们在这里发现了宗教所特有的原则，那就是，它将属自然的主动态变成被动态。异教徒自己抬高自己，而基督徒则是感到自己被抬高。在异教徒那里是关乎自我活动的事，在基督徒那里就是关乎感觉、感受的事情了。信者的谦卑，是一种颠倒过来的傲慢；也就是说，信者的傲慢，在外表上、在外部特征上，看不出是傲慢。他感到自己是杰出的；但是，他之所以杰出，却并不是由于他的活动，而是来自恩典；他已经被主拣选而成为杰出的了：对此，他是无能为力的。一般说来，他并不使自己成为自己活动的目的，而是使自己成为上帝的目的，成为上帝的对象。

就本质而言，信仰乃是被规定了的信仰。只有处于这种规定性之中的上帝，才是真的上帝。这个耶稣是基督，是真正的、唯一的先知，是上帝的独生子。并且，如果你想要牢牢地抓住你的福乐的话，那你就必须相信这个被规定了的东西。信仰是命令式的。①所以，信仰之被固定成为教条，乃是必然的，是被包含在信仰之本质之中的。教条只是说出了信仰原来已经在口边或已经想说出的话而已。即使只要有一条基本教条确立起来了，那就会有一系列比较细节的问题产生出来，这些问题然后又必须以教条的形式固

---

① "人们由于上帝的律法的规定而必须信仰正道。在律法的一切别的命令之前，先就规定要正而不邪地信仰上帝：'以色列啊，你要听，耶和华我们的上帝是独一的主。'*那些认为人不管以什么样的信仰来事奉上帝都跟自己的得救没有什么关系的人，其谬误由此而被排除了。"（托马斯·阿奎那：《哲学大全——反对外邦人》，第3卷，第118章，§3）——著者

* 见《申命记》，第6章第4节。——译者

定下来，由此，教条就会令人讨厌地繁多起来。上述这种现象，固然是一种定命，但却也并不扬弃这样一种必然性，即信仰之所以要在教条中固定下来，乃是为了使每一个人都明确地知晓他应当信仰些什么和他怎样能够获得他自己的福乐。

在今天，偏重信仰的基督徒从他们的观点出发说这也不对那也不对，以怜悯甚或讥讽的眼光把许多东西都看作是歧误、误解、过分。但是，要知道这些他们瞧不起的东西，乃是信仰之内在本质之不可避免的结果。信仰，就其本性而言，乃是不自由的、拘泥的，因为，在信仰里面，说来说去就离不开自己的福乐或上帝本身的荣誉。但是，正像我们很关心我们是不是给予地位更高者以其应得的荣誉一样，信仰也有这种关心。使使徒保罗得到满足的，不是别的，乃是基督的荣誉、功绩。教条式的、排他的、拘谨的规定性，乃包含于信仰之本质之中。在食物以及其他一些对信仰来说无关紧要的事物之中，信仰当然是宽容的；但是，当关系到信仰之对象时，就不宽容了。不是为了基督，那就是违背基督；不是属基督的，那就是反基督的。但是，什么是属基督的呢？那就得仔细来规定，丝毫也不能马虎。既然信仰之内容容纳在由各个不同的作者写成的各卷书中，容纳在偶然的、自相矛盾的、因时而异的表述之形式中，那么，教条式的限定和规定，就成了外在的必然性了。基督教之得以存在下去，全靠教会式的教条条文。

只有现代那些意志薄弱和伪装信仰的不信者，才躲藏在圣经后面，并且以《圣经》经文来跟教条式的规定相对抗，以便通过随心所欲的释经来摆脱教条条文之限制。但是，当信仰之规定被感觉成为限制时，那信仰其实也已经消失掉了，已经成了无关紧要的了。只有那种冒充虔诚、实则信心冷淡的人,才使那就其本性和起源而言毫不明确的《圣经》成为信仰之唯一的尺度,并借口要信仰本质重要的东西而结果成为不信仰一切配称得上信仰的东西。例如,他们用"无罪的人"之模糊、空泛的规定来代替教会所说的明确的、性格鲜明的圣子;他们认为,唯独这"无罪的人"才配称得上是圣子,简言之,唯独他才配称得上是个无论被称为人还是被称为上帝都不恰当的人。至于为什么实在说来只有那种信心冷淡的人才躲藏在《圣经》后面,其实乃是不言自明的。我们看到,人们甚至于把记载在《圣经》之中、但跟现在的文明立场相矛盾的内容当作是非义务的,甚或干脆加以否认;人们甚至于把明明是属基督的、必然由信仰里面推论出来的那些行为,例如信者跟不信者的隔离,在现在称之为非属基督的。

教会完全有权利给异端者——或者,一般地,不信者①——定罪,因为,这种定罪乃是包含于信仰之本质之中。信仰最初仅仅表现为信者毅然跟不信者一刀两断;但是,这种一刀两断乃是最最至关紧要的分离。上帝仅仅爱信者,他反对不信者——如果有可能成为信者,那上帝也不加以反对,但如果的的确确是不信者,那上帝就坚决加以反对了——;这就正说明为什么大家都不愿做不信者。凡是上帝所反对的东西,就都是虚空的、遭到斥黜的、被定罪的了;因为,上帝所反对的东西,本身就是违背上帝的。信了就意味着是良善的,而不信就意味着是邪恶的。信仰既局限又拘泥,把一切东西都推到意念里面去。在它看来,不信者之所以不信,之所以与

---

① 对于那种狂热的信仰来说,异端者就等于是不信者、无神论者。——著者

第二十七章 信仰与爱的矛盾

基督为敌,乃是由于怙恶不悛,乃是由于劣根性。① 所以,信仰仅仅同化信者,它摈斥不信者。信仰对信者是和和气气的,而对不信者,就根本没有好脸。在信仰里面,包含有一个凶恶的原则。

基督徒是多么地自私、虚荣、自我陶醉啊!他们虽然看到了非基督教民族的信仰里面有刺,却没有看到他们自己的信仰中有梁木。基督徒跟其他民族,仅仅在表达宗教热诚的方式方面有所不同而已。区别之根据,仅仅在于气候上的区别或民族气质的区别。好战成性的或好激动的民族,当然也就由感性行为、由武力来表现出自己的宗教热诚。但是,若就作为信仰的信仰而言,则其本性到处都是一样的。就本质而言,信仰总是有所判决、定罪。它把一切的祝福、良善都加到自己身上,都加到自己的上帝身上,就像恋爱之中的人把一切的祝福、良善都加到所爱者身上一样;而它又把一切诅咒、一切厄运和祸患都丢给不信者。信者是被祝福的,是讨上帝喜欢的,是分享到永恒的福乐的;而不信者是被诅咒的,既被上帝所斥逐,又被人所非难。因为,凡是上帝加以非难的,人也就不敢接纳、爱惜;若然如此,那简直就等于批评属神的判断了。回教徒用火和剑来消灭不信者,而基督徒则是用地狱之烈焰来消灭不信者。但是,彼世之烈焰也已经闯入今世之中,以便照亮这充满着不信的黑暗世界。正像信者已经在尘世预先享受到天国之乐一样,地狱无底坑之火也应当在这里就喷出来,让不信者预先尝一下地狱的滋味。确实是这样;至少,在信仰之最高灵感的片刻,是这

---

① 在《新约》中,不顺服之概念就已经跟不信联系在一起。"不信是首恶。"(路德,第13卷,第647页)——著者

样的。① 基督教虽然并不命令要迫害异端者,更不命令要用武力来使其归顺,但是,就信仰给异端者定罪而言,它就必然会产生敌对的意念,使异端者因此而遭到迫害。爱不信基督的人,就意味着冒犯基督,就意味着爱基督的敌人。② 上帝、基督所不爱的东西,人也不敢去爱它;如果人竟去爱它,那就要跟上帝的意志相矛盾,从而就是犯罪了。上帝虽然也爱一切人,但其条件和原因乃在于他们是基督徒,或者,他们至少能够是并且希望是基督徒。做基督徒,就意味着为上帝所爱;不做基督徒,就意味着为上帝所恨恶,成了上帝发怒的对象。③ 可见,基督徒只可以爱基督徒,至多也只能再爱那些有可能成为基督徒的人;他只可以爱为信仰所神圣化、祝福的东西。信仰是爱之洗礼。对作为人的人的爱,只不过是属自然的爱。属基督的爱,乃是超自然的、洁净了的、神圣化了的爱;但是,属基督的爱也只爱属基督的东西。《圣经》中虽然也说到"要爱你们的仇敌",④但是,这里只是指个人的私敌,并不是指公敌,并不是指上帝的仇敌、信仰之仇敌,并不是指不信者。谁爱人而否认基督、不信基督,那谁就是拒绝他的主和上帝;信仰扬弃了人类之合乎自然的纽带;它以特种的小团结来代替普遍的、属自然的大团结。

---

① 上帝本身也绝不总是为了未来而积蓄对亵渎者、不信者、异端者的惩罚,反之,他常常在今生就已经惩罚他们,"为的是有利于基督教,增强信仰"。例如,上帝惩罚了异端者凯林图斯和异端者阿里阿。见路德,第14卷,第13页。——著者

② "谁有上帝的灵,谁就记起这一句诗(《诗篇》,第139篇,第21节):'耶和华啊,恨恶你的,我岂不恨恶他们呢?'"(伯尔拿,书信第193,《致教廷主教伊伏尼斯大人》)——著者

③ "谁否认基督,谁也就被基督否认。"(西帕里安:《书信集》,书信第73,§18)——著者

④ 《马太福音》,第5章第44节。——据德文本编者

既然《圣经》中说"你们不要论断人,免得你们被论断",[1]那么,信仰就应当把论断、判罪都归给上帝。这是不应当有什么异议的。但是,这种说法以及其他一些相类似的说法,都只适用于基督教私法,而并不适用于基督教国法,只从属于道德,并不从属于教条条文。如果有人把这种道德上的表述引到教条条文之领域中去,那就说明他信心冷淡了。把不信者跟人区别开来,这乃是现代人道之结果。对信仰来说,人隐失于信仰之中;人跟动物的本质区别,在信仰看来,乃是仅仅以宗教信仰为基础的。只有信仰才在自身之中包含有一切使人讨上帝喜欢的美德;但是,上帝就是尺度,讨他喜欢,就是最高的规范了;由此,只有信者才是合法的、正常的人,才是尽到了本分的人,才是被上帝所承认的人。什么地方把人跟信者区别开来,在那里,人就已经跟信仰分了家;在那里,人就已经独立自主,不依赖于信仰了。所以,只有在人们诚心地信仰着的地方,信仰才成为真正的、不做作的信仰。信心冷淡下去了,则信仰本身也就自然而然地成了无关紧要的、无聊的东西了。只有在自在地就是无关紧要的事物中,信仰才是宽容的。使徒保罗之自由主义,乃是以接受信仰之基本条文为前提的。当一切都取决于信仰之基本条文时,就发生了本质重要的东西与非本质重要的东西之间的区分。在非本质重要的东西之领域内,并没有什么律例,你们可以自由自在。但是,当然得有一个条件,那就是,你们必须完整无缺地保障信仰所享有的权利,让信仰恩赐给你们一些权利、自由。

所以,说信仰把论断交托给上帝,那正是道地的虚伪了。信仰

---

[1] 《马太福音》,第7章第1节。——据德文本编者

所交托给上帝的,只不过是跟信仰有关的道德上的论断,只不过是对信仰之道德特性的论断,只不过是对基督徒们的信仰的热心与否的论断。信仰知道,怎么样的人将站在上帝的左边,怎么样的人将站在上帝的右边。它虽然不能具体说出谁在左边,谁在右边,但毫无疑问,只有一般的信者才是永恒王国的继承者。[①] 然而,另一方面,那区别信者与不信者、给出赏罚的上帝,不外就是信仰。上帝定什么东西罪,信仰也就定其罪;反之也然。信仰是一团毫不怜惜地焚烧自己的仇敌的烈火。这信仰之火,被当作客观存在物来看,就是上帝的愤怒,或者,同样的,就是地狱;因为,地狱很明显地是以上帝的愤怒为根据的。但是,信仰在自身之中、在其判罪之中,就有了这个地狱。地狱之烈焰,仅仅只是由于信仰对不信者的一瞥——这是毁灭性的、盛怒的一瞥——而飞溅出来的火花。

可见,信仰在本质上是具有党派性的。谁不是拥护基督,那谁就是反对基督。不是拥护我,那就是反对我。信仰只辨敌友,具有鲜明的党派性;它仅仅关怀自己。信仰在本质上乃是偏执的——之所以说"在本质上",乃是因为必然有癫狂跟信仰联系在一起,由于这种癫狂,使信者把自己的事当作上帝的事,把自己的荣誉当作

[①] "于利厄说道(《教皇主义史话》,第 4 部,第 11 章):'本世纪的自由思想家们企图建立起一个危险的原则,这就是,他们认为任何一种性质的信仰上的错误都不足以导致定罪。'一个人,如果像《以弗所书》第 4 章第 5 节所说的那样只有一个信仰(引人得救的信仰),并且知道什么是引人得救的和正确的信仰,那他就不可能会不知道什么是不正确的信仰,不可能会不知道什么样的人是异端者,什么样的人又不是异端者。"(本泽恩[S. Bentzen]:《克·托马修斯之肖像》,派斯多恩 1692 年版,第 57 页)路德在他的论再洗礼的席间讲演中说道:"我们按照福音而论断和判断,谁不信,谁就已经被论断了。因此,我们必须确信,他们是谬误的和被定罪的!"——著者

上帝的荣誉。信仰之上帝，自在地不外就是信仰之客观本质，不外就是自己成为自己对象的信仰。所以，在宗教心情与宗教意识里面，信仰范围内的事也跟上帝的事等同起来。上帝本身就参与其中；信者的利益就是上帝之最内在的利益。先知撒迦利亚①说道："摸你们的，就是摸他（主）眼中的瞳人。"②损害信仰的东西，也损害上帝；否定信仰的东西，也否定上帝本身。

信仰除了事奉上帝与膜拜偶像之间的区别以外，再也不知道别的什么区别。只有信仰，才给予上帝以荣誉；不信则剥夺了上帝所应有的东西。不信是对上帝的损害，是一种自不量力的冒犯。异教徒敬拜鬼神；他们的神灵，乃是魔鬼。"我乃是说，异教徒③所献的祭，是祭鬼，不是祭上帝。我不愿意你们与鬼相交。"（《哥林多前书》，第 10 章第 20 节）但是，魔鬼乃是上帝之否定；他恨恶上帝，他不要上帝存在。这样，信仰就对一切虽然又真又善，但却成了偶像膜拜的基础的东西闭眼不看；这样它就把一切不顺服它的上帝，也即不顺服它自己的东西，都看作是偶像膜拜，并且，又把偶像膜拜看作是魔鬼的作品。所以，即使就意念而言，信仰也必须对这种

---

① 《撒迦利亚书》，第 2 章第 8 节。——译者

② "他＊提到了人体中最软弱的部分，为的是使我们最清楚地看到，正像人在自己的瞳人被别人极轻微地碰撞一下时就要受伤一样，上帝也由于自己的圣者遭到即使是最微小的侮辱而受到损伤。"（沙尔维安，第 8 卷，《论上帝的引导》）"主之所以要如此细心地监视着圣者的道路，就是为了使他们不会被绊脚石绊倒。"（喀尔文：《基督教本义》，第 1 卷，第 17 章第 6 节）——著者

＊ 指先知撒迦利亚。——据日译者

③ 中文本《圣经》和英文本《圣经》不译作"异教徒"，而是译作"外邦人"（拉丁文为 Gentiles）。——译者

对上帝的否定仅仅抱否定态度:这样,就本质而言,信仰对自己的、对敌是不宽容的,一般地,对任何不肯随和自己的东西,都是不宽容的。如果它竟宽容了,那就对那享有无条件独占统治权的上帝不宽容了。一切不承认上帝、信仰的东西,都不应当存在下去。"叫一切在天上的、地上的和地底下的,因耶和华的名,无不屈膝,无不口称耶稣基督为主,使荣耀归给父神。"①因此,信仰要求这样一个彼世,在那里,信仰不再有对敌,或者,如果这个对敌还存在,那至多也只是为了荣耀高奏凯歌的信仰之自我感。地狱使福乐的信者更体会到欢乐之甘甜。"他们这些被拣选者将要出来看看背神者的痛苦,并且,他们并不会因了看到如此而感到悲伤;正相反,当他们看到背神者遭受到难以描述的苦难时,他们就满怀喜悦地感谢上帝对他们的拯救。"②

---

① 《腓立比书》,第2章第10、11节。"当人们听到耶稣基督的名时,一切在天上的、地上的不信者和背神者都应当战栗。"(路德,第16卷,第322页)"基督徒以异教徒之死而自豪,因为,它荣耀基督教。"(圣伯尔拿:《赠言神庙骑士团*》)——著者

* 关于"神庙骑士团"(Milites Templi),可参阅谢缅诺夫的《中世纪史》(三联书店出版),第143页。——译者

② 伦巴底的彼得,第4卷,第50篇,第4章。可是,并不是彼得自己想出这样的说法的。彼得如此拘谨、胆怯和仰赖基督教的权威,他绝不敢自作主张地这样作出肯定。决不!这句名言,乃是属基督的爱、属信仰的爱之普遍说法、典型说法。至于有一些教父——例如,欧利琴,格列高里(尼萨的)——认为对被定罪者的惩罚也许到某个时候会结束,那么,他们的这种学说,并不是来自基督教学说和教会学说,而是来自柏拉图主义。所以,那种认为地狱惩罚有一个终端的学说,不仅断然为旧教教会所非难,并且也断然为新教教会所非难(《奥格斯堡派信仰》,第17条)。为了说明属基督的爱具有唯己的、危害人类的狭隘性,斯特劳斯(《基督教教义》,第2卷,第547页)从布丢斯那里援引了一个非常宝贵的例子。在布丢斯看来,如果孩子还没有受洗就死去了,那么,只有基督徒的孩子才将分享到属神的恩典与福乐,而一般人的孩子就分享不到这个了。——著者

第二十七章 信仰与爱的矛盾

信仰是爱之反面。爱甚至在罪里面也认识到美德，甚至在谬误里面也认识到真理。自从人们用人类的天然统一之威力、理性、人道之威力来代替信仰之威力以后，人们才也在多神教——一般地，偶像膜拜——里面看到了真理，或者，至少是试图以属人的、属自然的根据来解释一些事物，而这些事物，在拘泥于自身的信仰看来，乃是来自魔鬼的。因此，爱只跟理性同一，并不跟信仰同一；因为，爱和理性，其本性都是自由的、普遍的，而信仰之本性却是心地狭隘的、局限的。只有在理性占统治地位的地方，普遍的爱才占统治地位；理性本身不外就是普遍的爱。发明地狱的，是信仰，而不是爱、理性。对爱来说，地狱是恐怖；对理性来说，地狱是荒谬。不过，要是完全把地狱看作是信仰之过失，看作是由虚假的信仰所造成的，那就太好心肠了。其实，地狱早就已经被记载在《圣经》里面了。信仰到处都是一样的；至少诚心的信仰，像这里所意味的或应当意味的那种信仰是这样的。不过，有一点要注意，那就是，我们不可以把理性、教养之因素跟信仰混淆起来，因为，这样一来，信仰之特性当然就要被弄得认不清楚了。

这样，如果信仰不跟基督教相矛盾，那么，由信仰而产生的那些意念，以及由那些意念而产生的行为，就也不跟基督教相矛盾。信仰定罪；一切跟爱、人道、理性相矛盾的行为、意念，都跟信仰相适应。基督教宗教史上一切可怖的事，尽管我们的信徒否认它们是来自基督教，但是，正因为它们是起源于信仰，因而它们确是起源于基督教的。他们的这种否认，甚至可以说是信仰之必然结果；因为，信仰总是把好的归给自己，而把一切坏的东西都推到不信者或异端者身上，推到一般人身上。但是，正是由于信仰否认自己造成基督教中恶的东西,故而就恰恰有力地证明了它实实在在是罪魁祸首,因为它这样一否认正就证明了它的局限性、党派性和气量狭窄,证明它由于这种特性而处处只想到自己的利益,只照顾到自己的依附者,而对于一切其他的东西,就都以恶意待之。根据信仰,基督徒所表现出来的善,并不是人所行的,而是基督徒、信仰所行的;而基督徒的恶,却并不是基督徒所行的,而是人所行的。可见,基督信仰之恶行,是跟信仰之本质相适应的。必须注意,这里所说的信仰,乃是指那种已经在基督教最古老、最神圣的文献——《圣经》——中说明了的信仰。"若有人传福音给你们,与你们所领受的不同,他就应当被诅咒(ἀνάθεμα ἔστω)。"①(《加拉太书》,第1章第9节)"你们和不信的原不相配,不要同负一轭。义和不义有什么相交呢?光明和黑暗有什么相通呢?基督和彼列(彼列就是撒旦的别名)有什么相和呢?信主的和不信主的有什么相干呢?上帝的殿和偶像有什么相同呢?因为我们是永生上帝的殿,就如上帝曾说:'我要在他们中间居住,在他们中间来往,我要做他们的上帝,他们要做我的子民。'又说:'你们务要从他们中间出来,与他们分别,不要沾不洁净的物,我就收纳你们。'"(《哥林多后书》,第6章第14—17节)"那时,主耶稣同他有能力的天使,从天上在火焰中显现,要报应那不认识上帝和那不听从我主耶稣福音的人。他们要受刑罚,就是永远沉沦、离开主的面和他权能的荣光。这正是主降临要在他圣徒的身上得荣耀、又在一切信的人身上显为希奇的那

---

① "你们要避忌这样的传教师!"但是,为什么我应当避开他呢?就因为上帝的愤怒、诅咒降到他的头上。——著者

第二十七章 信仰与爱的矛盾

日子。"(《帖撒罗尼迦后书》,第 1 章第 7—10 节)"人非有信,就不能得上帝的喜悦。"(《希伯来书》,第 11 章第 6 节)"上帝爱世人,甚至将他的独生子赐给他们,叫一切信他的,不至灭亡,反得永生。"(《约翰福音》,第 3 章第 16 节)"凡灵认耶稣基督是成了肉身来的,就是出于上帝的。从此你们可以认出上帝的灵来。凡灵不认耶稣,就不是出于上帝。这是那敌基督者的灵。"(《约翰一书》,第 4 章第 2、3 节)"谁是说谎话的呢? 不是那不认耶稣为基督的吗? 不认父与子的,这就是敌基督的。"(《约翰一书》,第 2 章第 22 节)"凡越过基督的教训,不常守着的,就没有上帝。常守这教训的,就有父又有子。若有人到你们那里,不是传这教训,不要接他到家里,也不要问他的安。因为问他安的,就在他的恶行上有分。"(《约翰二书》,第 9—11 节)爱之使徒就是这样说的。但是,他所赞美的爱,只是属基督的弟兄之爱。"上帝是万人的救主,更是信徒的救主。"(《提摩太前书》,第 4 章第 10 节)这个"更"字,乃是命运所决定的啊!"所以,有了机会,就当向众人行善,向信徒一家的人更当这样。"(《加拉太书》,第 6 章第 10 节)这里又是一个致命的"更"!"分门结党的人,警戒过一两次,就要弃绝他。因为知道这等人已经背道,犯了罪,自己明知不是,还是去做。"①(《提多书》,第 3 章第 10、11 节)"其中有许米乃和腓理徒,他们偏离了真道。我已经把他们交给撒旦,使他们受责罚,就不再谤渎了。"(《提摩太前书》,

---

① 正像西帕里安所说的那样,由这里面必然会产生出一种意念。"如果异端者到处都只被称为仇敌和反基督者,如果他们被称为理应被弃绝者、背道者、自己定自己罪的人,那么,那些被使徒证明为自己定自己罪的人,为什么不能也由我们来定他们的罪呢?"(书信第 74)——著者

第 1 章第 20 节;《提摩太后书》,第 2 章第 17、18 节)这两处经文,旧教徒直到现在还不时援引,以便证明,教会对异端者采取不容忍的态度,乃是来自使徒的。"若有人不爱主耶稣基督,这人可诅咒。"(《哥林多前书》,第 16 章第 22 节)"信子的人有永生,不信子的人不得见永生,上帝的震怒常在他身上。"①(《约翰福音》,第 3 章第 36 节)"凡使这信我的一个小子跌倒的,倒不如把大磨石拴在这人的颈项上,扔在海里。"(《马可福音》,第 9 章第 42 节;《马太福音》,第 18 章第 6 节)"信而受洗的必然得救,不信的必被定罪。"(《马可福音》,第 16 章第 16 节)《圣经》中所已经说明了的那种信仰与以后逐渐形成的那种信仰之间的区别,其实只是幼芽与长成的植物之间的区别。在幼芽里,我当然不能像在成熟的植物里那样清楚地看到一切;不过,虽然如此,植物却还是已经包含在幼芽里面。可是,诡辩家们当然不想承认那清楚地看得到的东西;他们唯一的支点,便是展开了的实存与尚未展开的实存之间的区别;他们根本就没有想到过统一。

如果信仰所向无敌,并没有挫败于一个对它来说陌生的威力——爱、人道、正义感之威力——手中,那么,信仰就必然过渡到恨恶,而恨恶又必然过渡到迫害。信仰必然会不顾一切地蔑视属自然的道德之律例。信仰学说乃是要人对上帝尽义务——信仰之最高义务。上帝怎样高于人,则对上帝尽的义务就也如此地高于

---

① 所以,《路加福音》(第 9 章第 56 节)里的话以及《约翰福音》(第 3 章第 17 节)和它平行的话,其补充及更正乃是在接下来的第 18 节中的话:"信他的人,不被定罪,不信他的人,罪就已经定了。"——著者

对人尽的义务。并且,对上帝尽的义务,必然又会跟普通属人的义务相冲突。上帝不仅被信仰、表象成为公共的存在者、人类之父、爱——这样的信仰,乃是爱之信仰——,而且,他又被表象成为人格存在者,被表象成为自为的存在者。所以,正像作为自为的存在者的上帝脱离了人的本质一样,对上帝尽的义务,也脱离了对人尽的义务,而在心情之中,则信仰也就脱离了道德、爱。① 诚然,根据宗教的说法,对上帝的信仰就是对爱、善的信仰,从而,信仰就已经是心地善良的表现。然而,在人格性之概念中,道德规定消失掉了;它们成了次要的事情,成了单单的偶性。主要的乃是主体,乃是属神的"自我"。对上帝本身的爱,因为就是对一位人格存在者的爱,故而不是道德式的爱,而是人格式的爱。无数的圣诗都只流露出对主的爱,而在这种爱里面,却并不表现出一种高尚的道德观念或道德心之火花。

信仰,对自己来说,是至高的东西,因为它的对象是一个属神的人格性。所以,它使永恒的福乐依赖于自己,而并不依赖于人之是否履行其普通的义务。但是,一切以永恒福乐为后果的东西,在人之意义上,都必然将自己规定为主要的东西。所以,正像就内部

---

① "没有好事行出来",就没有信仰,并且,按照路德的说法,好事之不能跟信仰分割开来,就好比燃烧与发光之不能跟火分割开来一样。虽然如此,按照教条,人之在上帝面前称为义人,却不是一定得有好事行出来,就是说,"没有好行为,单凭信仰,人也在上帝面前称为义人,并且福乐"。这倒是主要的。可见,信仰显然被认为是跟好行为区别开来的:在上帝面前,起作用的只不过是信仰,而不是美德;只有信仰才具有属体的意义,而美德却只具有属偶性的意义,就是说,仅有信仰才具有宗教上的意义,才具有属神的权威,而道德却就不具有这个。大家都知道,有一些人甚至主张,行出好的行为来,不仅并不是必要的,而且还是"对福乐有害的"。完全正确。——著者

而言道德被认为是从属于信仰的一样,在外部,在实践上,道德也能够、必须被认为是从属于信仰的,人们宁可为了信仰的缘故而牺牲道德。必然存在有这样一些行为,在这些行为中,信仰显得跟道德有所区别,或者不如说显得跟道德正相矛盾。这些行为,虽然在道德上是恶劣的,但是,按照信仰来说,却是可赞美的,因为它们的目的乃在于信仰之利益。一切的得救都有赖于信仰;所以,一切东西都有赖于信仰之得救。如果信仰有了危险,则永恒的福乐以及上帝的荣誉,也都有了危险。故而,一切只要是以促进信仰为其目的的东西,就都得到信仰的特别许可;因为,严格讲来,信仰乃是人里面唯一的善,就像上帝本身乃是唯一良善的存在者一样,从而,首要的、最高的诫命便是:信!①

正因为在信仰与道德心之间并没有什么属自然的、内在的联系,倒不如说信仰自在地就为自己的本质所决定而对道德义务漠不关心②,并且,为了上帝的荣誉而牺牲人的爱——正因为这样,故而人们才要求信仰导致好行为,要求信仰表现出爱心来。对爱漠不关心的信仰,或者说,无爱的信仰,乃是跟人的理性、天然正义

---

① 关于这一方面,例如可以参阅波美尔(J. H. Boehmer, 1674—1749)的《新教教会法》,第 5 卷,第 7 章,§ 32、44。——著者

② "帕拉塞塔·德·费德说道:'我们不应当在事物本身的本性中寻找信仰跟虔诚的不可分割性之真实原因。如果我没有错的话,那么,我们必须唯一在上帝的意志中寻找这个真实原因。'当他从上帝的恩典旨意中导出那种结合(即神圣性或敬虔心、道德性跟信仰的结合)时,他是正确的,跟我们的想法完全吻合。这个思想也并不是什么新的思想,而是跟我们古代的神学家们的思想一致的。"(爱尔奈斯蒂:《上帝自由意志之权利》,见于《神学小论》,第 297 页)"如果有人认为只有信仰而没有爱的人就不是基督徒,那这个人就要被诅咒了。"(《特利恩特第六届宗教会议》,《论义》,第 28 教规。)——著者

感相矛盾的,乃是跟那直接被爱奉为规律与真理的道德感相矛盾的。所以,信仰之为道德所限制,是跟其自在的本质相矛盾的:一种信仰,如果并不行出良善的事来,如果不表现出爱心来,那就绝不是又真又活的信仰了。但是,道德对信仰的这种限制,却并不是起源于信仰本身。给予信仰以法则的,是那不依赖于信仰的爱的威力;因为,在这里,道德品性被当作是信仰之纯真与否的标记,信仰之真实与否被认为是依赖于道德之真实与否的。当然,这乃是一种与信仰相矛盾的关系。

虽然信仰使人福乐,但它却无疑并不赋予人以实实在在的道德心。如果说它使人为善,导致道德心,那么,这也只是由于内在的、不依赖于宗教信仰的对道德之颠扑不灭的真理性的确信。只有道德——而绝不是信仰——,才使信者有良心:你的信仰,如果并不使你为善,那就是无。当然,无可否认的,对永恒福乐、罪孽赦免、蒙受恩典、救脱惩罚等的确信,可以使人为善。怀有这种信仰的人,得到了一切;他是福乐的;①他对今世的财物变得漠不关心;嫉妒、贪欲、荣誉心、性欲等,都不能够束缚住他;展望属天的恩典以及超尘世的永恒福乐,就足以使他漠视一切尘世间的东西。但是,他之为善,却并不是出于道德心。促成他的好行为的发条,并不就是爱,并不就是爱之对象——人,一切道德之基础。决不!他之为善,并不是为了善的缘故,并不是为了人的缘故,而是为了上帝的缘故;他之为善,是为了报答上帝,因为上帝已经为他做了所有的事情,使他必须在自己这方面也为上帝做一切自己能力范围

---

① 关于这一方面,可以参阅路德,例如,第14卷,第286页。——著者

以内的事情。他抑制罪恶,乃是因为它们对上帝有所损害,而上帝乃是他的救主、恩主。① 在这里,道德之概念成了报答性质的牺牲之概念。上帝已经为了人而牺牲自己;因此,现在人也必须为了上帝而牺牲自己。牺牲越大,则行为就越好。某种东西越是跟人、自然相矛盾,自我否认越是大,则德也越是大。尤其是旧教,更是努力实现和形成这个仅只具有否定意义的善之概念。旧教之最高的道德概念,便是牺牲之概念;从而,对性爱的否定,就有了崇高的意义,使童贞性之概念成为其最高的道德概念。纯洁性或者不如说童贞性,乃是旧教信仰之典型的美德——因为它并不基于自然——,是最最虚浮的、最最先验的、最最空想的美德,是超自然主义信仰之美德;虽然它对信仰来说是最高的美德,但自在地却并不是什么美德。由此可见,信仰使那种自在地、就内容而言并不是什么美德的东西成了美德;换句话说,信仰并没有德感;因为它如此地仅仅抬高假德,因为引导着它的并不是什么别的概念,而是否定之概念,是与人的本性相矛盾之概念,它必然要低贬真德。

然而,虽然基督教教史中那些跟爱相矛盾的行为是与基督教相适应的,从而,基督教之反对者完全有权利把基督徒们教条式的可怖行为归咎于基督教本身,但是,这些行为同时却毕竟又是跟基

---

① "因此,信了就要有好的行为做出来,以便作为对上帝的感谢。"(《奥格斯堡派信仰之辩护》,第 3 条)
   "我要以佳美行为,报答主你大慈爱;
   压抑克制我肉欲,洁净诸罪求悦纳。"
   "我罪常诱心,虔心却恒守;
   见主十字架,万罪去我远。"
(《福音弟兄会用圣歌集》)——著者

督教相矛盾的,因为基督教不仅是信仰之宗教,而且又是爱之宗教,不仅要我们信,而且又要我们爱。这样说来,那些由于无有爱心、恨恶异端者而做出的行为,既跟基督教相适应,同时又跟基督教相矛盾吗?怎么可能呢?当然是这样。基督教既认可来自爱的行为,同时又认可来自无有爱的信仰的行为。倘如基督教仅仅使爱成为基则,那么,基督教之归依者就非常有理了,人们不能够再把基督教教史中那些可怖的行为归罪于基督教了;倘如基督教仅仅使信仰成为基则,那么,对不信者的非难就无条件地、无拘限地千真万确了。基督教并不解放爱,并没有把自己提高到把爱理解成为绝对的。并且,它并没有这种自由,也不能够有这种自由,因为它是宗教;从而,爱就处于信仰之统治下面。爱与信仰都包含在基督教教义之中,但是,信仰在幕后操纵着爱;爱只是基督教之道德,而信仰却是基督教之宗教。

"上帝就是爱。"①这个命题是基督教之最高命题。但是,在这个命题之中已经包含有信仰与爱的矛盾。爱只不过是一个宾词,而上帝乃是主词。但是,这个主词除了就是爱之外,还是什么呢?我还是必然会这样发问,这样区别。只有假定这个命题也能颠倒过来而成为"爱就是上帝,爱就是绝对本质"的时候,区别之必然性才会被扬弃掉。在"上帝就是爱"这个命题中,主词成了把信仰隐藏起来的黑暗,而宾词却成了第一次照亮本来黑暗的主词的光。在宾词里面我肯定了爱,而在主词里面我肯定了信仰。爱并不是独一无二地充满了我的精神:当我把上帝思想成为跟宾词有所区

---

① 《约翰一书》,第4章第8、16节。——据德文本编者

别的主词时，我就为我的无爱留下了余地。所以，势所必然的，我一会儿失去了爱之思想，一会儿又失去了主词之思想，一会儿为了爱之神性而牺牲掉上帝之人格性，一会儿又为了上帝之人格性而牺牲掉爱。基督教之历史，就已经充分证实了这个矛盾。旧教更是富有灵感地把爱赞美成为本质重要的神性，甚至于完全沉湎于这种爱之中而几乎忘记了上帝的人格性。但是，与此同时，它又在同一个灵魂里面为了"信仰陛下"而牺牲掉爱。信仰依据于上帝的独立性；而爱则扬弃了这个独立性。"上帝就是爱"乃意味着：上帝完全不是什么自为的东西；谁爱，谁就放弃了他的富有利己主义色彩的独立性；他使他所爱的东西成为自己生存所必不可缺的、本质重要的东西。但是，与此同时，当我使"自我"深沉于爱之中时，我脑海中却又浮现了主词，它扰乱了由爱建立起来的属神的本质与属人的本质的和谐。信仰大模大样地出现了，它一出现，就只允许爱得到通常意义下一个一般的宾词所应当得到的。它并不让爱自由而独立地发展；它使自己成为本质、主要、基础。信仰之爱，只不过是信仰之修辞学式的比喻，只不过是信仰之富有诗意的虚构——只不过是处于失神状态的信仰。一旦信仰恢复镇静，则爱也就一去不复返了。

这个理论上的矛盾，也必然会表现于实践。这是必然的；因为，在基督教里面，爱为信仰所玷污，它并不是自由地、真实地被理解。一个受到信仰限制的爱，就是一个不真的爱。① 爱除了自己

---

① 唯一不与爱之本质相矛盾的限制，就是爱之依靠理性、知性而达到的自我限制。凡是蔑视知性之严格法则的爱，在理论上，是一种错误的爱，而在实践上，是一种有危害性的爱。——著者

以外,并不知道别的什么法则;它凭着自己而成为属神的;它并不需要信仰之神通;它只能通过自己而被论证。为信仰所束缚的爱,乃是胸襟狭窄的、虚伪的、跟爱之概念相矛盾的、也即跟自己相矛盾的爱,是一种假装神圣的爱,因为,它隐含着信仰之憎恨;只有当信仰没有遭受到侵害时,它才是良善的。所以,既是如此自相矛盾,那么,为了保持爱之假象,爱就陷于最最可恶的诡辩之中,例如,奥古斯丁在为迫害异端者辩护时,便是如此。爱被信仰所限制;因此,它也并不觉得信仰所允许的那种无有爱心的行为跟自己有什么矛盾;它把为了信仰的缘故而干出来的种种出于恨心的行为解释成为出于爱心的行为。并且,它也必然陷于这样的矛盾之中,因为爱之为信仰所限制,本身自在自为地就是一个矛盾。只要它忍受这样的限制,那它就已经抛弃了它所特有的判断,抛弃了它所固有的尺度与判别根据,抛弃了它的独立性;它毫不抵抗地被断送在信仰之指使手中。

这里又提供了一个例子,说明有许多东西虽然字面上并不能够在《圣经》里面找得到,但是,就原则而言,却是包含在《圣经》里面的。我们在奥古斯丁——一般地,在旧教——之中找到的那些矛盾,我们也在《圣经》里面找到,只是,在前者那里,这些矛盾是明确地表述出来的,获得了一种一眼就看得到的、因而惹怒的存在。《圣经》通过信仰来定罪,又通过爱来赐恩典。但是,它仅仅知道一个基于信仰的爱。因此,在这里,爱也是有所诅咒的,是不可靠的,它并不保证自己绝不会成为无爱;因为,如果我不承认信条,那我就落在爱之领域和王国以外,成了诅咒、地狱、上帝的愤怒等之对象。当然是这样;因为,对上帝来说,不信者是他眼中之钉,他对不信者恨之切骨。属基督的爱并没有克服地狱，因为它并没有克服信仰。爱，自在地就是非信仰的；而信仰，也自在地就是无爱的。但是，爱之所以是非信仰的，却乃是因为它认为自己是最最属神的了，乃是因为它只把自己当作绝对真理来信仰。

属基督的爱，正因为它是属基督的，自称为属基督的，故而已经是一种特殊的爱了。但是，在爱之本质里面，就包含有普遍性。只要属基督的爱并没有抛弃其属基督性，并没有直截了当地使爱成为至高无上的基则，那么，这种属基督的爱就侮辱真理感，因为，爱正是扬弃了基督教跟所谓的异教之间的区别。这样一来，这种爱就以其特殊性而跟爱之本质相矛盾，成为变态的、无爱的爱，从而，早就理所当然地成了讽刺之对象。真正的爱，乃是自己满足于自己的；它绝不需要什么特殊的称号，绝不需要什么特殊的权威。爱是知性与自然之普遍法则，它不外意味着循着意念的道路来实现类之统一。如果要使这个爱基于某一人格的名字，那么，为了使这成为可能，就只有将一些迷信的观念跟这个人格联在一起，不管这些观念是宗教式的还是思辨式的。但是，迷信总是跟宗派精神、分裂主义联系在一起的，而分裂主义又是跟狂热主义联系在一起的。爱只能够基于类、知性之统一，只能够基于人类之本性；只有这样，它才是有根据的、在原则中受到保护的、被保证了的、自由的爱，因为，它基于爱之起源，这个起源，也是基督的爱的起源。基督的爱，本身就是一个派生的爱。他并不是出于自己、依靠自己的权威而爱我们，而是依靠人的本性而爱我们。如果爱是以他的人格为基础的，那么，这个爱就是一个特殊的爱了；这个爱，其程度得按照对这个人格达到怎样程度的承认而定，并不基于爱所固有的根据和基础。难道是因为基督爱我们,所以我们才应当爱我们自己吗?如果真的是这样一种爱,那就是装腔作势的、依样画葫芦的爱了。难道只有当我们爱基督的时候,我们才实实在在爱吗?难道基督是爱之原因吗?或者不如说,难道他不是爱之使徒吗?人的本性的统一,难道不是他的爱的根据吗?难道我应当爱基督胜于爱人类吗?这样的爱,岂不是捕风捉影吗?我能够超越类之本质吗?我能够爱比人类最高的东西吗?使基督身价百倍的,就是爱;他已经仅仅从爱里面占有了他所是的;他并不像一切迷信观念所认为的那样是爱之所有主。爱之概念,是一个独立的概念,我并不是从基督的生活中第一次抽象出这个概念;正相反,我之所以承认他的生活,其原因和条件便在于我觉得它是跟爱之法则、概念相一致的。

历史也证明了这一点。在历史上,爱之观念绝不是仅仅随同和通过基督教才来到人类意识之中的,它绝不是仅仅属基督的。我们看到,这个观念也伴随着罗马帝国之恐怖时代而出现。这一点是很有意思的。以跟人类之概念相矛盾的方式来统一人类的政治之王国,它必定会自行瓦解。政治上的统一,是一种暴力式的统一。罗马的专制主义,必定会使矛头转向它自己,逐步走向崩溃。但是,正是由于政治的这种灾难,却使人完全脱离了政治之窒息内心的圈套。人类之概念代替了罗马,爱之概念代替了统治之概念。即使是犹太人,在谈到希腊文明之人道原则时,也大大减弱了他们的满怀恨恶的宗教宗派精神。费隆把爱赞美为至高的美德。在人类之概念里面,就已经预含要消灭民族的差异。智慧的思想家们,早就已经克服了人之公民上的和政治上的各种分割。亚里士多德虽然也把人跟奴隶区别开来，但是，他主张奴隶与奴隶主之间要有友谊，这样，他事实上就是主张奴隶作为人而与奴隶主平等。甚至也有奴隶做哲学家的。爱比克太德是一个奴隶，但他却又是一个斯多葛派哲学家；奥理略虽然是一个皇帝，但却也是一个斯多葛派哲学家。这样，哲学使人统一起来。斯多葛派教导说，①人生出来并不是为了自己，而是为了别人，也就是说，是为了爱。这样的说法，比起奥理略皇帝的那句著名的命令大家爱敌人的话，内容不知要丰富多少。斯多葛派之实践原则，就上述意义而言，乃是爱之原则。他们认为，世界乃是一座共同的城市，普天之下的人都是同胞。特别是塞尼加，更是用最最高尚的言辞来赞美爱、仁慈、人道——尤其是对奴隶的爱、仁慈、人道。这样一来，政治上的严肃主义、狭隘的爱国心，就消失掉了。

　　这些人道的努力之特殊的显现，这个新原则之民众的、通俗的、因而宗教的、强有力的表现，便是基督教。那在别的地方沿着教养的道路而逐渐确立起来的东西，在这里，就表述成为宗教心情，表述成为信仰领域内的事情。因此，基督教本身又使一般的统一成为特殊的统一，使爱成为信仰领域内的事情，并且，正由此而使这个爱跟一般的爱相矛盾。统一并没有被引回到其起源。民族差异消失；但是，现在代替它而走上历史舞台的，却是信仰之差异，是属基督与非属基督之间的对抗，并且，这种对抗比民族式的对抗

---

　　① 逍遥学派也是如此教导。但是，他们却并不把爱——也包括对一切人的爱——建筑在特殊的、宗教式的原则上面，而是把它建筑在属自然的、也即一般的、合乎理性的原则上面。——著者

更加来得激烈、可恶。

一切以一个特殊的现象为其基础的爱,正像已经说过的那样,都是与爱之本质相矛盾的。爱并不忍受任何限制,它克服任何的特殊性。我们应当为了人的缘故而爱人。人之所以是爱之对象,乃是由于他是自我目的,是一个够资格具有理性和爱的存在者。这是类之法则,是知性之法则。爱应当是一个直接的爱;而且,可以说只有作为直接的爱,它才是爱。现在,如果我在"别人"与正在爱里面实现类的"我"之间插入了这样一个个体性之观念,在这个个体性之中,类应当已经被实现了,如果这样,那我就是扬弃了爱之本质,由于引入了一个我们之外的第三者的观念而破坏了统一;因为,这样一来,"别人"之成为爱之对象,乃只是为了他跟这个原型有所类似或有所相同,却并不是为了他自己的缘故,也就是说,并不是为了他的本质的缘故。在这里,我们在上帝的人格性里面所看到的一切矛盾,都重又显露出来了。因为,在上帝的人格性里面,虽然缺乏使人格性得以成为值得爱和值得尊崇的人格性的那种质,但是,人格性之概念却自为地必然在意识与心情之中确立。爱是类之主观的存在,就像理性是类之客观的存在一样。在爱里面,在理性里面,对一位中介人格的需要就消失掉了。基督本身不外乎就是一个影像,在这个影像下面,类之统一性驱入民族意识,呈现在民族意识面前。基督爱人:他希望不分性别、年龄、等级、民族地使一切人都幸福,使一切人联合起来。基督是人类对自己本身的爱;只是,在这里,人们是把人类当作一个影像——按照前述宗教本性,人们必然会这样做——,或者,把人类当作一个人格,而这个人格——不言自明,是作为宗教对象——只具有影像之意义,只是一个理想式的人格。故而,爱被说成是门徒的标记。但是,正像已经说过的那样,爱不外乎意味着通过意念而实现类之统一。类并不仅仅是思想;它存在于感觉之中,存在于意念之中,存在于爱的潜能之中。灌输给我以爱的,正就是类。类之心,是一颗充满着爱的心。这样,基督作为爱之意识,就是类之意识了。我们所有的人都应当在基督里面合而为一。基督,是对我们的统一性的意识。因此,谁为了人的缘故而爱人,谁使自己提高到类之爱,提高到普遍的、与类之本质相适应的爱,①那谁就是基督徒,就是基督自己了。他正在做基督曾经做过的事,正在做使基督得以成为基督的那些事。因此,哪里有作为类的类意识发生,那里基督就消失了。不过,他的真正本质,却并不因此而消逝;因为,他曾经是类意识之代表者、象征。〔ⅩⅫ,ⅩⅩⅢ〕

---

① 当然,付诸行动的爱永远是、并且也必定永远是一种特殊的、有限的、也即指向近邻的爱。但是,就本性而言,它仍旧还是一种普遍的爱,因为它为了人的缘故而爱人,在类的名义下爱人。反之,属基督的爱,作为基督教的东西,则就本性而言乃是排他的。——著者

第二十八章 结束语

在上述信仰与爱之间的矛盾中,从实践方面来看,很容易理解为什么我们急不容缓地要超越基督教,一般地要超越宗教的固有本质。我们已经证明,宗教之内容和对象,道道地地是属人的内容和对象;我们已经证明,神学之秘密是人本学,属神的本质之秘密,就是属人的本质。但是,宗教并没有意识到自己的内容是属人的;倒不如说它使自己跟属人的东西相对立,或者,至少是不承认自己的内容是属人的内容。因此,历史上必然会出现这样一个转折点,到那时,人们就公开地供认和承认,对上帝的意识不外乎就是对类的意识;人所能够和应当超越的,只不过是自己的个体性或人格性之界限,而并不是自己所属的类之规律、本质规定;除了属人的本质以外,①人不能够把任何别的本质当作绝对的、属神的本质来思维、拟想、表象、感觉、信仰、期望、爱和尊崇。

因此,我们对宗教的态度,绝不仅仅是一种否定的态度,而是一种批判的态度;我们只是把真的东西与假的东西分开来——当

---

① 也包括自然在内,因为,正像人属于自然之本质——庸俗唯物主义就是这样认为——一样,自然也属于人之本质——主观唯心主义就是这样认为。主观唯心主义也是我们的"绝对"哲学之秘密,至少,就对自然的关系这一方面而言是这样的。只有把人与自然结合起来,我们才能克服基督教之超自然主义的利己主义。——著者

然，与谬误分开来以后的真理，毕竟是一个新的真理，是一个跟旧的真理有本质区别的真理。宗教是人的第一个自我意识。各种宗教之所以是神圣的，正是因为它们传来了第一个意识。但是，宗教认为是第一性的东西——上帝——，我们已经证明，实际上原本是第二性的，因为，他只不过是人之自己成为自己对象的本质；因而，宗教认为是第二性的东西——人——，就应当被设定和表明为第一性的。对人的爱，绝不可是派生的爱；它必须成为原本的爱。只有这样，爱才成为一种真正的、神圣的、可靠的威力。如果人的本质就是人所认为的至高本质，那么，在实践上，最高的和首要的基则，也必须是人对人的爱。Homo homini Deus est（对人来说，人就是上帝）——这就是至高无上的实践原则，就是世界史的枢轴。孩子对父母的关系，夫妻之间的关系，兄弟之间的关系，朋友之间的关系，一般地，人与人之间的关系，总之道德上的各种关系，本来就是的的确确的宗教上的关系。一般说来，生活，在它的各种本质重要的关系中，乃具有完全属神的性质。并不是只有通过教士的祝福，生活才领受到其宗教上的圣洁。宗教想要通过它的原来是外在的附加物而使一个对象神圣化；这样一来，它就宣称只有它自己才是神圣的威力；除了自己以外，它就只知道属地的、非属神的关系了；因此，它跑来正是为了使这些关系神圣化、圣洁化。

但是，婚姻——自然是指自由的爱情结合①——之所以神圣，乃是凭着它本身，凭着在今世所缔结的这种结合的本性。只有那

---

① 的确，只是指自由的爱情结合；因为，一宗婚姻，如果它的纽带只是一种外在的约束，而不是出于自愿的、自己满意的爱情的自我约束，总之，如果它不是自己决定、自己愿意、满意的，那就不是真正的婚姻，因而也就不是真正道德的婚姻。——著者

种是真正的婚姻的婚姻,那种合乎婚姻的本质、合乎爱情的婚姻,才是宗教式的婚姻。所有的道德关系也是这样。这些关系只有在凭着自己而被公认是宗教关系时,才是道德的,才被认为具有道德意义。只有以宗教的诚意来保持友谊的限度,才有真正的友谊;而信者正就是以这种诚意来保持他的上帝的尊严的。固然在你看来友谊是神圣的,财产是神圣的,婚姻是神圣的,每一个人的幸福是神圣的;但是,也应当知道,其所以神圣,乃是自在自为的。

在基督教里面,道德律被理解为上帝的诫命;道德性本身被当作是虔诚性之标准;但是,尽管如此,道德仍然只具有从属的意义,并不是自为地就具有宗教之意义。只有信仰,才具有宗教之意义。上帝作为一个跟人区别开来的存在者而驾凌于道德之上,最好的东西都属于上帝,只有堕落才属于人。人把一切应当用在生活上面、用在人上面的意念,把自己全部最好的精力,都耗费在无所需求的存在者身上。实在的原因,变成了舍己为人的手段,而仅仅被表象、被想象的原因,却变成了真正的、实际的原因。别人不惜牺牲而对他做了好事,他却去感谢上帝。他向他的恩人表示的感谢,只是一种似是而实非的感谢,其实感谢的不是恩人,而是上帝。他对上帝是感激的,而对人却是忘恩的。① 在宗教里面,道德心就是这样一步步走向没落的!人就是这样为了上帝而牺牲掉人!血淋淋的杀人献祭,事实上只是宗教之最内在的秘密之粗鲁的表现。

---

① "因为上帝是通过衙门、老爷和各种被造物来施恩的,所以人民只知道依靠被造物,不知道依靠造物主,他们并不通过被造物而认识造物主。所以,异教徒会把君王奉为神灵……因为,人们不能够并且也不愿意了解,成绩或恩惠是来自上帝的,绝不是来自被造物,虽然被造物乃是上帝用来工作、用来救济我们、赏赐我们的一种手段。"(路德,第4卷,第237页)——著者

什么地方血淋淋地杀了人来供奉上帝，什么地方就认为这种牺牲是最高牺牲，就把感性生活当作最高的善。因此，人是在非常的场合下才把生命献给上帝作燔祭的，而且认为这样做是对上帝表示最大的尊崇。如果说基督教至少在我们的时代已经不再向它的上帝奉献流血的燔祭，那么，除了其他的原因以外，就只是由于不再把感性生活当作最高的善。把灵魂、意念奉献给上帝，是由于把这些东西看得很高。但是，共同的是，人在宗教里面为了一种宗教上的义务而牺牲对人的义务——例如，重视别人的生命的义务，感恩的义务——，为了对上帝的关系而牺牲对人的关系。基督徒通过"上帝无所需求"这个概念而主张对上帝只应当虔诚祈祷而已，这样一来，就确实清除了许多混乱的观念。但是，这个无所需求，乃是一个抽象的、形而上学的概念，根本没有说明宗教的固有本质的基础。敬拜之需要只是一个方面的事，主观方面的事，它像任何的片面性一样也使宗教心情冷淡下去；因此，为了建立相互的关系，虽然不必用明显的词句，但却必须按照事实而把一种与主观需求相适应的规定放到上帝里面去。宗教之一切实在的规定，都是建立在相互关系上面。① 虔诚者想到上帝，是因为上帝想到他，他爱

---

① "尊重我的，我必看重他，藐视我的，他必被轻视。"（《撒母耳记上》，第2章，第30节）"仁慈的天父啊！连最卑贱的、只配永远憎恶的蛆虫，也相信自己为你所爱，因为它感到它在爱，或者不如说因为它预感到自己被爱，并不畏惧再去爱。因此，任何一个已经在爱的人，都不怀疑自己被爱。"（伯尔拿，书信第107，《致托玛斯书信》）这话说得很美妙，并且很重要。如果我不拥护上帝，上帝也就不维护我；如果我不爱，我也就不被爱。被动者就是自觉的主动者，客体就是自觉的主体。爱就意味着做个人，而被爱就意味着做个上帝。上帝说，我被爱；人说，我爱。这种关系，只有到了后来才被倒转过来，被动者变成了主动者，主动者变成了被动者。——著者

上帝,是因为上帝先爱他。余此类推。上帝是妒忌人的——宗教是妒忌道德的;①宗教从道德里面吸取最好的力量;它把属于人的东西给予人,而把属于上帝的东西给予上帝。而上帝就是真正的、充满着灵魂的意念,就是心。

　　如果我们发现在那些把宗教奉为神圣的时代中,婚姻、财产、国法也是受到尊重的,那么,这件事的根据并不是在宗教之中,而是在人所固有的道德意识与法权意识之中,在于人意识到法权关系与道德关系——就作为这种关系而言——是神圣的。谁认为法权并不是通过其自身而神圣,那谁也就认为法权绝不会由于宗教而成为神圣。财产之所以成为神圣的,并不是由于它被表象成为一种属神的制度,相反地,就是因为它是凭着自身、自为地被公认为是神圣的,故而它才被看成是一种属神的制度。爱之所以是神圣的,并非由于它是上帝的一个宾词,相反地,它之所以是上帝的一个宾词,乃是因为它凭着自身、自为地是神圣的。异教徒崇拜光和泉水,并不是因为这是上帝的赏赐,而是因为光和泉水凭着自身而向人表明自己是有益于人的,因为它们使烦恼的人舒畅;是由于有这种优异的性质,故而他们才赋予其以属神的荣誉。

---

①　"耶和华对基甸说:跟随你的人过多,我不能将米甸人交在他们手中,免得以色列人向我夸大,说是我们自己的手救了我们。"(《士师记》,第7章第2节)这也就是说,ne Israel sibi tribuat, quae mihi debentur.(不要让以色列人把属于我的东西据为己有。)"耶和华如此说:依靠人的人有祸了。依靠耶和华、以耶和华为可靠的,那人有福了。"(《耶利米书》,第17章第5、7节)"上帝不要我们的钱财、肉体和产业,将其赐给了皇帝(即世界、国家之代表者),并且又通过皇帝而赐给我们。但是,人里面最伟大、最好的东西——心,上帝是保留给自己的;我们应当把心献给上帝,因为我们信仰上帝。"(路德,第16卷,第505页)——著者

什么地方把道德建立在神学上面,把法权建立在属神的任命上面,什么地方也就可以为最不道德、最不合法、最卑鄙龌龊的事情进行辩护,说出道理。只有当我自己已经通过道德来限定属神的本质时,我才能够通过神学来论证道德。否则我就没有检验道德行为与不道德的行为的标准,却有一个不道德的、任意的基础,可以从其中推出一切可能的结论。所以,如果我想通过上帝来论证道德,我就应当先把道德放到上帝里面去;换句话说,对于道德、法律,总之对于一切本质重要的关系,我都只能够通过它们自身来论证它们,并且,也只有当我们通过它们自身来论证它们时,我才是实实在在地、遵照真理的命令论证了它们。把某种东西放到上帝里面去或从上帝里面导引出某种东西来,无非就意味着使某种东西逃避理性对它的检验,宣称这种东西是无可怀疑的、不可侵犯的、神圣的,然而却说不出个所以然来。因此,一切想通过神学来论证道德、法权的企图,即使不怀有奸计恶意,却都是以自我欺蒙为基础的。只要以严肃的态度来对待法权,我们就用不着任何来自天上的鼓舞和支持了。我们不需要任何基督教式的国法;我们只需要一种合理、公正、属人的国法。无论在什么地方,正、真、善之所以被神圣化,其根据都在其自身之中,都在其本身的性质之中。什么地方以严肃的态度来对待道德,什么地方道德就正是自在自为地被公认为是一种属神的威力。如果道德并不在自身之中具有根据,那么,人就不会出于内在的必然性而趋向于道德;于是,道德就听任宗教为所欲为地摆布了。

因此,在自觉的理性和宗教的关系中,主要的问题只是在于消灭一种幻觉——这种幻觉绝不是无关紧要的,而是对人类起根本性的败坏作用的,它不但使人失去实际生活和力量,而且也使人失去真理感和美德感;因为,即使是爱——最内在、最真的意念——,也由于宗教虔诚而变成了一种似是而实非的、虚幻的爱:宗教式的爱,只是为了上帝的缘故而爱人,因而只是似是而实非地爱人,实际上只爱上帝。

诚如前面已经说过的,只要我们把宗教上的关系颠倒过来,始终把被宗教设定为手段的东西理解成为目的,把被宗教认为是从属的、次要的东西,把被宗教认为是条件的东西,提升为主要的东西,提升为原因,这样,我们就会打破幻觉而看到真理的纯净光辉。洗礼和圣餐礼这两种圣礼——基督教的两个本质重要的、典型的象征——,就可以向我们确证这个真理,使这个真理直观化。

对于宗教来说,洗礼的水只不过是圣灵借以把自己传达于人的手段而已。但是,由于这个规定,宗教就与理性、与事物本性的真理相矛盾了。一方面,水的自然性质有某种作用,另一方面,它又毫无作用,水只不过是表现上帝恩典和全能的一种单纯的、任意的手段。我们只要把洗礼看成一个表明水本身的意义的记号,就摆脱了种种不堪忍受的矛盾,就给了洗礼一种真正的意义。洗礼应当向我们提供水对于人的既神奇而又自然的作用。水对于人事实上不但具有物理上的作用,而是正因为如此而也具有道德上的和知性方面的作用。水不仅洗净人肉体上的污秽,在水中人也顿开茅塞:他看得更明白,想得更明白了,觉得自己更自由了;水浇灭了欲火。多少圣者托庇水的属自然的质而制服了魔鬼的诱惑!恩典所不给的东西,自然供给了。水不但对养生术有贡献,而且对教育学也有贡献。净身、洗澡是第一美德,虽说也是最低的美德。① 淋一淋水，自私的欲火就熄灭了。水是跟自然交朋友的最近的、首先的手段。水浴很像一种化学过程，在这个过程中，我们的唯我心理溶解在自然之客观本质里了。从水里起来的人是一个新的、再生的人。有一种学说认为道德不凭恩典做手段就一无所能。如果我们把这种想象出来的超自然的恩典手段换成属自然的手段，那么，这个学说就有了很好的意义。道德没有自然就无能为力，它必须与最简单的自然手段相结合。最深奥的秘密就包含在那种为超自然的宗教与思辨所无视的普通事物、日常事物里面，实际的秘密是幻想的秘密的牺牲品；这样，在这里，水的实际上的奇迹力量就是一种想象出来的奇迹力量的牺牲品。水是给灵魂和肉体医治各种疾病的最简单的恩典手段和治疗手段。但是，只有常常用水，有规律地用水，水才发挥作用。洗礼这件事一生只有一次，要末它就是一种完全没有用处、没有意义的制度，要末，如果与它的实际作用相结合的话，它就是一种迷信的制度。相反地，如果水以及整个自然的道德治疗力和物理治疗力都在洗礼中得到了体现，受到了赞美，那么，洗礼就是一种合理的、可敬的制

---

① 很明显，基督教的水洗礼，也只是古代自然宗教的一种残余。在古代的自然宗教中，例如在波斯人的自然宗教中，水就是宗教上的一种净化手段。（参看罗德(J. G. Rhode, 1762—1827)：《古代大夏人、米太人、波斯人之圣语及整个宗教体系》，第305、426页起）然而，在这种宗教里面，水的洗礼比在基督徒那里有一种真实得多、因而深刻得多的意义，因为它是以水的属自然的力量和意义为依据的。但是，古代宗教中的这些简单的自然观，我们的思辨的和神学的超自然主义当然是感觉不到、理解不到的。——所以，如果波斯人、印度人、埃及人、希伯来人把肉体洁净当成一种宗教义务，那么，他们在这一方面就要比基督教的圣者们合理得多，因为这一些圣者乃是在肉体不洁净中间揭示和证实他们的超自然主义原则的。理论中间的超自然，在实践中间就变成了反自然。超自然只不过是反自然的一种婉转的说法而已。——著者

度了。

但是，水之圣礼还需要加一个补充。水作为一种普遍的生活要素，使我们回想到自己来自自然；来自自然，是我们与动植物相同的。在水的洗礼中间，我们屈服在纯粹自然力的威力之下；水是形成天然的平等和自由的素材，是反映黄金时代的镜子。但是，我们人又把自己跟植物界和动物界区别开来——我们把动、植物界与无机界并列，把它们都包括在"自然"这个共同的名称下面——，把自己跟自然区别开来。所以，我们也必须赞美我们的优异，赞美我们跟动、植物的本质区别。我们这种区别的象征，就是酒和饼。酒和饼从质料上来说是自然产物，就其形式而言是人的产物。如果说我们是用水来说明人没有自然就无能为力，那么，我们就是用酒和饼来说明自然没有人就无能为力，至少，在精神领域内是无能为力；自然需要人，正如人需要自然一样。在水里面，属人的活动、属精神的活动消失了；而在酒和饼里面，它得到了自我享受。酒和饼是超自然的产物——这是在唯一妥当、真实、与理性和自然都不矛盾的意义之下说的。如果我们在水里面是崇拜纯粹的自然力量，那么我们在酒和饼里面就是崇拜超自然的精神力量、意识力量、人的力量。因此，这种典礼专为意识已经成熟的人而设，而洗礼则连儿童也有份。但是，我们在这里同时也赞美精神对自然的真正的关系：自然提供材料，精神提供形式。水洗礼这个典礼向我们灌输对自然的感谢，而饼和酒之典礼则向我们灌输对人的感谢。酒和饼属于最古老的发明。酒和饼以形象化的方式具体地向我们揭示了一条真理：人就是人的上帝和救主。

吃和喝就是圣餐之神秘——吃和喝其实自在自为地就是一种

宗教活动,至少,应当是一种宗教活动。① 所以,你每吃一口解除你饥饿之苦的饼、每喝一口使你心情愉快的酒的时候,你就应当去想那位给你这种恩赐的上帝——去想人吧！不过,不要因为感谢人而忘了感谢自然。不要忘了,酒是植物的血,面粉是植物的肉,这血和肉,是为了使你生存得幸福才牺牲自己的！不要忘了植物向你显示那个无私地献身给你享受的自然的本质！因而也不要忘了感谢饼和酒的自然性质！吃和喝是普通的、日常的活动,因而无数的人都不费精神、不费心思地去做,所以我把吃喝称为宗教活动；如果你想嘲笑我这种说法,那请你想一想,无数的人就是因为圣餐经常举行而把它当作不费心思、不费精神的活动；你要设身处地,设想日常生活被反自然地、勉强地打断了,你才能理解享受酒和饼的宗教意义。饥渴不仅破坏人的体力,而且也损害人的精神力量和道德力量,它剥夺人的人性、理智、意识。哦！如果你体验到这样的缺陷、这样的不幸,那你就会怎样地去祝福和赞美饼和酒的那种使你恢复人性和理智的自然性质啊！所以,我们只要打断事物的通常进程,就可以为平凡的东西取得不平凡的意义,为一般的生活本身取得宗教意义。因此,愿我们把饼、酒奉为神圣,而同样也把水奉为神圣！阿门。[ⅩⅩⅣ,ⅩⅩⅤ]

---

① "吃和喝是最容易不过的事,因为人们最喜欢吃和喝；世界上最受欢迎的事确实就是吃和喝,例如人们常说：吃饭之前不跳舞。又说：只有在吃饱的肚子上面才有愉快的脑袋。总之,吃和喝是一件大家喜欢的必要工作,人们一学就会,就能指点别人。我们亲爱的主耶稣也从事这件大家喜欢的必要工作,并且说：我准备了一顿甘美可口的饭,我不愿意让你们做艰难困苦的工作……我制定了圣餐。"(路德,第16卷,第222页)——著者

附录　解释、注解和引证

[Ⅰ]

对无限本质的意识，不外就是人对自己本质的无限性的意识；或者说，在无限的本质、宗教之对象里面，人只是以他自己固有的无限本质为对象。

圣托马斯·阿奎那说道:"上帝不是形体。每一个形体都是有限的。但是，我们能够在理性和想象力之中超越任何有限的形体。这样，如果上帝是一个形体，那我们的理性和想象力就能够设想某种超乎上帝的东西。这当然是自相矛盾的了。"(《哲学大全——反对外邦人》，第1卷，第20章)"天和天使具有有限的力量，因而，他们不能够满足我们精神的无限悟力。"(维微斯:《论基督教信仰之真理性》，第1卷，《论属人的目的》)"福乐是我们的最终的、唯一的愿望。但是，任何属地的善都不能够满足这个愿望，因为，一切属地的东西都是低于人灵的。只有上帝才能够满足人的愿望，才能够使人福乐，因为，人灵通过其理智而认识，并且通过其意志而愿望普遍的(也即无限的)善，但是，只有在上帝里面，才找得到这种普遍的善。"(托马斯·阿奎那:《论主要原则》，第1卷，第8章)"属人的理智之对象,是普遍的真(universale verum),也即一般的真或并不局限于一定的种的真;属人的意志或愿望之对象,是普遍的善,这普遍的善,并不存在于某个被创造的(也即有限的)存在者里面,而是仅仅存在于上帝里面。可见,只有上帝才能够满足属人的意志。"(托马斯·阿奎那:《神学大全》,第2部,上册,第2问,第8章)但是,如果一切属形体的、属地的、限定的、有限的东西都不是跟人灵相适应的、适合的对象,只有无限的本质才是这样的对象,只有无限的本质才能够满足属人的意志和理智,那么,显然,在无限的本质中,只有人自己本质的无限性才是人的对象,无限的本质不外乎就是人自己无限的本质之表现、显现、显示或者对象化。①"必死的存在者丝毫也不知道不死的存在者。"(萨拉斯特语,见于格劳修斯的《论基督教之真理性》,第1卷,第24节,注1)这就是说,以不死的存在者为对象的,本身就是不死的存在者。在无限存在者中,不过是那就是我所具有的宾词、属性的东西作为主体、作为存在者而成为我的对象。无限存在者,不外乎就是人之被人格化了的无限性,上帝不外乎就是人之被人格化了的、被表象成为一个存在者的神性或属神性。

---

① 并且,如果上帝作为人格化了的福乐而是人的最终目的,那么,显然,上帝就被表述成为人的本质了;因为,一个存在者的最终目的,怎么能够外于他的本质呢?"因为,谁为作为自己的最终目的的上帝所规定,谁就不是受外来规定,而是为自己本身所规定。换句话说,规定他的,乃就是他自己的可赞美的本质,只是,要比我们最内在的东西还要更深一些。"(加莱乌斯:《一般哲学》,第3卷,第3章,第3节,§3,N. 11)——著者

[Ⅱ]

"会认识的存在者跟不会认识的存在者不同,后者只具有它们自己的形相,而前者却也具有另一存在者的形相,因为,被认识者之形相或形态,乃存在于认识者之中。由此自明,不会认识的存在者的本性是比较局限和狭隘的,而会认识的存在者的本性却具有比较大的广度和宽度。所以,有哲学家(亚里士多德)说道:在一定的程度上,灵魂就是一切。但是,一个形相(一个存在者)之被局限,乃是来自自然、物质。所以,某种东西越是非物质,那它就越是接近无限性。"(托马斯·阿奎那:《神学大全》,第 1 部,第 14 问,第 2 项)"一切具有无限的力量的东西,都具有无限的本质;但是,精神或理智具有无限的力量,因为,它理解普遍的东西,而普遍的东西是能够伸展到无限的东西的。理智力之所以能够在一定程度上伸展到无限的东西,乃是由于它并不是物质的力量或形相,因为,理智力并不是某种身体器官的活动。"(同上,第 7 问,第 2 项)"并不是我们的肉体像上帝,而是我们的灵魂像上帝。我们的灵魂是自由的,逍遥自在,它把我们搬移到最遥远的地方,得以看见不在的人,刹那间鸟瞰整个宇宙。"(安布罗兹①:《海克萨埃麦隆》,第 6 卷,第 8 章)"就真正的本来意义而言,只有上帝才配称得上是无边无际的;人灵乃是这种无边无际性之影像,人灵只不过想象——实

---

① 为了节约空间和时间,我常常只说出原来的意思就算了,并不逐句援引。在这里也如此。——著者

际上却并不如此——自己在同一瞬间遍阅了早晨和夜晚、北方和南方、天和地。"(提奥多理：《创世记中的问题》，问题第 20)"既然我们敢于毫不畏惧地把真理说出来，那么，人事实上就超过神灵了，或者至少跟他们具有完全同等的力量。如果一位属天的上帝降到地上来，那他就离弃了天之境界。但是，人却升到天上，量度它，看到了它的高度和深度，精确地知觉到其他一切，并且，最为重要的是，在他飞跃到天上时他并不离弃了地。人多么地有扩张能力啊！所以我们可以大胆地说，属地的人是一位会死的上帝，而属天的上帝是一位不死的人。"(黑梅斯·特利思美基斯托斯：《坡曼德尔》，第 10、24、25 章)"认识与行为之能力，在人那里并不像在其余动物那里那样有限，而是取之不尽的和无限的，因而是类似于上帝的。"(格劳修斯前书)最初，我们只是间接地、通过推理才认识到属人的本质的无限性，而现在，在这些引句——况且，还可以援引无数多的引句——中，我们就直接地、不转弯抹角地说出这种无限性。心理学上的无限性，乃是神学的或形而上学的无限性之根据。上帝的不可量度、不局限于地点和时间上面的生存、无处不在，就是属人的表象力与想象力之无处不在、不可量度，只是，已经被感性化、对象化了。

[Ⅲ]

无限的或属神的本质，就是人的精神本质；但是，这个精神本质被从人面分离出来，被表象成为一个独立的存在者。上帝是精神；实际上这就意味着：精神就是上帝。主体怎样，客体也怎样；感官怎样,对象也怎样。上帝——作为抽象的、非感性的存在者——并不是感官或感性想象力之对象,而只是理性之对象;换句话说,他只不过是理性之本质,只不过是那使自己对象化成为属神的存在者的理性。

"存在于某类存在者之中的完善性,上帝尽都具有。但是,在存在者的各种完善性之中,最优异的完善性便是知性、理智,因为,通过知性、理智,一个存在者就将一切事物的完善性都总括于自身之中,从而,在一定程度上,他就成了一切;因此,上帝是一个会认识的、会思想的存在者。"(托马斯·阿奎那:《哲学大全——反对外邦人》,第1卷,第44章第5节)"因为古人把任何一个抽象的本体都称为上帝,因而他们就得出结论说,我们的灵魂也即我们借以认识事物的那个理智,具有属神的性质。所以,甚至连现代的一些以为在我们里面有一个(从人里面)抽象出来的积极理智的基督徒,也公开说道,积极理智就是上帝。然而,这种说法也可能起源于我们的灵魂跟上帝的相类似,因为,认识首先就是上帝的一个典型属性,除了人以外——因为人有灵魂——其他一切低等存在者都不具有这个属性,这样,看来就似乎灵魂具有属神的性质了。"(同上,第2卷,第85章)"智者跟上帝有一定的亲缘关系,因为他以知性为事,而知性乃就是上帝本身的本质。"(西奈修斯语,见于彼大维乌斯的《教条神学》,第1部,第4卷,第1章第1节)"理智是我们跟上帝之间的关联或纽带。"(拉·摩西语,见于上书,第4部,第4卷,第13章第8节)"上帝跟人之间的统一,远比灵魂跟肉体之间的统一来得大;因为,两个属精神的本性之间的统一要比一个属精神的本性跟一个属形体的本性之间的统一来得大。但是,上帝是一个属精神的本性，人也是一个属精神的本性。"（胡果·德·圣维克多语，见于同上书，第14节）"在一切被造物之中，只有那有理性的灵才能够将自己提高到对上帝进行探索，因为，由于他的本质跟上帝相类似，他最为靠近上帝。所以，有理性的灵越是努力去自我认识，那他就越是巧妙地认识了上帝。"（安瑟伦：《独语》，第66章）"属人的灵只能跟上帝本身相比。"（西塞罗：《达斯库尔人的争论》）"上帝本身不能够被设想成为另外的什么东西，他只能够被设想成为自由不羁的、从一切必死的组合中抽离出来的精神。"（同上）古人一般地把灵魂、精神、理性直接称为上帝；基督徒虽则直接地或口头上否认上帝跟属人的精神是无差别的，但是，间接地或事实上，却确是主张上帝跟属人的精神是无差别的。所以，虽然基督徒非难异教徒，说他们把理性给神化了，但是，基督徒自己却也是这样做的。区别仅仅在于，基督徒在神化人的理性能力和抽象能力的同时，也神化这种能力的对立面——感情之本质，总之，基督徒神化人的整个的本质，并且由此——当然也由于其他一些在本书中已经说明了的理由——而使那个跟人别离了的精神成为一个至少按照他们的想象来说是自身可以感觉到的、物质的存在者。与此相反，这个跟人别离了的精神，在古人看来，却具有主观的、属人的抽象之明确的特性。托马斯·阿奎那（《雅歌注释》，巴黎1515年版，第8页起）说得好："沉思的生活，对神学家（即基督徒）来说和对哲学家（即异教徒）来说，并不具有同样的意义。哲学家把福乐——沉思之目的——放到智慧——思维力之实施——中去，而神学家则把它放到体味中去甚于把它放到思维中去，把它放到爱和甘甜中去甚于把它放到沉思中去。所以，如果我们要选择感官来称呼这种区别,那么我们就可以说:哲学家们的沉思生活使眼睛和耳朵活跃起来——因为,在一切感官中,这两种感官最是促进认识和科学,而教士式的沉思却使味觉、嗅觉和触觉活跃起来。"不过,必须注意,基督徒之所以主要地将上帝跟人的精神、灵魂区别开来,乃是因为他们把精神、灵魂跟个体的、也即实在的、感性的、属肉体的存在者等同起来,而古人则把人本身之中的理性、精神当作一个抽象的本质、自为的本质来思想。所以,什么时候和什么地方基督徒否认上帝就是人的精神或灵魂,那么,在这个时候和这个地方,精神乃是指思维着的人,而灵魂就是指感觉着的、贪欲的人,或者说,就是指跟肉体联在一起的、确实无疑地属肉体的、感性的灵魂。例如,奥古斯丁(《驳福多纳都》)说道:"上帝是一回事,而灵魂又是另一回事。上帝是不可侵犯的、不朽的、不可渗入的、不会玷污的。但是,灵魂却是有罪的等等。所以,如果灵魂就是上帝的本体,那么,上帝的本体就也犯错误、被败坏等等了。"托马斯·阿奎那(《哲学大全——反对外邦人》,第 2 卷,第 25 章)说道:"上帝是永恒的,而灵魂却并不先于其肉体而存在。上帝是恒久不变的,而在灵魂里面却有变化。上帝是纯粹的活动,而在灵魂之中却既有适应能力(受动)又有活动。从而,灵魂不可能是某种跟属神的本体同样的东西。"但是,这个灵魂,除了就是人以外,还是什么呢?灵魂本身,像上帝一样,也是不朽的、不可渗入的、不会玷污的,因为,根据基督徒的说法,它本身就是不可分的、单纯的、非物质的、不会毁坏的、不死的;总之,基督徒们在论到道德时从灵魂那里剥夺掉的一切,他们在形而上学中又还给了灵魂。神性与灵魂之形而上学的规定、本质规定,是同样的。这一点,特别明显地表现在不死学说之中。在不死学说中,基督徒们总是公开地或隐秘地把神性之各项规定归给灵魂。例如,格劳修斯(《论基督教之真理性》,第1卷,第23章)说道:"灵魂之本性无所依赖;并不存在有灵魂之对等物。"这就意味着,它是绝对的、无限的本质;因为,上帝——"普遍的原因、普遍的本性"——也并没有什么东西跟他对等,例如,托马斯·阿奎那在他的《第欧尼西注释》中就明白地这样说。所以,为了证明上帝——一个跟灵魂区别开来的存在者——的实存,基督徒们就否认灵魂之作为一个跟肉体、跟物质区别开来的本质而存在,他们把灵魂跟有肉体的人同一起来了。但是,为了证明不死之存在,他们却又否认灵魂之跟上帝不同,他们使灵魂成为一个跟肉体区别开来的、不依赖于肉体的、属神的本质;①换句话说,他们承认上帝的灵魂就是人的灵魂,因为,对神学来说,唯独不死的灵魂才是灵魂。"只是因为永生,我们才真正是基督徒。"(奥古斯丁:《神之都》,第6卷,第9章)

[Ⅳ]

上帝并不是这个或那个精神,并不是你的或我的精神;他就是精神,但却又被设想或表象成为一个单一的、独个的、独立的精神。上帝一般地就是类概念,并且,乃是作为类概念而被个体化或人格

---

① 同样,为了证明有一位上帝、一位完善的存在者实存着,为了证明有创世者存在着,他们就否认世界之恶,成了乐观主义者。但是,为了证明有不死的彼世生活存在,他们却又否认世界之善,成了悲观主义者。——著者

化的;上帝是被思想成为跟个体区别开来而生存着的类的类。上帝是一切实在性之总和;这就意味着,上帝是一切类或类概念之总和。就这一方面而言,异教跟基督教之间的区别就在于,在异教徒那里,类只是一个被思想的本质,此本质仅仅存在于感性的、实在的个体之中,而在基督徒那里,类,作为类,作为被思想的自为的本质,乃具有独立的存在。异教徒辨别思维与存在,而基督徒则将二者同一化。多神教基于思维跟存在、类跟个体的区别,而一神教则基于其统一。

"没有人会说人或动物就是白色,因为白色并不单独自主地存在着,而是为实存着的主体所个别化或个体化。同样地,也没有人会说苏格拉底或者人是人类,但是,属神的本质性却是单独自为地存在着的,并且,在自己本身之中被个体化。所以,属神的本质性被当作上帝的宾词;人们说,上帝就是他的本质性,或者,正像释经家弗兰西斯克(费拉拉的)对这一章节所解释的那样,上帝就是神性。"(托马斯·阿奎那:《哲学大全——反对外邦人》,第 1 卷,第 21 章)"抽象的存在只能够是一个存在,就好比如果我们假设有抽象地存在着的白色,那它就将是一个白色一样。但是,上帝本身就是抽象的存在(这也就是说,是作为存在的存在,是存在之概念;只是,这个概念同时又被设想成为一个存在着的东西),因为他就是他的存在。所以,只能够有一位上帝存在。"(同上,第 42 章)"在那由形相和物质构成的存在者那里,本性(或本质性)和主体(或个体)必然相互区别开来,因为本质性(或本性)只包含有那包括在种或类之定义之中的东西。这样,人性就把包括在人之定义之中的东西抓到自己里面来,因为,这个人就是人,并且,那使人成为人的东西,正就意味着人性。但是,个体型的物质连同一切使其个体化的偶性,却并不进到类之定义里面去,因为,来到人的定义里面的,并不是这块肉和这根骨头,并不是白色、黑色或诸如此类的东西;这些偶性是被排斥在人性之外的,只是被包括到人(指属人的个体)所是的里面去而已;这样,人在自己里面具有某种人性所不具有的东西,从而人和人性并不完全一样。但是,如果并不是由形相跟物质组成(也即并不是由精神跟肉体、类跟个体组成),并不是通过个体型的物质,也即并不是通过这个物质而达到个体化,相反地,形相是自力更生地被个体化的,那么,形相本身必然就是具体存在着的主体或个体,在他们里面,个体跟本质或类之间就没有什么区别了。现在,因为上帝并不是由物质跟形相组成的,故而上帝必然就是他的神性(也就是神性),就是他的生命(也就是生命)以及一切其余的宾词。"(托马斯·阿奎那:《神学大全》,第 1 部,第 3 问,第 3 项)但是,这就意味着:上帝乃是一个单单的宾词,但却被表象成为主词;他乃是一个单单的类概念,但却被表象成为个体存在者;因而,虽然他是一个仅仅抽象的本质,但却被设想成为实在生存着的存在者。"所以,一个名字越是不确定,越是普遍和不受到制约,那它就越是适合于上帝。因此,在一切名字中,最适合于上帝的,就是'我是我所是的'①(《出埃及记》,第 3 章,第 14 节),这个名字意味着全然的存在,因为,它是最普遍的名字。"(同上,第 13 问,第 112 页)"名字越是特种,那就越是规定一种配合于被造物的样式。"(同上,第 33 问,第 12 页。关于这一方面,也可参阅彼

---

① 《圣经》中文本译作:"我是自有永有的。"——译者

大维乌斯的《论三位一体》,第5卷,第6章,§10)"当我们把生殖、儿子等名字从被造物那里转移到上帝处时,我们心里理会到这些名字已经脱离了一切粗笨的东西(物质的东西)和暂时的东西,例如本体之分割、时间之秩序等等;我们只保持一个:本质与本性之协同或共通。同样,当我们称上帝为言语①时,我们就舍弃了一切包含在这个言语——就它为适合于被造物的而言——之中的东西,例如,非独立的东西和倏忽即逝的东西。"(伊西多尔(培流喜阿姆)语,见于彼大维乌斯的《论三位一体》,第7卷,第14章,§6)这意思就是说,在上帝里面的儿子、属神的儿子,乃不外乎就是抽象的儿子,是儿子之概念;在上帝里面的言语、属神的言语,并不是这句或那句由人说出来的话,并不是消散于空气之中的言语,并不是德语、希腊语、罗马语或希伯来语,而是自在的言语,是一般的言语,是言语之类概念,而这个类概念当然具有神性之一切规定:非感性和超感性,永恒性,不变性,单纯性。所以,神性之内在属性在三位一体里面被个体化成为人格、成为存在者,乃是完全适应于神性之基本概念或基本本质的。上帝不外就是被表象成为名词的形容词之总和、聚合,不外就是被表象成为主词、存在者的宾词、抽象之总和、聚合。既然人们使精神、智慧、天意、慈爱、权势——总之,一切普遍的、从人和自然里面抽象出来的概念——在上帝里面成为本质,那么,人们也同样有权利使父性、子性之抽象属性凝结成为人格。"《圣经》把双手、双眼、心和其他器官归给上帝,为的是以此表明上帝的确实可靠的能力或活动。这样一来,虽然一切蠢笨

---

① 也可译为"道"。——译者

的东西、非完善的东西和属形体的东西都从中被抽掉了，然而这些器官的原来的、实在的活动却都归给了他。因为，上帝实实在在地听、看、愿望和思维，虽然他并不具有和使用跟这些概念或活动相适应的那些身体部分。同样，《圣经》认为，儿子是父亲所生的，是由子宫里生出来的，因为，虽然在上帝里面并没有什么子宫，但是，在他里面，还是有真正的生殖、真正的诞生，而这种生殖、诞生，正是用'子宫'这个词来指明的。"①（彼大维乌斯，同上，第 5 卷，第 7 章，§4）认识到上帝不外就是那被人格化或个体化成为类概念的类概念，那我们也就找到了揭开神学之一切秘密的钥匙，我们也就可以解释神学的一切不可解释与不可思议之处，解除一切令人迷乱的矛盾与困难——神学家和哲学家们曾经徒然地为这些矛盾与困难弄得头昏脑涨。我们由此认识到，为什么人们在论到上帝时"只能够说 en général 和 überhaupt"，②而在讨论到一切细节的问题，在讨论到一切对方式方法提出的问题时，神学就给出否定的回答。这里面的原因，就在于在说到类概念时，正像以前在说到创世时所已经指出过的那样，一切细节的和个别的规定都脱落掉了，而这些规定，在信仰或神学看来，却是存在于上帝里面的——虽然我

---

① 这一段引文是道道地地经典的；它最为明白地，甚至最为易解地使神学之本质直观化了。上帝是纯粹的活动，是没有受动，也即没有形体的单纯的活动，是眼睛之活动，但却没有眼睛，是头脑之活动——思维，但却没有头脑。所以，有没有上帝这个问题，成了这样一个问题：有没有一种没有眼睛的看见，一种没有头脑的思维，一种没有心的爱，一种没有生殖器官的生殖，一种没有子宫的生产呢？我信仰上帝；这就意味着，我信仰一种没有器官的力、一种没有自然或肉体的精神、一种没有具体物的抽象物、一种没有本质的本质性，也即信仰奇迹。——著者

② 前一个是法语，后一个是德语，意义相近，可译为"一般地"。——译者

们无从认识到,但确是自在地存在于上帝里面的——,因为神学把这个类概念表象成为实在的、客观的存在者。我们由此认识到什么是上帝的无限性、原因性、高尚性、完善性,什么是上帝的既积极又消极的本性。人们说上帝是一个既能够从中肯定一切而又能够从中否定一切的存在者,说他既是一切而又是无,而这样说就无非等于说"颜色"既是一切的颜色而又不是颜色,也即不是特种的、单种的颜色;人们说上帝是无限的,其实这无非就等于说那并不局限于这个地点、这个时间、这个个体、这个种上面的类——因为,"普遍性、类到处存在和经常存在"(托马斯·阿奎那:《神学大全》,第1部,第46问,第2项)——是无限的;人们说上帝是超于人的,其实这无非就等于说"颜色"是超于各种颜色的,因为,"人性是超于人的"(托马斯·阿奎那:《第欧尼西注释》序言,《论神名》[①]);人们说上帝是至高存在者,并且,作为至高存在者,又是一切存在者的根据和原因,其实这无非就等于说类是至高存在者,如果把类表象成为跟个体区别开来的独立的存在者的话;人们说上帝是完善的存在者,其实这无非就等于说跟个体相对立的类是完善的存在者,因为,"颜色"乃泛指一切的颜色,而实在的、个别的颜色却总只是排除一切别的颜色的某一种颜色,因而,类乃是一切为各个个体所分有的完善性之总和。"上帝正就是自为地存立着的存在。因此,他本身包含有存在之一切完善性;因为,显而易见的,如果某种温

[①] 他在此书第12章中说道:"正像固有属性超于这些属性的具有者一样——例如,神圣性超于圣者——那高于一切生存着的,就超于一切生存者。"这就是说,抽象的东西高于具体的东西。——著者

暖的东西自身并不包含有温暖之一切完善性,那么,其原因就仅仅在于温暖并没有完完全全被分配到(也即并没有完完全全地被实现)。反之,如果温暖自为地生存着,那它就绝不会在温暖之完善性方面有所缺乏。"(托马斯·阿奎那:《神学大全》,第 1 部,第 4 问,第 2 项)我们由此可见,如果人们设想上帝在一个个体中得以表现或实现,那实在是极其愚蠢的;其愚蠢,当不下于设想那从各种各样颜色中抽象出来的思想物在一种颜色中得以实现。反之,我们也看到,正确而必要的做法乃是通过将属神的本质化为或还原为其从中抽象出来的各现实的本质而把属神的本质设想成为实现于各个个体之总和之中,因为,这样一来,上帝就断然地被表象和规定为这样的存在者,他总含一切分散和分配在各实在的存在者之中的完善性、德性。例如,托马斯·阿奎那在他的《第欧尼西注释》中说道:"虽然上帝自身为一,不可分割,但是,他的各种才干——也即他的各种完善性和他的各种力量——却分散于各被造物之中,并且按其各各不同的接受能力而为其所部分地接受下来。"(第 11 章)

[V]

上帝并不是一个生理学的或宇宙的存在者,而是一个心理学的存在者。

谁不是先就把上帝放到自然里面去,谁也就不会从自然中引出上帝来。人由自然来证明上帝的生存,正就只是证明了人的无知和妄自尊大,致使他使他自己头脑的界限成为自然之界限。如果人们同意自然之中的目的,那么,必须注意,自然之目的并不外于和超于自然,就好像眼睛的目的——看见——并不外于和超于眼睛之本质、构造、组织一样,从而也就不会引导到外于和超于自然的存在者那里去。在自然之中,目的并不区别于和独立于手段,并不区别于和独立于器官之特性;自然仅仅通过耳朵来听,仅仅通过眼睛来看,仅仅通过脑子来想。但是,上帝却是无耳而闻,无目而见,无脑而想。有神论者因为在思想中把目的从手段中抽离出来,把目的设想成为自为的,故而就不禁要问道:目的从何而来呢?但是,我却要问:手段从何而来呢?一个仅仅在脑子中并且用脑子来思想的存在者,怎么会发源于一个无脑而思想的存在者呢?一个非物质的、不凭借手段而起作用的、全能的存在者,何必要有物质手段呢?因此,由自然来推定一位上帝,也即推定一位跟自然区别开来的、超自然的、属灵的存在者,把他当作自然之目的,只有在下列场合才是合情合理的,即假定人相信人们也能够无目而见、无耳而闻,假定只有原因与作用、手段与目的、器官与官能之间的纽带才是全能的、属神的本质。例如,喀尔文说道:"自然事物不外就是工具,上帝总是按自己的意愿来允许这些工具的作用,并随心所欲地来搬弄这些工具。没有一样被造物像太阳那样具有如此令人赞叹的力量。它以自己的光辉遍照整个地球,它以自己的热维养所有的动物,它以自己的光照使地球上开花结实……然而,那因为是唯一真正的创始者而受万民称颂的主耶和华,却早在他创造太阳以前,先就产生出光来,并使地球上遍满各种草木果实(《创世记》,第 1 章第 3、11 节)。由此,没有一个敬虔者会把太阳当作那些早在太阳被创造出来以前就已经存在着的事物的主要的或必要的原因,而是仅仅把太阳当作上帝因为自己愿意而加以利用的一个工具,因为,没有太阳,他同样也能够凭自己而达到同样的效果。"(《基督教本义》,第1卷,第16章,第2节)当然,倘若没有自然,那也就不会有上帝;但是,自然只是神性之条件,人类才是神性之原因。自然只是给神性提供素材,而人却给神性输入灵魂。因而,只有权能才起源于自然,至于全能,那就起源于人了。虽然上帝的生存基于自然,但是,上帝的本质却仅仅基于人。胡果在他的《第欧尼西注释》序言中说道:"为了使人于中能够看到不可见的东西,特地给人安排了两种影像,即自然之影像和恩典之影像。前者是今世之形象,而后者是言语之人性。自然能够论证,但不能够启发;而救主之人性却在论证以前先进行启发。通过自然之影像,只不过暗示出创世者而已,而在恩典之影像中,却就生动具体地指明了上帝;上帝创造出前者,仅仅是为了使我们洞悉有上帝存在着,而在后者之中,他却是要使我们认识到他此时此地存在着。"我们再对胡果的这句话补充一下。自然只是给了饼和酒,而信仰、心情、幻想却加进去宗教的或神学的内容。赋予自然以某种神学的或有神论的意义,就意味着给饼以肉的意义,给酒以血的意义。使自然成为一位上帝的作品和表现,这就意味着从自然那里夺掉本体,只给留下偶性。托马斯·阿奎那说道:"由感性的东西不能够认识到属神的本质是属神的本质,因为,感性的被造物是上帝的作用,这些作用并不以与原因相适应的方式表现出原因之力量。然而,因为作用是依赖于原因的,故而我们凭作用就能够认识到上帝是否存在,并且能够认识到他作为万物的第一原因究竟怎么样。"(《神学大全》,第1部,第12问,第12项)但是,仅仅的原因性,即使是首初的和最普遍的原因性,总还不能形成神性。原因乃是一个物理概念,虽然就其形成神性之基础(前提)而言已经是一个完全抽象的和超物理的概念,因为,这个概念不外就是原因之被人格化了的类概念。"属自然的认识(意思就是说,仅仅基于自然的认识)不能够到达上帝——就上帝为福乐之对象而言。"(同上,第2部下册,第4问,第7项)但是,只有那作为福乐之对象的上帝,才是宗教的、本来的上帝,才是跟神性之概念或名称相适应的上帝。托马斯·阿奎那说道:"在自然之中,只具有神性之痕迹而并不具有神性之影像。痕迹仅仅指出某人曾在这里走过而已,并不能指出此人之征状。上帝的影像,仅仅存在于理性被造物——人——里面。"(同上,第1部,第45问,第7项)所以,信仰自然之超自然的起源,仅仅基于信仰人的超自然性。由一个跟自然区别开来的存在者来解释和导引出自然,其前提乃在于假定那将自己跟自然区别开来的属人的本质是不可能由自然来解释和导引出来的。上帝是自然的创造者,因为人(站在宗教与神学之立场上来看)不是自然的被造物。人(根据他自己的表象)并不是来自自然;但是,虽然如此,人却还是意识到自己并不是永恒的——至少,并不是自始就是永恒的——,意识到自己是有起源的,是发生出来的。那么,他从何而来呢?来自上帝,也就是说,来自一个跟他同等本质的存在者,后者跟他相同,所区别的,仅仅在于后者并不是发生出来的。上帝只不过间接地是自然之创造者,并且,只是因为间接地故而才是自然之创造者,因为他乃是人的创造者或者不如说人的父亲,因为如果他不是自然之创造者那他就不能够是人的创造者。人虽然自以为具有超自然主义的本质,但还是看到自己被萦绕于自然之中。因此，自然之来自上帝，只不过因为人来自上帝，而人之来自上帝，具有属神的起源，乃是因为他是一个属神的存在者。然而，一般地，他在上帝里面把自己的本质设想成为类，而在自己里面把它设想成为个体，在上帝里面把它设想成为无限的、非肉体的，而在自己里面把它设想成为有限的、属肉体的。并且，实际上，虽然他本身就是一个属神的存在者，但他却将其表象成为另一存在者；唯一的原因便是因为他一方面意识到自己是发生出来的，另一方面却又意识到或表象到自己就是上帝，这样，就陷于自相矛盾之中。所以，对上帝的意识——意识到：我是上帝的造物，是上帝的儿子——，乃是人的至高的自我意识。爱比克太德说道："倘如皇帝纳你为子，那人们也许受不了你的傲慢。但是，如果你知道你是上帝的儿子，那你为什么不想以此自豪一下呢？"（阿立安的《爱比克太德谈论集》，第1卷，第3章）

[Ⅵ]

自然、世界，对于基督徒来说，并没有什么价值、意义。基督徒只想到自己，只想到自己灵魂的得救，或者，换汤不换药的，只想到上帝。

"你的第一个和最后一个思想都应当是你自己，你的唯一的思想应当是你的得救。"（《论内在的居所》，伯尔拿伪书）"如果你留神观察你自己，那么，如果你还会想到某种别的东西，那就太令人奇怪了。"（伯尔拿：《循序向上之十二进阶》）"对你来说，你自己不就是最贵重的吗？"（博埃提乌斯：《论哲学的安慰》，第2卷，第4节）

"太阳究竟比地球大呢还是仅仅只有一步之宽呢？月亮是自己发光呢还是依靠别的东西而发光呢？这些事情，知道了无益处，不知道也无害处。你们的幸福、即你们灵魂的得救，是最紧要的。"（亚诺比：《反对外邦人》，第 2 卷，第 6 章）"那么，我要问：什么是科学之对象呢？是自然事物之原因吗？如果我知道尼罗河的发源和物理学家们关于天的种种妄谈，那我又如何从中期待到福乐呢？"（拉克丹修：《神诲录》，第 3 卷，第 8 章）"我们也不应当贪恋知识和新奇。许多人并不关心上帝是什么，却全副精力去研究这被称为世界的整个形体群。这样的人应当警惕。灵魂应该克制这种虚浮的求知欲，因为它最可能将人引入歧途，使人误信只有属形体的东西才存在着。"（奥古斯丁：《天主教教会要则》，第 1 卷，第 21 章）"复活并且永恒地存活下去的肉体，远较一切由医生们经过研究而知道的东西（人体的肉）更值得知识。"（奥古斯丁：《论灵魂之起源》，第 4 卷，第 10 章）"有了一些天然的技能就已经够了。只要知道火是热的，水是冷的和湿的，就够了。你只要知道应当怎样来耕种田地、饲养家畜，怎样来料理家务和管理子女，你的天然技能就已经非常够了。然后，你就应当思想如何仅仅效学基督，他将对你指出你是谁，你的能力何在。这样，你就将认识上帝和你自己，而这是任何天然的能手、天然的技能所无从经验到的。"（路德，第 13 卷，第 264 页）

从这些不胜枚举的引文中充分说明，真正的、宗教的基督教，本身并不包含有从事科学的与物质的文化的原则、动机。基督徒之实践的目的和对象，唯一就是天，也即被实现了的灵魂得救。但是，基督徒之理论的目的与对象，却唯一就是那作为跟灵魂得救等同的存在者的上帝。可是,谁知道上帝,谁就知道了一切。上帝无比地胜于世界,在此同样意义上,神学也无比地胜于世俗知识。神学使人福乐,因为,它的对象正不外就是被人格化了的福乐。"不幸的是那种虽然知道一切但却不知道你的人,幸运的是那种即使别的什么也不知道但却知道你的人。"(奥古斯丁:《忏悔录》,第5卷,第4章)那么,谁肯、谁会用福乐的、属神的存在者来换取今世非福乐的、虚无的事物呢?虽然上帝在自然之中启示自己,但是,只是按照他的最普遍的、最不确定的属性来启示自己;只有在宗教之中,在基督教之中,他才启示自己本身,启示他的真正的、自有的本质。由自然来认识上帝,乃是异教;由上帝本身来认识上帝,由基督——在基督里面满含着化为人身的神性——来认识上帝,才是基督教。既然如此,基督徒还会有兴趣去研究物质的、属自然的事物吗?研究自然——一般地,文化——,先就以一种异教的、也即世俗的、反神学的、反超自然主义的识见和信仰为前提,或者,至少是确切地产生出这样的识见和信仰。因而,现代诸基督教民族的文化,不仅并不产生自基督教,倒不如说只有从对基督教的否定——当然,最初时,这种否定只是一种实践上的否定——中才能够理解这些民族的文化。一般地,应当辨别作为基督徒的基督徒跟作为异教徒、作为属自然的人的基督徒在所说所行方面有什么不同,应当辨别他们在与自己的信仰相一致时所说所行的跟在与自己的信仰相矛盾时所说所行的有何不同。

所以,现代的基督徒们,当他们以现代各民族的艺术与科学当作基督教之产物而自夸时,他们显得多么"轻浮"啊!在这一方面,跟现代的夸夸其谈者相反,古代的基督徒是多么值得敬重啊！古代的基督徒们并不知道别的什么基督教,他们只知道那包含在基督信仰之中的基督教;这样,他们并不把今世的财富宝藏计入基督教,并不把艺术与科学计入基督教。在所有这些事情上面,他们宁可让古代的异教徒们——希腊人和罗马人——优胜于基督徒。"爱拉斯谟,你为什么不也对下面这件事感到惊奇:自从世界开辟以来,在异教徒中间始终比在基督徒或神民中间有着更高、更贵的人,这些人有着更大、更高的理智,有着更卓越的勤勉,有着一切艺术的训练？这就正像基督所说的,'今世之子比光明之子更聪明';①这是一句极其重要的话。在基督徒中间,我能够拿什么来跟西塞罗(更不用说希腊人,例如,狄摩西尼等)的理智或勤奋相比较呢？"(路德,第 19 卷,第 37 页)"我们凭什么比他们杰出呢？凭精神、博学、道德修养吗？绝不是这样。我们比他们杰出,唯独凭我们真正认识、祈求和敬拜上帝。"(《密朗赫顿演说集》,第 3 部,《论真正的祈祷》)

[Ⅶ]

在宗教之中,人以自己为目标,或者说,他自己把自己当作对象,使自己作为上帝的目标而成为自己的对象。化身的秘密,是上帝对人的爱的秘密,而上帝的爱的秘密,却就是人对自己的爱的秘密。上帝受难——为我而受难——,这是属人的心情之最高的自我享受、最高的自信。"上帝爱世人,甚至将他的独生子赐给他

---

① 《路加福音》,第 16 章第 8 节。——译者

们。"(《约翰福音》,第 3 章第 16 节)"上帝若帮助我们,谁能抵挡我们呢?上帝既不爱惜自己的儿子为我们众人舍了,岂不把万物和他一同白白的赐给我们吗?"(《罗马书》,第 8 章第 31、32 节)"唯有基督在我们还做罪人的时候为我们死,上帝的爱就在此向我们显明了。"(《罗马书》,第 5 章第 8 节)"并且,我如今在肉身活动,是因信上帝的儿子而活,他是爱我,为我舍己。"(《加拉太书》,第 2 章第 20 节;也可参阅《提多书》第 3 章第 4 节和《希伯来书》第 2 章第 11 节。)"对基督徒来说,这整个的世界证明了天意的存在。但是,首先证明这一点的,乃是上帝之为了我们而化身为人。这种化身,虽然是天意特地安排的,乃是最属神的,但是,因为卓越的对人的爱,也就成了最不可信的。"(尼萨的格列高里:《哲学论文集》,第 3 卷,《论天意》,第 1 章,1512 年版,附有雷那努斯的说明)"看,弟兄们,上帝为了人的缘故而何等谦卑啊!因而,人不应该轻看自己,因为,上帝仅仅为了人的缘故而忍受侮辱。"(奥古斯丁:《通俗话篇》,话篇第 371,第 3 章)"哦,人啊,为了你的缘故上帝化身为人,你必须看重你自己。"(话篇第 380,第 2 章)"圣子为你而甘愿自卑,你怎能对自己绝望呢?"(奥古斯丁:《基督之受难》,第 11 章)"既然我们可以在上帝的人性中看到人的本性的影像,那么,谁还能够憎恨人呢?真的,谁憎恨人,谁就是憎恨上帝。"(《手册》,第 26 章,假奥古斯丁)"当我们想到上帝如此地珍重我们,圣子与我们同在,以死来担当我们的罪时,我们的信心就加强了,不再对永生抱绝望态度。"(伦巴底的彼得,第 3 卷,第 20 篇,第 1 章)"神意之主要关键,便是化身为人。无论天地海空、日月星辰,都没有像上帝独生子的化身为人那样证明了上帝对我们的无以度量的慈爱。可见,上帝并不是单单为我们着想而已,他乃是用爱来为我们着想。"(提奥多理:《论天意》,第 5 讲,巴黎 1642 年版,第 4 卷,第 442 页)"只有当人看不到自己的本质何等高贵时,他才会去依恋那些低于上帝的事物(这就意味着,只有上帝才是配得上人的、跟人的高贵相适应的对象)。因此,为了以最为适宜的方式向人指出他的高贵,即指出只有在上帝之中才具有人之完善的福乐,上帝就直接采取了属人的本性。"(托马斯·阿奎那:《哲学大全——反对外邦人》,第 4 卷,第 54 章)"上帝并不与我们为敌。因为,如果上帝与我们为敌,那他也就不会采取贫乏的、不幸的属人的本性了。"——"我们的主耶和华何等尊重我们,甚至于让他的儿子化身为人!还能比这更亲近我们吗?"(路德,第 16 卷,第 533、574 页)

奇妙的心,众向归望,
不为你王国,皆因为,
哦,主,你不辞千辛万苦,
降临世间,为救世人。
我主基督,掌权宇宙,
日月星辰,是你王国,
哦,主,你仍是我们弟兄,
宝血圣肉,亘古长存。

——

我主基督,为我舍身,
十字宝架,流血为我,
哦,主,我内心如同刀割,

悲愤交集，一刻难忍。

―――

主爱世人，舍己为我，
创世之主，高贵君王，
哦，主，你为我愿做羔羊，
我爱基督，全心全意。
万民众仰，创世救主，
惨死十字架，救世济人，
哦，主，你是万物之主宰，
为我们，死而复活，升坐宝座。

（《福音兄弟会用圣歌集》，格纳道1824年版）

[VIII]

因为上帝受难，故而人也必须受难，并且，人也必须像上帝一样地受难。基督教是受难之宗教。

"我们当然应当要一举一动跟随主的脚踪。基督给我们这样一个范例。我们读到基督曾经哭过，①但却没有读到他曾笑过。"（沙尔维安：《论上帝的引导》，第6卷，§181）"基督徒们必须在今世遭受迫害和忍受悲痛，因为，永生是属于他们的。"（欧利琴：《保罗达罗马人书注释》，第2卷，第2章，附有希罗尼摩斯的说明）"不厌恶这暂时的、腐朽的和必死的今生，就不能企望永恒的、不朽的

---

① 见《路加福音》，第11章第35节。——译者

和不死的生命。我们所愿望的,不正是要摆脱现状吗?我们叹息,不正是因为我们厌恶我们的现状吗?"(奥古斯丁:《通俗话篇》,话篇第351,第3章)"如果真有某种比受难更好和更有益于人的得救的东西存在,那么,基督一定会通过言行来指出来。我们必须经过许多灾难才能进入天国。"(托马斯·阿·坎比斯,《效学基督》,第2卷,第12章)然而,如果基督教被称为受难之宗教,那么,这当然只适合于古代"迷误的"基督徒们的基督教。新教已经将作为道德原则的基督受难否定掉了。在这一方面,旧教与新教之间的区别,正就在于新教出自我感而只把基督的因功受荣奉为生活的戒律和范例,而旧教出于同情感而也把基督的受难奉为生活的戒律和范例。"在先前,天主教中传道论到主的受难时仅仅指出我们应当效学他。这以后,人们就喋喋不休地议论马利亚的受难与痛苦,满腔同情地为基督及其母亲致哀,唯一的目的便是要使这些事情摧人心胸,使人因同情而落泪。并且,谁能够收到这样的成效,那谁就被认为是最好的热情说教师。但是,我们传主的受难,却是按照主在《圣经》里的教导……基督受难,是为了荣耀上帝……他受难,是为了拯救和造福于我、你、我们所有的人……基督受难的原因与目标便在于:为我们而受难。任何别的受难,都配不上具有这个荣誉。"(路德,第16卷,第182页)"羔羊啊,你受苦受难,我却安享荣华,怎不叫我喜极落泪?"——"你的受难,是我唯一喜悦。"——"你为赦我罪而流血,使我终生难忘。"——"哦,我的以马内利,①

---

① 以马内利(Immanuel),希伯来语,意即"上帝与我们同在"。见《以赛亚书》第7章第14节及《马太福音》第1章第23节。——译者

当我回味你为我流宝血,我灵何等甘甜。"——"罪人因救主而欢天喜地……他们看到耶稣被钉十字架,内心何等喜悦。"(《福音兄弟会用圣歌集》)所以,完全没有什么奇怪的,今天的基督徒不再想知悉有关基督受难的事。他们已经明白什么是真正的基督教——他们仅仅基于《圣经》之属神的言语。并且,谁都知道,《圣经》有这样一个可贵的特点,即人们可以随心所欲地在《圣经》里面找到一切。当然,里面曾经有过的,现在不再有了。稳恒性之原则,也早就从《圣经》中消失掉了;人的见解如何朝三暮四,上帝的启示也就如何水性杨花。Tempora mutantur(日新月异)。《圣经》也如此。但是,基督教有这样一个优点,即一个人即使跟基督教貌合神离,他也仍旧可以是一个良好的基督徒。只要不触犯名称就可以了。在这一点上,今天的基督徒仍旧还是十分敏感的;其实,现代基督徒跟古代基督徒唯一相互一致之处,也只剩下名称了。正像过去曾经仅仅奉基督的名而行奇迹一样,今天也还是这样;但当然是另一种的奇迹,甚至是正相反的。过去曾经仅仅奉基督的名把反基督者从人里面驱逐出去,现在却反过来又仅仅奉基督的名而把基督徒从人里面驱逐出去。

[IX]

三位一体之秘密,是社会生活、集体生活之秘密——是我与你之秘密。

"我们承认,只存在有一位上帝;但这却并不意味着他孤单单独自存在着。"(《卡尔塞东宗教会议》,见卡兰萨:《宗教会议大全》,

1559年版,第139页)"如果有人认为,'让我们造人'①这句话并不是父对子说的,而是父对自己说的,那他就要受到诅咒了。"(《西尔谬恩宗教会议》,同上,第68页)"从'让我们造人'这一句话中可以看出,跟上帝一起谈论这事的,是跟上帝极其亲近的。由此可见,必定有某者陪伴上帝,在创世之际跟上帝交谈。"(亚塔那修斯:《反对外邦人——说教集》,巴黎1627年版,第1部,第51页)"孤独自居者不能够说'让我们造人'这样的话。"(伦巴底的彼得,第1卷,第2篇,第3章)新教徒也是这样来解释这一处经文的。"'让我们造人',是一句用意深长的启发语……从这些言语中再一次可以看到,在神性之中必定有一个以上的人格……因为,'我们'这两个看来平常的字,就表明说话者不是自言自语,虽然犹太人咬文嚼字,硬说有时即使独自一个也可以这样说。"(路德,第1卷,第19页)但是,在三位一体之主要人格之间,不仅有交谈、商议,并且,像在人类社会中一样,也有订立协约、契约之事。"在拯救世人这方面,不外乎归结为父与子之间一定的协同,也即几乎是归结为父与子之间一定的契约。"(布丢斯:《教条神学之基本教义》,第4卷,第1章,§4,注2)但是,因为属神的人格之间的本质纽带是爱,故而三位一体乃是最亲密的、两性式的爱情联系之属天的范式。"我们祈求圣子,求他通过他的圣灵——圣灵乃是永恒的父与永恒的子相互之间的爱之联系及纽带——而把新娘的心与新郎的心连在一起。"(《关于婚姻问题的讲演》,《密朗赫顿讲演集》,第3卷,第453页)

---

① 《创世记》,第1章第26节。——译者

在三位一体之属神的本质中的区别，是属自然的、物理的区别。"父的独特之处并不在于他不是被生出来的，而是在于他生出了一个儿子，而子的独特之处也并不在于他没有生出什么来，而是在于他是为父之本质所生出来的……我们都是上帝的儿子，但却跟这个儿子有所不同。他是真正的和原有的儿子，是嫡子而不是养子，是名副其实的儿子而不是名义上的儿子，是亲生儿子而不是经过创造才成为的儿子。"（伦巴底的彼得，第1卷，第26篇，第2、4章）"父是子之原则，是产生者，父就是父，绝不是子，而子就是子，并不是弟兄。"（亚塔那修斯：《反对阿里阿》，第2讲，前引书第1部，第320页）"正像一个属肉体的儿子从父亲那里得到肉、血和他的本质一样，圣父所生的圣子也永永远远地从父那里得到他的属神的本质和本性。"（路德，第9卷，第408页。也可以参看密朗赫顿的《神学原理研究》，威丁堡1595年版，第30页，和奥古斯丁的《书信》第170，§6，安特卫普1700年版。）从"上帝爱世人，甚至将他的独生子赐给他们"这句经文中显然可以看出，在《圣经》中，圣子也意味着实在的儿子。如果这一句经文所显示的上帝的爱是真理的话，那么，子就必定也是真理，用德国话来说，是物理真理。这里的重点在于，他为我们把他的儿子舍了——这里面仅仅证明了他的爱的伟大。所以，我们说，福音兄弟会的圣歌很正确地领会了圣经的意思；它在说到"我主耶稣基督的父，也即我们的父"时这样唱：

圣子诚可贵，父却为我舍；
十字架上流宝血，救我离恒火。

世界蒙你爱,你心深关切;

爱子是你宝,却舍水火间。

————

上帝是一个三元的、三人格的存在者;这就意味着:上帝不仅是一个形而上学的、抽象的、精神的存在者,而且也是一个物理存在者。三位一体之中心点是子,因为,父只是凭着子而成为父,生殖之秘密乃是物理学之秘密。子是感性或心之在上帝里面得到满足的需要,因为,一切内心的愿望,即使是对一位人格式的上帝的愿望和对属天的福乐的愿望,都是感性愿望。实实在在是感性愿望;因为,心在本质上是物质的,它仅仅在一个看得见和感觉得到的对象中得到满足。特别可以证明这一点的,就是子即使在属神的三位一体之中也具有属人的肉体,成为其本质的、恒具的属性。"安布罗兹:在《以弗所书》第1章中写道,按照肉体,万物都服从于他。克利索斯托姆斯:父命令,按照肉体,基督应当在一切天使的前面受到敬拜。提奥多理:虽然主的身体从死里复活,在属神的荣光中受到荣耀……但是,它还是一个身体,像以前一般模样。"(见《教典全书》的附录:《〈圣经〉及古代教父们对基督的证明》和伦巴底的彼得,第3卷,第10篇,第1、2章。关于这方面,也可参阅路德的第19卷,第464—468页。)与此相一致的,福音兄弟会唱道:"我要将信与爱,呈献于你,直到我与世长辞,目睹你肉身。"——"主耶稣基督,你回去安排妥当,准备好,幸福的重见。首领行此程,从者岂他途。"——"你肉并耳目,遭难为我们;一切将重见,我等信无疑。"因此,圣子正就是人心之爱子,是灵魂之新郎,是正式的、人格式的爱之对象。"你应当为你的新郎耶稣基督的爱而悲伤,直到你能够见到他。"(假伯尔拿的《论良善生活方法——致姊妹》,话篇第10;也可见《修身要则》)"毫无疑问,我们将用属形体的眼睛看到基督。"(布丢斯:《教条神学之基本教义》,第2卷,第3章,§10)

　　具有儿子的上帝(或者说,感性的上帝)跟没有儿子的上帝(或者说,无感性的上帝)之间的区别,只不过是神秘的人跟理性的人之间的区别。理性的人生活和思想;他通过生活来弥补思维之缺陷,并且通过思维来弥补生活之缺陷。理论上和实践上都是这样;在理论上,他出于理性本身而确信感性之实在性,在实践上,他把生活活动跟精神活动连接在一起。凡是我在生活中所具有的东西,我就不需要在精神里面把它设定,不需要在形而上学式的本质里面把它设定,不需要在上帝里面把它设定;爱、友谊、直观——一般地,世界——给予我思维所没有给予我、不能给予我,并且也不应当给予我的东西。但是,正因为如此,故而我在思维之中把内心的感性欲求除去,使理性不致因了欲望而减色。明智的做法就是按照生活和思维来将各种活动划分开来;我不需要上帝为我用一种神秘的、虚幻的物理学来弥补现实物理学之缺陷。当我在精神上积极活动时,我的心就得到了满足。所以,跟那粗野的、越过自己的界限、不正当地与闻理性事务的心相反,我冷静地、淡漠地、抽象地思想着,换句话说,我自由地思想着。因而,我思想,并不是为了满足我的心,而是为了满足我那没有为心所满足的理性;我只是为了理性之利益才思想的,只是出于纯粹的求知欲才思想的,我只是想从上帝那里享受到纯粹的、不混杂的知性而已。故而,理性头脑所认为的上帝，必然不同于那仅仅想在思维中、在理性中得到满足的心所认为的上帝。而信仰神秘的人，就耐不住那有所区分和有所限制的批判所产生的炼火，故而就正是想如此来满足自己的心；因为，他的头脑总是为利欲所迷。他总是达不到抽象的也即把利益置之度外的、自由的思维，但是，正因为这样，他也就总是不能够直观到事物的单纯的属自然性、真实性；所以，他是精神上的阴阳两性者，他直接地、无批判地把思维之男性的原则跟感性直观之女性的原则等量齐观，换句话说，他为自己设定一位上帝，在这位上帝之中，他在满足自己求知欲的同时，又满足了自己的性欲——这就是指对一位人格本质的追求。可见，谢林所谓"上帝之中的自然"这个怪物，其源端乃是神秘的阴阳两性主义之淫乱，乃是色淫之梦，乃是生殖因素向脑中的转移；因为，正像前面指出过的那样，这个自然只不过是那使知性之光黯然无辉的肉欲而已。

　　在论到三位一体时，还需要注意下面这一点。古代的神学家们说道，作为上帝的上帝，其本质属性已经由属自然的理性之光中得以显明。但是，理性之所以能够由自己来认识属神的本质，难道不正是因为属神的本质不外乎就是知性所自有的客观本质吗？但是，论到三位一体时他们却说道，只有从启示中来认识三位一体。为什么不是由理性呢？就因为它是跟理性相矛盾的，换句话说，因为它并不表现出什么理性需要，而是表现出一种感性的、属心情的需要。此外，一般说来，说某某东西起源于启示，乃只不过意味着说这样东西仅仅循着传统而传到我们这里。宗教之教条，产生于一定的时代、一定的需要、一定的关系和观念；因此，对于以后时代的人来说，因为这些关系、需要、观念都已经消失掉了，故而就成了某种不能够理解的、不可思议的、仅仅遗传下来的东西，这就是被启示出来的东西了。启示跟理性的对抗，仅仅归结为历史跟理性的对抗，仅仅归结为一定时代的人类不再能够做另一时代的人类能够做得很好的事；这就好比个体的人并不是在每一个时代都是一般无二的，而是只有当外面有特殊的要求，并且内心有特殊的激动时，才展开其能力。由此，天才作品，总只是在完全特殊的、仅此一遭的内外结合的条件下产生出来的；它们是仅此一遭的。"一切真的东西都是只此一次。"因而，人在若干年以后，也常常会感到自己的作品既陌生而又不可思议。现在，他不再明白当时他怎样产生出这样的作品，怎样能够产生出这样的作品，换句话说，现在他不再能够由自己来理解它了，当然更谈不上重新产生它了。而这也是不应当的。这样的重复也许是不必要的，并且，因为是不必要的，故而也是无谓的。我们再重复一遍："一切真的东西都是只此一次。"只有一次发生的东西，才是必然地发生的，而只有必然的东西，才是真的。必要，是任何真正的创造之秘密。只有在必要之处，自然才起作用，而只有在自然起作用之处，天才——无误的真理之精神——才起作用。所以，如果我们到了成年时因为对我们青年时代的作品的内容和源泉感到陌生和不可思议而想由一种来自天上的特殊的灵感来导出这些作品来，那就愚蠢到极点了；同样，如果因为以后的人不再恰到好处地理解以前时代的学说和观念而归给这些学说和观念以一个超越于人力的、超于人和外于人的、也即虚幻的、无中生有的起源，那也是愚蠢到极点了。

[X]

无中创有表现了世界之非属神性、无本质性,也即表现了世界之虚无性。世界由以被创造出来的那个无,乃是它所固有的无。

就是说,被创造出来的东西,曾经不存在,并且将要不存在,从而,它是能够不存在的,我们能够将它设想成为不存在着的。简单的说,它并不是自身含有自己存在的根据的,它并不是必然的。"因为事物是由无中被创造出来的,故而它们能够绝对地不存在,从而,如果再说它们是必然的,那就是自相矛盾了。"(邓斯·司各脱,见利克思纳的《哲学史》,第2卷,第78页)但是,只有必然的存在才是存在。如果我不是必然地存在着,不感到自己是必然的,那我就感到我自己存在与否是一样的,感到我的存在是无价值的、虚无的。我是无和我非必然地存在着,二者根本就是一回事。"创造出于纯粹上帝的旨意,以前是无、自在地就是无、来自无的,现在却因了上帝的旨意而存在着。"(阿里伯特:《论神秘神学》,第2部,第1篇,第4问,第5项,第2条)但是,把世界设定为非必然的,乃是为了要保证只有那外于世界和超于世界的本质、也即人之本质才成为唯一必然的、唯一实在的本质。将一个设定为虚无的、暂时的,就必然将另一个设定为本质的、存在着的、永恒的东西。创造证明上帝存在着,绝对真实地存在着。"一样东西,如果它是从不存在开始的,能够被设想成为不存在着的,非依靠别的东西不可的,如果它具有现在已不再存在着的过去了的存在和现在还没有存在的未来的存在,那它就并不具有本来的和绝对的存在。但是,上帝,你是自有永有的。只有你才本来地和绝对地存在着,因为,你没有过去了的和未来的存在,你只有现在的存在,你不能够被设想成为某个时候不存在着的。"(安瑟伦:《对语》,第22章)"神圣的上帝啊!你并不是由你自己造出天和地来,因为,不然的话,它们就跟你平等了。但是,在你以外,什么东西也没有可以供你来造出它们。由此,你是由无之中造出它们的。"(奥古斯丁:《忏悔录》,第12卷,第7章)"只有上帝才真正存在着,因为他是不变的;因为,一切改变都使存在成为不存在。但是,既然只有他才是不变的,那么,他所造出的一切,因为这是他由无之中、也即由并不存在的东西之中造出来的,故而就是可变的了。"(奥古斯丁:《论良善本性——反对马尼海乌斯》,第1、19章)"被造物绝对谈不上跟上帝平等,但是,设或它们并不具有存在与持续之始端,那它们就会在这一点上跟上帝平等了。"(阿里伯特,同前,副问1)世界之积极的、本质的东西,并不是那使世界得以成为世界的东西,并不是那使世界区别于上帝的东西——这个区别正就是它的有限性与虚无性——而倒不如说是那非它所是的东西,是上帝在它里面所是的东西。"一切被造物都是无……不具有本质,从而,它们的本质乃依赖于上帝的同在。上帝稍一离开,它们就要化为乌有。"(《陶勒及其以前时代诸说教师说教集》,第29页。也可见奥古斯丁,例如《忏悔录》,第7卷,第11章)从宗教观点来看,这是完全正确的;因为,上帝是世界之本质,但这个本质却被表象成为一个跟世界区别开来的、人格本质。——世界凭着上帝的旨意而得以存在下去。世界是暂时的,而人是永恒的。"当上帝愿意的时候,万物都靠他而得以存在下去。但是,终端却依赖于他的意志。"(安布罗兹:《海克萨埃麦隆》,第1卷,第5章)"由上帝创造出来的灵,从来没有停止过生存。但是,天体却只有在上帝意欲它们存在下去时才得以存在下去。"(布丢斯,前书,第2卷,第2章,§47)"亲爱的上帝不是仅仅创造而已,并且,他还确保他创造出来的东西,直到他不再希望它们存在下去为止。因此,将要有这样一个时候来到,到那时,将不再有日月星辰。"(路德,第9卷,第418页)"世界末日要比我们意料得到的来得早。"(路德,第11卷,第536页)由于认为世界是由无之中被创造出来的,故而人确信世界跟人相比显得是无和毫无所能。"我们有一位比整个世界还要伟大的主,我们有一位大有能力的主,他只要说一声,万物就得产生……既然他如此恩待我们,那我们还要怕些什么呢?"(路德,第6卷,第293页)因此,对无中创有的信仰,是跟对人的永生、战胜死——死是人的最后的自然限制——的信仰一致的,是跟对死人复活的信仰一致的。"在六千年以前,整个世界都是无;那么,是谁造出世界来的呢?……这同一位上帝和创造者,也能够把你从死里面唤醒;他要这样做,并且能这样做。"(路德,第11卷,第426页,又第421页等)"我们基督徒大于和胜于一切被造物,这不是靠我们,而是靠上帝在基督里的恩赐。跟基督相比,世界是无和毫无所能。"(同上,第11卷,第377页)

[XI]

创造仅只具有一个利己主义的目的和意义。"创世之目的,仅仅是为了以色列。世界是为了以色列人而被造出来的,并且,如果说以色列人是果实的话,那么,其余的民族就只是果壳而已。""倘若没有以色列人,那么,就没有雨水降到世上来,太阳也不再升起,因为这都是为他们准备的,就像经上(《耶利米书》,第 33 章第 25 节)所说的那样。""他(上帝)是我们的亲属,我们也是他的亲属……谁打以色列人一下耳光,谁就等于打了威严的上帝一下耳光。"(艾森门格尔(J. A. Eisenmenger,1654—1704):《被发现了的犹太教》,第 1 部,第 14 章)基督徒由此而责备犹太教徒太自傲;但是,这却只是因为他们认为上帝的王国已经从他们那里转到基督徒这里来了。是故,在基督徒那里,我们可以找到跟在以色列人那里完全一样的思想。"应当知道,上帝何等关心于你,甚至把你的仇敌看作他自己的仇敌。"(路德,第 6 卷,第 99 页)。"谁骂我,谁就是骂上帝。"(第 11 卷,第 538 页)"上帝在我们里面受难,被轻视和被迫害。"(第 4 卷,第 577 页)"上帝是为了基督徒的缘故才宽恕整个世界的……父叫日头照歹人也照好人,降雨给义人也给不义的人。① 然而,行这一切事,却都是为了虔诚者和感恩者"(第 16 卷,第 506 页)。"整个自然是为了有利于虔诚者,是为了他们的缘故才被创造出来的"(《密朗赫顿书信选集》,波凯尔编,威丁堡 1565 年版,第 558 页)。"基督教教会被创造于一切事物之先,世界是为了它的缘故才被创造出来的"(《牧师海尔马斯》)。"万物为了人,人为了基督,基督为了上帝。上帝造世界是为了被拣选者;在创造时,上帝唯一的目的就是要建立起教会,除此以外再也没有别的目的。"(马勒伯朗士语,见于摩沙姆编的科德华士的

---

① 见《马太福音》,第 5 章第 45 节。——译者

《知性体系》,第5编,第5章,§4)故而,基督徒们相信,他们按照属神的权利应当成为全地球或全世界的占有者,而无神论者及不信者则是他们国土之不合法的占有者。其实,在回教徒那里也有这种想法。他们也说道:"世界连同出现于地球表面的一切东西,都是我们的。"(厄士纳:《回教之后果》,巴黎1810年版,第52页)这样,人使上帝成为创世者,为的是使自己成为世界之目的、世界之主宰。由这一个例子再一次证明,上帝意识不外就是人的自我意识,上帝所是的就是人所是的,只是,前者是抽象地是,是在思想中是,而后者却是具体地是,是在实际中是。

[XII]

天意是人对自己跟动物——一般地,跟自然——的区别的宗教意识。

"'难道上帝所挂念的是牛吗?'(保罗:《哥林多前书》,第9章第9节)不!他挂念的是我们,而不是那些为了我们的利益而被创造出来的牛、马、驴。"(维微斯:《论基督教信仰之真理性》,巴塞尔1544年版,第108页)"神意在一切别的被造物之中都把人看作是其目的。《马太福音》第10章第31节:你们比许多麻雀还贵重。《罗马书》第8章第20节:受造之物服在虚空之下,乃是为了人的罪。"(黑姆尼兹:《神学研究》,1608年出版,第1部,第312页)"难道上帝所挂念的是牛吗?对于其余非理性的存在者,也然如此。然而,经上(《智慧书》第6章)却又说他挂念一切东西。可见,他普遍地看顾和关心一切被造物,但是,他唯独特别看顾和关心理性存在者。"(伦巴底的彼得,第 1 卷,第 39 篇,第 3 章)在这里,我们又有了一个例子来说明基督教的诡辩是基督教信仰的产物,特别是对作为上帝的言语的圣经的信仰的产物。一方面,上帝并不关心牛;另一方面,上帝关心一切,从而也关心牛。这是自相矛盾;但是,上帝的言语是不可以自相矛盾的。那么,信仰怎样来脱离这个矛盾呢?办法是在主词之肯定与否定之间插入一个宾词,而这个宾词本身既是肯定同时又是否定,换句话说,这个宾词本身是一个矛盾,是一个神学式的幻想,是诡辩,是谎言。在这里,宾词就是:普遍。普遍的天意是虚幻的天意,实质上不是天意。只有特种的天意才是天意——宗教意义上的天意。喀尔文说得对:"属肉体的意识仅仅停留在普遍的天意那里,它相信,是那在创世之初由上帝培植于事物之中的力在维持着这些事物。但是,宗教意识、信仰却悟解更深,认识到上帝对一切他所创造的东西不只给予普遍的天意而已,而且还有特种的天意,甚至关心最小的麻雀;宗教意识、信仰认识到,无论刮风下雨,都是上帝的旨意。"(《基督教之基本教义》,第 1 卷,第 16 章,第 1、5、7 节)①

普遍的天意——这种天意,对非理性存在者与理性存在者一视同仁,并不把人跟田野上的百合花及空中的飞鸟区别开来——乃不外就是那被给予那被人格化了的、被赋予理智的自然的天意。这种天意,即使没有宗教也可以得到。宗教意识也

---

① 第 16 章以及第 17 章——当然,像喀尔文所写的一切一样——是极其值得一读的、重要的文章,它阐明了神学家们的可厌的、虚伪的利己主义和反开化主义。——著者

承认这一点；它说道，谁否认天意，谁就是放弃宗教，就是把人跟动物等量齐观。这意思就是说，动物也有人的那种天意，实质上不是什么天意。天意之对象是如何性质，则天意也就是如何性质；因而，那以植物和动物为对象的天意，本身就是植物式的或动物式的。天意不外就是某个事物之内在本性——这内在本性，是这个事物的护神、护符——，是它得以存在着的必然性。一个存在者越是高贵，就越是有理由存在，就越是必然，越是少有风波。但是，每一个存在者乃是凭着其借以跟别的存在者区别开来的东西而成为必然的存在者——区别是存在之根据。这样，人仅仅凭着他那借以跟动物区别开来的东西而成为必然的；因而，天意不外乎就是人对自己生存的必然性的意识，是人对自己的本质跟别的自然存在者的区别的意识，从而，只有那使人直觉到他的这种区别的天意，才是天意。但是，这样的天意是特种的，换句话说，是爱之天意，因为，只有爱才对某一存在者的特种的东西感兴趣。没有爱的天意，是一种没有基础、没有实在性的天意。天意之真理，真正的天意，乃是爱。上帝爱的是人，而不是动物、植物；因为，仅仅为了人的缘故，他才行出异常的行为、爱之行为——奇迹——来。没有共通之处，就没有爱。但是，动物——一般地，除了人以外的自然存在者——跟上帝有什么连带关系呢？在它们里面，上帝认不出自己；因为，它们不认识上帝；我怎么能够爱那我并不于中找得到我自己的东西呢？"发出应许的上帝并不是跟驴或牛说话，就像保罗所说的：难道他挂念的是牛吗？他乃是跟有理性的被造物说话，后者是按照他自己的形状被创造出来的，为的是让他们跟他一起活到永永远远。"（路德,第2卷,第156页)①只有在人里面,上帝才适得共所;只有在人里面才开始了宗教、天意;因为,宗教、天意并不跟人区别开来,我们倒不如说宗教本身便是人之天意。谁丧失了宗教,换句话说,谁丧失了对自己的信仰,丧失了对人的信仰,丧失了对人的本质的无限意义的信仰、对人的生存的必然性的信仰,那谁就丧失了天意。只有那离弃自己的人,才被离弃;只有那感到绝望的人,才被遗弃;只有那没有信仰、也即没有勇气的人,才没有上帝。那么,宗教将天意之真正的证明放到什么里面去呢?是放到那些在宗教之外、在天文学、物理学、博物学中成为我们的对象的自然现象里面去吗?不!乃是放到那仅只是宗教之对象、信仰之对象的现象中去,这些现象,只不过表现出宗教对自己、也即对人之真理性和实在性的信仰而已。换句话说,是放到上帝仅仅为了人的得救而安排的宗教事件、手段和典例里面去,一句话,是放到奇迹里面去;因为,教会式的恩典手段——圣礼——也属于天意之奇迹这一等级。"虽然对整个自然的观察使我们想起上帝,然而,我们首先还是应

---

① 迈莫尼德说道(见于格劳修斯的《哲学家论运命》,阿姆斯特丹1648年版,第311—325页):"我相信,在月亮下面的各种存在者里面,神意所挂念的乃单单是人类的各个个体。如果有人认为神意对动物和人一般无二地关心,那就是一种有害的看法了。先知哈巴谷说道(《哈巴谷书》,第1章第14节):'你为何使人如海中的鱼,又如没有管辖的爬物呢?'这一句话清楚地说明,各类动物的个体并不是神意之对象(extra curam Dei posita)。天意依赖于理智,并且,针对着理智。对一个存在者来说,有多少理智,就有多少神意。所以,即使对人来说,天意也不是一般无二的,而是随着人的精神的不同而不同。无论对哪一个人来说,天意都是指向他的精神特性与道德特性的。越有精神,就越有天意。"这就意味着:天意只不过表明了人之价值,它正不外乎就是他的性质、他的本性;因而,就事论事,不管有没有天意,都是一样的;因为,人是怎样,天意就是怎样。天意是一个宗教观念——时常成了仅仅的辞令而已——,它像所有的宗教观念一样,一旦原形毕露,则就只不过是自然或人之本质而已。——著者

当把我们的思想和观察对向一切上帝于中向教会启示自己的证据,例如,引导以色列人出埃及,西奈山上的晓谕,①基督的唤醒死人,基督的复活。因此,人的心灵应当经常地反复思考这些证据,以此加强自己对创世的信心,只有这样,然后再来察看上帝的留在自然上面的踪迹。"(密朗赫顿:创造之研究》,第62页,威丁堡1595年出版)"让别人对创造感到惊奇吧;我却更对救赎感到惊奇。我们的肉和骨骼之为上帝所造成,确实是奇妙的;但是,更为奇妙的是,上帝愿意成为我们肉中之肉,骨中之骨。"(革哈德:《圣思录》,第15思)"异教徒至多只不过认识到上帝是一个创造者。"(路德,第2卷,第327页)既然对宗教信仰来说一切事物和存在者都是为了人的缘故而被造的,那么,这就最为明显地表明,天意仅仅以人为其本质重要的目的和对象。"我们不仅是飞鸟的主人,而且也是一切活物的主人,万物都为我们效劳,并且,仅仅为了我们的缘故才被创造出来。"(路德,第9卷,第281页)但是,既然事物是为了人的缘故才被创造出来的,那么,它们也就只是为了人的缘故才继续存在下去。并且,既然事物只不过是供人使用的手段而已,那么,它们就不受到法律保护,它们在人面前一无权利。奇迹就显示出事物的这种一无权利。

[XIII]

对天意的否定,就是对上帝的否定。"谁抛弃天意,谁就是抛弃上帝的整个本质,真正说来,就表明他不信有上帝存在……如果

---

① 《出埃及记》,第19章。——译者

上帝并不关心人间的事情，不管是故意的还是无意的，那么，宗教就没有原因再存在，因为，毫无得救可希望。"（特里台米：《论神意》）"如果有一位上帝存在，那他就是给人以神意的上帝了，因为，只有当他通晓过去、知道现在和预知未来时，他才具有神性。"①"如果他（伊壁鸠鲁）抛弃天意，那他也就否认有上帝存在。但是，如果他承认上帝的存在，那他同时也就承认了天意。没有了一个，另一个就不能存在，不可设想。"（拉克丹修语，见彼大维乌斯的《教条神学》，第1部，第8卷，第1章，§4）"亚里士多德虽然并不公然称上帝为愚人，但他却还是几乎认为上帝对于我们的事一无所知，对于我们的企望一些也不认识、不理解、不看到，除了他自己以外，什么也不管……但是，这样的上帝或主又跟我们有何关呢？他对我们有什么用呢？"（路德，见伐尔赫的《哲学辞典》中《天意》条）所以，天意最不矛盾地、最显著地证明了，在宗教之中，在上帝的本质之中，说来说去还是离不开人，神学的秘密是人本学，无限存在者之内容乃是"有限"存在者。上帝看到了人，这意思就是说，人在上帝里面只看到自己本身；上帝关心人，这意思就是说，人对自己的关心，乃是他的最高本质。上帝的实在性，被认为是依赖于上帝的活动的：一位不积极活动的上帝，就不是实在的上帝。但是，没有对象，就没有活动；只有对象，才使活动由仅仅的能为变成实在的活动。这个对象就是人。如果没有了人，那上帝也就没有原因活动了。可见，人是上帝的运动原则，是上帝的灵魂。一位不看到和

---

① 由此也可见，上帝的内容、本质乃是世界，但却是作为那把过去的东西、现在的东西和未来的东西联结在一起的属人的思维力与想象力的对象。——著者

不听到人的上帝,一位不包含有人在自身之中的上帝,乃是一位又瞎又聋、也即碌碌无为的、空虚的、有名无实的上帝。这样,属神的本质道道地地的就是属人的本质,上帝的神性,就是人性。我为我——这是伊壁鸠鲁主义、斯多葛主义、泛神论之秘密,它并不能给人以安慰;上帝为我——这是宗教之秘密、基督教之秘密,它给人以大大的安慰。究竟是人为了上帝而存在呢?还是上帝为了人而存在呢?在宗教里,当然是人为了上帝而存在,但是,这却只是因为上帝是为了人而存在的。我为上帝,因为上帝为我。

天意是跟奇迹之威力等同的,是超自然主义地摆脱自然,是专擅对规律的统治。

"谁把天意加以局限,使它似乎听任一切东西都按照永恒的自然规律而自由自在,那谁就是一方面从上帝那里夺去其荣誉;另一方面又从人那里夺去其安静。因为,倘若人竟然受天、空、地、水的运动的摆布,倘若一切跟人的幸福相违背的东西并不依赖于上帝的自由意志,也即倘若他不能随心所欲地运用和利用被造之物,那么,就再也没有比人更可怜的了。"(喀尔文,同前,第1卷,第16章,第3、7节)"神意一会儿利用手段(即自然原因),一会儿又不用手段,一会儿又反对一切手段。"(同上,第17章,第1节)"虽然上帝维持着自然,但是,他还是违反自然秩序地让太阳往回走以及行出诸如此类的事。可见,他并不是像斯多葛派所胡说的那样一举一动都是受自然原因束缚的,正相反,他最最独断地支配着自然。第一原因没有自然原因、违反自然原因地行了许多事,因为这第一原因乃是自由地活动着的存在者。"(密朗赫顿:《罪恶原因研究》,第82、83页)"《圣经》教导我们,在天意之活动之中,上帝是一个自由的存在者,虽然他时常观察他的事业的秩序,但却并不受这种秩序束缚,而是:(1)上帝通过自然原因(第二原因)所做的事,他也能够没有这些自然原因而单凭自己来做到;(2)上帝也能够由自然原因之中产生出另一种不同于由其性质所注定的结果来;(3)当自然原因处于活动之中时,上帝还是能够阻碍、改变、减缓、加剧其结果。可见,在神意之行为方式之中,并不具备有原因之斯多葛式的连锁作用。"(黑姆尼兹,同前,第316、317页)"上帝以无限的自由支配着自然。我们必须把这个荣誉绝对地归给上帝:他能够并且愿意帮助我们,即使当我们被整个自然所舍弃时,他也会跟一切自然原因的次序相矛盾地来帮助我们。"(波凯尔:《圣子诞生之原则》,再尔勃斯特1591年版,第44页)"这该怎么说呢? 空气供给食物和营养物,①由磐石中流出水来;②这是奇妙的恩赐。地里长出谷物来,这同样也是奇妙非常的。谁有此奇术、有此权力呢? 上帝有。上帝能够做出这种非自然的事来,为的是叫我们由此想象得到,他是怎样的一位上帝,他有着怎样的权力,为的是叫我们不要对他感到失望或绝望,而要叫我们坚定不移地信仰他和信赖他,相信他也能够把口袋中的皮革变成黄金,把地上的灰尘变成谷物,把空气变成满放着酒的酒窖。人们应该相信他有如此大的威力,我们可以知道我们有这样一位有此奇术的上帝,下雨降雪,尽都听他使唤。"(路德,第3卷,第594页)

天意之全能,乃是那摆脱了一切规定与自然规律的属人的心

---

① 《出埃及记》,第16章第11—14节。——译者
② 《出埃及记》,第17章第6节。——译者

情之全能。就是这种全能，使祈祷得以实现。祈祷是全能的。

"出于信心的祈祷，将有助于病人……义人祈祷所发的力量，是大有功效的。以利亚和我们是一样的人，他恳切祷告，求不要下雨，雨就三年零六个月不下在地上。他又祷告，天就降下雨来，地也生出土产。"（《雅各书》，第5章第15—18节）"你们若有信心，不疑惑，不但能行无花果树上所行的事，就是对这座山说，你挪开此地，投在海里，也必成就。你们祷告，无论求什么，只要信，就必得着。"（《马太福音》，第21章第21—22节）但是，从这一章中所记述的无花果树枯干一例中可以看出，祈祷或信仰之力量所克服的山，并不能像有些释经家——这些释经家仅仅把这一处经文解释为犹太人的谚语式的、夸张的说法——那样仅仅把它一般地理解为困难物（res difficillimae），而是应当把它理解为按照自然和理性来说不可能的事物。在这里，毫不含糊地表明了祈祷、信仰之全能，在这种全能面前，自然之威力化为乌有。"自然原因之结果因祈祷而改变。犹太王希西家便是如此。按照自然原因的进程，他应当死去，上帝所差遣的先知说道：'你必死不能活了'，①但是，这个自然进程，却由于王的祷告而被改变了。"（维微斯，同前，第132页）"自然屈服于摩西、以利亚、以利沙、以赛亚等虔诚者的祷告，正像基督所说的（《马太福音》，第21章）：'你们无论求什么，只要信，就必得着。'"（密朗赫顿：《创造之研究》）凯尔苏斯要求基督徒不要拒绝为皇帝服兵役。欧利琴回答道，基督徒通过其祈祷来打倒魔鬼——和平之破坏者和战争之挑起者——，从而，比那些用武器来

---

① 见《以赛亚书》，第38章第1节。——译者

为国作战的兵士们更有利于皇帝。(《反对凯尔苏斯》,第8卷)"在英国,因为教会的祷告比武器更为有效,故而使忏悔王爱德华(Edward the Confessor)终于应允让僧侣阶层免税。"(艾赫霍恩:《新欧洲文化文艺通史》,1796年出版,第1卷,第397页)属人的必要,是上帝的旨意之必然性。在祷告中,人是能动的东西、规定的东西,而上帝则是受动的东西、被规定的东西。"上帝实行敬畏他的人的意志,并且,他还使他的意志以我们的意志为转移。……我们知道,在这里,①经文说得很明白,罗得在这个区域内只应当往山上逃跑。但是,因为罗得敬畏上帝,上帝就改变了他的这个旨意。""在《圣经》中有许多例子证明,上帝并不是一成不变的,他使他的意志服从于我们的意志。""太阳东升而西落,这是上帝所安排的;但是,因为约书亚为情势所迫而向上帝呼吁,命令太阳停止,太阳就因了约书亚的话而停住。天文学家要问,这是多么伟大的奇迹呢。"(路德,第2卷,第226页)"主啊,这里和那里,我的肉体和灵魂都迫不待缓,切望你的帮助和安慰。同样,我必须要有帮助和安慰,我求你这个,你将要给我。""谁这样恳求,不怕羞地坚持下去,那谁就是做得对,上帝我们的主喜欢这个,因为,他并不像我们人那样拒人于千里之外。"(路德,第16卷,第150页)

[XIV]

信仰是心情在自身之中的自由与福乐。那在这个自由里面确

---

① 《创世记》,第19章。——译者

证自己、对象化自己的心情，心情对自然的反作用，就是幻想之专擅了。因此，信仰之对象必然跟自然、跟理性——就其代表事物之本性而言——相矛盾。

"还有什么比不愿意相信那不能用理性来理解的东西更违背信仰呢？神甫格列高里说道，对上帝的信仰，如果是依靠人的理性来提供证明的，那就并没有什么功劳可言了。"(伯尔拿：《致英诺森二世》)"童贞女产子，这既不为理性所解明，又不为经验所证明。倘若这是为理性所解明的，那就没有什么奇妙了。"(《托勒丹第十一次宗教会议》第 4 条，见卡兰萨：《宗教会议大全》)"既然跟通常的自然进程相违背地海水会让路，约旦河水会倒流，①那么，跟通常的自然生养方式相违背的马利亚童贞产子，为什么就不能相信了呢？既然我们从《圣经》上念到过磐石里流出水来，海浪像山一般坚立，②那么，为什么就不能相信童贞女产子了呢？"(安布罗兹：《书信集》，第 10 卷，书信第 81)"弟兄们，关于这个圣礼所说的一切，都是奇妙的。这必须要信，完全与理性不相干。"(伯尔拿：《论圣餐》)"既然基督本身是跟自然秩序相违背地由童贞女生出来的，那么，在这里，你为什么在基督的身体里要求自然之秩序呢？"(伦巴底的彼得，第 4 卷，第 10 篇，第 2 章)"信仰超于理性的东西，就必使信仰大大得荣耀，因为，在这里，人否认了他的理智和他的一切感官。"(同上，第 12 篇，第 5 章)"我们的一切信条，在理性看来，都似乎是可笑到极点的……我们基督徒，在世界看来，是大大的傻

---

① 见《诗篇》，第 114 篇，第 3 节。——译者
② 分别见《出埃及记》，第 17 章第 6 节和第 14 章第 22 节。——译者

瓜：我们相信，马利亚是这个孩子的真正的母亲，而同时却又是纯粹的童贞女。因为，这样的事不单违背一切理性，而且也违背上帝的创造；上帝曾对亚当和夏娃说：你们必须生男养女，繁殖众多。""因此，我们不应当探求一件事到底是否可能；我们应当说：上帝这样吩咐；即使看来是不可能的，也将发生。因为，虽然我们不能够看到、领会到，但我们的主却能够，他能够使不可能的事成为可能的事，使虚无成为一切。"（路德，第 16 卷，第 570、148、149 页）"还有什么比同一位人格既是上帝又是人更奇妙吗？还有什么比他既是上帝的儿子，又是马利亚的儿子，二者合而为一更奇妙吗？无论哪个时候，又有谁能够理解上帝是人，理解一个被造物是造物主，造物主是一个被造物呢？"（路德，第 7 卷，第 128 页）所以，信仰之本质重要的对象，乃是奇迹；但是，并不是指普通的感性奇迹——这种奇迹，连那些只有好奇心而没有信仰的人也看得到——，一般地，并不是指奇迹之现象，而是指奇迹之本质，并不是指事实，而是指奇迹力，是指那行出奇迹、在奇迹中证实自己和启示自己的存在者。对信仰来说，这个奇迹无时无刻不在；即使新教也相信奇迹力不间断地继续下去，只是，新教否认奇迹力有必要在现在还为了教条式的目的而表现于特殊的感性征象之中。"有些人说，只有在基督教开始建立时才有圣灵的启示显现出来，①现在已不再有征象了。这是不对的；因为，现在还是有着这样的力，虽然没有用出来，但还是有的。因为，我们还是具有行出这种征象来的威力。""但是，因为现在福音已经传开来，全世界都知道了，因而就没有必

---

① 《使徒行传》，第 2 章第 1—4 节。——译者

要像使徒时代那样行出征象来。但是,只要有必要,只要一旦福音遭到威胁和侵犯,那我们就必将重新行出征象来。"(路德,第13卷,第642、648页)对信仰来说,奇迹如此地重要、如此地自然,以致对它来说一些属自然的现象也成了奇迹,也即成了并非物理意义上的,而是神学意义上的、超自然意义上的奇迹。"上帝一开始就说过:地要发出青草和结种子的果蔬。① 造物主所说的这句话,使干瘦的枝条上长出樱桃来,由小核长出樱树。——上帝的全能使小鸡和小鹅由蛋里面孵出来。——其实,上帝每天都对我们讲说死人复活的事,有多少被造物,他就给我们提供多少这一方面的例子和经验。"(第10卷,第432页,也可见第3卷,第586、592页。再可参看奥古斯丁,例如,《诗篇第九十篇说明》,话篇第2,第6章)所以,如果说信仰并不要求和需要什么特别的奇迹,那么,这只是由于根本上说来它把一切都看作是奇迹,把一切都看作是属神的奇迹力之作用。宗教信仰并没有什么自然观。我们认为存在着的那个自然,对宗教信仰来说,并不存在着。对它来说,只有上帝的意志才是事物的根据、纽带、必然性:"上帝……当然像以前造出亚当和夏娃一样地能够凭着自己,而不是凭着父母来造出我们,他当然能够不用君王而统治着,他当然能够不用太阳和星星而给我们以光,不用锄犁、耕种等劳动而给我们以面包。但是,他不想这样做。"(路德,第16卷,第614页)当然,"上帝也使用一定的手段,他行奇迹时,也利用自然和手段。"因而,我们也——当然是由于十分自然的理由——"不可抛弃自然之手段和工具"。"例如,我们也可

---

① 《创世记》,第1章第11节。——译者

以使用医药,甚至也应当使用医药,因为,这是被造出来维持健康的手段。"(路德,第 1 卷,第 508 页)但是,主要问题在于,我之为了求得痊愈而使用某种自然手段,这并不是必然的;我也可以直接被上帝所拯救。平时上帝借自然而行的事,他也能够不用自然、违背自然而行出这同样的事来,并且,只要他愿意,那他也就实实在在会在非常的场合下这样来行事。在同一地方,路德又说道:"上帝当然也很容易地能够让挪亚①和各种动物没有食物而活上一年,就像他使摩西、以利亚和基督四十天不食而仍旧活着一样。"不管他是经常行这事还是难得行这事,都是一样的;即使只行过一次,也就够了;发生过一次,就能够发生无数次。单单一次奇迹,就具有普遍的意义,具有范例之意。"这一件事,像过红海一样,也是一个比喻、范例,为的是使我们知道也可能会有同样的事在我们这里发生。"(路德,第 3 卷,第 596 页)"这些奇迹写下来乃是为了我们这些被拣选者。"(路德,第 9 卷,第 142 页)上帝在没有行奇迹时所利用的自然手段,就不再有他在行奇迹时所应用的自然手段所具有的那种意义。既然只要上帝愿意,动物有没有食物都同样能够活下去,那么,由此可见,食物自在地并不是为维持生命所必需,是无关紧要的,是无所谓的,是随意的,就好像基督用来医治瞎子的唾沫和泥沫②一样,就好像摩西用来把海水分开来的杖③一样,因为"上帝也能够不用杖而同样把海水分开来"。"信仰强于天地

---

① 《创世记》,第 8 章。——译者
② 《约翰福音》,第 9 章第 6 节。——译者
③ 《出埃及记》,第 14 章第 21 节。——译者

和一切被造物。"信仰把水变成石头,把火变成水,并且能够又把水变成火。"(路德,第 3 卷,第 564、565 页)这就意味着,对信仰来说,并不存在有什么限制、规律、必然性、自然,唯独存在有上帝的意志;跟上帝的意志相比较,一切力量和事物都是无。所以,如果信者在困苦烦恼之时也去求助于自然手段,那就只是说明他附和他自己的属自然的理性而已。那为信仰所固有的、不跟信仰相矛盾的、不是从外面强加进去的——不管这种强加是故意的还是无意的,是自愿的还是非自愿的——抵抗一切灾难祸患的治疗手段,唯独就是祈祷而已;因为,"祈祷是全能的"。(路德,第 9 卷,第 27 页)这样,自然手段还算得什么呢?并且,即使应用了这样的自然手段,其作用也并不是它本身所自有的,而是上帝的超自然的意志的作用,或者,说得更确切一些,是信仰力、祈祷力之作用;因为,祈祷、信仰规定了上帝的意志。"你的信救了你。"①信仰就是这样来看待自然手段的。在实践中,信仰承认自然手段,而在理论中,它又否认自然手段,它使自然手段的作用成为上帝的作用,成为一种没有这个手段同样也能产生出来的作用。因此,自然作用不外就是一个迂回的、掩饰过的、隐蔽的奇迹;这奇迹,并不具有奇迹之外观,并且,正因为这样,故而属自然的眼睛认不出它是奇迹,只有信仰之眼睛,才认出它是奇迹。在上帝的直接作用与间接作用之间,在上帝的奇迹作用与自然作用之间,并没有什么实际的区别,只有语句上的区别。如果信仰利用自然手段,那它说的是一套,想的又是另外一套;如果它利用奇迹,那它所说的跟所想的就取得一致

---

① 《马太福音》,第 9 章第 22 节。——译者

了。然而,在这两种场合下,它所想的都是一样的。在上帝的间接作用中信仰乃是自己跟自己分裂开来,因为,在这里,感官否定了信仰所肯定的;反之,在奇迹中,它就自己合一,因为,在那里,现象跟本质,感觉跟信仰,都取得了一致,言语跟实际也取得了一致。奇迹是信仰之术语。

[XV]

基督的复活,是那作为无可置疑的感性事实的人格式的不死,也即属肉体的不死。

"基督已经复活,这是一件已成的事实。——他自己向他的门徒和信徒显现,让他们摸到他的身体①……信仰不仅在人的心里面得到确证,而且还在人的眼睛里面得到确证。"(奥古斯丁:《通俗话篇》,话篇第 242,第 1 章;话篇第 361,第 8 章。关于这一方面,也可参阅密朗赫顿的《神学研究》中的《论死里复活》)"愿望成为最优秀者的哲学家们认为,灵魂在人死后从肉体里被拯救出来,并且,是像从牢狱中被释放出来那样地被从肉体里拯救出来,它与神灵们会聚一起,摆脱了一切属肉体的负担。哲学家们对这样的不死梦寐以求,虽然他们不能对这种不死坚信不疑,更不能保卫这种不死。但是,关于复活和永生,《圣经》却与此不同地教导我们,使我们坚定地怀着这个希望,使我们不能够对此有所怀疑。"(路德,第 1 卷,第 459 页)

---

① 参见《约翰福音》,第 20 章第 27 节。——译者

[XVI]

基督教使人成为外于世界的、超于自然的存在者。

"我们在这里本没有常存的城,乃是寻求那将来的城。"(《希伯来书》,第13章,第14节)"我们晓得我们住在身内,便与主相离。"(保罗:《哥林多后书》,第5章第6节)"既然我们在肉体——虽然这原本是我们自己的肉体——里面是个陌生人,那么,我们在这个肉体里的生活,就不外乎是一种客旅式的生活,而我们为了肉体的缘故所具有的财物——例如田地、房屋、金钱等等——,则不外乎是身外之物,是旅途之中暂时占有的。"——"因此,我们必须像个陌生人一样地生活在今生之中,直到我们到达真正的父国,获得更美好的、永恒的生活。"(路德,第2卷,第240、370页)"我们是天上的国民(或者不如说我们有权利成为天上的国民),并且等候救主,就是主耶稣基督,从天上降临。他要按着那能叫万有归服自己的大能,将我们这卑贱的身体改变形状,和他自己荣耀的身体相似。"(《腓立比书》,第3章第20、21节)"既不能说世界产生出人,也不能说人是世界的一部分。"(拉克丹修:《神诲录》,第2卷,第6章)"天国属于世界,但人却超于世界。"(安布罗兹:《书信集》,第6卷,书信第38)"哦,人啊,你应当知道你的高贵,知道人性之尊荣。虽然你有形体——在这一点上跟世界通同——,但是,你还是有某种高尚的东西,使你绝对不可跟其余的被造物相比较。"(伯尔拿:《驳文集》,巴塞尔1552年版,第79页)"基督徒高于整个世界;他并不停留在穹苍,而且,在灵里面,他又飞越超乎天的空间,似乎被神圣的灵感移至世界之外,如此地把自己的祈祷呈献给上帝。"(欧利琴:《反对凯尔苏斯》,第370页)"兄弟,既然你比上帝的世界还要伟大,那你在人的世界里还做些什么呢?"(希罗尼摩斯:《致修士海廖多尔——论可贵的独身生活》)"这整个的世界,其价值还不及一个灵魂,因为,上帝并不为了整个的世界而牺牲自己,但却为了属人的灵魂而牺牲自己。可见,灵魂的价值更高,因为,灵魂只有通过基督的血才能被救赎。"(假伯尔拿的《虔诚的沉思》,第2章)"奥古斯丁说道:为罪人辩护比创造天地更为伟大,因为,天地都将消逝,而拯救和辩护前定者,却将永远继续。奥古斯丁说得对。虽然全体的善较比单一者的特种的善更为伟大——如果二者是同类的话——,然而,个人的恩典之善,却大于整个世界之自然的善。"(托马斯·阿奎那:《神学大全》,第2部,上卷,第113问,第9项)"失去整个世界,比失去上帝要好得不知多少倍。上帝创造了世界,并且能够创造出无数的世界,他比千百万个世界还要好。因为,暂时的东西怎能跟永恒的东西相比呢?……一个灵魂就比整个世界还要好。"(路德,第19卷,第21页)

[XVII]

独身与修道——当然,只是在其原始的、宗教的意义与形态之中——是基督教之超自然主义的、超现世的本质之感性表现、必然结果。当然,它们也是跟基督教相矛盾的——其理由,本书中已经含蓄地说明了——;但是,这却只是因为基督教本身就是一个矛盾。它们跟通俗的、实践的基督教相矛盾,但却并不跟奥秘的、理论的基督教相矛盾；它们跟仅仅关系到人的基督教式的爱相矛盾，但却并不跟基督教式的信仰相矛盾，并不跟另一种基督教式的爱相矛盾，这种爱，只是为了上帝的缘故才爱人，把上帝当作外于世界的、超于自然的存在者来看待。当然，在《圣经》里面，我们从来没有念到过关于独身和修道的事。这是十分自然的。在基督教之开始时，事情只在于承认耶稣是基督、是弥赛亚，①只在于叫异教徒和犹太教徒归顺基督。并且，人们越是以为末日审判和世界没落将近，这种归顺就越是显得迫不及待，成了紧急问题。一般说来，没有时间和机会去想到修道净身。因此，在当时，占优势地位的是一种较比以后时代更为实践和更为宽容的意念，因为，到了以后的时代里，基督教获得了世界范围内的统治地位，从而，对使人归顺的热望也就消失掉了（关于这一方面，见卡兰萨的《宗教会议大全》，第256页）。一旦基督教在世界范围内得到实现，那就也必然形成了基督教之超自然主义的、超尘世的趋势，想要在现世就与世隔绝。并且，这种要想跟生活、肉体、世界隔绝开来的想法，这种先是超宇宙、以后又是反宇宙的趋势，是完全跟《圣经》的精神实质相符合的。除了已经援引过的以及家喻户晓的一些经文以外，还可以举出下面一些经文来例证之。"在这世上恨恶自己生命的，就要保守生命到永生。"（《约翰福音》，第12章第25节）"我也知道，在我里头，就是在我肉体之中，没有良善。"（《罗马书》，第7章第18、14节）（"可见，古人把一切罪恶之根源归咎于肉体。"罗森缪勒：《讲义》）"基督既在肉身受苦，你们也当将这样的心志作为兵

---

① Messia，希伯来语，意即基督。参见《约翰福音》，第1章第41节。——译者

器，因为在肉身受过苦的，就已经与罪断绝了。"(《彼得前书》，第4章第1节)"我正在两难之间，情愿离世与基督同在。"(《腓立比书》，第1章第23节)"我们坦然无惧，是更愿意离开身体与主同住。"(《哥林多后书》，第5章第8节)这样说来，上帝跟人之间的隔膜，乃是肉体(至少是感性的、现实的肉体)，可见，这肉体被认为有碍于人跟上帝的合而为一，被认为是某种虚无的东西、应当加以否定的东西。既然信者相信在主再降临时——也即在基督教完成时——天地都将毁灭，那么，这就通俗地表明，在基督教里加以否定的那个世界，并不是单单指浮华的享乐生活，而是指现实的客观世界。

基督徒们对世界没落的信仰跟异教哲学家对世界没落的信仰之间的区别，是不容忽视的。基督教式的世界没落只是信仰之危机——将属基督的跟反基督的分离开来，信仰战胜世界；这种没落，是一幕反宇宙的、超自然主义的情景。"但现在的天地，还是凭着那命存留，直留到不敬虔之人受审判遭沉沦的日子，用火焚烧。"(《彼得后书》，第3章第7节)异教式的世界没落是宇宙本身之危机，是一种合乎规律的、在自然之本质里面得到论证的过程。"世界之源端并不仅仅包含有日月星辰之交替以及生命之起源，而且，还包含有大地未来的变化之因素。因此，洪水泛滥，是跟冬天、夏天一样地受世界规律制约的。"(塞尼加：《自然问题》，第3卷，第29章)由自身之中产生出这个危机的，乃是世界所内含的生命原则，是世界之本质本身。"水和火是大地的主人。大地的起源来自它们，大地的没落也来自它们。"(同上，第28章)"一切现有着的，将会不存在，但并不是灭亡，而是消散掉了。"(塞尼加，书信第71)基督徒把自己除在世界没落之外。"他要差遣使者，用号筒的大声,将他的选民,从天这边,到天那里,都招聚了来。"(《马太福音》,第 24 章第 31 节)"然而你们连一根头发也必不损坏。那时,他们要看见人子,有能力,有大荣耀,驾云降临。一有这些事,你们就当挺身昂首,因为你们得赎的日子近了。"(《路加福音》,第 21 章第 18、27—28 节)"你们要时时儆醒,常常祈求,使你们能逃避这一切要来的事,得以站在人子面前。"(同上,第 36 节)与此相反,异教徒把他们自己的命运跟世界的命运等同起来。……"这个包含有一切属人的东西和属神的东西的宇宙……有一天将要崩裂,沉到古时候的混乱与幽暗之中。何必惋惜人的悲观失望和灵魂的哀叹。谁这样傲慢狂妄,竟然想要求仅仅让自己和自己的亲友例外于一切必亡的东西的普遍命运呢?"(塞尼加:《慰坡立皮欧斯》,第 20 和 21 章)"由此可见,一切属人的东西都将要有一个终端……坚壁高塔,都是保不住的。教堂丝毫也帮助不了乞求者。"(《自然问题》,第 3 卷,第 29 章)这样,在这里,我们又看到了异教跟基督教的特征性区别。异教徒因了世界而忘记了自己,而基督徒则因了自己而忘记了世界。但是,异教徒一方面把他自己的没落跟世界的没落同一起来,另一方面,他同样也把他自己的再生和不死跟世界之不死同一起来。对异教徒来说,人是一个平凡的存在者,而对基督徒来说,人是一个杰出的存在者;对基督徒来说,不死是人之特权,而对异教徒来说,不死是公有财产,他认为,只有在别的存在者也享有不死时,他才配得上不死。基督徒迫切等待着世界没落,因为基督教并不包含有宇宙式的发展原则——一切在基督教里面发展着的东西,都是跟它的原始本质相矛盾地发展着的——,因为一切都因了上帝的化身,也即因了类之本质直接跟个体同一而达到了目的,历史之生命线被切断了,除了想到重复过去、想到主的再来以外,再也想不出未来如何了。与此相反,异教徒把世界的没落移到遥远的未来,①因为,生活在对宇宙的直观之中的他们,并不认为天地的运动都是为了他们自己的缘故,他们通过对类的意识来扩大和解放他们自己的自我意识,把不死仅仅放置到类之永存里面去,从而,并不为自己保守着未来,而是把未来留传给后代。"将要有这样一个时候来到,在那时,我们的子孙将要奇怪,我们竟连这样明显的事还不知道。"(塞尼加:《自然问题》,第7卷,第25章)谁把不死放到自己里面去,那谁就是丢弃了历史性的发展原则。诚然,按照彼得的说法,基督徒等待着一个新天新地。②但是,有了这个基督教式的、也即超乎地的地,历史就收场了,现实世界之终端也就来到了。与此相反,异教徒就并不给宇宙之发展设下什么制限,他们之让世界没落,乃是为了重新建立起一个生气勃勃的现实世界;他们赐予世界以永生。基督教式的世界没落是心情范围内的事,是恐惧与渴望之对象,而异教式的世界没落则是理性与自然范围内的事。

[XVIII]

无玷的童贞性,是得救之原则,是基督教式的新世界之原则。
"一位童贞女产生出世界的得救,一位童贞女产生出一切人的

---

① 虽然伊壁鸠鲁派(卢克莱修,第5、2卷)也把世界没落设想成为很近的,但是,上述异教式的世界没落跟基督教式的世界没落之间的区别,却并不因此而被废除。——著者

② 见《彼得后书》,第3章第13节。——译者

生命……一位童贞女孕有今世所不能理解的基督……肉体由于男男女女的罪而被驱逐出天国,但却通过童贞女而得以跟上帝联合在一起。"(安布罗兹:《书信集》,第 10 卷,书信第 82;也可见书信第 81)"纯洁把人跟天连了起来。已婚的纯洁固然也好,但不及寡居者的禁欲来得好,而最好的,却是童贞的纯洁。"(假伯尔拿的《论良善生活方法》,话篇第 22)"不要忘记,妇人把天国的居民从其所在地那里赶出来。"(希罗尼摩斯:《致内卜蒂安书信》)"基督本身就自在地证明,童贞的生活是真正而完善的生活。虽然他并没有明文规定我们要这样(因为,正像他自己所说的,并不是所有的人都理解这一句话),但他却通过行为来教导我们。"(大马士革的约翰:《正统信仰》,第 4 卷,第 25 章)"有怎么样的尊荣,是童贞女所不应得的呢?是天使的尊荣吗?天使虽然有童贞性,但却没有肉体;就这一方面而言,他的幸运胜过他的坚强。"(伯尔拿,书信第 113,《致童贞女苏菲》)

但是,既然制止性欲的满足、否定性别及性爱——二者缺了一个,也就没有另一个——乃是基督教式的天堂和得救之原则,那么,婚姻所基于其上的性欲、性爱之满足,就必然是罪恶及祸患之源泉了。原罪之秘密,就是性欲之秘密。所有的人都在罪恶之中受胎,因为他们的受胎是伴同有感性的,也即属自然的喜悦和乐趣的。生殖作用,作为一种富有乐趣的感性作用,是一种有罪的作用。罪恶从亚当开始一直繁殖到我们,这只是因为繁殖是属自然的生殖作用。这就是基督教式的原罪之秘密了。"只有极其远离真理的人才认为原来是由上帝赋予人以情欲的……情欲只把我们赶出乐园,它怎么能够把我们引回到乐园里去呢?"(安布罗兹:《书信集》，第9卷，书信第82)"情欲本身绝对不可能无罪而存在。"(伦巴底的彼得，第4卷，第31篇，第5章)"我们所有的人都生在罪中，并且，既然由肉欲受胎，就都带有原罪。"(格列高里，见于伦巴底的彼得，第2卷，第30篇，第2章)"应当毫无疑问地坚信，每一个由夫妇同房而生的人都生来就具有原罪……由此自明，原罪就是有罪的欲念，这种欲念通过亚当而进到一切带着欲念而被生出来的人里面去。"(同上，第3章。也可见第31篇，第1章)"罪恶之原因，来自肉体。"(安布罗兹，同上)"基督没有罪，既没有遗传下来的罪，也没有自有的罪；他来到世上，不具有肉欲；在他那里，从来没有发生过性交。……每一个被生出来的，都是受诅咒的。"(奥古斯丁：《通俗话篇》，话篇第294，第10、16章)"人为妇人所生，因此是生来有罪的。"(伯尔拿：《论沉思》，第2卷，也可见其书信第174)"一切由男人和女人生到世界上来的，都是有罪的，都是处在上帝的愤怒与诅咒之下，被判处死的。""一切由父母所生的人，都生来就是可怒之子，就像圣保罗在《以弗所书》第2章中所说的那样。""污秽的、有罪的受胎和诞生，是我们所固有的。"(路德：第16卷，第246、573页)由这些例子中充分可以说明，"肉交"——其实，接吻也是一种肉交，是一种情欲——是人类之基本罪恶、基本祸患，因而，婚姻、性欲之基础，实际上乃是魔鬼的产物。虽然被造物作为上帝所创造的乃是良善的，但却只是像它们被创造出来的那个样子才是良善的，而现在早已不是这个样子了。魔鬼已经使被造物叛离上帝，从根底里使其堕落。"地必为你的缘故受诅咒。"①

---

① 《创世记》，第3章第17节。——译者

然而，被造物之堕落只是一个假设而已，其用处乃在于使信仰能够由此而规避下面这样一个令人感到棘手和不安的矛盾：自然一方面是上帝的产物，另一方面实际上却又不让自己跟上帝相一致，换句话说，不让自己跟基督教式的心情相一致。

当然，基督教并不认为作为肉的肉、作为物质的物质是某种有罪的东西、不纯洁的东西，相反，基督教激烈地反对持有这种主张并且非难婚姻的异端者（例如，见奥古斯丁的《反对浮士德》，第29卷第4章，第30卷第6章；亚历山大的克雷门斯的《绒毡》，第3卷；圣伯尔拿的《论雅歌》，话篇第66）并且，这还完全不是因为对异端者的憎恨——对异端者的憎恨经常给予神圣的基督教教会以灵感，使它长于世故。然而，基督教之所以会这样做，却绝不是因为它归根到底承认作为自然的自然，相反，它另一方面又这样来加以限制也即否定，以致使这种对自然的承认成为一种有名无实的、虚幻的承认。异端者跟正统信仰者之间的区别，仅仅在于同样的话后者是间接地、狡猾地、暗暗地说的，而前者却是露骨地、直接地说出的，从而，听起来就不免有些刺耳。享乐不允许把自己从物质里面抽离出来。物质享乐不外乎就是所谓自在的物质之乐趣，不外乎就是活动着的物质。每一种乐趣都是自我活动，每一种享乐都是力之表现，是潜能。每一种有机的机能，在正常情况下都是跟肉欲联系在一起的——即使呼吸，也是一种肉欲性的作用，至于其所以没有被感到是这样，则只是因为它是一个不间断的过程。所以，谁只把作为生殖、交媾的生殖、交媾——一般地，作为肉体的肉体——说成是纯洁的，却把正在享受着的肉体、跟情欲联在一起的交媾说成是原罪之结果，从而也就是把它说成是罪恶，那谁就是只承认死的肉体而不承认活的肉体，那谁就是在欺骗我们，他实际上是在诅咒、非难生殖作用，一般地，诅咒、非难物质，但外表上却做得好像他并没有非难它，好像他是承认它的。只有承认感性享受，才是不虚伪地、不假冒地、坦率地、真实地承认感性。简单说来，谁像《圣经》、教会一样并不承认肉体享乐——是指属自然的、正常的、跟生活不可分割的肉体享受——，谁也就不承认肉体。无论什么东西，只要不被承认为自我目的——因此，也绝不是被承认为最终目的——，那就等于是不被承认了。谁只允许我把酒当药来吃，那他就是禁止我享受酒了。请不要提起迦拿婚筵上基督如何慷慨地赐酒给大家吃。① 因为，这一场情景，直接通过把水变成酒而使我们超越自然，把我们迁移到超自然主义之领域中。只要像在基督教里那样把一个超自然主义的、唯灵主义的肉体设定为真正的、永恒的肉体，换句话说，把一个被剥夺了一切客观的感性意向、一切肉、一切本性的肉体设定为真正的、永恒的肉体，那么，实在的、也即感性的、属肉体的物质，就遭到否定，被设为虚无的了。

当然，基督教并不曾硬性规定不可结婚——虽然后来对神甫们是如此规定的。但是，正因为纯洁——或者不如说婚姻与性生活之抛弃——是最高的、最卓越的、最超自然主义的属天的美德，因而，不结婚就不能而且也不可以被低贬为平凡的应尽义务。它超越于律法，它是属基督的恩典与自由之美德。"基督教训那些适合于不婚的人要好好地保存这个恩赐，但是，这同一位基督却又命令那些在婚姻之外不能够维持纯洁的人要生活在纯洁的婚姻之

---

① 《约翰福音》，第2章第1节起。——译者

中。"(密朗赫顿:《答移民》)"并不是命令大家要守住童贞,而是忠告大家守住童贞,因为它太高尚了。"(《论良善生活方法》,话篇第21)"'这样看来,叫自己的女儿出嫁是好,不叫她出嫁更是好。'(《哥林多前书》,第 7 章第 38 节)是好的事,就是大家不得不要做的,而更好的事,就可以选了做。因而,并没有明文规定要守住童贞,只不过是建议罢了。使徒说得很对:'论到童身的人,我没有主的命令,但我把自己的意见告诉你们'。① 有主的命令,就是戒律;只是意见而已,那就是恩典了。这就是说,明文规定的是要纯洁,至于童贞,那就只是建议而已。但是,寡妇也并没有受到什么命令,只是受到忠告;不过,这种忠告不止一次,是反复提出的。"(安布罗兹:《论寡妇生活》)这就意味着:独身不婚并不是普遍意义下或犹太教意义下的戒律,而是基督教意义下的戒律,或者说,对于那些把属基督的美德和完善性引以为自己的良心、心情所应当做的事的虔诚的基督徒来说才是戒律;它并不是命令式的戒律,而是机密的戒律,并不是公开的戒律,而是秘密的戒律,是奥秘的戒律。这仅仅是一种忠告,换句话说,是一种不敢明言自己是戒律的戒律,是一种专为好琢磨的人的戒律,而并不是为了广大群众的戒律。你可以结婚;当然可以!不用怕因此而会犯罪,换句话说,并不会因此而犯了公开的、明文规定的、平民式的罪;但是,如果你不结婚,那你就做得更好;然而,这只是我的私人的、出于友谊的忠告而已。"凡事都可行,但并不都有益处。"(《哥林多前书》,第 10 章第 23 节)在大前提中承认了的东西,在小前提中又取消掉了。人

---

① 《哥林多前书》,第 7 章第 25 节。——译者

说,这事可以做;而基督徒说,这事没有益处。但是,只有那基督徒认为是好的事,人——如果他愿意成为基督徒的话——才把它当作行为取舍之标准。不有益处的,就不可行,——基督教贵族的感情得出这样的结论来。因而,婚姻仅只是对肉体的软弱,或者不如说只是对肉体的坚强的一种宽容,是基督教之自然而然的让步,是违背真正、完全基督教的意念的;但是,就它是抵抗奸淫的一种特效药而言,它又是良善的、可嘉的甚至于神圣的。婚姻之得以被承认、被神圣化,并不是由于它自己的缘故,并不是作为性爱之自我享受而被承认、神圣化。可见,在基督教里面,婚姻之神圣性只是有名无实的神圣性,只是幻象而已,因为,凡是人们并不是为其本身缘故而加以承认的东西,就等于没有承认它,只是要一套骗术,看起来好像是承认它罢了。婚姻之被许可,并不是为了使肉体神圣化,并不是为了满足肉体,而是为了限制、压制、杀死肉体——为了通过魔鬼来驱逐魔鬼。"是什么东西驱使男人和女人结婚、通奸的呢?是属肉体的交媾,而主把交媾之欲念也跟奸淫同样看待①……所以,童贞女具有卓越的神圣性,因为她们自在地完全没有什么跟奸淫相联系的东西。"(台多立安:《勉纯洁》,第9章)"论到婚姻本身,你所忠告的比你所允许的更来得好。"(奥古斯丁:《忏悔录》,第10卷,第30章)"与其欲火攻心,倒不如嫁娶为妙。"(《哥林多前书》,第7章第9节)台多立安引申这句话的意义,说道:"但是,既不嫁娶,又不欲火攻心,就远远更来得好。我可以说,所允许的东西并不是什么良善的东西。"(《致做人妻子的妇女》,第1卷,第3章)

---

① 《马太福音》,第5章第28节。——译者

"婚姻是一种从属的善,它得不到什么报酬,只不过具有医药的意义。第一个婚姻、乐园里面的婚姻,是受到命令的,可是,第二个婚姻、乐园以后的婚姻,就只是由于宽恕才被允许的;因为,我们从使徒那里听到说,之所以允许人类结婚,乃是为了避免奸淫。"(伦巴底的彼得,第 4 卷,第 26 篇,第 1、2 章)"伦巴底的彼得说得对:在乐园里的结婚生活是被安排来作为一种义务的,但是,在犯了罪以后,就成了一种医药了。"(路德,第 1 卷,第 349 页)"如果把婚姻和童贞作一个比较,那么,童贞当然是一种比婚姻更高贵的赏赐。"(路德,第 10 卷,第 319 页)"那些不曾因了本性的弱点而被迫去结婚的人,那些能够免除结婚生活的人,他们这样的自制,做得很对。"(路德,第 5 卷,第 538 页)基督教式的诡辩将要反驳说,只有非基督的婚姻,只有那没有被基督教精神所圣化、也即没有用敬虔的影响来自我粉饰的本性,才是非神圣的。然而,如果婚姻、本性只有靠了跟基督发生关系才被神圣化,那么,这样一来,所表明的正就不是婚姻、本性之神圣性,而只不过是基督教之神圣性,从而,婚姻、本性自在地和自为地就是非神圣的了。那么,基督教为了迷惑理智而用来包围婚姻的那个灵光圈,不就正是一个虔诚的幻象吗?基督徒在履行自己婚姻上的义务时,不论愿意与否,不是总得献身于异教式的爱情女神吗?当然是这样。基督徒以增殖基督教教会的人口为目的,而并不以爱情的满足为目的。目的是神圣的,但手段却自在地是非神圣的。目的使手段神圣化,为手段开释罪名。"目的在于生殖的夫妻同房,并不是罪。"基督徒,至少真正的基督徒,在满足本性时,又否定本性,至少,他应当否定本性;为了自己,他并不想要手段,倒不如说他轻视手段,他所想要的,只不过是抽象的目的；他违背意志地去做一些伴同有属自然的、感性的享乐的事，这些事使他感到一种宗教上的、超自然主义的厌恶。基督徒并不是坦率地对自己承认自己是感性的；他在自己的信仰面前否认本性，而又在本性面前否认自己的信仰，换句话说，他公开地否认他暗地里所做的事。在这一方面，异教徒就要好得多，真得多，心地纯洁得多！异教徒毫不隐瞒他们的喜爱感性生活，而基督徒一面在满足自己的肉体，一面却又否认是在满足肉体。并且，直到今天，基督徒在理论上也还坚持他们的属天的由来和未来；直到今天，他们还出于超自然主义的装腔作势而否认他们自己的性，看到任何一张比较放浪一些的画像，看到任何一个裸体雕像，就要啧啧连声，装得像个天使似的；直到今天，他们还甚至于使用警察式的暴力来压制任何一种坦率的自我供认——即使是对最单纯的感性的自我供认——，而这样做，却只是为了通过最公开的禁令来为自己暗中的享受、纵欲作粉饰。说得简单一些，在这个微妙的问题上，究竟什么是基督徒跟异教徒的区别呢？异教徒通过自己的生活来确证自己的信仰，而基督徒则通过自己的生活来反驳自己的信仰。异教徒随心所欲地行事，而基督徒则违背自己的意愿而行事；异教徒凭着自己的良心而犯罪，基督徒则背着自己的良心而犯罪，异教徒单纯地犯罪，基督徒则双重地犯罪，异教徒由于肥胖而犯罪，基督徒则由于枯瘦而犯罪。异教徒特有的恶行，是奸淫之有限量的、感性的恶行，而基督徒特有的恶行乃是伪善之无限量的、神学式的恶行——这种伪善的最显著的、最世界史式的、但又只是特殊的现象，就是耶稣会派了。路德说道："神学造就出一批罪大恶极的人。"这位路德，只有他那不为神学所败坏的、属自然的心和理智,才是他的积极的品性。孟德斯鸠对路德的这句话作了最好的解释:"为了行恶行,虔诚者找出一些理由来,这些理由,是一个普通的老实人所不会找得出的。"(《圣思录》)

[XIX]

基督教式的天国,就是基督教式的真理。从天国里被排除出去的东西,也从真正的基督教里被排除出去。在天国里,基督徒摆脱了他在今世愿望摆脱掉的东西,他摆脱了性欲,摆脱了物质,一般地,摆脱了自然。

"当复活的时候,他不娶也不嫁,乃像天上的使者一样。"(《马太福音》,第 22 章第 30 节)"食物是为肚腹,肚腹是为食物,但上帝要叫这两样都废坏(按希腊原文 χαταργήσει,应为:都成为无用之物)。"(《哥林多前书》,第 6 章第 13 节)"弟兄们,我告诉你们说,血肉之体,不能承受上帝的国,必朽坏的,不能承受不朽坏的。"(《哥林多前书》,第 15 章第 50 节)"他们不再饥,不再渴,日头和炎热,也必不伤害他们。"(《启示录》,第 7 章第 16 节)"不再有黑夜,他们也不用灯光日光。"(《启示录》,第 22 章第 5 节)"吃和喝,瘖和瘵,工作和休息,以及服从于其余的自然必然性,——这一切,对那些愿望成为完善、愿望摆脱一切罪恶的虔诚者来说,是一个很大的不幸和苦恼。哦,如果不存在有这些必然性,单单存在有属灵的心情舒畅,那该多好啊!可惜我们难得有这种属灵的心情舒畅。"(托马斯·阿·坎比斯:《效学基督》,第 1 卷,第 22 和 25 章。关于这一方面,也可见例如尼萨的格列高里的《论灵魂与复活》,莱比锡

1837年版，第98、144、153页）诚然，跟异教式的不死相区别的基督教式的不死，并不是精神之不死，而是肉体之不死，是整个人的不死。"异教哲学家把科学、知性当作某种不死的和不灭的东西。而我们，凭着属神的启示的启发，却知道不仅精神，而且纯粹了的情绪，不仅灵魂，而且形体，都将在适当的时候达到不死。"（培根：《论知之发展》，第1卷）凯尔苏斯因而责备基督徒渴求形体。但是，这个不死的形体，正像前面说明过的那样，乃是一个非物质的，也即完全属心情的、想象出来的肉体——这个肉体，乃是实在的、属自然的肉体之直接否定。所以，在这个信仰里面，问题并不在于把自然、物质就当作自然、物质来承认或尊崇，倒不如说问题只是在于心情之实在性，只是在于满足无限的、幻想型的、超自然主义的幸福欲，对这样的幸福欲来说，实在的、客观的肉体就成了一种障碍。

至于属天的灵魂将要与之相等的天使们究竟是什么，《圣经》却并没有给出什么确定的说明——如同对待别的一些重要的事情一样——，《圣经》只把他们称作为灵（πνεύματα），称呼他们为超越于人的存在者(hominibussuperiores)。以后的基督徒在这一方面理所当然地表述得比较明确了，然而，却又是意见很分歧。其中有一些人给他们以形体，另一些人又不给他们以形体。其实，这也只是似是而非的区别，因为天使所具有的肉体，只是一种幻想出来的肉体而已。论到复活之形体，那他们不仅意见分歧，而且也是极其对立的。这样的自相矛盾，乃是事情之本性所使然的，是由宗教意识之基本矛盾中产生出来的；这个基本矛盾，诚如前言，在这一方面就表现在宗教意识认为，复活以后的那个肉体，在本质上既是我们在复活以前所具有的那个个体型的肉体，但同时却又是一个不同于此的另外的肉体。并且，直到头发为止都是一模一样的，"因为没有一根头发会灭掉，就像主所说的：'没有一根头发会从你头上脱掉。'"（奥古斯丁和伦巴底的彼得，第4卷，第44篇，第1章）然而，一方面是一模一样，另一方面，一切讨厌的东西，一切跟远离自然的心情相矛盾的东西，却都被去除掉了。"正像奥古斯丁所说的，缺陷将要脱落，而本质仍将继续保存。指甲与头发之过分的生长，这属于自然之过剩及缺陷；因为，倘若人没有犯罪的话，那他的指甲和头发就只生长到一定的限度为止，就像狮子和鸟也是如此。"（伦巴底的彼得，第4卷，第44篇，第1章）多么不由自主、天真、可靠、谐和的信仰啊！复活了的形体，既跟以前一样，同时又不一样；新的肉体也还有头发和指甲——不然的话，它也许就成了一个残缺不全的、被剥夺掉本质重要的修饰物的形体了，从而，复活也就不是完全的恢复了——，不过，虽然还是同样的头发和指甲，却又被改造成为跟形体之本质相一致。在那里，它们不再有生长欲，在那里，它们并不逾越适度。所以，在那里，我们不再需要剃头和剪指甲了。相类似的，肉体之其余的部分也不再有其麻烦的欲望了，因为属天的肉体自在自为地就是一个抽象的、横遭阉割的肉体。那么，为什么现代重信仰的神学家们不再像古代的神学家那样深入钻研了呢？为什么呢？就因为他们的信仰本身就只是一个一般的、不明确的，也即仅仅被信仰着的、被表象的、被想象的信仰而已，就因为他们由于害怕他们的早就跟信仰分了家的理智、由于害怕一旦到光线里面细细地察看就将丧失掉他们自己的迟钝的信仰而压抑他们的信仰的推论，也即他们的信仰的必然规定，在理智面前百般加以掩饰。

[XX]

在地之此岸中信仰所否定的东西,它就在彼岸之天中加以肯定;在这里它弃绝的东西,在那里它就加上一百倍地获得。在今世之中是要否定肉体,在彼世之中却就是要肯定肉体。在这里,主要的事情是把灵魂从肉体里分离出来,而在那里,主要的事情就是使肉体重新跟灵魂合而为一。"我要活着,不仅按灵魂,而且也按肉体。我要同时又具有形体;我要肉体重新回到灵魂,跟灵魂合而为一。"(路德,第 7 卷,第 90 页)在感性的东西中,基督徒是超感性的,但他却因此而在超感性的东西中是感性的。所以,属天的福乐绝不只是一种属精神的福乐而已,而是同样程度上又是属肉体的、感性的;它是这样一种状态,即一切的愿望都得到了成全。"你的心在什么上面寻求欢乐和喜悦,在天国里就富有这种东西。因为,经上说:'上帝在万物之上,为万物之主。'①但是,上帝在什么地方,人们所能够愿望的一切财富也就必在那里。""如果你想要有锐利的目力和听力,能够穿过墙头和厚壁,想要一下子就可以到你要去的地方,在这里地上或上面云端里,那么,只要你有了他,这一切就都将实现;并且,一切你能够想得出的,一切你想要在肉体和灵魂方面得到的,只要你有了他,你就都将得之盈盈。"(路德,第 10 卷,第 380、381 页)吃喝、婚娶当然在基督教的天国里并不存在,但

---

① 《哥林多前书》,第 15 章第 28 节。——译者

是,这却只是因为有了这些享受就也有了需要,而有了需要,就也有了物质,也即有了热望、热情、依赖性、非福乐。"在那里,需要性本身就将要死去。这样一来,你就将真正的富有,因为你不再需要什么了。"(奥古斯丁:《通俗话篇》,话篇第 77,第 9 章)奥古斯丁在同一个地方又说道:"今世的享受,只是医疗手段而已";"真正的健康,只存在于不死的生命之中。"属天的生命、属天的肉体,像愿望一样地自由和不受限制,像幻想一样地全能。"未来的复活以后的形体,倘若它并不能领受食物,倘若它并不需要食物,那它也许就并不十全十美了。"(奥古斯丁,《书信》第 102,§6)但是,虽然如此,在一个没有负担、没有劣点、没有疾病、没有必死性的形体之中的存在,是跟对至高的属形体的幸福的感觉联系在一起的。在天国里,即使对上帝的认识,也摆脱了思维与信仰之紧张,成为感性的、直接的认识——直观。诚然,基督徒们在是否将能够也用肉眼看到上帝这一点上意见并没有取得一致(例如,见奥古斯丁的《通俗话篇》,话篇第 277 和布丢斯的《教条神学之基本教义》,第 2 卷,第 3 章,§4)但是,在这种意见分歧之中,我们又只是看到了抽象的上帝跟实在的上帝之间的矛盾而已;抽象的上帝当然并不是直观之对象,但实在的上帝却是直观之对象。"然而,肉和血是横在我跟基督之间的一堵墙,这堵墙也将要被拆掉……在那里,一切都成为确确实实的。因为,在彼世生活中,眼睛将要看到他,嘴巴将要尝到他,鼻子将要嗅到他,财宝将要在灵魂与生命上面发光……信仰将要终止,我将要用我自己的眼睛看到他。"(路德,第 9 卷,第 595 页)从这里同时也可以看出,上帝的实体,作为宗教心情的对象,不外乎就是幻想之存在者。属天的存在者,是超感性式感性的、非物质式物质的存在者,换句话说,是幻想之存在者;但是,他们乃是类似于上帝的、跟上帝同等的、甚至跟上帝同一的存在者;因而,上帝也是一个超感性式感性的、超物质式物质的存在者;因为,摹像怎样,原像也就怎样。

[XXI]

在圣礼之中的矛盾,是自然主义与超自然主义的矛盾。洗礼之中首要的东西,就是水之肯定。"如果有人认为,真正的和属自然的水并不是洗礼所必不可缺的,因而把我们的主耶稣基督所说的'如果一个人不是由水和圣灵之中重生……'这句话歪曲成为仅仅比喻的说法,那他就要受到诅咒。"(《特利恩特第七届宗教会议》,第 2 教规,《论洗礼》)"言语和元素都是这种圣礼的本质所必不可缺的。所以洗礼只能够用水来完成,不能用别种的液体来代替。"(伦巴底的彼得,第 4 卷,第 3 篇,第 1 章和第 5 章)"为了使洗礼确实可靠,需要一滴以上的水。为了使洗礼有效,必须让水和受洗者的身体有物理的接触,因而,单单衣服在水中润湿是不够的。必须进一步让身体的这样一个部分在水中洗净,使得这个人在通常意义下可以因此而被称为洗过的了,例如,颈、肩、胸,特别是头。"(《经院神学》,美兹格,奥格斯堡 1695 年版,第 4 部,第 230—231 页)"从约翰①和使徒的例子中可以看出,在洗礼中必须要应用水,并且是真正的、属自然的水。可以参见《使徒行传》,第 8 章第

---

① 是指先于耶稣基督的施洗约翰。参阅《马太福音》第 3 章。——译者

36节和第10章第47节。"(布丢斯:《教条神学之基本教义》,第4卷,第1章,§5)可见,水是最要紧的。但是,现在另一方面又要否定水。洗礼的意义,并不是水的属自然的力量,而是上帝的言语的超自然的、全能的力量;上帝的言语任命水为一种圣礼,借这种物质而以一种超自然的、奇妙的方式把自己传给人,但是,上帝也可以选择任何一种另外的物质来产生出同样的效果。例如,路德说道:"我认为,洗礼水异于一切别的水,这种区别并不是由于天然本质有什么不同,而是由于有某种高贵的东西加到里面去了。因为,上帝把自己的荣耀放入其中,把他自己的力量和威力加给了它……。这就正像圣奥古斯丁所教导的:言语加到元素中去,形成了洗礼。"(《大教理问答书》)"你们应当奉圣父、圣子、圣灵的名为他们施洗。没有了这言语,水就单单是水而已……谁愿意称单单的水为圣父、圣子和圣灵的洗礼呢?难道我们没有看见,上帝已经在这水里加入了香料吗?如果人们把糖放到水里去,那这就不再是水,而成了一种贵重的饮料。为什么我们要把言语从水里面分离出来,为什么我们要说它是单单的水,似乎上帝的言语、上帝本身并不与这样的水同在,并不存在于这样的水之中呢?……因此,洗礼水是这样一种水,它消除掉罪恶、死亡和一切的不幸,帮助我们进入天国和进到永生。从这里面可以生成贵重的糖水、芳香水和药水,因为上帝把自己混合到里面去了。"(路德,第16卷,第105页)

但是,正像洗礼中的水虽然自在地是无足轻重的,但没有了它洗礼就不成其为洗礼一样,在圣餐礼中的酒和饼也是这样,虽然旧教徒认为饼和酒之本体为全能之强力所破坏。"圣餐之偶性,只有当它们保持着那种使饼和酒之本体得以自然而然地存在着的混合成分时，才包含有基督；反之，如果破坏了这种混合成分，使饼和酒的本体自然而然地不能再存在于饼和酒的偶性下面，那它们就不再包含有基督了。"(《经院神学》，美兹格，同前，第292页)这意思就是说，当饼仍旧还是饼的时候，饼才代表着肉；没有了饼，也就没有了肉。所以，为了举行圣餐，一定得有适当分量的饼，至少得使人认得出是饼。(同上，第284页)此外，旧教所谓的本体转化，即"整个的饼实在地和物理地转变成为基督的肉体"，只是新、旧约中的奇迹的一个合情合理的继续而已。旧教徒是由《圣经》中所叙述的水变成酒、杖变成蛇、磐石变成水池(《诗篇》，第114篇)等本体转化之中来解释和论证饼之转化为肉。谁只要不对前面那些转化有什么怀疑，那他也就没有权利、没有理由来反对后面这个转化。新教的圣餐学说并不比旧教的圣餐学说更少与理性相矛盾。"人们只能够以两种方式、即精神上或肉体上来分到基督的肉体。这个属肉体的分到，却不可能是可见的，也不可能是可感的(换句话说，不可能是属肉体的)；不然的话，就用不到什么饼了。另一方面，也不可能是单纯的饼而已；不然的话，就不是基督的肉体之属肉体的分到了，只不过是分到了饼而已。因此，在掰开的饼里面，一定是实在地和属肉体地存在有基督的肉体，虽然是不可见地存在着"(但这就意味着，是非属肉体地存在着)。(路德，第19卷，第203页)新教徒只是对饼怎样会是肉、酒怎样会是血不加任何说明罢了。"我们主张、相信、并且教导人说，在圣餐礼中实在地和肉体地分到和吃到基督的肉体。至于饼是怎样变成肉的，至于他是怎样在饼之中的，那我们就不知道了，而且也不应该知道。"(路德，同上，第393页)"谁想要成为基督徒，谁就不应当像我们的狂信家和宗派家那样追问饼何以会是基督的肉体和酒何以会是基督的血。"（路德，第16卷，第220页）"既然我们守住了关于基督肉体与我们同在的学说，那我们又何必追问怎样怎样呢？"（密朗赫顿、卡麦拉留斯的《密朗赫顿生平》，哈勒1777年版，第446页）所以，新教徒也像旧教徒一样以全能——一切跟理性相矛盾的观念之源泉——为其避难所。《教典全书》，《教条集》，第七条，第3"肯定"，第13"否定"。又见路德，第19卷，第400页)

在论到圣餐时，基督徒把属嘴巴的跟属肉体的（或属自然的）分离开来(《教典全书》，《教条集》，第七条)；这种区分，宝贵地、真实地、无可类比地，同时又最富有教诲地例喻了神学式的不可思议性和超自然性。"我们相信、教导和承认，基督的肉和血同饼和酒一起被领受，不仅属灵地由信仰所领受，而且也在嘴上被领受，然而，并不是为了造成转化而被领受，而是以超自然的、属天的方式被领受，是为了圣礼式的合而为一而被领受。""必须把属嘴巴的吃跟属自然的吃区分开来。虽然我们用嘴巴来吃，并且为这种吃辩护，但我们仍是非属自然地吃……虽然一切属自然的吃也是一种属嘴巴的吃，但反之则不然，属嘴巴的吃不一定是属自然的吃……所以，虽然是同样的过程，虽然我们用同一个器官来领受饼和基督的身体，用同一个器官来领受酒和基督的血，然而，在方式方法上还是有绝大的区别，因为我们是以属自然的和感性的方式来领受饼和酒，但却是以超自然的和非感性的方式来领受基督的肉体和血——虽然是跟饼和酒一起领受的，都是实实在在地用身体上的嘴来领受的。因而，后面这一种方式，是不能够由必死的东西（实在同样也不能够由上帝）来解释的。"（布丢斯，第5卷，第1章，

§15)多么虚伪！一方面,他嘴中含着他的上帝,吮吸他的上帝的血,为的是使自己确信自己的上帝的实在的,也即属肉体的生存,但另一方面,基督徒又用同一张嘴来否认——并且是在自己宗教的最神圣的时刻——肉体地跟上帝同在,否认是在属肉体地享受上帝。在这里,他再一次实际上在满足肉体时又否认是在满足肉体。

[XXII]

在基督教里面,教条跟道德,信仰跟爱,是互相矛盾的。虽然上帝——信仰之对象——自在地是人类之神秘的类概念,是人之共同的父,在这个意义上,对上帝的爱,就是神秘的对人的爱。但是,上帝不仅是一个共同的存在者,他又是一个特殊的、人格式的、跟爱区别开来的存在者。什么地方存在者把自己从爱里面分离出来,什么地方就发生了专擅。爱由必然性而行动,人格性由专擅而行动。人格性仅仅通过专擅而证实自己是人格性;人格性有统治欲、名誉欲;人格性好唯我独尊。所以,对作为人格式的存在者的上帝的最高的赞美,就在于赞美上帝是一位绝对不受限制的、专擅的存在者。作为人格性的人格性,漠视一切本体式的规定;在它看来,内在必然性、本质冲动,似乎是一种强制。在这里,我们又得到了属基督的爱之秘密。在这里,上帝的爱,作为一位人格式的存在者的宾词,具有恩典的意义:上帝是一位恩典的主,就像他在犹太教里面是一位严厉的主一样。恩典是任意的爱——这种爱,并不出于内在的本质冲动而行动,它行事都是可行可不行的,它能够随心所欲地惩罚它的对象——,换句话说,是无根据的、非本质的、任意的、绝对主观的、只凭自己主见的爱。"谁能够违拗上帝的旨意呢?'上帝要怜悯谁,就怜悯谁,要叫谁刚硬,就叫谁刚硬。'(《罗马书》,第9章第18节)……君王随心所欲地行事。上帝的意志也然如此。——对于我们以及一切被造之物,他都完全有权利和有力量随心所欲地行事。对我们来说,这样并不显得不恰当。——如果他的意志有限度或规则、法则、根据或原因,那就无所谓上帝的意志了。因为,只要是他愿意做的事,那么,就因为他愿意如此做而使这件事成为正当的。——什么地方有信心和圣灵存在……那里人们就相信,即使上帝惩罚所有的人,他也仍旧是良善的和仁慈的。——主说:'以扫不是雅各的哥哥吗? 我却爱雅各,恶以扫。'"①(路德,第19卷,第83、87、90、91、97页)所以,什么地方在这个意义上来理解爱,那么,在那里,就把一切功劳从人那里夺掉,满怀嫉妒地把它仅仅归给属神的人格性;在那里,最为细心地把任何有关必然性的思想都去除掉,以便能够主观地通过责任感和感恩感而单单地赞美和荣耀人格性。犹太教徒因着自己的列祖而自傲,把这种自傲神化了;与此相反,基督徒把犹太教贵族式的以出身自贵的原则,净化和转化成为民主的论功行赏的原则。犹太教徒使福乐依赖于诞生,旧教徒使福乐依赖于行事之功绩,而新教徒使福乐依赖于信仰之功绩。但是,责任与功劳之概念,却只与一件行为、一桩事迹相联系,这桩事迹,不能够为我所要求,或者说,并不必然由我的本质产生出来。诗人、哲学家的作品,只有外在地来

---

① 《玛拉基书》,第1章第2、3节。——译者

观察,才能够被放置到功绩之着眼点下面。它们是天才作品——
迫需的作品:诗人必须作诗,哲学家必须作哲学思维。对他们来
说,至高的自我满足乃包含于那不跟外界发生关系和没有任何顾
虑的创作活动之中。真正高贵的道德行为,也然如此。对于高贵
的人来说,高贵的行为是一种自然而然的行为:他对于自己是否应
当这样做是毫无疑问的,他并不把它放到选择自由之天平上面去;
他必须这样做。只有这样行为着的人,才也是一个可信赖的人。
提到功绩,想象起来总好像人们做某件事并不是出于必然性,而是
额外做的。诚然,基督徒们把自己宗教里面最高的行为——上帝
的化身为人——赞美成为爱之伟迹。然而,属基督的爱,只有当它
基于信仰、基于把上帝表象成为一个主(Dominus)时,才意味着一
种恩典活动,才意味着一种自在地对上帝来说是多余而没有必要
的爱。一位恩典的主,是一位放弃自己的权利的主,他出于恩典而
做那些作为主的他并不必定要做的事,做那些超出主的严格概念
的事。上帝,作为主,并没有义务要使人幸福;如果他愿意的话,他
甚至有权利来消灭人——因为,他是不受任何法则束缚的主。简
言之,恩典是非必然的爱,是跟爱之本质处于矛盾之中的爱,是并
不表现出本质、本性的爱,主、主词、人格——人格性只是主性之抽
象的、现代的说法——使它跟自己区别开来,把它当作一个可有可
无都完全没有影响的宾词。所以,在基督教之生活、实践之中,这
个内在的矛盾也必然实现出来,主词必然跟宾词有分歧,信仰必然
跟爱有分歧。正像上帝对人的爱只是一种恩典作用一样,人对人
的爱也仅仅变成了信仰之恩典作用。属基督的爱是属恩典的信
仰,正像上帝的爱是属恩典的人格性或主性一样。(关于上帝的专

擅,也可参见爱尔奈斯蒂的前面已经援引过的论著:《上帝自由意志之权利》》

信仰包含有一个凶恶的本质。基督教式的信仰是基督教式的迫害异端者与处决异端者之至高无上的根据;不然的话,就一无所是了。信仰承认人,但条件是他要承认上帝,换句话说,要承认信仰。信仰是人向上帝表示的敬意。上帝无条件地应当受到这种敬意。在信仰看来,一切义务之基础是对上帝的信仰——信仰是绝对的义务,而那些对人应该尽的义务却只是派生的、从属的义务。这样,不信者乃是无有权利的主体,是理应歼灭掉的主体。凡是否定上帝的东西,本身也必须被否定。最高的犯罪,就是冒犯上帝的尊严。在信仰看来,上帝是一位人格式的、最最人格式的、最最不可冒犯的、最最有权有势的存在者。人格性之尖端就是荣誉,从而,对最高人格性的伤害,就必然是最高的犯罪了。人们不能够把上帝的荣誉当作偶然的、粗野的、拟人的观念而否决掉。难道上帝的人格性、生存不也是一个感性的拟人的观念吗?谁否定了荣誉,就应当进而牺牲掉人格性。由人格性之观念中产生出荣誉之观念,而由荣誉之观念中产生出宗教意义上的伤害之观念。"凡咒诅上帝的,必担当他的罪,那亵渎耶和华名的,必被治死,全会众要用石头打死他。"(《利未记》,第 24 章第 15、16 节。也可参见《申命记》,第 13 章,第 5—10 节,旧教徒就是由这一处经文中推导出处死异端者的权利的。波美尔,前引书,第 5 卷,第 7 篇,§44)"只有不虔者才会怀疑那些丝毫也不知道上帝的人是否理所当然地被当作背神者、不义之人而受罚,因为,不知道万有之父和万有之主,其罪并不轻于侮辱这位主。"(米努基乌斯·菲力克斯:《屋大维》,第

35章)"上帝的诫命要我们尊敬父母;既然我们应当在人里面尊敬父,那么,如果在上帝里面我们可以侮辱父而不会受到报应,那诫命还算得什么呢?"(西帕里安,《书信》第73)"人从上帝那里得到自由意志,那么,为什么通奸要由律法来惩罚,而不虔却就应当得到允许呢?灵魂对上帝的不忠实,其罪竟轻于女人对男人的不忠实吗?"(奥古斯丁:《正言多那忒派——致包尼法鸠斯》,第5章)"如果说赝造货币者应处以死刑,那么,应当怎样来处罚那些想窜改信仰的人呢?"(考脱修斯,见于伦巴底的彼得前书,第3卷,第7篇)"既然人们不敢侮辱一位有权有势的达官贵人,如果侮辱了他,就要受审,理所当然地被当作侮辱者来判决,——那么,如果人们侮辱了上帝,就该是多么应惩罚的罪呢?侮辱者的罪名,总是要由被侮辱者的身份来决定。"(沙尔维安:《论上帝的引导》,第6卷,第218页)但是,异端、不信——异端只是不明确的、有限的不信——乃是亵渎神明,从而,是最高的、最应当惩罚的犯罪。从无数多个例子中随便举一个。厄谷朗巴第乌斯给塞尔维托①写道:"因为我对人们对耶稣基督——上帝的儿子——的不尊敬深所痛恨,并不表现出最大的耐心,因而你认为我行事好像不属基督了。在一切别的事情上面我都将是温和的,唯独见到有亵渎基督我就忍耐不住。"(《塞尔维托传》,1727年版,第13页)因为,什么是亵渎神明呢?只要是否定跟上帝的荣誉、信仰的荣誉有关的观念、规定,就都是亵渎神明。塞尔维托作为基督教信仰之牺牲品而死去。在塞

---

① 塞尔维托(M. Selvet),1511—1553,西班牙医生,小循环(肺循环)发现人,喀尔文的反对者,因异端罪而被烧死。——译者

尔维托死前,喀尔文还对他说了两个钟点的话:"我从来不因了个人遭到侮辱而报复";最后,带着标准《圣经》式的意念跟他分手:"按照保罗的教导,我离开了由其自己的罪给自己定罪的异端者。"(同上,第120页)可见,把塞尔维托带到火刑场上去的,绝不是私人的仇恨——固然也说不定是这样——,而是宗教上的仇恨,这种仇恨,起源于无限制的信仰之本质。大家知道,密朗赫顿也赞成把塞尔维托处死。当日内瓦人询问瑞士神学家们的意见时,这些神学家在回答时虽然狡猾地绝口不提到死刑,①但是,他们跟日内瓦人一致认为塞尔维托因了他的令人讨厌的谬论应当受到严厉的惩罚。原则上并没有什么区别,只是在惩罚的方式方法上有些出入。即使喀尔文也具有如此属基督的慈悲心肠,他也觉得日内瓦议院对塞尔维托所判的处死方式太残忍,想要减轻一些。(关于这一方面,例如可以参见亚当的《喀尔文传》,第90页,《贝才传》,第207页;见于《神学家传》,法兰克福1618年版)所以,我们应当把这种处刑看作是一种具有普遍意义的行为,看作是信仰之杰作;并且,这里并不是指罗马旧教式的信仰,而是指那改革过的、归溯到圣经的、福音派的信仰。虽然绝大多数德高望重的牧师都主张不应当通过暴力强迫异端者皈依信仰,但是,在他们内心里面,总还是对异端者怀着恶意的憎恨。例如,圣伯尔拿论到异端者时说道(《论雅歌》,话篇第66):"信仰只可规劝,不可命令";但是,他接着立刻又

---

① 一般地,有许多基督徒反对死刑,但是,用别的一些刑罚来处罚异端者,例如,驱逐出境、抄没家财——间接的致命处罚,他们就不觉得跟他们自己的基督教信仰有什么矛盾了。关于这一方面,参看波美尔的《新教教会法》,第5卷,第5章,例如,§155、157、162、163。——著者

补充道,与其让异端者们的谬误蔓延开来,那倒不如依靠当权之利剑来镇压他们来得好。——如果说现今的信仰已不再产生出这样昭著的残酷行为来,那么,除了别的缘故以外,这只是因为我们的信仰并不是不受制约的、断然的、活的信仰,而宁可说是怀疑的、折中的、非信仰的、由于艺术与科学之威力而变得支离破碎的信仰。不再用火——无论今世的火还是彼世的火——来焚烧异端者,就说明信仰本身里面就不再有火了。允许人们自由地去信仰的那种信仰,就是放弃了它的属神的起源和地位,堕落成为仅仅主观的见解。信仰自由之宽容,并不是由于基督教信仰,并不是由于基督教式的,也即被信仰所限制的爱,而是由于对基督教信仰的怀疑,是由于宗教怀疑之胜利,是由于自由思想家,是由于异端者。只有那些被基督教教会所迫害的异端者们,才捍卫着信仰自由。基督教式的自由,只是非本质的自由,它并不放弃信仰之基本点。然而,在这里,如果我们认为基督教信仰——应当观察到它跟爱的区别,因为,信仰跟爱并不是一回事,"你们能够有信仰而没有爱"(奥古斯丁:《通俗话篇》,话篇第90)——是那自然而然地由实在的信仰狂热中产生出来的基督徒对异端者的暴力行为之原则、最终根据,那么,不言自明,信仰之能够产生出这些后果,并不是直接地和原始地就能够产生的,而是在它的历史发展中逐渐产生的。不过,虽然如此,最初的基督徒却就已经不由自主地把异端者看作是反基督者——"异端者是反基督者"(西帕里安,书信第76,§14),是只配诅咒的主体——"使徒们在他们的书信里诅咒异端者"(同上,§6),是被舍弃的、被上帝赶到地狱里去、判处永永远远的死的主体。"你听到,恶人已经被定罪,判定要被火焚烧。那么,你何必要加刑于异端者呢？难道你没有听到，他已经被判了重刑了吗？一个已经被判处绞刑的贼，你何必再要加害于他呢？……上帝已经命令他的天使，到了时候就来好好地收拾一下异端者们。"(路德，第16卷，第132页)所以，当国家、世界基督教化，并因而也致使基督教世俗化，致使基督教成为国教时，势所必然的，原先只是宗教式地或教条式地消灭异端者，这时却就成了政治上、实际上消灭他们，永恒的地狱惩罚变成了现世的惩罚。因此，如果说把异端当作应当惩罚的犯罪来规定和处理是跟基督教信仰相矛盾的，那么，属基督的王、属基督的国家就也跟基督教信仰相矛盾了；因为，一个属基督的国家只是意味着用剑来执行信仰之上帝裁判法，①对信者，使尘世成为天堂一般，对不信者，使尘世成为地狱一般。"我们已经指明……虔诚的君王不单要惩办奸淫、杀人或其他这一类的犯罪，而且也要适当严格地惩办那些亵渎宗教的人。"(奥古斯丁：《致杜尔基修斯书信》)"君王也应当为基督我主服务，他们应当用法律来增荣基督。——现在，如果世俗政府遇到一些有害的谬误，这些谬误使基督我主的荣誉受到诽谤，使人们的福乐受到妨碍，使民众之间产生不睦……如果这样谬误的人仍旧在恬不知耻地教导人，仍旧继续其说教，那么，世俗政府就应当勇敢地起来与其作斗争，应当知道自己的职务正在于用剑和一切暴力来使教义保持纯粹，使献给上帝的敬拜纯而且真，又使和平与统一得以维持。"(路德，第15卷，第110—111页)这里还必须注意一点，即奥

---

① Gottesurteil。中世纪时一种宗教式的判罪法，叫犯人互相决斗或握热铁、探沸汤，其不受伤者为无罪。——译者

古斯丁曾经认为,既然使徒保罗也是靠一件感性的暴力行为——一件奇迹——而得以皈依基督教,①那么,采取一些强制性质的措施来激励基督教信仰,就完全是正当的了。(《正言多那忒派》,第6章)现世的惩罚跟永恒的惩罚之间,也即政治上的惩罚跟属灵的惩罚之间的内在联系,可以从下面这一点看出来:人们用来反对对异端的世俗惩罚的那些理由,正就是人们用来反对地狱惩罚的理由。如果异端者或不信者能够因为他只不过是迷误者而已而不被惩罚,那么,他就也能够不在地狱中被上帝所惩罚。如果强制是跟信仰之本质相矛盾的,那么,地狱就也是跟信仰之本质相矛盾的,因为,对不信之可怖后果的恐惧、对地狱苦痛的恐惧,跟人的知识和意志相违背地强制人去信仰。波美尔在他的《新教教会法》中想要主张异端、不信并不属于犯罪之等级,认为不信只是神学上的缺点,只是对上帝的罪。然而,信仰意义上的上帝,不单是一位宗教存在者,而且也是政治存在者、法律存在者,是王中之王,是真正的国家元首。"没有权柄不是出于上帝的。权柄是上帝的佣人。"(《罗马书》,第13章第1、4节)所以,如果帝王家的威严、高贵和荣誉之法律概念也对上帝用得上,那么,理所当然的,犯罪之概念也适用于对上帝所犯的罪,也适用于不信。上帝怎样,信仰也就怎样。只要信仰还是真理,还是公众的真理,那它就毫无疑问地认为一定是每个人都要求信仰,每个人都有责任去信仰。——还要注意一点,即基督教教会对异端者如此地切骨痛恨,以至于根据教规来看即使有异端之嫌疑也是犯罪。"根据教规,实际上嫌疑也构成

---

① 参看《使徒行传》,第9章。——译者

犯罪,而这在民法中是没有的。"(波美尔,前书,第 5 卷,第 7 章,§23—42)

虽然基督也命令要爱敌人,[①]但是,仅以私人的敌人为限,并不包括上帝的敌人、信仰的敌人在内。"基督我主不是命令我们要爱我们的敌人吗?那么,大卫为什么指着恨恶恶人的会、不与背神者同坐而自夸[②]呢?……为了人格的缘故,我应当爱他们;但是,为了教义的缘故,我又应当恨他们。既然上帝命令和希望人们单单信靠他的话,那么,如果不恨他们,那就必然要恨上帝了。……凡是我不能跟上帝一起爱的,我就应当恨;只要他们传布某种违背上帝的东西,那么,所有的爱跟友谊就都消失了:我恨你,不以好心对你。因为,信仰应当高于一切,当上帝的言语受到攻击时,就要以憎恨对之,不能再爱了。……大卫的意思是说:我恨他们,并不是因为他们加患难于我,并不是因为他们过着邪恶的生活,而是因为他们轻视、伤害、诽谤、歪曲和迫害上帝的言语。""信仰与爱是两回事。信仰并不忍受什么东西,而爱却忍受一切东西。信仰诅咒,爱祝福;信仰找机会复仇和惩罚,爱则找机会宽容和宽恕。""信仰宁愿一切被造物都没落而不愿让上帝的言语没落和让异端站立住;因为,人们将由于异端而失去上帝本身。"(路德,第 6 卷,第 94 页,第 5 卷,第 624、630 页)关于这一方面,也可以参见我的载于《德意志年鉴》中的《一篇神学评论之剖解》以及奥古斯丁的《诗篇第 138 篇(第 139 篇)说明》。正像路德把人格区分出来一样,在这

[①] 《马太福音》,第 5 章第 44 节。——译者
[②] 《诗篇》,第 26 篇,第 5 节。——译者

里,奥古斯丁把人从上帝的敌人、不信者里面区分出来,说我们应当恨恶人里面的背神性,但却又应当爱人里面的人性。但是,在信仰看来,跟信仰区分开来的人、没有信仰的人、没有上帝的人,又算得了什么呢?一无所是;因为,信仰乃是一切实在性、一切可爱性、一切良善的东西和有本质的东西之总和,只有这信仰才理解和占有上帝。虽然作为人的人乃是上帝的影像,可是,这里只是指属自然的上帝,只是指作为自然之创造者的上帝。然而,创造者只是"外观的"上帝而已;真正的上帝,"在自己里面"的上帝,"上帝之内在本质",乃是三位一体的上帝,尤其是基督(见路德,第14卷,第2—3页,以及第16卷,第581页)。而这个真正的、本质的、基督教式的上帝之影像,只是信者,只是基督徒。并且,人自在自为地并不是为了自己的缘故,而是为了上帝的缘故才应当被爱(奥古斯丁:《论基督教教义》,第1卷,第27、22章)。如此,既然没有信仰的人丝毫也不跟真正的上帝有什么相类似、共同的地方,那他怎么会是爱之对象呢?

[XXIII]

信仰使人跟人分离,用超自然的统一——信仰之统一——来代替基于自然的统一和爱。"基督徒不仅要有自己独特的信仰,而且也要有自己独特的生活……使徒说过:'你们不可跟不信者同负一轭。'①……可见,在我们跟他们之间,存在有最大的分割。"(希

---

① 《哥林多后书》,第6章第14节。——译者

罗尼摩斯:《致凯兰第亚夫人书信》)"没有信仰之一致,怎能谈得上婚姻呢?有多少人,就是由于爱其妻子而叛变了自己的信仰!"(安布罗兹,书信第 70,第 9 卷)"因为,基督徒不可以跟异教徒或犹太教徒结婚。"(伦巴底的彼得,第 4 卷,第 39 篇,第 1 章)这种割离也绝不是非《圣经》的。相反,我们看到,教父们正是引证《圣经》的。使徒的关于异教徒跟基督徒之间的婚姻的一段著名的经文,①只是关系到在信仰以前已经成立的婚姻,并不是关系到正待结合的婚姻。关于这一方面,可以参看伦巴底的彼得在上引书中是怎样说的。"最初的基督徒不认,并且塞耳不听一切想叫他们远离对属天的报酬的希望的亲戚们。——他们是依靠福音的力量才得以如此坚定的,为了福音的缘故,一切血统之情都遭到了轻视;跟基督结为兄弟,远远胜过天然的弟兄之情。——对我们来说,祖国和俗名并不可爱,并且,只要我们的父母有一些要劝我们违背主的表示,那我们就要厌恶他们了。"(高·阿诺德:《初期基督徒真像》,第 4 卷,第 2 章)"'爱父母过于爱我的,不配作我的门徒。'(《马太福音》,第 10 章第 37 节)……在这一点上,我并不把你们认作父母,而是把你们认作仇敌……我跟你们有什么相干呢?除了罪恶和不幸以外,我从你们那里得到什么呢?"(伯尔拿,书信第 111:《代修女爱利亚寄父母书信》)"请听伊西多尔的话:许多属灵者、教士……就是为了自己父母的现世幸福而失去了自己的灵魂。……上帝的仆人,若为自己父母的幸福操心,那就脱离了上帝的爱。"(《论良善生活方法》,话篇第 7)"应当把每一个信主的人当作你自己的弟兄。"

---

① 参看《哥林多前书》,第 7 章第 12 节起。——译者

（同上，话篇第 13）"安布罗兹说过，我们应当爱我们所施洗的孩子远远胜于爱我们肉体生养出来的孩子。"（伦巴底的彼得，第 4 卷，第 6 篇，第 5 章）"孩子是带着罪被生出来的，在罪没有得赦免以前，并不继承永生……因为在孩子里面毫无疑问的有罪存在，因而，在异教徒们的留在罪里面的孩子跟教会里面为上帝所悦纳的孩子之间，必定有一系列的区别存在。"（密朗赫顿：《论小孩洗礼》，第 2"论证"。也可参看上面援引来证明基督教信仰范围内的爱之局限性的布丢斯著作中的章节。）"不可以跟异端者一起祈祷或唱诗。"（《卡尔塔格第四届宗教会议》，第 72 教规，见卡兰萨：《宗教会议大全》）"对于那些不是天主教基督徒的人，即使是自己的血缘亲属，主教或教士们也不应当赠给他们一丝一毫的东西。"（《卡尔塔格第三届宗教会议》，第 13 教规，见同上）

信仰具有宗教之意义，而爱却只具有道德之意义。新教特别明确地肯定了这一点。既然说爱并不使人在上帝面前成为义人，只有信仰才使人在上帝面前成为义人，那么，这正就说明爱并不具有宗教力量和宗教意义。（见《奥格斯堡派信仰之辩护》，第 3 条："论爱与法律之成全"）在这里，有这样的话："由此，经院学者们关于上帝的爱所说的话，乃是一个梦；在我们通过信仰而认识和理解慈爱以前，是不可能对上帝有所爱的。因为，只有这样，上帝才成为可爱的对象（objectum amabile），才成了可爱的、福乐的容貌。"可见，在这里，慈悲、爱被当作是信仰所固有的对象。当然，在最初，信仰跟爱的区别也仅仅在于爱是在自身之中设定的，而信仰是在自身之外设定的。"我们相信，我们的义、得救和安慰，是在我们以外。"（路德，第 16 卷，第 497 页。又参见第 9 卷，第 587 页。）当然，在新教意义上的信仰，乃是对罪之赦免的信仰、对恩典的信仰，是对作为为人而死和受难的上帝的基督的信仰；这样，为了要获得永远的福乐，人在自己这方面唯独应当做的，就是要以舍己精神，也即以信仰、信靠来承认上帝的舍己为人。但是，上帝之成为信仰的对象，不单单是作为爱而已。相反，信仰本身的特征的对象却是作为主体的上帝。换句话说，难道一位丝毫无功于人、唯利是图、迫切追求虚荣的上帝，这样一位自私的上帝，也是爱之上帝吗？

由信仰里面产生出来的道德，仅仅以跟自然、跟人的矛盾为其原则和准则。正像信仰之最高对象乃是那最跟理性相矛盾的对象——圣餐——一样，必然的，那对信仰保持忠实和唯命是从的道德，其最高的德行乃是那最跟自然相矛盾的德行。教条式的奇迹，导致彻底道德的奇迹。反自然的道德，乃是超自然的信仰之属自然的姊妹。正像信仰是在人以外来克服自然一样，信仰之道德乃是在人里面来克服自然。旧教尤其发展了这种付诸实践的超自然主义——其警句式的尖端，乃是"童贞：天使的姊妹，美德之女王，一切良善之母亲"（布希尔：《宗教探求心》，见《全集》，第6卷，第151页）——；因为，新教只坚持基督教之原则，却任意地、独断地删除这个原则的必然推论，新教只关心基督教信仰，却并不关心基督教道德。在信仰中，新教把人放到初期基督教之立足点上去，而在生活中、在实践中、在道德中，却又把人放到基督教以前的、异教式的或旧约式的、亚当式的、属自然的立足点上去。在乐园里，上帝曾定下了婚姻，因此，在今天，上帝所说的"你们要生养众多"这句话，对基督徒也还是成立着的！基督只是劝那些适宜于不结婚的人不要结婚。贞洁是一种超自然的赏赐；不能要求每一个人都做到。但是，信仰不也是一种超自然的恩赐吗？既然它是上帝的特殊恩典，像路德说过无数遍的那样，是一个奇迹行为，那又何以要以此来命令我们所有的人呢？这样一来，不就等于命令我们"扼杀、残害和损伤"我们的属自然的理性吗？在我们里面有一种绝对不去相信和接受任何跟理性相矛盾的东西的意向，这种意向，不也是跟性的意向（性欲）一样地自然、一样地强烈、必然吗？如果我们因为自己独自太软弱而应当祈求上帝赐给我们信仰，那我们为什么不应当由于同样的理由而哀求上帝赐给我们贞洁呢？如果我们恳切哀求，他还会不肯赏赐给我们吗？绝不会！就是说，我们能够把贞洁和信仰都看作是一种普遍的诫命，因为，凡是我们靠自己而不能做到的，我们就靠上帝来做到它。反对贞洁，就是反对信仰；赞成信仰，就是赞成贞洁。二者形影不离；有超自然的信仰，就必然有超自然的道德。新教割断了这根纽带；在信仰里面，它肯定基督教，而在生活中、在实践中，它又否定基督教，它承认属自然的理性、人之自决权，恢复人原来的权利。它之所以要摒弃不婚、贞洁，并不是因为后者跟《圣经》相矛盾——《圣经》其实是跟它相一致的，而是因为它跟人、自然相矛盾。"但是，谁向往孤独生活，谁就是取掉'人'的名称，证明自己是个天使或灵……既然没有人会因为人们天天又吃又喝而感到惊奇，那么，如果认为一个人竟应当荒唐到因了男人娶女人而感到惊奇，或者，认为每一个人都应当为此感到羞耻，那就可怜之至了。这种来自属人的本质的需求，难道还用得着怀疑和惊奇吗？"（路德，第 19 卷，第 368、369 页）可见，女人对于男人，像食物对于人一样地必不可缺。然而，我们看到，在《圣经》里面，不婚被赞美成为是一种可嘉的、从而是可能的、可以达到的状态；那么，上面这种对贞洁之可能性与现实性所采取的不信仰态度，怎样跟《圣经》相一致呢？不能！它直接跟《圣经》相矛盾。在道德之领域中，新教由于自己的实践感和理智，也即出于自己的力量和权力，否定了基督教式的超自然主义。对它来说，基督教只存在于信仰之中而并不存在于法权、道德、国家之中。虽然爱——道德之总和——是基督徒之本质重要的特征，如果没有了爱，如果信仰并不是通过爱来表现的，那就无所谓信仰，无所谓基督教了；然而，爱只不过是信仰之外在表现而已，只是一种后果，只是某种属人的东西而已。"只有信仰才跟上帝有来往"，"信仰使我们成为神灵"，而爱却使我们成为人，并且，正像信仰仅仅为了上帝一样，上帝也仅仅为了信仰，换句话说，只有信仰才是人里面属神的东西、属基督的东西。永恒的生命属于信仰，而现世的生命属于爱。"早在基督来临以前，上帝就已经将这暂时的属地的生命赐给整个的世界，说道：要爱上帝和邻人。①此后他就也把他的儿子基督赐给世界，使我们靠了他并且在他里面也得到永恒的生命……摩西和律法属于今世生命，但是，为了彼世生命，我们却必须要有主。"（路德，第16卷，第459页）可见，虽然爱也是基督徒所必具的，但是，基督徒之所以为基督徒，却只是凭着他信仰基督。诚然，为邻人服务——不管是何种方式、何种状况和何种使命的服务——就是事奉上帝。然而，那我以履行属世界的或属自然的职责来事奉之上帝，就也只是普遍的、属世界的、属自然的、基督以前的上帝。政府、国家、婚姻，在基督教以前便已存在，它们是上帝的命

---

① 参看《马太福音》，第22章第37—40节。——译者

定、安排；只是，这样一位上帝，还没有启示自己成为真正的上帝——基督。基督跟所有这些属世界的事物毫不相干，他对它们漠不关心。但是，正因为这样，故而任何一种属世界的使命和身份都跟基督教配得上；因为，只有信仰才是真正的、属基督的事奉上帝，从而，到处都可以事奉上帝。新教只在信仰里面管束人，其余的事就不闻不问了；但是，这却只是因为一切其余的东西都跟信仰无关。诚然，基督教道德之戒律也管束着我们，例如：不要自己伸冤①等等；但是，它们只适用于作为私人的我们，并不适用于作为公人的我们。世界按照它自己的规律被统治着。旧教把"世俗的王国跟属灵的王国混淆起来"，换句话说，它想通过基督教来统治世界。但是，"基督来到地上，并不是为了让奥古斯都王统治他的帝国，并不是为了教导他应当如何统治。"（路德，第16卷，第49页）世俗统治开始之处，就是基督教停止之处——在那里，世俗的正义、剑、战争、诉讼起着作用。作为基督徒，我毫无反抗地听让人家把我的外套偷去，但是，作为公民，我就按照我个人的权利而重新要求我的外套。"福音并不废除自然法权。"（密朗赫顿：《惩罚之研究》。关于这一方面，也可参阅黑姆尼兹的《神学研究》中的"论惩罚"。）简言之，新教是基督教之实践上的否定，是属自然的人之实践上的肯定。诚然，新教也命令人要禁欲，要否定属自然的人；但是，一方面，对它来说，这种禁欲、否定已不再具有任何宗教意义和宗教力量，并不使人成为义人，换句话说，并不使人取悦于上帝，并不使人福乐，另一方面，新教里面的禁欲并不跟属自然的理性和

---

① 《罗马书》，第12章第19节。——译者

道德所要求于人的制欲区别开来。新教把基督教信仰之必然的实践的归结推延到彼世、天国,也即实实在在把它否定掉了。只有在天国里,新教之属世界的立场才被舍弃,在那里,我们不再结婚,只有在那里,我们才成了新的被造物;但是,在现世,我们一切都原封不动,"一到彼世,外在的生活就被改变,因为,基督并不是为了改变被造物而来的。"(路德,第15卷,第62页)在新教里,我们一半是异教徒,一半是基督徒,一半是地上的公民,一半是天国的公民。但旧教丝毫也不知道这种划分、分割、分裂。凡是它在天国中、也即在信仰中加以否定的,它就尽可能在地上、也即在道德中也加以否定。"要有伟大的毅力和高度的谨慎小心,才能够克服你生来所具有的,要每天跟你自己作斗争,才能够在肉体里面而不是属肉体地生活着。"(希罗尼摩斯:《致傅利亚书信》)"你越是抑制和压制本性,就越是有伟大的恩典流到你里面去。"(托马斯·阿·坎比斯:《效学基督》,第3卷,第54章)"应当有勇气和有力量去做和接受跟本性相矛盾的事。"(同上,第49章)"哦,我主!人要成为真正福乐,就得为了你的缘故逝别一切被造之物,竭力压制本性,在灵之炽热之中把肉体和私欲钉上十字架。"[①](同上,第48章)"但是,很遗憾的,在我里面还是活着旧人,[②]他还没有整个的被钉上十字架。"(同上,第34章)并且,这些话绝不只是《效学基督》的作者的虔诚的个性之表现而已;它们乃表现出旧教之真正的道德,这道德,是圣者们以自己的生活来确证了的,是极其世俗的教会元首也

[①] 参阅《加拉太书》,第5章第24节。——译者
[②] 参阅《以弗所书》,第4章第22节。——译者

认可的。(参阅例如圣伯尔拿的《教皇亚历山大三世1164年授圣职大典》)由于这种纯粹消极的道德原则,就使得旧教里面甚至下面这样粗鲁的见解也能够和敢于发表出来,这见解就是:即使并不是以对上帝的爱作为动机,单单的殉教就可以获得属天的福乐。

当然,旧教在实践中也否定基督教之超自然主义的道德;但是,虽然同样是否定,其意义却就本质上不同于新教;它的否定,只是一种对事实的否定,并不是对法规的否定。旧教徒在生活中否定了他应当在生活中肯定的东西——例如,誓守贞洁,虽然如果他至少还是一个虔诚的旧教徒的话,他愿意肯定,但是,就事情之本性而言却是不能够肯定的。换句话说,他主张自然权利,他满足私欲;一句话,他是一个跟自己的真正本质、自己的宗教原则和良心相矛盾的人。"很遗憾的,在我里面还是活着旧(也即现实的)人。"旧教对世界证明,基督教之超自然的信仰原则,如果被应用于生活,被当作道德原则,那就要产生出非道德的、根本有害的后果。新教就是利用这个经验,或者不如说是这个经验促成新教。因此,它使对基督教的非法的——当然,只有在真正的旧教看来才是非法的,至于变了质的教会,那就不觉得这样做是非法的了——、实践上的否定,成为生活之法则、规范:在生活中,至少在今世生活中,你们能够而且也应当不做基督徒,不做特殊的、超乎人的存在者。并且,在自己的囿于基督教之中的良心面前,它甚至又由基督教来使这种对基督教的否定合法化,把这种否定解释成为属基督的。所以,毫不奇怪的,到了最后,现代的基督教不仅把实践上的,而且也把理论上的,从而整个的对基督教的否定,冒充为基督教。然而,另一方面,当我们把新教描述成为信仰跟生活的矛盾,把旧教描述成为信仰跟生活的统一时，不言自明，我们都只是指其本质、原则而已。

信仰为了上帝而牺牲人。以人为牺牲品，甚至乃是包含在宗教之概念里面的。流血的人祭，只是使这个概念戏剧化而已。"亚伯拉罕因着信，被试验的时候，就把以撒献上。"(《希伯来书》，第11章第17节)"亚伯拉罕多么伟大，他自愿将他的独生子杀死……耶弗他把他的童贞女儿献祭，①因而，被使徒列在圣者之中。"(希罗尼摩斯：《致尤利安书信》)在基督教里，只有靠着血——这血乃是人子之否定——才止住了上帝的愤怒，使上帝跟人和好。因此，一个纯粹的、无罪的人，必然作为牺牲品而死去。只有这样的血才是宝贵的，只有这样的血才有和解力。并且，在圣餐礼中，为了加强和坚定自己的信仰，基督徒们还吃这为了缓和上帝的愤怒而在十字架上流出的血。但是，为什么要用酒来代表血，用饼来代表肉呢？目的乃在于使人不觉得基督徒实实在在在吃人肉、喝人血，使属自然的人、也即真正的人不会因为看到实在的人肉和血而在基督教信仰之神秘面前退避三舍。"为了使属人的软弱不致因为吃肉和喝血而惊惶失措，故而基督愿意用饼和酒的形态来掩饰它们。"(伯尔拿，同前，第189—191页)"按照基督的吩咐，肉和血要在另外的形态下被享受到，这里面有三个缘故。首先，这样一来，那跟不可见的事物发生关系的信仰就有功可论了。其次，这样一来灵魂就不会对眼睛所看到的东西感到惊惶失措，因为，我们不习惯于吃肉和喝血。最后，这样一来，就可以不让不信者来侮辱基督

---

① 事见《士师记》，第11章第29节起。——译者

教……不会因为我们喝被杀的人的血而嘲笑我们了。"(伦巴底的彼得,第4卷,第11篇,第4章)

但是,流血的人祭一方面表现出对人的至高的否定,另一方面却同时又于中表现出对人的至高的肯定;因为,用活人来给上帝献祭,正是由于人的生命被认为是至高无上的东西,正是由于牺牲人的生命是最痛心的,是需要最大限度的克制力的。跟这个一样,圣餐跟属人的本性的矛盾,也只是一种外表上的矛盾。其实,正像圣伯尔拿所说的,肉和血是用酒和饼来掩饰的,换句话说,实际上吃的并不是肉,而是饼,并不是血,而是酒。即使不论这一点,圣餐之神秘也消解成为吃喝之秘密。"……所有古代的基督教说教师……都教导说,基督的肉体不单在精神上跟信仰同在——在圣礼之外也有信仰——而且,也在嘴中跟信仰同在,不仅为有信心的、虔诚的基督徒所领受,而且,也为配不上的、没有信心的、虚假的和邪恶的基督徒所领受。""这样,乃是两方面来吃基督的肉,一个是精神方面……但是,这种精神方面的吃,不外乎就是信仰……另外一种是嘴中的或圣礼式的吃。"(《教典全书》,《教条集》,第7条)"嘴巴属肉体地吃基督的肉体。"(路德:《反对盲信者》;第14卷,第417页)那么,圣餐的特有的差异是以什么为基础的呢?吃和喝。在圣礼之外,上帝是属精神地被享受到的,而在圣礼里面,则是感性地、属嘴巴地被享受到,也即被喝和被吃——属肉体地被同化、消化。但是,如果你把你自己的肉体看作是配不上上帝的工具,那你怎么能够在你的肉体里接纳上帝呢?难道你把酒倒进水桶里去吗?难道你不是恭而敬之的用一只特殊的酒杯来盛放酒吗?难道你用你的手或嘴唇来接触使你作呕的东西吗?你不是由此而把美的东西单单解释成为值得接触的东西吗？当你用手和嘴唇来拿住和接触神圣的东西时，你不是把手和嘴唇说成是神圣的吗？由此，如果上帝被吃和被喝，那就说明吃和喝是属神的行为了。圣餐就说明这一点，只是，是以一种自相矛盾的、神秘的、隐蔽的方式来说明的。然而，我们的任务就在于公开大方、清楚明确地说明宗教之神秘。生活就是上帝，享受生活就是享受上帝，真正的生活喜悦，就是真正的宗教。但是，吃喝之享受也是生活享受之一。因而，既然一般地生活应当是神圣的，那么，吃和喝就也必然是神圣的。难道这样的坦白是不虔吗？那么，请注意，这种不虔就意味着分析、解明、坦率说明宗教本身的秘密。前面已经指出，宗教之一切秘密，最终都消解于属天的福乐之秘密里面。但是，属天的福乐只是那摆脱了现实之限制的极乐而已。基督徒像异教徒一样也向往极乐。区别仅仅在于，异教徒把天搬到地上，而基督徒把地搬到天上。现在存在着的、实际被享受到的东西，是有限的东西；而现在不存在着的、仅仅被信仰和被希望着的东西，乃是无限的东西。

[XXIV]

基督教是一个矛盾。它既是上帝跟人的和解，同时又是其不睦，既是其统一，同时又是其对抗。这个人格化了的矛盾，就是神人——在他里面，神性与人性的统一，既是真理又是非真理。

前面已经提出过，如果基督是上帝，如果基督既是人而同时又是一个另外的存在者、一个被表象成为不能够受难的存在者，那么，他的受难就只是幻象而已。因为，他的受难，对作为人的他来说是一回事,而对作为上帝的他来说又是另一回事。作为人的他所供认的东西作为上帝的他又把它否认掉了。他只是外表上受难,内底里却没有受难;换句话说,他只是外表上表现得似乎在受难,实际上却并没有受难,因为,他只是按照形态、仪表、外貌来说才是人,而实际上、本质上——信者就只信这个本质上的基督——他乃是上帝。只有假如他作为上帝同样也受难,那才算是真正的受难。凡是不被纳入上帝本身之中的,就也不被纳入真实性、本质、本体之中。但是,如果说基督徒一部分间接地、一部分直接地已经承认他自己的最高的、最神圣的神秘乃只是幻象、做作而已,那就难以令人相信了。然而,就是这种做作,奠定了彻底非历史的、①戏剧式的、虚幻的《约翰福音》。这一点,尤其表现于唤醒拉撒路一事,在这里,全能的主宰生死的命令者,显然是为了显示自己的人性的缘故,竟流下了眼泪,并公然说道:"父啊,我感谢你,因为你已经听我。我也知道你常听我,但我说这话,乃是为周围站着的众人,叫他们信是你差了我来。"②现在,基督教教会把这种福音式的做作一直发展成为公开的冒充。"同一位基督,既受难而又不受难……按他的被采取的肉体而言,他确是受难,为的是使大家把被采取的肉体看作实在的肉体。但是,按照道之不能够受难的神性而言,他又并不受难……可见,他在死里面而又是永远不死的,在受难里面而又是不能够受难的……为什么你把形体之苦楚归给

---

① 因了这个主张,我参阅吕最尔别格的《论教会式的使徒约翰及其著作的传统之无根据》和勃·鲍威尔的《四福音史批判》(第三卷)。——著者

② 见《约翰福音》,第 11 章第 42—44 节。——译者

神性,把属人的苦痛之弱点跟属神的本性联在一起呢?"(安布罗兹:《论主的化身》,第4、5章)"按照属人的本性,他之所以在智慧上增长,并不是因为他自己随着时间的推移而越来越聪明……而是他随着时间的推移渐渐把自己所充满的智慧表明给别人看……他在智慧和恩典方面的增多,乃是为了别人,而不是为了自己。"(格列高里,见于伦巴底的彼得,第3卷,第13篇,第1章)"可见,按照外表和别人的意见,他当时在逐渐增长。所以有人说,他在童年时并不知道父亲和母亲,因为他的举止行为表现出他似乎并不知道他们。"(伦巴底的彼得,同上,第2章)"作为人,他也有所怀疑,作为人,他也曾经说过话(安布罗兹)。看来似乎这些话意味着基督在怀疑时并不是作为上帝或上帝的儿子,而是作为具有属人的情绪的人;但是,不应当理解成为是他自己有所怀疑,而是仅仅应当理解为他像一个有所怀疑者那样地行为着,看来似乎是在怀疑人。"(伦巴底的彼得,同上,第17篇,第2章)在本书第一部分中,我们已经表明了宗教——或者不如说神学——之真理性,而在第二部分中又表明其非真理性。只有上帝跟人的同一性,才是真理;只有当宗教把属人的规定当作属神的规定来肯定时,宗教才是真理,而当宗教——作为神学——否定属人的规定,把上帝当作一个另外的存在者而从人里面分离出来时,宗教就成了虚伪了。这样,在第一部分中,我们就必然证明上帝的受难之真理性;而在这里,我们就有了这种受难之非真理性之证明,并且,这种证明并不是主观的,而是客观的——神学本身就承认,它的最高的神秘,即上帝的受难,只是一种欺骗、幻象而已。那么,我说基督教神学之至高无上的原则乃是伪善,又何尝是说谎呢? 神人不是也并不否认,当他是人的时候他就是人吗？哦,你们来跟我辩驳吧！

所以,只有最最没有批判能力、不真实、信口开河的人——例如,思辨哲学家就是这样——,才会确信基督教只是和解之宗教而并不又是制造不睦的宗教,才会在神人里面只找到属神的本质跟属人的本质的统一而并不又找到二者的矛盾。基督只是作为人而受难,并不是作为上帝而受难——但是,能够受难,乃是实在的人性之标志——,他并不是作为上帝而被生养出来、在知识上增长和被钉上十字架;这就是说,一切属人的规定都跟作为上帝的他远隔千里。我们撇开有些人所谓基督既是真正的上帝又是真正的人那样的主张不管,则属神的本质在化身为人以后仍旧跟未化身为人时一样跟属人的本质分裂开来,因为任何一个本质都排斥另一个本质之规定;虽然二者应当结合成为一个人格性,但是,结合的方式乃是不可思议的、神奇的,也即不真的、跟二者相互之间的关系之本性相矛盾的。即使是路德派——也包括路德自己——,虽然如此中肯地断定属人的本性与属神的本性在基督里面的协同和合而为一,却也并没有超越出二者的不调和的不睦。"上帝是人,人是上帝;但是,无论是二者的本性还是属性,都并不因此而相互混合起来,相反,每一个本性都保持其特有的本质和属性。""按照被采取的属人的本性,上帝的儿子真的受难和真的死去,虽然属神的本性既不能够受难又不能够死去。""可以这样说:上帝的儿子受难。因为,虽然作为神性的那个部分(可以说是部分)并不受难,然而,上帝所是的人格却在作为人性的那另一个部分中受难。实际上,上帝的儿子为我们而被钉十字架,这个就是上帝所是的人格;因为,是人格按照人性而被钉十字架。"——"人格既行出一切,又接受一切，一个是按照这个本性，另一个是按照那个本性。这一切，博学者是了解得很清楚的。"(《教典全书》，《教条集》，第8条)"被杀害的乃是上帝的儿子和上帝自己：因为，同一个人格既是上帝又是人。因此，上帝被钉在十字架上而死，成了人；这里并不是指单独的上帝，而是指跟人性合而为一的上帝；不是按照神性，而是按照他所采取的属人的本性。"(路德，第3卷，第502页)这样，两个本性之联合，乃只是在人格中，也即只是在专门名词中，只是按照名称，而并不是在本质中，并不是在真实之中。"当人们说上帝是人或人是上帝时，这样的命题乃是人格式的命题，因为它以基督里面人格式的合而为一为前提；因为，如果两种本性不是这样地在基督里面合而为一，那我就绝不能说上帝是人或人是上帝了……但是，显而易见，一般情况下这两种本性不可能相互结合起来，从而就不可以这样说，属神的本性就是属人的本性，或者，神性就是人性或人性就是神性。"(布丢斯，前书，第4卷，第2章，§11)可见，属神的本质与属人的本质在化身之中的统一，只是一种欺骗、幻象而已。这种统一，也是基于上帝与人的古老的分裂，并且，当这种分裂隐蔽在统一之假象、幻象后面时，它的危害性就越是大，它也就越是可恶。因此叟赛纳主义否定三位一体，否定神人的合成体，也绝不说明它是肤浅的；相反，它是彻底的、真实的。上帝是一个三人格的存在者，但同时他又应当是极其单纯的，应当是最单纯的存在者，这样，单纯性就否认了三位一体；上帝是神人，但神性却不应当被人性所触及或扬弃，换句话说，神性本质上是跟人性格格不入的；这样，属神的规定与属人的规定的不可合一性就否认了两种本质的统一性。这样，我们在神人本身里面就已经有了神人之否认者、势不两立者——唯理主义——,只是,在这里,这唯理主义同时又跟自己的对立面纠缠在一起。这样说来,叟赛纳主义所否定的东西,其实信仰本身也加以否定,只是它同时又自相矛盾地主张之而已;叟赛纳主义只是否定了一个矛盾,否定了一个非真理而已。

然而,基督徒又把上帝的化身当作爱之伟迹来加以赞美,当作上帝的自我牺牲、上帝对自己的尊严的放弃——爱战胜上帝（Amor triumphat de Deo）①——来加以赞美,因为,上帝的爱,如果它不被理解成为他跟人的区别的实在扬弃,那就成了空话。所以,在基督教之中心点,我们有了在本书结束处所阐述的信仰与爱的矛盾。信仰使上帝的受难成为假象,而爱却使其成为真理,因为,化身之真正的、积极的印象,仅仅基于受难之真理性。所以,一方面我们强调属人的本性与属神的本性之间的矛盾和分裂;另一方面,我们必须也同样程度地强调二者的协同和统一,借了这种协同和统一,上帝实实在在是人,而人实实在在是上帝。因此,在这里,雄辩地、百驳不倒地,并且又显明地证明了,基督教之中心点、最高对象,不外就是人;证明了,基督徒把属人的个体当作上帝来敬拜,又把上帝当作属人的个体来敬拜。"这个由童贞女马利亚生出来的人,乃就是那创造天地的上帝本身。"（路德,第 2 卷,第 671 页）"我指着化身为人的基督说道:这是上帝的儿子。"（路德,第 19 卷,第 594 页）②"使人死而复活,在天上和地上具有一切裁判权和

---

① 圣伯尔拿语。——译者

② 费尔巴哈标明的这两段引文的出处,是错误的,不可为据。——据德文本编者

一切暴力,执掌万有,使万有屈服在自己脚下,完璧无瑕等等……这一切属神的、无限的属性,根据圣经的说法,又给予和分给作为人的基督。""所以,我们相信、教导和承认,人子……现在不仅作为上帝,而且也作为人而知道一切、能够行一切、视察一切被造物。""这样,我们谴责和诅咒下面这样的看法,即认为他(上帝的儿子)按照属人的本性自然而然没有能力获得属神的本性所具有的那种全能以及别的属性。"(《教典全书》,《教条集》,第8条)"由此可知,我们也应当虔诚敬拜作为人的基督。"(布丢斯,同前,第4卷,第2章,§17)教父们和旧教徒们也这样明白地教导,例如:"应当以同样的敬拜来敬拜基督里面的神性和人性……神性跟人性,通过人格式的合一而紧密联系在一起,换句话说,基督的人性或作为人的基督,也能够是属神的尊崇之对象。"(《经院神学》,有关托马斯·阿奎那的一部分,美兹格著,第4部,第124页)虽然说被敬拜的不是自为的人,不是自为的肉和血,而是跟上帝联在一起的肉,因此,礼拜不是对着肉或人的,而是对着上帝的;然而,在这里,情形跟对圣者和影像的膜拜一般无二。圣者只是在影像中受到尊崇,上帝只是在圣者中受到尊崇,因为人们敬拜的是影像、圣者本身;同样,上帝只是在属人的肉里受到敬拜,因为属人的肉本身受到敬拜。上帝成为肉、人,乃因为根本上人就已经是上帝了。倘若你认为属人的肉是某种不纯洁的、低等的、配不上上帝的东西,那你怎么会想到使属人的肉跟上帝发生如此密切的关系和接触呢?如果属人的肉之价值、高贵并不包含于其自身之中,那你为什么不使别的肉、动物的肉成为圣灵的居所呢?虽然说人只是工具,上帝"在它之中利用它和通过它"来行事,"就像灵魂在肉体中的情形一样"。然而,这样的托辞,也被上面所说的反驳掉了。上帝之所以选择人做他的工具、他的肉体,乃是因为只有在人里面他才找得到配得上自己的、适合于自己、乐意的工具。如果人是无足轻重的,那上帝为什么不化身为动物呢? 可见,上帝只是由人那里出来,又进到人里面去。上帝在人里面的显现,只是人的属神性与尊贵性之显现。Noscitur ex alio, qui non cognoscitur ex se(凡是不由自己而被认识的,就由别人而被认识)——这句老话在这里也用得上。上帝由人而被认识,他通过自己亲自与人同在和居住在人里面来向人致敬,也即被认识为属人的存在者,因为,某者所偏爱、拣选、垂爱的东西,本身就是某者自己的被对象化了的本质;而人由上帝而被认识,也即被认为属神的存在者,因为,只有配得上上帝的东西,只有属神的东西才能够是上帝的对象、工具和居所。虽然说除了这位耶稣基督以外再也没有另外一个人被尊崇为上帝,然而,这种根据也是虚空的。基督虽然也是一个,但却代表着全体。他像我们一样是人,"是我们的弟兄,我们是他肉中之肉,骨中之骨"。因而,每一个人都在基督里面认识到自己,每一个人都在基督里面发现自己被代表着。"肉和血决无差错。""在耶稣基督我们的主里面,我们里面的每一个人都有一部分肉和血在内。因此,什么地方我的身体在支配着,我就相信我自己在支配着。什么地方我的肉改变成为容光焕发,我就相信我自己大有荣耀。什么地方我的血在统治,我就以为我自己在统治。"(路德,第16卷,第534页)"记住,上帝的儿子的肉体,乃是我们的肉体之理念。那么,由于尊崇你们的肉体之理念,你们就也应当看重你们自己的肉体。"①（米利基乌斯的关于肺的演说，见《密朗赫顿演说集》，第2部，第174页）这样，就有了这样一个不可否认的、百驳不倒的事实：基督徒把属人的个体当作最高的存在者、当作上帝来敬拜。当然，并不是有意识的这样做；因为，这正是构成了宗教原则之幻象。但是，如果在这个意义上来说，那么，异教徒也不是敬拜偶像了；因为，对他们来说，偶像并不是偶像，而是上帝本身。然而，他们敬拜的还是偶像，而基督徒所敬拜的同样也是属人的个体，虽然他们嘴上无论如何不会承认这一点。

[XXV]

人是基督教之上帝，人本学是基督教神学之秘密。

基督教之历史，其任务正不外乎就是要揭露这个秘密，就是要把神学实现和认识成为人本学。新教跟旧教——古代的、只存在于书本中、不再存在于现实之中的旧教——之间的区别，仅仅在于后者是神学，而前者是基督学，换句话说，是（宗教式的）人本学。旧教有一位超自然主义的、抽象的上帝，他不同于属人的存在者，是一个非属人的存在者，是一个超乎人的存在者。旧教道德之目

---

① 在这句早在公元1557年就说出来的简短的话中，真正说来已经解决了基督教与神学之秘密。既然上帝的肉体是我们的肉体之理念，那么，一般地，上帝的本质就必然也就是我们的本质之理念。换句话说，上帝的本质就是我们的本质，但却并不是作为实在的或者跟我们实在的个体等同的本质，而是作为一个借助于思维而从我们里面抽离出去的、借助于幻想而在这种被抽离的状态中被独立化、人格化了的本质。——著者

的——效学上帝——仅仅在于使人不成其为人,使人胜过人,也就是说,使人成为一个属天的、抽象的存在者,成为一个天使。但是,一种宗教之本质,仅仅在道德之中才实现和显示出来;只有道德,才判定一种宗教信仰是真理还是怪物。因此,一位超乎人的、超乎自然的上帝,只有当他导致一种超乎人的、超乎自然的或不如说违背自然的道德时,才是一个真理。与此相反,新教并没有超自然主义的道德,它只有属人的道德,这种道德,来自血肉,并且为了血肉;从而,新教的上帝,它的真正的、实在的上帝,至少不再是什么抽象的、超自然主义的存在者,而是由血和肉组成的存在者。"魔鬼很不愿意地听到说,我们的肉和血是上帝的儿子,甚至就是上帝本身,在天上支配着一切。"(路德,第 16 卷,第 573 页)"除了基督以外就没有上帝,基督在哪里,神性就整个儿的在那里。"(路德,第 14 卷,第 403 页)旧教在理论中和在实践中都有着这样一位上帝,这位上帝,虽然有爱、人性之宾词,却还是一位自为的存在者,从而,人要达到他,就只有反对自己,否定自己,抛弃自己的自为的存在。与此相反,新教所具有的上帝,至少在实践中、就本质而言已不再是一个自为的存在,而只是一个为了人的存在,只是一个造福于人的存在。然而,在旧教里面,礼拜之最高活动是"基督弥撒",是人之牺牲——就是这位基督,就是这被钉在十字架上的血和肉,在"圣体"之中为上帝而被牺牲。与此相反,在新教里面,礼拜之最高活动乃是上帝之牺牲,是"上帝的恩赐";上帝为了使人享受而牺牲自己、舍弃自己(见路德,例如第 20 卷,第 259 页,第 17 卷,第 529 页)。在旧教中,(基督的)人性是(基督的)神性之属性、宾词——上帝是人。与此相反,在新教中,(基督的)神性是(基督的)

人性之属性、宾词——人是上帝。"在过去,一些最伟大的神学家们就是这样做的,他们从基督的人性飞向神性,并且单单依靠神性;他们认为,人们不应当知道基督的人性。但是,人们在上升到基督的神性并依靠其上时,必须也不要丢弃基督的人性,不要单单局限于基督的神性。——关于上帝或上帝的儿子,你不应当知道别的什么,你只应当知道——像经上所说的——他是为童贞女马利亚所生,化身为人。——谁得到了他的人性,谁也就有了他的神性。"(路德,第 4 卷,第 592、598 页)①说得简单一些:在旧教中,是人为了上帝,与此相反,在新教中,是上帝为了人。②"耶稣基督我们的主,为我们而得胜、为我们而诞生、为我们而受难、为我们而钉十字架、为我们而死和被埋葬。我们的主,为了安慰我们而从死里复活,为了有利于我们而坐在全能的父的右边,为了安慰我们而在将来审判活人和死人。神圣的使徒和亲爱的教父们在他们的信条中就想用'我们'和'我们的主'这样的说话来指出,耶稣基督是我们的,他愿意并且应当帮助我们。""可见,不应当冷淡地阅读或讲说这些话,不应当认为这些话只是指着基督说的,应当知道,它们也是指着我们说的。"(路德,第 16 卷,第 538 页)"我并不知道别的上帝,只知道那位为我而舍身的上帝。"(路德,第 3 卷,第 589 页)③

---

① 因此,在另一处地方,路德对圣伯尔拿和波那文多拉倍加称赞,因为他认为他们曾经如此地强调基督的人性。——著者

② 当然,在旧教中——一般地,在基督教中——上帝也是一个为了人的存在者;但是,只有新教才由上帝的这个相对性中引出真正的效果——人之绝对性——来。——著者

③ 引文出处注有误。——据德文本编者

"上帝是人,他让人占有自己,愿意成为人所占有的,就像男人让女人占有,成为她所占有的一样;难道这不是一件大事吗?但是,既然上帝是我们的,那么,一切事物就都是我们的了。"(第12卷,第283页)"上帝不能是一无所是的死人的上帝,他是活人的上帝。倘若上帝是死人的上帝,那他就正好比是没有妻子的丈夫,好比是没有儿子的父亲,好比是没有奴隶的主人。因为,既然他是丈夫,那他就必须有妻子。既然他是父亲,那他就必须有儿子。既然他是主人,那他就必须有奴隶。不然的话,他就成了一个假定的父亲、假定的主人,也即是无。""上帝既不是一位像异教徒的偶像那样的上帝,也不是一位单单为自己而存在着而并没有什么人向自己呼求和事奉自己的假定的上帝。""既说是上帝,就意味着人们应当从他那里期待和接受一切的善;……倘若他单单为自己而在天上做上帝,并不使人有所盼望,那他就只是一位坚硬如石、枯萎如稿的上帝了;……倘若他单单为自己而坐在天上,像根大木头那样,那他就不成其为上帝了。"(第16卷,第465页)"上帝说:我是全能的天地创造者,是你的上帝。……既然是一位上帝,那就意味着救我们脱离一切压迫着我们的祸患和不幸,例如罪恶、地狱、死等等。"(第2卷,第327页)"整个世界都认为,上帝者,乃是人在困苦和受试炼时所依靠的,乃是人借以而得安慰和信赖的;人们盼望由他而得到一切善的东西,并且相信他能帮助他们。——理性就是这样来描写上帝的;他帮助人,为人谋福利。你也可以从下面这句经文中看出这一点:'我是耶和华你的上帝,曾将你从埃及地领出来。'①在这里,

---

① 《出埃及记》,第20章第2节。——译者

他自己说出了什么是上帝，什么是他的本性和属性，这就是：为人谋福利，救人脱离危险，帮助人摆脱困苦和各种灾难。"（第 4 卷，第 236、237 页）可是，既然上帝只是由于自己是人之上帝、是为人谋福利、对人亲切关怀的存在者才得以成为活的，也即实在的上帝，一般地，才得以成为上帝，那么，实际上，人乃是上帝之准则、尺度，人是绝对本质——上帝之本质。一位单单为了自己的上帝，就不成其为上帝；这意思正不外乎在于，一位没有人的上帝，就不是上帝；没有人，则也就没有上帝；你从上帝那里夺掉属人性之宾词，那你也就从他那里夺掉了神性之宾词；不跟人发生关系，那他的本质也就不知去向了。

然而，至少在理论中，新教在这个属人的上帝后面同时还又坚持着古老的、超自然主义的上帝。新教是理论与实践之矛盾；它只解放了属人的肉体，但却没有解放属人的理性。在它看来，基督教之本质，也即属神的本质，并不跟人的属自然的意向相矛盾——"因此，我们应当知道，上帝并不谴责或废弃人里面的属自然的倾向，因为这种倾向是在上帝创世时被培植在自然（本性）之中的。上帝鼓励和支持这种倾向。"（路德，第 3 卷，第 290 页）但是，它确是跟理性相矛盾，因而，在理论上，只是信仰之对象。可是，正像已经证明了的那样，信仰之本质、上帝之本质本身乃不外乎就是那在人之外被设定的、在人之外被表象的人之本质。所以，把上帝之本质（乃是外于人、超于自然和背于理性的）还原为人之本质（乃是属自然的、内在的、固有的），就意味着使新教——一般地，基督教——摆脱其基本矛盾，就意味着把这个矛盾还原为其本来面目，即基督教之结果，必然的、推却不了的、压制不了的、颠扑不灭的结果。

图书在版编目(CIP)数据

基督教的本质/(德)费尔巴哈著;荣震华译.—北京:
商务印书馆,2022(2023.3重印)
(费尔巴哈文集;第 4 卷)
ISBN 978-7-100-20152-0

Ⅰ.①基⋯　Ⅱ.①费⋯　②荣⋯　Ⅲ.①基督教—
研究　Ⅳ.①B978

中国版本图书馆 CIP 数据核字(2021)第 144563 号

权利保留,侵权必究。

费尔巴哈文集
第 4 卷
基督教的本质
荣震华　译

商　务　印　书　馆　出　版
(北京王府井大街 36 号　邮政编码 100710)
商　务　印　书　馆　发　行
北京通州皇家印刷厂印刷
ISBN 978-7-100-20152-0

2022 年 7 月第 1 版　　　开本 710×1000　1/16
2023 年 3 月北京第 2 次印刷　印张 32
定价 156.00 元